샹송으로 배우는 프랑스어

정일영 저

신아사

책을 쓰면서

이 책은 프랑스 샹송을 통해 프랑스어 학습 능력을 향상시키는데 그 목적이 있다. 노래라는 단어의 샹송이 하나의 음악장르로 자리 잡으면서 비교적 간결한 멜로디에 반복되는 리듬, 라임을 맞추는 가사에 보다 중요성을 부여했던 샹송은 미국의 팝송과는 달리 부드럽고 감성적인 분위기를 자아내며 전 세계적으로 많은 사랑을 받았다. 그러나 미국의 절대적 영향을 받는 세계적인 음악의 흐름 속에서 샹송 역시 많은 변화를 가져온 것이 사실이다. 그럼에도 불구하고 아직도 어쿠스틱한 반주에 아름다운 운율, 그리고 사랑을 노래하는 아름다운 가사를 고집하는 많은 프랑스 대중가수들이 존재하고 있다는 것 역시 부인할 수 없다.

샹송을 통해 프랑스어를 보다 효율적인 방법으로 익힐 수 있도록 하는 것이 주목적인 이 책의 구성은 몇 가지로 구분될 수 있는데 우선 각 가수들의 가장 대표적인 곡들을 선정하여 상세한 해석을 붙였으며 가사에 나오는 어휘부터 표현, 문법에 이르기까지 프랑스어 학습에 필요한 내용들을 자세하게 설명하여 프랑스어 학습자들에게 보다 효율적인 방법을 제시하고자 하였다. 이를 위해 년대별, 혹은 이름별의 순서가 아니라 회화에서 많이 사용되어지는 내용으로 가사가 구성되어진 것들을 우선적으로 선별하였다. 또한 각 노래의 동영상 파일을 볼 수 있는 인터넷 사이트 주소를 기록하였는데 이는 비단 초상권과 저작권으로 인해 가수들의 사진이나 노래를 들을 수 없게 된 점을 보안할 뿐 아니라 학습시간에 비디오를 활용함으로써 학습자들의 흥미를 유발하며, 가수의 목소리를 통해 듣기 훈련까지 할 수 있는 장점을 가지고 있다(노래 제목 밑에 있는 사이트 주소를 보거나 아니면 google.fr의 검색창에 clip video de+노래 제목을 치면 여러 검색 사이트 중 youtube나 parole- musique으로 시작하는 사이트를 들어가면 동영상을 볼 수 있다). 그 중 몇 곡은 시대적으로 너무 오래된 것이라 동영상 사이트는 없지만 유명한 곡이라 빼놓을 수 없었다.

그리고 다양한 가수들에 대한 정보를 수록(부록편)하였다. 에디뜨 삐아프에서 알리제에 이르기까지 50년대부터 현재로 이어지는 프랑스를 가장 대표하는 대중가수들의 삶의 주요 여정들을 살펴봄으로써 프랑스 가요계의 흐름을 보다 쉽게 파악할 수 있도록 하였다. 이는 비단 프랑스어를 공부하는 것이 목적이 아닌 사람들에게도 샹송에 대한 이해를 높이는데 도움이 되었으면 하는 바람에서이다.

프랑스에서 10년 가까이 살면서 그리고 한국으로 돌아와 대학에서 강의를 하면서 늘 머리에서 떠나지 않았던 것이 바로 샹송에 대한 책을 쓰는 것이었다. 현재 프랑스어를 공부하는 많은 대학에서 샹송을 통해 프랑스어를 학습하는 과목이 적지 않게 있다는 것을 보면서 학생들에게 보다 상세하고 재미있는 학습서로서의 샹송에 관한 책을 내리라 다짐한지 꽤 오랜 시간이 흘러서야 이제야 책을 쓰게 되었다. 여기에서 언급한 가수들 이외에도 정말 프랑스를 대표하는 많은 가수들이 있지만 이 책에서는 이 정도에서 마무리 짓는 것을 이해해 주길 바라며, 많은 미숙한 사항들은 앞으로 계속 보충·보완할 것을 약속한다.

아무쪼록 프랑스어를 공부하는데 조금이나마 도움이 되었으면 한다.

저자 정일영

CONTENTS

1. Hélène
2. Francis Cabrel
3. Vanessa PARADIS
4. Michel SARDOU
5. Céline Dion
6. Patrick BRUEL
7. Patricia Kaas
8. Jean–Jacques GOLDMAN
9. Adamo SALVATORE
10. Véronique SANSON
11. France GALL
12. Johnny HALLYDAY
13. Jacques BREL
14. JULIEN CLERC
15. Florent PAGNY
16. Pascal OBISPO
17. Françoise HARDY
18. Alain SOUCHON
19. Laurent VOULZY
20. Maxime LE FORESTIER
21. Garou
22. Elsa
23. Maurane
24. Mylène Farmer
25. Rock voisine
26. Serge GAINSBOURG
27. Michel BERGER
28. Edith PIAF
29. Charles AZANAVOUR
30. Claude FRANÇOIS
31. Sylvie VARTAN
32. David HALLYDAY
33. Léo FERRE
34. Etienne DAHO
35. Georges BRASSENS
36. Lara fabian
37. Alizée

샹송으로 배우는 프랑스어

엘렌 (Hélène)

Je m'appelle Hélène

http : // heleneetlesgarcons.wifeo.com / videos.php

Hélène
Je m'appelle Hélène
Je suis une fille comme les autres.

Hélène
J'ai mes joies mes peines
Elles font ma vie comme la vôtre
Je voudrais trouver l'amour
Simplement trouver l'amour

Hélène
Je m'appelle Hélène
Je suis une fille comme les autres

Hélène
Si mes nuits sont pleines de
rêves de poèmes
Je n'ai rien d'autre
Je voudrais trouver l'amour
Simplement trouver l'amour

Et même

Si j'ai ma photo dans tous les journaux
chaque semaine
Personne ne m'attend le soir
Quand je rentre tard
personne ne fait battre mon coeur
Lorsque s'éteignent les projecteurs

Hélène
Je m'appelle Hélène
Je suis une fille comme les autres
Je voudrais trouver l'amour
Simplement trouver l'amour

Et même
Quand à la télé
Vous me regardez sourire et chanter
Personne ne m'attend le soir
Quand je rentre tard
personne ne fait battre mon coeur
Lorsque s'éteignent les projecteurs

Hélène
Je m'appelle Hélène
Je suis une fille comme les autres

Hélène
Et toutes mes peines
trouveront l'oubli un jour ou l'autre

Quand je trouverai l'amour
Quand je trouverai l'amour

배워봅시다

1) Hélène

사람의 이름을 나타내는 고유명사로서, 프랑스어에서 H는 유음의 h와 묵음의 h로 구분된다 :

묵음의 h : hôtel [오뗄 : 호텔]　　hier [이에르 : 어제]
유음의 h : haut [오 : 높은] héros [에로 : 영웅]

오늘날의 h는 발음되지 않지만 연독의 경우 묵음과 유음의 차이에 따라 h는 연독이 되기도 하고 되지 않기도 한다 :

grand hôtel [그렁 또뗄]　　grand héros [그렁 에로]

2) Je

문장에서 주어를 나타내는 인칭대명사이다.

1인칭 단수	Je	1인칭 복수	Nous
2인칭 단수	Tu	2인칭 복수	Vous
3인칭 단수	Il, Elle	3인칭 복수	Ils, Elles

① Il : 3인칭 남성단수
Elle : 3인칭 여성단수

② Vous : 원칙적으로 둘 이상의 복수일 때 사용하지만 상대방이 잘 모르는 사람이거나 존경의 대상이 되는 경우 단수로 사용한다.

3) s'appeler : 대명동사 ~ [~라고 불리우다]

Je	Je m'appelle	Nous	Nous nous appelons
Tu	Tu t'appelles	Vous	Vous vous appelez
Il, Elle	Il s'appelle	Ils, Elles	Ils s'appellent

Comment	vous appelez−vous?	Je m'appelle X.
	t'appelles−tu?	
	s'appelle−t−il (elle)?	Il (Elle) s'appelle X.

4) **suis** : être 동사

① 동사변화

Je	suis	Nous	sommes
Tu	es	Vous	êtes
Il, Elle	est	Ils, Elles	sont

② 용 법

a) 존재하다
Être ou ne pas être [사느냐 죽느냐]
Je pense, donc je suis. [나는 생각한다, 고로 나는 존재한다]

b) 상황보어와 함께
위치 [~에 있다] : Il est dans sa chambre. [그는 그의 방에 있다]
시간 : Nous sommes en mai. [5월이다]

c) ~이다
Il est professeur. [그는 선생님이다]

d) 전치사 de와 함께 ~출신이다
Il est de Paris. [그는 파리출신이다]

e) 상태
Elle est en colère. [그녀는 화가 나 있다]

4) **une** : 부정관사

① 형 태

남성 단수	여성단수	남, 여 복수
un	une	des

② 용 법

a) 구체적으로 확인되지 않은 명사 앞
Il y a un homme dans la rue. [거리에 어떤 남자가 있다]

b) 총체를 대표하는 경우
un homme ne pleure pas. [남자는 울지 않는 법이다]

c) C'est 구문 : C'est un livre. [그것은 책이다]
C'est un chanteur. [그는 가수다]

5) fille

a) 딸
Il aime sa fille. [그는 자신의 딸을 좋아한다]
fille aînée [장녀] fille unique [무남독녀]

b) 소녀
une jeune fille [어린 소녀] une vieille fille [노처녀]

• 가족을 나타내는 어휘들

남 성	여 성	남 성	여 성
père [아버지]	mère [어머니]	oncle [삼촌]	tante [숙모]
frère [형제]	sœur [자매]	fils [아들]	fille [딸]
cousin [사촌]	cousine	mari [남편]	femme [아내]
parents[부모님]		grand－père[할아버지]	grand－mère [할머니]

6) comme

① 부사

a) 비교 [~처럼]
Il est hardi comme un lion [그는 사자처럼 대담하다]
Il est rapide comme un éclair. [그는 번개처럼 빠르다]

b) 자격 [~로서]
Je vous dis ça comme un ami. [나는 친구로서 당신에게 그것을 말하는 것입니다]

② 접속사

a) ~이므로

Comme il est malade, il ne peut pas venir demain.
[그는 아프기 때문에, 내일 오지 못한다]

7) les : 정관사

① 형 태

남성단수	여성단수	모음, 묵음의 h로 시작하는 경우	남, 여 복수
le	la	l'	les

② 용 법

a) 하나밖에 없는 유일한 명사
le soleil [태양] la lune [달] la terre [지구]

b) 앞에서 언급된 구체적인 명사
J'ai un chien. Le chien aboit toujours.
[나는 개가 한 마리 있는데, 이 개는 항상 짖는다]

c) 전체를 대표하는 경우
Le chien est un animal fidèle aux hommes.
[개는 인간에게 충실한 동물이다]

8) autres

① 형용사

a) 다른, 별개의
Mon opinion est tout autre. [내 의견은 완전히 다르다]
Venez me voir une autre fois. [다른 날 나를 보러 오세요]

b) 또 하나의
Donnez-moi une autre verre. [다른 잔을 주세요]

② 부정대명사

a) 다른 사람
Ce qui satisfait l'un ne satisfait pas l'autre.
[한 사람을 만족시키는 것이 다른 사람을 만족시키는 것은 아니다]

9) avoir 동사

① 형 태

J'	ai	Nous	avons
Tu	as	Vous	avez
Il, Elle	a	Ils, Elles	ont

② 용 법

a) 소유 : ~가지고 있다
J'ai une maison. [나는 집을 한 채 가지고 있다]

b) 생각, 감정을 품다
J'ai de la peine. [나는 마음이 괴롭다]

c) 비인칭구문 il y a
Il y a un livre sur la table. [책상위에 책이 있다]

d) 숙어적 표현
avoir chaud [덥다]   avoir froid [춥다]   avoir soif [목마르다]

10) mes : 1인칭 소유형용사

	남성단수	모음, h의 여성 단수	여성단수	남, 여 복수
1인칭 단수	mon		ma	mes
2인칭 단수	ton		ta	tes
3인칭 단수	son		sa	ses
1인칭 복수	notre		nos	
2인칭 복수	votre		vos	
3인칭 복수	leur		leurs	

11) la joie

[기쁨]	avec joie [기쁘게, 기꺼이] sauter de joie [기뻐 날뛰다] joie de vivre [삶의 기쁨]

12) la peine

[고뇌, 슬픔]	partager la pein avec qn [－와 고통을 나누다] à peine [간신히]
[벌, 형벌]	peine pécuniaire [벌금형] peine correctionnelle [징역형] peine de mort [사형] avoir de la peine à＋동사원형 : [－하기 힘들다]

13) font : faire 동사

① 형 태

Je	fais	Nous	faisons
Tu	fais	Vous	faites
Il, Elle	fait	Ils, Elles	font

② 용 법

a) 만들다 = fabriquer, 세우다 = construire
le boulanger fait du pain. [빵집 주인이 빵을 만든다]

b) 일하다
Qu'est－ce que vous faites dans la vie? [당신 직업이 무엇입니까?]

c) 행하다
faire un devoir [숙제를 하다]

d) 배우다, 연주하다
faire de la musique [음악을 연주하다]

e) Il과 함께 비인칭으로
Il fait beau. [날씨가 좋다] ↔ Il fait mauvais.
Il fait du vent. [바람이 분다]

f) 사역동사 : ~하게 하다
Je l'ai fait chanter. [나는 그를 노래하게 했다]

14) la vie

[목숨, 생명]	risquer sa vie pour sa patrie [조국을 위해 목숨을 무릅쓰다] lutter pour la vie [생존을 위해 투쟁하다]
[일생]	C'est la vie! [그런 게 인생입니다!]
[생계(비)]	prix de la vie [생활비]

15) la vôtre : 소유대명사

소유대명사는 정관사+해당하는 인칭의 의미적 관계를 나타내는 형용사들의 형태인 mien, tien 등이 결합한 것이다. 소유대명사는 앞에 나온 명사의 어휘적 의미를 다시 받으면서, 소유주인 인칭대명사를 한정하는 기능을 한다. 그리고 앞에 있는 명사의 성과 수에 따라, 정관사를 포함한 소유대명사의 형태는 변한다.

	단 수		복 수	
	남성	여성	남성	여성
moi	le mien	la mienne	les miens	les miennes
toi	le tien	la tienne	les tiens	les tiennes
lui / elle	le sien	la sienne	les siens	les siennes
nous	le nôtre	la nôtre	les nôtres	
vous	le vôtre	la vôtre	les vôtres	
eux / elles	le leur	la leur	les leurs	

- Ma voiture est plus rapide que la tienne. [=ta voiture]
  [내 자동차는 네 것보다 더 빠르다]

16) voudrais : vouloir의 조건법 현재형

① 형 태

Je	veux	Nous	voulons
Tu	veux	Vous	voulez
Il, Elle	veut	Ils, Elles	veulent

② 용 법 [원하다]

- +명사 : Je veux cette place. [나는 이 자리를 원합니다]
- +동사원형 : Je veux travailler. [나는 일하고 싶다]

※ voudrais는 조건법 현재의 형태로 부드럽거나 겸손의 표현이나 확실하지 않은 가정

- Je voudrais vous parler. [당신과 말하고 싶어요]
- On dirait qu'il a peur. [그가 두려워하는 것 같은데]

17) trouver : 1군동사

① 형 태

Je	trouve	Nous	trouvons
Tu	trouves	Vous	trouvez
Il, Elle	trouve	Ils, Elles	trouvent

② 용 법

a) 찾다
J'ai trouvé mon portefeuille perdu. [나는 잃어버린 지갑을 찾았다]

b) 발견하다
Il a été trouvé mort dans son lit. [그는 침대에서 죽은 채로 발견되었다]

c) 생각해내다
Il a trouvé la solution de ce problème. [그는 이 문제의 해결책을 생각해냈다]

d) +직접목적보어+속사 : ~이 ~하다고 생각하다
Comment trouvez-vous ce tableau? [이 그림을 어떻게 생각하십니까?]

18) l'amour

[사랑, 애정]	premiere amour [첫사랑] mal d'amour [상사병]
[사랑하는 사람]	Tu es mon amour. [너는 나의 사랑하는 사람이다] L'amour fait passer le temps, le temps fait passer l'amour. [사랑은 시간을 가게 하고, 시간은 사랑을 가게 한다]

19) simplement : 부사

① 형 태

형용사의 여성형+-ment	heureux [행복한] - heureuse - heureusement lent [천천히] - lente - lentement
-e 이외의 다른 모음으로 끝나는 형용사 남성형+ment	vrai - vraiment[진정으로]
-e : -ément	aveuglément [맹목적으로] précisément 구체적으로]
-ent / -ant : -emment / -amment	prudemment [신중하게] constamment [끊임없이]
불규칙적으로 변하는 것들	bref - brièvement [간략하게] grave - grièvemeent [심각하게]

② 부사의 위치

a) 형용사나 부사 앞
Il est très / assez / prudent. [그는 매우 / 꽤 신중하다]

b) 대명사, 명사군이나 전치사군 또는 종속절
Il a mangé presque tout le gâteau. [그는 모든 케익을 거의 다 먹었다]

c) 동사에 영향를 미치는 경우, 동사 뒤 또는 보어 뒤
Il relie soigneusement sa copie. — Il relie sa copie soigneusement.
[그는 복사본을 세심하게 제본한다]

20) Si

① 조건의 접속사

a) 조건법 : 만약 ~라면
Je ne sortirai pas s'il pleut. [내일 비가 오면 외출하지 않을 거야]

b) 귀결절의 생략 : ~한다면
Si elle se fâche? [그녀가 화를 낸다면?]

c) 간접의문 : ~일지 아닐지
Je me demande si c'est vrai. [그것이 사실일지 의심이 간다]

② 부사

a) ＋형용사 : 그렇게
Il court si vite. [그는 정말 빨리 달린다]

b) 비교 : ~만큼 ~ aussi ... que의 부정
Il n'est pas si intelligent que vous le croyez.
[그는 당신이 생각하는 것만큼 영리하지 않다]

c) 부정에 대한 긍정의 답변
Tu n'as pas compris? [너 이해하지 못했니?]
Si. [이해했어]

21) la nuit

[밤, 어둠]	boîte de nuit [나이트클럽] à la tombée de la nuit [해질 무렵] nuit et jour [밤낮으로]

22) plein(e)

① 형용사

a) −de : −으로 가득찬 : salle pleine de monde [대만원인 홀]

b) 완전한 : plein succès [대성공]

② 부사

a) 가득히 : avoir plein d'argent [돈이 많다]

23) de : 전치사

[소유]	le livre de mon ami [내 친구의 책]
[용도]	salle d'attente [대기실]
[재료]	un pont de fer [철교]
[양태 : −하게]	d'une voix douce [상냥한 목소리로]
[−로부터]	du matin au soir [아침부터 저녁까지] de Séoul à Pusan [서울에서 부산까지]
[원인]	mourir de faim [배고파 죽다]
[기원]	le vin de France [프랑스산 포도주]

24) le rêve

[꿈]	faire des rêves agréables [좋은 꿈을 꾸다] réaliser son rêve [꿈을 실현하다] Il a fait un bon rêve. [그는 뜻하지 않은 이득을 보았다]

25) le poème

[시]	recueil de poèmes [시집] poème en prose [산문시]

26) et : 접속사

[그리고]	le jour et la nuit [낮과 밤]
[문장 맨 앞 : 그리고는]	Et soudain, la porte s'ouvrit. [그리고는 문이 열렸다]
[결과 : 그래서]	Buvez ce remède, et vous serez guéri. [이 약을 드세요, 그러면 병이 나을 거예요]

27) même

① 부정형용사

a) 명사, 대명사 앞 : 같은
Ils ont les mêmes goûts. [그들은 같은 취미를 가지고 있다]

b) 명사, 대명사 뒤 : 그 자체
moi-même [내 자신]

② 부 사

a) ~뿐만 아니라, ~까지도
Il travaille le samedi et même le dimanche. [그는 토요일과 일요일까지도 일을 한다]
Je ne me rappelle plus même son nom. [나는 그의 이름조차 더 이상 기억이 안난다]

28) dans : 전치사

[장소 : -안에, 속에]	dans la main [손안에]
[시간 : -이내에]	dans la semaine [일주일 내에]
[상태, 양태]	être dans une mauvaise situation [나쁜 상황에 처하다]

29) tout(e, s)

① 형용사 : 모든, 온갖

toute la journée [하루 종일]
toute la nuit [밤새]
tout le pays [나라 전체]
tous les jours [매일]
tous les autres [그 밖의 다른 사람들]

② 대명사

Dieu a tout crée. [신은 모든 것을 창조하였다]
L'argent n'est pas tout. [돈이 전부는 아니다]
après tout [결국] homme à tout faire [모든 일을 하는 잡부]

③ 부사 : 자음 또는 유성의 h로 시작하는 여성명사 앞에서는 toute

Ils sont tout étonnés. [그들은 아주 놀랐다]
Parlez tout bas. [낮게 말하세요]

30) journaux [신문]

명사의 복수형을 만들 때 일반적으로는 −s를 붙이지만, 예외들이 있다.

		단수	복수	단수	복수
−au	+ −x	un cadeau [선물]	des cadeaux	gâteau [케익]	gateaux
−eau		un chapeau [모자]	des chapeaux	eau [물]	eaux
−eu		un cheveu [머리카락]	des cheveux	feu [불]	feux
−al	−aux	journal [신문]	journaux		

31) chaque

① 형용사 : ~마다, 매

Chaque homme a ses défauts. [사람은 저마다 실수가 있다]
chaque jour (année) [매일, 매년]

② 대명사 : 각자

Ces livres coûtent 2 euros chacun. [이 책들은 권당 2유로이다]

32) personne

부정대명사로서 ne와 함께 쓰이며, 뒤에 pas는 쓰지 않는다.

[아무도 −않다]	Personne n'est parfait. [아무오 완전하지는 않다] Il ne craint personne. [그는 아무도 두려워하지 않는다]

33) ne : 부정을 나타내는 부사

① ne .. pas, point, jamais, guère, rien, aucun

Ce n'est pas un livre. [이것은 책이 아니다]
Il ne fume plus. [그는 더 이상 담배를 피우지 않는다]
Il ne va jamais au cinéma. [그는 극장에 결코 가지 않는다]
Elle ne mange guère. [그녀는 거의 먹지 않는다]
Je n'ai rien. [아는 아무것도 가진 게 없다]
Je n'ai aucun ami. [나는 아무 친구도 없다]

② 허사의 ne : 부정의 의미를 갖지 않으면서 사용되는 경우

a) 불안, 두려움을 나타내는 동사 뒤 (craindre, avoir peur, trembler, redouter, de peur que)
Je crains qu'elle ne prenne froid. [그녀가 감기에 걸릴까 걱정이다]

b) 의혹, 부정을 나타내는 경우 (douter, nier 등)
Doutez-vous qu'il ne vienne? [그가 오는 것에 대해 의심하세요?]

c) 불평등의 비교(plus, moins, mieux, moindre, pire, autre, plutôt 뒤)
Il est plus vigoureux qu'il ne paraît. [그는 보기보다는 강하다]

34) me : 직접목적보어 인칭대명사

① 형 태

주어		직접보어		주어		직접보어
je		me (m')		nous		
tu		te (t')		vous		
il	elle	le	la	ils	elles	les

② 용 법

a) 직접목적보어 인칭 대명사는 항상 동사 앞에 위치한다.
Je regarde la télé. [나는 TV를 본다] → Je la regarde.
J'aime ma fille. [난 내 딸을 사랑한다] → Je l'aime.
Je cherche mon chien. [나는 나의 개를 찾고 있다] → Je le cherche.
Marie appelle ses enfants. [마리가 아이들을 부른다] → Marie les appelle.

b) me, te, nous, vous는 사람을 나타내는 반면, le, la, les는 사람 혹은 사물을 나타낸다.
Je te présente à Marie. [너를 마리에게 소개할게]
Tu connais Jean? [너 장을 아니?]
Oui. je le connais bien. [응, 나는 그를 잘 알아 : 사람]

35) attendre

J'attends	Tu attends	Il, Elle attend
Nous attendons	Vous attendez	Ils, Elles attendent
[기다리다]	attendre le bus [버스를 기다리다] attendre de+동사원형 : Attendez d'avoir 30 ans. [30살이 될 때까지 기다리세요]	
[기대하다]	Qu'attendez-vous de lui? [그에게서 무엇을 기대하세요?]	

36) le soir

[저녁]	chaque soir [매일 저녁] À ce soir! [오늘 저녁에 보자!] du matin au soir [아침부터 저녁까지]

37) Quand

① 의문대명사

a) 언제
Quand pouvez-vous venir? [언제 올 수 있어요?]
J'ignore quand je serai libre. [언제 시간이 날지 모르겠네요]

b) 전치사와 함께
Depuis quand êtes-vous à Paris? [파리에 언제부터 계셨어요?]

② 접속사

a) 동시 [~할 때]
Quand tu auras lu ce livre, tu me le prêteras. [너 이 책 다 읽고 난 후에, 나좀 빌려줘]

b) 조건 [~한다면]
Quand la critique est juste, je me corrige. [비판이 옳으면, 잘못을 고치겠다]

38) rentrer

[되돌아오다]	À quelle heure rentres-tu à la maison? [몇 시에 집에 돌아오니?]

39) tard

[늦게]	Il se couche tard. [그는 늦게 잠자리에 든다] tôt ou tard [조만간]

40) battre

[때리다]	battre qn comme plâtre [-를 때려눕히다] battre à coups de poing [주먹으로 때리다]
[이기다]	Il a battu son adversaire [그는 적을 무찔렀다]
[속어적 표현]	battre monnaie [돈을 구하다]

41) le coeur

[심장]	Son coeur bat. [그의 심장이 뛴다] avoir le coeur barbouillé [구토나다] avoir une maladie de coeur [심장병을 앓다] mettre la main sur son coeur [가슴에 손을 얹다]
[중심]	le coeur de l'Europe [유럽의 중심부]
[친절]	homme de coeur [관대한 사람] avoir bon coeur [친절하다]
[비유적]	toucher le coeur [감동시키다] arracher le coeur [가슴이 에다]

42) s'éteindre [대명동사]

[꺼지다]	Le feu s'éteint. [불이 꺼졌다]
[진정되다]	La manifestation s'est éteinte. [시위가 진정되었다]

43) trouveront : trouver의 단순미래 형태

- 단순미래 (le futur simple)

① 형 태

Je	−rai	Nous	−rons
Tu	−ras	Vous	−rez
Il, Elle	−ra	Ils, Elles	−ront

② 용 법

a) 사건이나 사실이 말하는 순간 이후에 일어날 때
Je partirai demain. [나는 내일 떠날 거야]

b) 완곡한 명령적 표현
Tu emmèneras les enfants se promener. [아이들을 산책시키러 데리고 가]

44) un oubli

[잊음, 망각]	l'oubli du monde [세상을 등짐] l'oubli pathologique [건망증]

프랑씨스 꺄브렐 (Francis Cabrel)

Il faudra leur dire

www.paroles.net/chanson/15895.1

Si c'est vrai qu'il y a des gens qui s'aiment
Si les enfants sont tous les mêmes
Alors il faudra leur dire
C'est comme des parfums qu'on respire
Juste un regard
Facile à faire
Un peu plus d'amour que d'ordinaire
Puisqu'on vit dans la même lumière
Même s'il y a des couleurs qu'ils préfèrent
Nous on voudrait leur dire
C'est comme des parfums qu'on respire
Juste un regard
Facile à faire
Un peu plus d'amour que d'ordinaire

Juste un peu plus d'amour encore
Pour moins de larmes
Pour moins de vide
Pour moins d'hiver

Puisqu'on vit dans les creux d'un rêve
Avant que l'amour ne touche nos lèvres

Nous on voudrait leur dire
Les mots qu'on reçoit
C'est comme des parfums qu'on respire
Il faudra leur dire
Facile à faire
Un peu plus d'amour que d'ordinaire

Si c'est vrai qu'il y a des gens qui s'aiment
Si les enfants sont tous les mêmes
Alors il faudra leur dire

Les mots qu'on reçoit
C'est comme des parfums qu'on respire
Il faudra leur dire
Facile à faire
Un peu plus d'amour que d'ordinaire

배워봅시다

1) c'est

[이것, 저것들은]	C'est vrai. [그것은 정말이다] C'est lundi. [월요일이다] C'est tout. [그게 다야] C'est pour rire. [그건 농담이야]
[강조 구문 : C'est .. qui / que]	C'est moi qui ai fait cela. [그것을 한 사람은 나입니다] C'est à vous que je parle. [내가 말을 하는 것은 당신에게 입니다]

2) vrai

[진정한]	C'est la vérité vraie. [틀림없는 진실이야] Il est vrai que .. [-인 것은 사실이다] Ce n'est pas vrai! [그럴리가!]

3) que : 접속사

① 비교급 : plus, aussi, moins ... que

Il est plus rapide que moi. [그는 나보다 빨리 달린다]

② 결과 : si, tant, tellement ..+que

Cela est tellement invraisemblable que l'on ne peut y croire.
[이것은 하도 있음직한 일이 아니라 믿을 수가 없다]

③ 강조 : c'est ... que

C'est tout ce que je veux dire. [이것이 내가 하고 싶은 모든 얘기다]

④ ne… que [~단지 ~일 뿐이다]

Il n'a que de l'argent. [그는 돈만 가지고 있다]

4) il y a : il은 비인칭 구문에 쓰인 대명사로서 의미가 없다

① Il est +형용사+de+동사원형 : [~하는 것은 ~하다]

Il est difficile de vivre. [산다는 것은 어렵다]

② 날 씨

Il fait beau. [날씨가 좋다]
Il fait mauvais. [날씨가 나쁘다]

③ 시 간

Il est 2 heures. [2시다]

5) qui : 관계대명사

① 주어

C'est vous qui me l'avez dit. [그것을 내게 말한 사람은 당신입니다]

② 선행사 없이

Qui vivra verra. [두고 보면 알 것이다]

③ 전치사+qui

L'homme à qui je pensais [내가 생각하던 사람]

6) l'enfant

[어린이]	Il me prend pour un enfant. [그는 나를 어린애로 여긴다]
[자식]	Je n'ai pas d'enfant. [나는 자식이 없다]
[숙어적 표현]	C'est un jeu d'enfant. [그것은 매우 쉬운 일이다]

• 한 가지 형태로 남성, 여성에 존재하는 명사들

adversaire [적수]	locataire [세입자]	dentiste [치과의사]	novice [초심자]
camarade [동무]	élève [제자]	témoin [증인]	artiste [예술가]
touriste [관광객]	esclave [노예]	collègue [동료]	enfant [아이]
concierge [수위]		propriétaire [소유자]	

7) alors : 부사

[그 때, 그 당시]	J'étais alors un enfant. [그때 나는 아이였어]
[그래서]	Alors, vous viendrez? [그럼 오시는거죠?]

8) faudra

falloir 동사의 단순미래 형태로서 이 동사는 3인칭 단수에만 쓰인다.

[필요하다]	Il faut une demi－heure pour y aller à pied. [그곳까지 걸어서 가려면 30분이 필요하다] Il me faut 3000 euros. [나는 3천 유로가 필요하다]
[il faut＋동사원형]	Il faut l'avertir tout de suite. [그것을 즉시 알려야 한다]
[il faut que＋접속법]	Il faut que tu viennes. [너는 꼭 와야 한다]

9) leur : 간접목적보어 인칭대명사

① 형 태

주어		간접보어	주어		간접보어
je		me (m')	nous		
tu		te (t')	vous		
il	elle	lui	ils	elles	leur

② 용 법

a) 간접목적보어 인칭대명사는 항상 사람을 나타내며 거의 동사 앞에 위치한다.
Tu téléphones souvent à Paul? [너 뽈에게 자주 전화하니?]
Oui. je lui téléphone tous les jours. [응, 그에게 매일 전화해]

b) 직접목적보어 인칭대명사는 달리, 간접목적보어 인칭대명사 3인칭의 경우 성의 구분이 없다 :
Paul téléphone à ses filles. = Il leur parle.
Paul téléphone à ses fils. = Il leur parle.

10) dire

[말하다]	dire quelques mots [몇마디 하다] dire à l'oreille [귓속말을 하다]
[dire＋직접목적보어＋à＋간접목적보어]	Je vous dis la vérité. [나는 당신에게 진실을 말합니다]

11) le parfum

[향기, 냄새]	J'aime le parfum de la rose. [나는 장미 향기를 좋아한다]
[향수]	se mettre du parfum [자기 몸에 향수를 뿌리다] flacon de parfum [향수병]

12) on

[일반인]	On est égaux devant la loi. [법 앞에서는 인간은 평등하다]
[회화체에서 nous]	Vous êtes combien? On est quatre. [당신들 몇 명이죠?] [네 명입니다]
[어떤 사람]	On vous demande au téléphone. [어떤 사람이 당신에게 전화했어요] On frappe à la porte. [누가 왔다]

13) respirer

[숨쉬다]	respirer par le nez [la bouche] [코 (입) 로 숨을 쉬다] Il ment comme il respire. [그는 거짓말을 식은 죽 먹듯 한다]
[한숨 돌리다]	Laissez－moi respirer un moment. [잠깐 숨 좀 돌리게 해주세요]

14) juste

[정당한]	une juste punition [당연한 벌] homme juste [의인]
[공평한]	Tu n'es pas juste avec moi. [너는 내게 공정치 못하다]
[정확한]	à l'heure juste [정각에] juste prix [제 값]
[꼭 끼는]	Ce pantalon est trop juste. [이 바지는 너무 꽉 껴]

15) un regard

[시선]	jeter un regard sur qn [−를 힐끗 보다] un regard de côté [곁눈질] fixer son regard sur qn [−에게 시선을 고정하다]
[숙어]	en regard de [−와 비교하여]

16) facile [쉬운]

- 명사 뒤에 위치하는 형용사들

  a) 물질, 색깔, 형태

  un toit rouge [붉은 지붕], une table ronde [둥근 탁자]

  b) 지리, 국적

  la zone tropicale [열대지역], le drapeau français [프랑스 국기]

  c) 종교

  la morale chrétienne [기독교 정신]

  d) 과학 및 기술

  la bombe atomique [원자폭탄]

  e) 행정, 정치

  le parti socialiste [사회당]

  f) 예술

  la musique classique [고전음악] le stylo roman [로마양식]

17) peu

[조금밖에 −않다]	Elle mange peu. [그녀는 조금밖에 먹지 않는다] Je connais peu Paris. [나는 파리를 거의 모른다] Peu importe! [상관없어!]
[peu de+명사]	Peu de gens sont venus. [사람들이 조금밖에 오지 않았다]
[un peu]	un peu plus, il battait le record. [조금만 더 했으면 기록을 깨는 건데]

18) plus

[ne ... plus 더 이상 -않다]	Je n'ai plus faim. [더 이상 배가 고프지 않아]
[plus de+무관사 명사]	Voulez-vous un peu plus de café? [커피 더 드시겠어요?]
[우등비교급]	Il est plus grand que moi. [그는 나보다 키가 크다]

19) ordinaire

[보통의]	procéder de façon ordinaire [흔한 방법을 쓰다]
[평범한]	homme ordinaire [평범한 사람]

20) puisque

[- 때문에]	Puisque vous le voulez, je partirai. [당신이 그렇게 원하니 내가 떠나겠소]

21) vivre

[살다]	Le blessé vit encore. [그 부상자는 아직 살아있다]
[생활하다]	vivre à la campagne [교외에 살다] vivre avec qn [-와 함께 살다] vivre en paix [평화롭게 살다]
[생계를 꾸리다]	Il faut travailler pour vivre. [살려면 일해야 한다]

22) la lumière

[빛, 조명]	Il y a beaucoup de lumière dans cette chambre. [이 방은 햇빛이 잘 든다] lire à la lumière de bougie [촛불로 책을 읽다]

23) la couleur

[색]	photographie en couleur [칼라 사진] homme de couleur [유색인]

24) préférer : 1군 동사이면서 1, 2인칭 복수를 제외하고 불규칙하게 변한다.

Je	préfère	Nous	préférons
Tu	prférès	Vous	préférez
Il, Elle	préfère	Ils, Elles	préfèrent

— 선호하다 : préférer A à B [B보다 A를 선호하다]

—+동사원형 : Je préfère aller au cinéma. [나는 영화 보러 가는 것을 더 좋아해]

25) Nous : 강세인칭대명사

① 형 태

Je	moi	Nous	nous
Tu	toi	Vous	vous
Il, Elle	lui, elle	Ils, Elles	eux, elles

② 용 법

a) 주어 앞에서 주어를 상소
Moi, je pars demain. [나, 내일 떠나]

b) 접속사 et 다음에
Toi et moi [너와 나]

c) 전치사와 함께
Je travaille avec lui. [나는 그와 함께 일한다]

d) 답변에 홀로 쓰여
Qui va répondre à cette question? Moi. [누가 이 질문에 답할래?] [나요]

26) pour

[을 위해]	Il travaille pour sa famille. [그는 가족을 위해 일한다] Il faut manger pour vivre. [살기 위해선 먹어야 한다]
[댓가 : —로]	acheter qch pour 100 euros. [—을 100유로에 사다]
[방향 : —를 향해]	Ce train part pour Paris. [이 기차는 파리로 떠난다]
[자격 : —으로]	Il passe pour riche. [그는 부자로 통한다]
[예정]	Le concert est pour ce soir. [그 콘서트는 오늘 저녁 있을 예정이다]
[—로 말하자면]	Pour moi, je n'y crois pas. [나는 그것을 믿지 않는다]

27) moins

① 부 사

a) 보다 덜
Il travaille moins. [그는 일을 덜 한다]
Il est moins grand que toi. [그는 너보다 키가 작다]

b) moins de+명사
Il a moins de livres que moi. [그는 나보다 책이 적다]

c) le moins : 가장 적게
Il est le moins grand. [그는 키가 가장 작다]

② 명 사

a) au moins [적어도]   de moins en moins [더욱 더 ~않다]

③ 전치사

a) 마이너스 : huit moins trois égale cinq [8－3 ＝ 5]

28) une larme

[눈물]	verser des larmes de joie [기쁨의 눈물을 흘리다] larmes de crocodile [거짓눈물] fondre en larmes [눈물을 터뜨리다] avec des larmes dans la voix [목소리를 울먹이며]

29) le vide

[빈틈, 공간, 허공, 결여]	regarder dans le vide [허공을 보다] promettre dans le vide [가망 없는 약속을 하다]

30) l'hiver

[겨울]	Il fait froid en hiver. [겨울에 날씨가 춥다] jardin d'hiver [온실]

31) le creux

[움푹한 곳, 구덩이]	le creux d'un rocher [석굴] dire dans le creux de l'oreille [귀에 대고 속삭이다] se sentir un creux dans l'estomac [몹시 시장하다]

32) avant

① 전치사

a) ~먼저
avant midi [정오 전에]
Il est arrivé avant moi. [그는 나보다 먼저 도착했다]

b) avant de+동사원형
Dis-moi avant de partir. [떠나기 전에 내게 말해]

c) avant que+접속법 (ne)

② 부사

a) 시간 : ~전에
quelques jours avant [며칠 전에]
Réfléchissez avant, vous parlez après. [먼저 잘 생각해 보고 말하시오]

33) toucher

[만지다]	toucher du bout des doigts [손가락 끝으로 만지다] toucher l'épaule de qn pour attirer son attention [주의를 끌기 위해 ―의 어깨를 툭 치다]
[감동시키다]	être touché de [par] [―에 감동되다]

34) lèvre

[입술]	serrer les lèvres [입술을 꾹 다물다] du bout des lèvres [마지못해] avoir le mot sur les lèvres [말이 입에서 맴돌다]

35) recevoir

Je	reçois	Nous	recevons
Tu	reçois	Vous	recevez
Il, Elle	reçoit	Ils, Elles	reçoivent

– 받다 : recevoir un cadeau [선물을 받다]
recevoir des félicitations [축하를 받다]

C'était l'hiver

http : // kr.youtube.com/watch?v=dVIuEVZ9obM

Elle disait <J'ai déjà trop marché.
Mon coeur est déjà trop lourd de secrets.
Trop lourd de peines.>

Elle disait <Je ne continue plus.
Ce qui m'attend, je l'ai déjà vécu.
C'est plus la peine.>

Elle disait que vivre était cruel
Elle ne croyait plus au soleil
Ni aux silences des églises
Même mes sourires lui faisait peur
C'était l'hiver dans le fond de son coeur.

Mais le vent n'a jamais été plus froid
La pluie plus violente que ce soir－là
Le soir de ses vingt ans
Le soir où elle a éteint le feu
Derrière la façade de ses yeux
Dans un éclair blanc

Elle a sûrement rejoint le ciel
Elle brille à côté du soleil
Comme les nouvelles églises
Mais si depuis ce soir－là je pleure
C'est qu'il fait froid dans le fond de mon coeur

Elle a sûrement rejoint le ciel

Mais si depuis ce soir－là je pleure
C'est qu'il fait froid dans le fond de mon coeur

배워봅시다

1) était : être의 반과거

① 형 태

Je	−ais	Nous	−ions
Tu	−ais	Vous	−iez
Il, Elle	−ait	Ils, Elles	−aient

② 용 법

a) 과거에서 지속성을 갖는 사건이나 사실
Autrefois, les forêts couvraient la plus grande partie de l'Europe.
[옛날에, 숲들은 유럽의 대부분을 덮고 있었다]

b) 과거에 사건들을 기술하는 경우
Ce fut alors un beau tumulte : on criait, on se battait.
[야단법석이었다 : 사람들은 소리를 질렀고 서로 싸웠다]

c) 과거의 반복이나 습관적인 사실
Autrefois, il venait me voir. [옛날에, 그는 나를 보러 오곤 했다]

d) 조건법과 함께 si 뒤에 쓰여, 현실적으로 불가능한 사실을 나타낸다.
Si j'étais plus jeune, je vous accompagnerais.
[내가 더 젊었더라면, 당신과 함께 갔을 텐데]

2) déjà

[벌써, 이미]	Il est déjà midi? [벌써 정오야?] d'ores et déjà [지금부터] Je vous l'ai déjà dit. [나는 당신에게 그것을 벌써 말했는데요]
[강조]	C'est déjà beaucoup. [그것으로도 충분해]

3) trop

[너무, 지나치게]	trop loin [너무 멀리] Il a trop bu. [그는 너무 많이 마셨다] C'est trop cher. [그건 너무 비싸다]
[trop ... pour+동사원형]	Il est trop jeune pour comprendre ça. [그는 그것을 이해하기에는 너무 어리다]

4) marcher

Je	marche	Nous	marchons
Tu	marches	Vous	marchez
Il, Elle	marche	Ils, Elles	marchent

– 걷다 : marcher d'un pas lent [천천히 걷다]

– 일이 진행되다 : Est–ce que ça marche? [잘 되갑니까?]

– 속어 : marcher dans une histoire [남의 말을 고지식하게 듣다]

- 과거분사의 형태

		원형	과거분사
1군 동사	–é	aimer [좋아하다]	aimé
		chanter [노래하다]	chanté
		manger [먹다]	mangé
2군 동사	–i	finir [끝내다]	fini
		choisir [선택하다]	choisi
		grossir [살찌다]	grossi
3군 동사	–s	prendre [잡다]	pris
	–é	aller [가다]	allé
	–i	sortir [외출하다]	sorti
	–u	boire [마시다]	bu
		attendre [기다리다]	attendu

5) lourd

[무거운]	des aliments lourds [소화가 안 되는 음식] avoir la tête lourde [머리가 무겁다] avoir les yeux lourds [졸립다]
[lourd de]	mot lourd de sens [의미심장한 말]

6) le secret

[비밀]	C'est un secret. [그건 비밀입니다] trahir le secret [비밀을 누설하다]

7) la peine

[벌]	pour la peine [벌로서]
[고통]	alléger la peine d'un ami [친구의 아픔을 위로해주다]
[걱정]	Ne vous mettez pas en peine pour moi. [내 걱정은 마세요]
[속어, 숙어]	à grand peine [간신히] avoir de la peine de＋동사원형 : [－하기가 어렵다] valoir de la peine de＋동사원형 : [－할 가치가 있다]

8) continuer

[계속하다]	Il continue son travail. [그는 자기 일을 계속 한다]
[continuer＋à＋동사원형]	Il continue à travailler. [그는 계속해서 일을 한다]

9) ce qui

[관계대명사의 선행사]	Ce qui est devant moi [내 앞에 있는 것]
[절의 동격]	On essaya de le convaincre, ce qui le fâcha. [사람들은 그를 설득하려 했는데, 그것이 그를 화나게 했다]

10) cruel(le)

[잔인한]	bataille cruelle [잔혹한 전쟁]	mot cruel [잔인한 말]
[가혹한]	chagrin cruel [견디기 힘든 시련]	

- 형용사의 여성형

		남성	여성	남성	여성
	＋－e	grand [큰]	grande	petit [작은]	petite
－e	－ère	cher [비싼]	chère	fier [자랑스러운]	fière
－on	－onne	bon [좋은]	bonne	mignon [귀여운]	mignonne
－f	－ve	vif [생생한]	vive	actif [활동적인]	active
－x	－se	affreux [끔찍한]	affreuse	ambitieux [야망의]	ambitieuse
－eau	－elle	beau [아름다운]	belle	nouveau [새로운]	nouvelle
(i)en	(i)enne	ancien [오랜]	ancienne	coréen [한국의]	coréenne

11) ne – jamais

부정을 나타내는 부사 ne+시간의 부사 jamais가 결합한 형태로서 다음 요소들의 부정이다.

① parfois, quelquefois, souvent

Il regarde souvent la télé, mais moi je ne la regarde jamais.
[그는 TV를 자주 보지만, 나는 결코 TV를 보지 않는다]

Tu téléphones quelquefois à Paul? Non, je ne lui téléphone jamais.
[너 뽈에게 가끔 전화하니?] [아니, 그에게 결코 전화하지 않아]

② déjà

Tu as déjà visité le musée du Louvre? Non, je ne l'ai jamais visité.
[너 루브르 박물관을 이미 방문했었니?] [아니, 결코 방문한 적이 없어]

③ toujours

Il déjeune toujours au même restaurant?
[그는 항상 같은 식당에서 점심을 먹니?]

– Non, il ne déjeune jamais au même restaurant.
[아니, 그는 결코 같은 식당에서 점심을 먹지 않아]

12) ce

① 형 태

남성단수	모음, h로 시작하는 남성단수	여성단수	남, 여 복수
ce	cet	cette	ces

② 용 법

a) 한정적 가치 : 정관사와 마찬가지로 한정적 가치를 가지는데, 흔히 손 혹은 머리와 같은 신체의 일부를 사용하여 그 대상을 지칭하기도 한다.
J'ai acheté cette voiture. [나는 이 자동차를 샀어]

b) 방금 언급하였거나, 곧 언급할 사람 혹은 사물을 나타낸다.
Écoute cette histoire! [이 이야기를 들어봐!]
Tu connais bien cet homme qui vient de te téléphoner?
[너 한테 방금 전화한 그 남자를 너 잘 알고 있니?]

c) 부사 –ci와 함께 가까운 시간대를 나타낸다.
Tu travailles trop ces jours–ci. (hier [어제], avant–hier [그제])
[너 요즘 너무 열심히 공부하는데]

d) 부사 –là와 함께 약간 거리가 있는 시간대를 나타낸다. (과거)
Il faisait très froid ce matin–là. [그날 아침 날씨가 몹시 추었다]

e) –ci와 –là와 함께 대립되거나 구체화시키는데 사용한다.
Je choisis ce livre–ci, et toi, tu choisis ce livre–là.
[나는 여기 이 책을 고를 테니까 너는 저기 저 책을 골라]

13) les yeux [눈] (oeil의 복수)

[눈]	avoir de bons yeux [시력이 좋다] ouvrir de grands yeux [눈을 크게 뜨다]

14) vingt [20]

• 기수

1	2	3	4	5
un	deux	trois	quatre	cinq
6	7	8	9	10
six	sept	huit	neuf	dix
11	12	13	14	15
onze	douze	treize	quatorze	quinze
16	17	18	19	20
seize	dix–sept	dix–huit	dix–neuf	vingt

① 형 태

a) 불변이다
J'ai deux chiens et deux chattes. [나는 개 두 마리와 암고양이 두 마리가 있다]

b) vingt [20]과 cent [100]은 나누어서 0이 되는 배의 숫자의 경우 –s를 붙이는 반면 나머지가 0이 아닌 경우 –s를 붙이지 않는다.
deux cents, trois cents [200, 300] / deux cent deux, trois cent cinq [202, 305]

c) mille은 항상 불변이다.
Ça coûte sept mille euros. [그것의 값은 7000유로이다]
Les Mille et Une Nuits [천일야화]

d) 100 이하의 수의 경우, 복합된 수는 –를 사용한다.
vingt–deux [22], trente–trois [33]

② 발 음

a) neuf는 ans과 heures 앞에서만 [v] 발음이 된다.
Il a neuf‿enfants. [그는 아이가 9이다]
Cet enfant a neuf‿ans. [이 아이는 9살이다]
Il est neuf‿heures. [9시다]

b) six [6]와 dix [10]
– 홀로 쓰이는 경우 [–s] 발음이 된다.
Vous êtes combien de personnes? Six.
– 모음 또는 묵음의 h로 시작하는 단어 앞에서 [–z] 발음이 된다.
Il y a six étudiants dans cette classe. [교실에 10명의 학생이 있다]
–자음으로 시작하는 단어 앞에서 마지막 철자 x는 발음되지 않는다.
J'attends le bus depuis dix minutes. [10분 전부터 버스를 기다린다]

c) cinq [5], sept [7], huit [8]
– 단독으로 쓰이거나 모음 또는 묵음의 h로 시작하는 단어 앞에서 마지막 자음들의 발음 [k], [t], [t]는 발음된다.
Il a sept ans. [그는 7살이다]
– 자음으로 시작하는 단어 앞에서는 일반적으로 발음되지 않는다.
Elle a cinq livres. [그녀는 5권의 책을 가지고 있다]

③ 용 법

a) 단독으로 명사의 한정사로 쓰일 수 있다.
Il a trois chiens. [그는 개를 세 마리 가지고 있다]
Il est onze heures. [11시다]

b) 항상 명사 앞에 쓰인다.
Il a deux enfants. [그는 아이가 둘이다]

15) à

전치사	남성단수	여성단수	모음, 묵음의 h	남, 여 복수
à	à+le – au	à+la	à l'	à+les – aux

① 유도 기능

a) 동사의 간접목적보어를 유도한다.
Je pense à mon avenir. [나는 내 장래에 대해 생각한다]
Il téléphone à ses parents tous les jours. [그는 그의 부모님께 매일 전화한다]

b) 부사의 보어를 유도한다(부사+à+동사원형).
J'ai encore beaucoup à te dire. [너에게 아직 할 말이 많아]

c) 형용사의 보어를 유도한다.
Le français est facile à apprendre. [프랑스어는 배우기가 쉽다]

② 명사의 보어를 유도하는 경우

a) 쓰임새, 용도를 나타낸다.
une tasse à thé [차를 마실 때 사용하는 잔]
une salle à manger [먹을 때 사용하는 방]
une chambre à coucher [잠잘 때 쓰는 방]

b) 특징 또는 특성을 나타낸다.
l'homme au chapeau rond [둥근 모자를 쓴 남자]
le pain aux raisins [포도가 든 빵]
la fille aux yeux verts [녹색 빛이 눈을 가진 소녀]

③ 상황보어를 유도하는 경우

a) 장소 (예정지)
Je vais à Paris. [나는 파리에 간다]
Je vais à l'épicerie. [나는 식료품가게에 간다]

b) 거리
La poste est à deux kilomètres d'ici. [우체국은 여기서 2킬로 떨어진 곳에 있다]

c) 시간
Il arrive à Paris à midi. [그는 정오에 파리에 도착한다]

d) 공간적, 시간적 거리
Il habite à trois kilomètres de Paris. [그는 파리에서 3킬로 떨어진 곳에 산다]

e) 단위, 척도
Vous vendez les fruits au poids ou à la pièce?
[당신 과일을 무게로 파세요, 아니면 갯수로 파세요?]

f) 방법, 수단
acheter à crédit [외상으로 사다] à voix basse [낮은 목소리로]

g) 소속 [être+à :~의 것]
Cette voiture est à toi? [이 자동차가 너의 것이니?]

16) ni ; ne .. ni .. ni : －도 아니다

Je ne suis ni grand ni petit. [나는 크지도 작지도 않다]
Chez lui, il n'y a ni eau ni gaz. [그의 집엔 물도 가스도 없다]
Ni la musique ni la danse ne peuvent la divertir. [음악도, 춤도 그녀를 위하지는 못한다]

17) le silence

[침묵]	garder le silence [침묵을 지키다] minute de silence [1분간의 묵념]

18) une église

[교회]	se marier à l'église [교회에서 결혼하다]

19) le sourire

[미소]	avoir toujours le sourire sur les lèvres [항상 입술에 미소를 머금다] en un large sourire [싱글벙글]

20) la peur

[공포, 두려움]	peur de la mort [죽음에 대한 공포] être blanc (pâle, vert) de peur [공포로 창백해지다] avoir peur [두려워하다] mourir de peur [무서워 죽겠다]

21) le fond

[바닥]	le fond de la mer [해저]
[비유적 : 속]	remercier qn du fond du coeur [마음속으로부터 —에게 감사하다]

22) le vent

[바람]	Il y a du vent. (=Il fait du vent) [바람이 분다] Le vent se lève. [바람이 인다] Le vent souffle de l'est. [바람이 동쪽에서 분다]
[숙어]	aller comme le vent [재빨리 가다]

23) 수동태

être＋타동사의 과거분사＋par, de＋동작주

L'homme a vendu son chien. – Son chien a été vendu par l'homme.

24) la pluie

[비]	eau de pluie [빗물] La pluie tombe. [비가 온다] la pluie fine [이슬비]	goutte de pluie [빗방울] la pluie d'abat [소나기] saisons des pluies [장마철]
[속담, 속어]	Après la pluie, le beau temps. [고생 끝에 낙이 온다] ennuyeux comme la pluie [아주 지루한]	

25) violent(e)

[세찬, 맹렬한]	vent violent [세찬 바람]	violent mal de tête [심한 두통]
[난폭한]	caractère violent [난폭한 성격]	

26) an

[해, 년]	dix ans après [10년 후] nouvel an [신년]	le jour de l'an [정월 초하루]
[복수 : ans – 나이]	la fleur des ans [한창 때]	

27) où

① 의문부사 : 어디로

Où allez-vous? [어디 가십니까?]

② 장소의 대명사 : ~의 장소에서

C'est le pays où je suis né. [여기가 내가 태어난 고장이다]

③ 때를 나타내는 선행사와 함께

Le jour où il était venu, .. [그가 왔던 날 ,..]

28) derrière

[ㅡ뒤에]	Il s'est caché derrière l'arbre. [그는 나무 뒤에 숨었다] Il est juste derrière toi. [그는 바로 네 뒤에 있어]
[순서 : ㅡ에 이어서]	Je marche derrière lui. [나는 그 뒤로 걷는다]

29) la façade

[건물의 정면]	hôtel dont la façade donne sur la plage. [정면에 해변을 바라보고 있는 호텔]

바네싸 빠라디 (Vanessa PARADIS)

La lune brille pour toi

www.paroles.net/chanson/24533.1

Regarde la Vidéo
Ferme les yeux
Et laisse les étoiles S'accrocher à tes doigts
Comme des papillons, mon amour
La nuit est belle
Approche－toi de moi
Ouvre dans tes ailes
La lune est telle un ange
Veille sur toi
Si tu as peur d'apprendre à voler
Les battements de mon coeur
Disent je suis tout près
J'ai demandé un ciel parfait
Pour que tu puisses enfin rêver
Ferme les yeux
La nuit sera ton amie
Sens comme le vent
Caresse ton visage

Gageons que le temps ne soit juste qu'un mirage
La nuit est belle
Approche－toi de moi
On ne voit plus qu'elle
La lune, mon amour

Brille pour toi
Ferme les yeux Et laisses les étoiles
Briller de tout leurs feux
Comme d'immenses soleils, mon amour
La nuit est belle
Approche−toi de moi
Ouvres grand tes ailes
C'est toi, mon amour
Qui brille pour moi
C'est toi mon amour
Qui brille pour moi.

배워봅시다

1) la lune

[달]	lune de miel [신혼여행]	claire de lune [달 빛]
[표현]	avoir des lunes [기분이 변하기 쉽다]	demander la lune [무리한 요구를 하다]

2) briller

[빛나다]	Tout ce qui brille n'est pas or. [반짝이는 것이 모두 금은 아니다]
[뛰어나다]	briller par son absence [없는 것이 눈에 띄다]

3) regarder

je regarde	tu regardes	il, elle regarde
nous regardons	vous regardez	ils, elles regardent
[쳐다보다]	Il regarde la télé. [그는 TV를 보고 있다]	
[표현]	Cela ne me regarde pas. [그것은 나와 상관없다] regarder qn d'un mauvais oeil [−를 나쁘게 보다]	

4) fermer

[닫다]	fermer la porte [문을 닫다] route fermée à la circulation [통행금지된 길]
[표현]	fermer la bouche à qn [－를 침묵시키다] fermer les yeux sur qn [－에 대해 눈감아주다]

- 명령법 (l'impératif)

2인칭 단수와 복수에 사용한다.

a) 명령

Sors! Sortez! [나가라! 나가세요!]

b) 충고

Refusez cette offre, croyez－moi! [이 제안을 거절하세요, 날 믿으세요!]

c) 바램

Rentrez bien! [잘 돌아가세요!]

d) 기도

Donnez－moi la force! [내게 힘을 주세요!]

☺ 2인칭 단수에서, 동사가 －er로 끝나는 1군 동사이고, 뒤에 오는 요소가 자음인 경우, －s를 생략하고 －e만 쓴다.

Mange cette pomme! [이 사과를 먹어!]

5) laisser

[남겨두다]	Laissez des fruits pour ce soir. [오늘 저녁을 위해 과일을 남겨둬요]
[＋동사원형]	Je ne l'ai pas laissé partir. [나는 그를 떠나게 놔두지 않았다]

- N1 à N2 구문의 동사들

donner [주다]
confier [－맡기다]
laisser [내버려두다]
dire [말하다]
mettre [놓다]
pardonner [용서하다]
offrir [제공하다]
envoyer [－보내다]
permettre [허용하다]
indiquer [지적하다]
rendre [돌려주다]
demander [요구하다]

6) le doigt

[손가락]	pouce doigt [엄지 손가락] majeur doigt [가운데 손가락]
[표현]	à deux doigts [아주 약간] à un doigt de [ㅡ에 아주 가까운] Mon petit doigt me l'a dit. [나는 다 알고 있어]

7) beau(belle)

[아름다운]	un beau paysage [아름다운 경치] Il est beau. [그는 잘 생겼다]
[날씨가 맑은]	Il fait beau aujourd'hui. [오늘 날씨가 좋다]
[유리한]	une belle occasion [좋은 기회]

• 남성형이 두 개인 형용사들

남성단수	모음, 묵음의 h의 남성 단수	여성단수
mou [물렁한]	mol	molle
beau [아름다운]	bel arbre	belle fille
vieux [낡은]	vieil homme	vieille femme

8) sur

① 위치 : ~위에

Asseyez-vous **sur** la chaise! [의자에 앉으세요!]

② 지탱, 의지 : ~위에

Il a construit un bâtiment sur un terrain solide.
[그는 단단한 지반 위에 건물을 세웠다]

③ 몸에 지니고

Les Coréens ont toujours de l'argent **sur** eux.
[한국 사람들은 돈을 항상 수중에 가지고 있어]

④ 표면 : ~위에

Ton nom est sur la liste. [너의 이름이 명단에 있어]

⑤ ~에 관하여

Je ne suis d'accord sur ce point. [이 점에 대해서는 동의할 수 없어]

⑥ ~에 의해, ~에 근거하여

Il ne faut pas croire quelqu'un sur parole. [말만 듣고 사람을 믿어서는 안된다]

⑦ ~을 내걸고, ~의 이름으로

Je te le promets sur mon honneur. [내 명예를 걸고 너에게 약속할게]

⑧ ~중에서

J'ai 17 sur 20 en anglais. [나는 영어에서 20점 만점에 17점을 받았어]

9) sera [être의 단순미래]

je serai	tu seras	il, elle sera
nous serons	vous serez	ils, elles seront

10) 접속법

① 화자의 생각이나, 감정 또는 소망들을 표현한다.– 명령이나 금지
Qu'il sorte! [그를 내보내라!]

② 소망
Le diable l'emporte! [악마가 그를 데려가기를!]

③ 가정, 추측
Qu'il dise un seul mot et je le mets dehors. [그가 한마디만 더 하면, 그를 내쫓을 거야]

• 접속법이 사용되는 구

– 시간 : avant que [–전에]
jusqu'à ce que [–까지]
... avant qu'il soit trop tard [너무 늦기 전에]
... jusqu'à ce que j'arrive [내가 도착할 때까지]

– 양보 : bien que [–에도 불구하고] quoique [–임에도]
... bien qu'il soit malade [그가 아픔에도 불구하고]

– 목적 : afin que, pour que [–하기 위해]
... pour que je puisse travailler [–내가 일을 할 수 있기 위해]

– 추측, 가정 : à condition que [–하는 조건하에]
... Il vient à condition que le temps le permette.
[시간이 허용된다는 조건 하에 그는 올 것이다]

11) ne – plus

① 다음 요소들의 부정이다.

– encore
Vous avez encore froid? [당신 아직도 추우세요?]
Non, je n'ai plus froid. [아니오, 더 이상 춥지 않아요]

– toujours
Tu joues toujours au football? [너 지금도 축구를 하니?]
Non, je ne joue plus au football. [아니, 더 이상 축구를 하지 않아]

② ne – plus의 위치

– 단순형태 : ne+동사+plus
Il ne fume plus. [그는 더 이상 담배를 피우지 않아]
Vous aimez toujours Marie? [당신 여전히 마리를 좋아해요?]
Non, je ne l'aime plus. [아니오, 그녀를 더 이상 안 좋아해요]

– 복합형태 : ne+조동사+plus+과거분사
Tu chantes toujours? [너 여전히 노래를 부르니?]
Non, je n'ai plus chanté depuis l'année dernière.
[아니, 작년부터 더 이상 노래를 부르지 않았어]

12) apprendre

j'apprends	tu apprends	il, elle apprend
nous apprenons	vous apprenez	ils, elles apprennent
[배우다]	Il apprend l'anglais. [그는 영어를 배운다]	
[à +동사원형]	Il apprend à nager. [그는 수영하는 것을 배운다]	

13) grand(e)

[명사 앞 : 위대한]	C'est un grand homme. [그는 위인이다]
[명사 뒤 : 큰]	C'est un homme grand. [그는 키가 큰 사람이다]

- 위치에 따라 의미가 달라지는 형용사들

  a) ancien :une maison ancienne [낡은 집]
  mon ancien ami [나의 오래된 친구]

  b) brave : un homme brave [용감한 남자]
  un brave homme [정직한 남자]

  c) pauvre :une pauvre femme [가련한 여인]
  une femme pauvre [불쌍한 여인]

  d) certain :un certain homme [어떤 남자]
  une preuve certaine [확실한 증거]

  e) propre : une assiette propre [깨끗한 접시]
  mon propre affaire [나만의 일]

14) 제한의 표현 : ne – que

ne– que는 [단지 = seulement]의 뜻을 갖는 부사적 표현이다.

① 단순형태 : ne+동사+que

Je n'aime que Marie. (=Je n'aime personne d'autre que Marie)
[나는 마리만을 좋아해]

② 복합형태 : ne+조동사+과거분사+que

Je n'ai acheté que la cravate. [나는 넥타이만 샀어]

미셸 사르두 (Michel SARDOU)

Le bac G

www.paroles.net/chanson/11258.1

Vous aviez quoi
Dix-sept ans dix-neuf ans
Vous me l'avez écrit
mais je m'en souviens pas

On hésite on remet on attend
Et la lettre se perd
mais vous savez tout ça
Vous passiez un bac G
Un bac à bon marché
Dans un lycée poubelle
L'ouverture habituelle
Des horizons bouchés
Votre question était
faut-il désespérer?

Vous aviez quoi
Dix-sept ans dix-neuf ans
Vous aviez un prénom
mais je m'en souviens pas
J'aurais dû, j'aurais pu certainement
Vous renvoyer dix lignes,
Je ne l'ai pas fait voilà

J'étais je ne sais plus où

Enfoncé jusqu'au cou
Dans ma vie personnelle
Cette angoisse éternelle
Du déclin qui rend fou

C'était avant l'été
Vous aviez décidé de visiter la France
Laissant de préférence
Le hasard vous guider
Votre question était
faut-il désespérer?

Vous aviez quoi
Dix-sept ans dix-neuf ans
Vous me l'avez écrit
mais je m'en souviens pas
J'aurais pu, j'aurais dû certainement
Mais je n'ai même pas le temps
De m'occuper de moi...

배워봅시다

1) Le Bac G

① Bac : baccalauréat 대학 입학시험의 약자

être refusé au bac [바칼로레아 시험에 낙제하다]

② G : gestion 관리·경영의 약자

gestion d'une fortune [재산관리]

2) aviez (avoir 동사의 반과거)

J'	avais	Nous	avions
Tu	avais	Vous	aviez
Il, Elle	avait	Ils, Elles	avaient

3) quoi

① que가 문장 맨 뒤에 쓰이면 quoi로 바뀐다.

Que manges-tu? Tu manges quoi? [너 무엇을 먹을래?]

② 전치사와 결합할 때

De quoi parlez-vous? [무엇에 대해 말하고 있어요?]

4) écrire

[쓰다]	écrire un roman [소설을 쓰다]

• 직접타동사 : 직접목적어를 취하는 동사로서 직접목적보어는 다음과 같다 :

a) 직접타동사 뒤에 오는 목적보어로서 명사군이나 대명사, 또는 절이 될 수 있다 :
Il connaît bien la musique classique [그는 고전음악을 잘 안다]
Paul. [그는 뽈을 잘 안다]
Il veut que Paul parte. [그는 뽈이 떠나길 원한다]
Je me demande s'il est là. [그가 거기에 있는지 궁금하다]

b) c'est ... que 구문을 통해 분리될 수 있다
C'est la musique classique qu'il connaît bien. [그가 잘 아는 것은 고전음악이다]

c) 3인칭 대명사로 대체될 수 있다.
Il le / la / les connaît bien.

d) 수동태의 문장에 주어가 된다.
La policier a arrêté le voleur. [경찰관이 도둑을 체포했다]
– Le voleur a été arrêté par le policier.

5) hésiter (une hésitation)

[주저하다]	hésiter dans ses croyances [신념이 흔들리다] Il n'y a pas à hésiter. [망설일 것 없다]

6) remettre

Je	remets	Nous	remettons
Tu	remets	Vous	remettez
Il, Elle	remet	Ils, Elles	remettent

a) 다시 놓다, 넣다
remettre du sel dans une soupe. [스푸에 소금을 다시 넣다]
remettre qch dans sa place. [-을 제자리에 다시 놓다]

b) 속어적 표현
On remet ça! [2차 가세!]

7) la lettre

[글자]	lettre minuscule (majuscule) [소(대)문자]
[편지]	décacheter une lettre [편지를 개봉하다]
[속어적 표현]	C'est lettre close pour moi. [그건 내게 수수께끼야] la cinq lettres [상스러운 욕 : merde]

8) perdre

Je	perds	Nous	perdons
Tu	perds	Vous	perdez
Il, Elle	perd	Ils, Elles	perdent

a) 잃다, 상실하다
perdre ses biens [재산을 잃다] perdre sa place [파면당하다] perdre du poids [야위다]

b) 지다 : perdre un match [시합에서 지다]

c) 자주 쓰이는 표현
perdre la tête [정신을 잃다] perdre du temps [시간을 낭비하다]

9) savoir

je sais	tu sais	il, elle sait
nous savons	vous savez	ils, elles savent
[알다]	Je sais ce que je fais. [내가 하는 것에 대해 알고 있다]	
[+ 동사원형]	Il sait parler français. [그는 프랑스어를 말할 줄 안다]	

10) ça

	단 수				복 수	
	남성	여성	중성		남성	여성
단순형태	celui	elle	ce	ça	ceux	celles
복합형태	celui－ci celui－là	celle－ci celle－là	ceci cela		ceux－ci ceux－là	celles－ci celles－là

① 관계절

J'ai examiné tous les livres, mais je n'ai pas trouvé celui que je cherche.
[나는 모든 책들을 살펴봤지만, 내가 찾던 그것을 찾지 못했어]

② 전치사 보어

Voici mon passeport et celui de ma femme! [자, 내 여권과 내 아내의 여권입니다]

③ －ci : 가까운 대상, －là : 멀리 떨어진 대상을 나타낸다.

④ 중성형 ceci, cela, ça : 지시대상의 성과 수에 영향을 받지 않는다.

11) bon

[좋은, 훌륭한]	avoir l'oreille bon [귀가 밝다] Bonné année [새해 복 많이 받으세요]
[바람직한, 유리한]	à bon compte [싸게]
[＋ pour : －에 좋은, 잘듣는]	remède pour la gorge [목에 좋은 약] L'alcool n'est pas bon pour la santé. [술은 건강에 안좋다]
[적당한]	au bon moment [적시에]
[올바른, 정확한] :	bonne route [올바른 길]
[다정한, 친절한]	avoir bon coeur [친절하다]

12) le marché

[매매, 거래]	marché noir [암시장] faire un marché avantageux [유리한 거래를 하다]
[시장]	jour de marché [장날] marché aux légumes (aux fleurs) [야채 (꽃) 시장]
[표현]	à bon marché [헐값으로]

13) la poubelle

[휴지통, 쓰레기통]	mettre qch à la poubelle [−을 쓰레기통에 넣다] C'est bon à jeter à la poubelle. [한 푼의 가치도 없다]

14) une ouverture

[열기, 개시]	heures d'ouverture d'un marché [시장이 열리는 시간] ouverture d'un métro [전철 개통]

15) un horizon

[지평선, 수평선]	au−dessus de l'horizon [지평선 상에] plaine qui s'étend jusqu'à l'aube [지평선까지 펼쳐진 평야]

16) boucher

[틈을 막다]	boucher un trou [구멍을 막다] boucher une bouteille [병에 마개를 하다]

17) la question

[질문]	poser une question à qn [−에게 질문을 하다]
[문제]	question d'argent [돈 문제] Ce n'est pas la question. [문제는 그게 아냐]

18) devoir

Je	dois	Nous	devons	과거분사
Tu	dois	Vous	devez	dû
Il, Elle	doit	Ils, Elles	doivent	

a) 필요, 의무 : −해야 한다
Je dois terminer ce travail ce soir. [오늘 저녁 이 일을 끝내야 한다]

b) 필연, 숙명 : −하기 마련이다
Nous devons mourir. [우린 죽기 마련이다]

c) 소원 : 조건법 현재 -하면 좋을 것이다
Vous devriez rester encore quelques minutes. [몇 분만 더 있으면 좋을 텐데요]

d) -에게 신세를 지다
Je lui dois tout. [나는 그에게 전적으로 신세를 지고 있다]

19) pouvoir

Je	peux	Nous	pouvons	과거분사
Tu	peux	Vous	pouvez	pu
Il, Elle	peut	Ils, Elles	peuvent	

a) -할 수 있다
Je peux vous aider? [도와드릴까요?]

b) -일지 모른다
Cela peut être vrai. [그것은 사실일지도 모른다]

20) certainement

[확실히, 꼭]	Je ne viendrai certainement pas. [나는 결코 오지 않을 것이다]
[강한 긍정]	Mais, certainement. [암, 물론이죠]

21) renvoyer

[돌려보내다, 해고하다]	renvoyer une bonne [하녀를 해고시키다]
[물건을 되돌려 보내다]	envoyer le cadeau [선물을 돌려보내다]

22) où

① 의문부사

a) 직접의문 : 어디로
Où vas-tu? [너 어디로 가니?]
Où travaillez-voius? [어디서 일합니까?]

b) 간접의문
Dites-moi où vous allez. [당신이 가는 곳을 말해주세요]

② 의문대명사

a) 장소의 선행사와 함께
C'est le pays où je suis né. [이곳이 내가 태어난 곳이다]

b) 시간의 선행사와 함께
au moment où elle sortait [그녀가 외출하려고 할 때]

23) enfoncer

[박다, 끼워넣다]	enfoncer les piques de la tente [텐트 말뚝을 박다]
[나쁜 상태가 되다]	Sa prodigalité l'a enfoncé dans les dettes. [그의 낭비벽이 그를 빚더미에 앉게 했다]
[깊이 채우다]	enfoncer un chapeau sur la tête [모자를 깊이 눌러쓰다]

24) jusque

① 장소, 수 따위의 한계 : －까지

aller jusqu'à Paris [파리까지 가다]　　compter jusqu'à dix [10까지 세다]

② 시긴 : －까지

jusqu'à présent [현재까지]

③ jusqu'à ce que＋접속법

Il va t'attendre jusqu'à ce que tu aies terminé tes achats.
[그는 네가 물건을 살 때까지 기다릴 것이다]

25) le cou

[목]	cou de cygne [가늘고 긴 목]　cou de taureau [굵은 목] se mettre un foulard autour du cou [목에 스카프를 감다]
[표현]	jusqu'au cou [완전히]

26) personnelle

[개인적인]	Il ne pense qu'à son intérêt personnel. [그는 오로지 개인의 이익만을 생각한다]
[개인에 대한]	attaque personnelle [인신공격]

27) une angoisse

[고민, 번민]	angoisse de conscience [양심이 가책] angoisse de l'agonie [단말마의 고통]
[표현]	avaler des poires d'angoisse [매우 괴로운 꼴을 당하다]

28) éternelle

[영원한]	Rien n'est éternelle dans ce monde. [이 세상에 영원한 것은 아무 것도 없다] se promettre un amour éternel [영원한 사랑을 맹세하다]
[끝이 없는]	Ces éternelles discussions m'ennuient. [이 끝없는 토론에 진력이 난다]

29) le déclin

[해의 기울음]	Le soleil est à son déclin. [해가 진다]
[종말, 쇠태]	déclin de la civilisation [문명의 쇠퇴]

30) rendre

Je	rends	Nous	rendons	과거분사
Tu	rends	Vous	rendez	rendu
Il, Elle	rend	Ils, Elles	rendent	

[돌려주다]	rendre de l'argent emprunté [빌린 돈을 돌려주다]
[환불하다]	rendre à un commerçant une marchandise défectueuse [하자있는 물건을 상인에게 도로 가져가다]
[잃은 아이를 돌려주다]	La police a retrouvé l'enfant et l'ai rendu à ses parents. [경찰이 아이를 찾아 부모에게 돌려주었다]

31) fou

[미친]	fol espoir [헛된 희망]
[一에 열중한]	être fou de musique [음악에 미친]
[표현]	fou de joie [기뻐 어쩔 줄 모르는]

32) avant

① 전치사

a) 시간 : －전에
avant midi [오전에]
Il est arrivé avant moi. [그는 나보다 먼저 도착했다]

b) 차례 : －앞서
mettre la vertu avant les richesse. [덕을 부보다 귀히 여기다]

② 부 사

a) 시간 : －전에
quelques jours avant [며칠 전에]

33) 대과거(le plus－que－parfait) : avoir, être의 반과거＋과거분사

– 두 개의 과거에 일어난 사건 중, 먼저 일어난 것을 나타냄.

Depuis qu'il avait reçu cette lettre, il restait songeur.
[그는 이 편지를 받자마자, 생각에 잠겼다]

– quand, après que 뒤에 쓰여 반복을 나타낸다. 이때 주절의 동사는 반복의 반과거이다.

Quand il avait bien déjeuné, il était de bonne humeur.
[그는 점심을 잘 먹고 나면, 기분이 매우 좋곤 했다]

34) décider

[결정하다]	C'est moi qui décide. [결정을 하는 사람은 나야]
[décider de＋원형]	J'ai décidé de tenter ma chance. [나는 내 운을 시험해보기로 결정했어]

35) 국가의 경우 －e로 끝나면 여성, 그렇지 않으면 남성

la Corée [한국] la France [프랑스] l'Italie [이탈리아]

예외) le Mexique [멕시코]
le Mozambique [모잠비크]
le Cambodge [캄보디아]

36) la préférence : préférer의 명사형

Je	préfère	Nous	préférons
Tu	préfères	Vous	préférez
Il, Elle	préfère	Ils, Elles	préfèrent

a) 더 좋아하다
Il préfère cette cravate. [그는 이 넥타이를 선호한다]

b) préférer A à B : B 보다 A를 선호하다
Je préfère la musique à la danse. [나는 춤보다 음악이 더 좋다]

c) préférer＋동사원형]
Je préfère jouer au football. [나는 축구를 하는 것이 더 좋아]

37) le hasard

[우연, 행운]	caprice du hasard [운명의 장난] Ce n'est pas un hasard si tu as raté ton examen. [네가 시험에 떨어진 것은 우연이 아니다]
[표현]	par hasard [우연히]

38) le temps

a) 때, 시간
Le temps presse. [시간이 없다]
Que le temps passe vite! [시간이 정말 빠르구나!]
gagner du temps [시간을 벌다]

b) 시대, 때
depuis ce temps là [그때 이후]

c) 때, 계절
le temps des moissons [추수철]

d) 날씨, 기후
Quel temps fait－il aujourd'hui? [오늘 날씨가 어때요?]

39) s'occuper＋de : －에 전념하다

Occupe－toi de tes affaires! [네 일이나 신경 써!]

쎌린 디옹 (Céline Dion)

Pour que tu m'aimes encore

www.paroles.net/chanson/20399.1

J'ai compris tous les mots, j'ai bien compris merci.
Raisonnable et nouveau, c'est ainsi par ici
Que les choses ont changé, que les fleurs ont fané
Que le temps d'avant, c'était le temps d'avant
Que si tout zappe et lasse,
les amours aussi passent
Il faut que tu saches
J'irai chercher ton coeur si tu l'emportes ailleurs
Même si dans tes danses d'autres dansent tes heures
J'irai chercher ton âme dans les froids dans les flammes
Je te jetterai des sorts pour que tu m'aimes encore
pour que tu m'aimes encore
Fallait pas commencer m'attirer me toucher
Fallait pas tant donner moi je ne sais pas jouer
On me dit qu'aujourd'hui on me dit que les autres font ainsi
Je ne suis pas les autres
Avant que l'on s'attache, avant que l'on se gâche
Je veux que tu saches
J'irai chercher ton coeur si tu l'emportes ailleurs
Même si dans tes danses d'autres dansent tes heures
J'irai chercher ton âme dans les froids dans les flammes
Je te jetterai des sorts pour que tu m'aimes encore
Je trouverai des languages pour chanter des louanges

Je ferai nos bagages pour d'infinies vendanges
Les formules magiques des marabouts d'Afrique
Je les dirai sans remords pour que tu m'aimes encore
Je m'inventerai reine pour que tu me retiennes
Je me ferai nouvelle pour que le feu reprenne
Je deviendrai ces autres qui te donnent du plaisir
Vos jeux seront les nôtres si tel est ton désir

Plus brillante plus belle pour une autre étincelle
Je me changerai en or pour que tu m'aimes encore

배워봅시다

1) J'ai compris

- 복합과거(le passé composé) : avoir, être 현재+과거분사

① 용 법

a) 말을 하는 순간에 완료된 행위
Et ton travail? [너 일은?] Je l'ai fini. [끝냈어]

b) 현재와 관련하여 과거의 한 순간에 삽입되는 행위
Il a dîné à six heures, il est parti à sept. [그는 6시에 저녁을 먹고, 7시에 떠났다]

c) 최근에 일어난 일
J'ai reçu ce matin une lettte de Paul. [나는 오늘 아침 뽈의 편지를 받았다]

② 과거분사의 일치

a) 조동사가 être인 경우, 주어의 성과 수에 일치한다.
Paul est arrivé. [뽈이 도착했다]
Marie est arrivée. [마리가 도착했다]

b) 조동사가 avoir인 경우, 주어와 일치하지 않는다.
Paul a mangé une pomme. [뽈이 사과를 먹었다]
Marie a mangé une pomme.

☺ 직접목적어의 경우, 대명사화 되면 직접목적어와의 성과 수를 나타낸다.

J'ai acheté une voiture. [나는 자동차를 샀다]
– Je l'ai achetée.
J'ai vendu des maisons. [나는 집들을 팔았다]
– Je les ai vendues.

2) le mot

[낱말, 단어]	mot composé [합성어]
[일언]	envoyer un mot à un ami [친구에게 간단히 한마디 적어 보내다]
[표현]	C'est mon dernier mot. [더 이상 양보할 수 없다] en deux mot [요약하자면]

3) comprendre

je comprends	tu comprends	il, elle comprend
nous comprenons	vous comprenez	ils, elles comprennent
[이해하다]	Je ne comprends rien ce que tu dis. [네가 말하는 것을 하나도 이해 못하겠어]	
[포함하다]	La maison comporte une cave. [집엔 지하실이 있다]	

4) bien

① 명사

a) 선, 선행 : le bien et le mal [선과 악]

b) 행복, 귀중한 것
La santé est le plus précieux des biens. [건강보다 더 귀중한 것은 없다]

c) 재산 : biens meubles (immeubles) [동산 (부동산)]

② 부 사

a) 올바르게
agir bien [올바르게 처신하다] se conduire bien [품행이 단정하다]

b) 잘
Il a bien vendu sa voiture. [그는 좋은 가격에 차를 팔았다]

c) 형용사, 부사 앞에서 : 매우
Je suis bien content. [나는 아주 만족한다]

③ 형용사

a) 좋은
Tout est bien qui finit bien. [결과가 좋으면 다 좋다]

b) 건강이 좋은
Il se porte bien. [그는 건강이 좋다]

5) le merci

[감사]	dire un grand merci [대단히 감사하다고 말하다]
[표현]	Merci bien, merci beaucoup. [대단히 감사합니다] Merci de votre gentillesse. [당신의 친절에 감사합니다]

6) raisonnable : la raison의 형용사 [이성 있는, 지각 있는]

[지각, 이성]	suivre les conseils de la raison [이성의 소리를 따르다]
[이유]	Pour quelle raison? [무슨 이유 때문에?]
[표현]	avoir raison de ＋동사원형 : [하는 것이 옳다] en raison de [－라는 이유로]

7) nouveau

[새로운, 최근의]	la nouvelle voiture [새 차]
[경험 없는]	nouvel élève [신입생] être tout nouveau dans les affaires [사무에 전혀 경험이 없다]

8) par

① 장소, 공간

a) 통과, 경유 : -을 통해서
Il est entré par la porte principale. [그는 정문을 통해 들어왔다]
Venez par ici. [이쪽으로 오세요]

② 동작주, 수단 표시

a) 수동문 : -에 의해
John Lennon a été assasiné par un fou.
[존 레논은 어떤 미친 사람에 의해 암살당했어.]

b) 도구, 수단 : -으로써, -에 의한
Je voudrais envoyer ce colis par l'avion. [이 소포를 비행기로 부치고 싶은데요.]

c) 동기, 원인 · - 때문에, -로 말미암아
J'ai donné un euro au mendiant par pitié. [딱해서 그 거지에게 1 유로를 주었어]

d) 행위의 기점 : -로서
Par où commencer? [어디서부터 시작할까?]

③ 기 타

a) 배분 : -마다
Prenez ce médicament trois fois par jour. [이 약을 하루에 세 번 드세요]

b) 분류
Entrez deux par deux. [두 사람씩 들어오세요]

c) 무관사 명사와 함께
par exemple [예를 들어] par hasard [우연히] par conséquent [따라서]

9) ici

[여기에]	On est bien ici. [이 곳은 편안하다]
[표현]	Je vois ça d'ici. [그건 뻔한 일이야] jusqu'ici [여기까지]

10) 감탄문

문장 앞에 다음과 같은 요소로 시작하는 경우 감탄문이다.

Que	주어+동사	Qu'elle est belle! [그녀는 정말 아름답다!]
	구	Que de gens! [사람들 정말 많네!]
Comme	주어+동사	Comme il est beau! [그는 정말 잘생겼다!]
Combien	주어+동사	Combien je suis heureux! [난 정말 행복해]

11) la chose

[사물]	Dieu a créé toutes choses. [신은 모든 사물을 창조했다] C'est peu de chose. [대단한 것은 아니다]

12) changer

Je	change	Nous	changeons	과거분사
Tu	changes	Vous	changez	changé
Il, Elle	change	Ils, Elles	changent	

① 타동사

a) 교환하다
changer sa voiture pour une nouvelle [자동차를 새것과 교환하다]

b) 갈다
changer les draps [이불을 갈다]

② 자동사

a) 달라지다
Le temps a changé. [날씨가 변했다]
Il a bien changé. [그는 많이 달라졌다]

13) la fleur

[꽃]	fleur artificielle [조화]
[표현]	à la fleur de [한창 때에] comme une fleur [아주 쉽게]

14) lasser

[피곤하게 하다]	Il lasse tout le monde. [그는 모든 사람을 피곤하게 한다]

15) aussi

[역시]	Il se trompe et vous aussi. [그는 오해하고 있는데, 당신도 마찬가지입니다]
[동등비교 : aussi ... que]	Il est aussi rapide que moi. [그는 나만큼 빠르다]

16) passer

① 자동사

a) 지나가다 : Le facteur est déjà passé. [우편배달부는 이미 지나갔어]
b) –보다 먼저 가다 : Passez donc! [먼저 가세요!]
c) 시험에 합격하다 : passer à l'examen

② 타동사

a) 지나가다 : passer une rivière [냇물을 지나가다]
b) 시간을 보내다 : passer ses vacances à la mer [휴가를 바다에서 보내다]

16) sache : savoir의 접속법 현재 형태

Je	sache	Nous	sachions	과거분사
Tu	saches	Vous	sachiez	su
Il, Elle	sache	Ils, Elles	sachent	

17) irai : aller의 단순미래 형태

J'	irai	Nous	irons
Tu	iras	Vous	irez
Il, Elle	ira	Ils, Elles	iront

18) chercher

[찾다]	chercher un emploi [직업을 찾다]
[chercher à+동사원형 : -하려 애쓰다]	chercher à savoir [알려고 애쓰다]

19) emporter

[가져가다]	emporter des provisions pour le voyage [여행을 위해 식량을 가져가다] emporte sur qn [-을 이기다] Autant en emporte le vent [바람과 함께 사라지다]

20) danser

[춤추다]	danser de joie [기뻐서 펄쩍 뛰다] danser sur la corde [위태로운 짓을 하다]

21) une âme

[영혼]	l'âme et le corps [영혼과 육체] immortalité de l'âme [영혼의 불멸] prier pour l'âme de qn [-의 명복을 빌다]
[정신]	état d'âme [정신상태] Les yeux sont le mirroir de l'âme. [눈은 마음의 거울이다]

22) froid

[추운]	eau froide [찬 물] boisson froide [찬 음료]
[식은]	repas froid [찬 요리]
[냉정한, 냉철한]	air froid [냉담한 태도]

23) la flamme

[불꽃]	La maison était en flammes. [집이 화염에 싸였다] périr dans les flammes [불에 타죽다]
[이글대는 빛]	flamme du soleil [태양이 작열하는 빛]
[정열]	Ce jeune homme est plein de flamme. [이 청년은 정열에 가득 차 있다]

24) jeter : 1군 동사이면서 불규칙하게 동사 변화를 한다.

Je	jette	Nous	jetons
Tu	jettes	Vous	jetez
Il, Elle	jette	Ils, Elles	jettent

a) 던지다

jeter son vêtement sur une chiase [옷을 의자 위에 던져버리다]

jeter un regard sur qn [-에게 시선을 던지다]

- se jeter

– 몸을 던지다 : se jeter à l'eau [물에 뛰어 들다]

se jeter dans la politique [정치계에 뛰어 들다]

25) le sort

[운명]	par une ironie du sort [운명의 장난으로] Le hasard décide du sort du combat. [우연이 승패를 결정짓는다]
[신분, 조건, 처지]	Personne n'est content de son sort. [누구도 자기 처지에 만족하는 사람은 없다]

26) attirer

[끌어당기다]	L'aimant attire le fer. [자석은 쇠를 끌어당긴다]
[시선을 끌다]	attirer l'attention sur soi [자기에게로 남의 시선을 끌어 들이다]

27) tant

[그렇게]	voyage tant désiré [그렇게 바라던 여행] J'en ai tant besoin. [나는 그것이 절실하게 필요하다]
[tant de+명사]	il y a tant d'années [여러해 전에]
[tant .. que : 너무나 -할 정도로]	Il a tant travaillé qu'il est tombé malade. [그는 너무 일해서 병이 났다]
[tant que : -와 만큼]	Prenez-en tant que vous voudrez. [원하는 만큼 드세요]

28) jouer

[놀다, 장난하다]	Les enfants jouent dans la cour. [아이들이 마당에서 논다] Allez jouer dehors! [밖에 나가 놀아라!]
[경기하다]	Notre équipe jouera ce soir. [우리 팀이 오늘 경기를 한다]
[게임하다]	À vous de jouer! [당신이 할 차례입니다!]
[연기하다]	Il joue dans <le Cid>. [그는 씨드에서 연기를 한다]
[연주하다]	jouer au piano [피아노를 치다]

29) donner

[주다]	donner un pouvoir au chauffeur [기사에게 팁을 주다] Donnez－moi un kilo de pommes. [사과 1킬로만 주세요]
[말해주다]	Donnez－moi votre nom. [당신의 이름을 말해주세요]
[동의, 약속을 주다]	donner son accord [동의하다]

30) aujourd'hui

[오늘]	soit aujourd'hui soit demain [오늘이나 내일 중에]
[오늘날]	Les jeunes d'aujourd'hui sont très différents de ce que nous étions. [오늘날 젊은이들은 옛날의 우리와 매우 다르다]

31) ainsi

[그렇게]	Vous avez tort d'agir ainsi. [그렇게 행동하는 것은 잘못이오] Ainsi finit cette histoire. [그 이야기는 이렇게 끝난다]
[표현]	ainsi que [－와 더불어] C'est ainsi que [그렇게 해서]

32) attacher

[묶다]	attacher une valise avec une ficelle [끈으로 가방을 묶다]
[고정시키다]	attacher son regard sur .. [－에 시선을 고정시키다]
[애착하게 하다]	attacher qn à son pays [－에게 고향에 애착을 느끼게 하다]

33) le langage

[언어]	science du langage [언어학] langage courant [일상어] langage mimique [몸짓으로 하는 언어]
[말투]	changer de langage [말투를 바꾸다] langage flatteur [아첨하는 말투]

34) la louange

[칭찬, 찬사]	chanter les louanges de qn [－를 극구 칭찬하다] chanter ses propres louanges [자화자찬하다]

35) le bagage

[가방]	bagage à main [휴대품]
[지식, 학식]	Son bagage scientifique est quasi nul. [그의 과학 지식은 거의 제로다]
[표현]	pour tout bagage [전부 통틀어]

36) infini(e)

[끝없는]	plaine infinie [끝없는 평원] patience infinie [무한한 인내]
[표현]	à l'infini [끝없이, 한없이]

37) la vendange

[포도 수확]	faire la vendange [포도를 거둬들이다] temps des vendanges [포도수확기]

38) la formule

[서식]	formule d'un contrat [계약서의 서식] formule de prière [기도문] formule magique [마법주문]
[공식]	formule mathématique [수학공식] formule de publicité [광고문구]

39) sans

① 대명사와 함께

a) －없이
Mon enfant est sorti sans parapluie. [내 아이가 우산도 없이 나갔어]

b) 부정을 나타내는 형용사구, 부사구
Il ne viendra pas sans aucune doute. [그는 틀림없이 안 올 거야]
Il pleut sans cesse. [끊임없이 비가 온다]

② 부정법과 함께 : －함이 없이

Elle est partie sans dire un mot. [그녀는 말 한마디 없이 떠났어]
Je ne peux pas rester comme ça sans rien faire.
[아무 것도 안하고 이렇게 가만히 있을 수는 없어]

③ sans que＋접속법

Sortez sans qu'on s'en aperçoive. [아무도 모르게 나가세요]

40) inventer

[발명하다]	inventer un médicament [새로운 약을 만들어내다]
[꾸며내다]	inventer un prétexe à sortir [외출할 구실을 꾸며내다] Je n'invente rien. [내가 꾸며낸 것은 하나도 없다]

41) rien

① ne .. rien 또는 rien … ne

a) 부정대명사(pronoms indéfinis)의 부정
Tu vois quelque chose? [뭐가 보이니?]
Non, je ne vois rien. [아니, 아무 것도 안보여]
Tu sais tout. [너 다 아는구나]
Mais non, je ne sais rien. [천만에, 아무 것도 몰라]

b) 질문에 대한 부정적인 답변
Vous comprenez? [당신 이해했어요?]
Non, je ne comprends rien. [아니오, 하나도 이해 못했어요]
Tu regrettes de ne pas faire ça? [너 그것을 하지 않은 걸 후회하니?]
Non, je ne regrette rien. [아니, 전혀 후회하지 않아]

② rien의 기능과 위치

a) 주어 : rien ne가 동사 앞에 위치한다.
Rien ne m'amuse. [그 어떤 것도 나를 즐겁게 하지 않아]
Rien n'a changé depuis sa mort. [그가 죽은 후 달라진 것이 없어]

b) 직접목적보어

– 단순형태에서 ne rien은 동사 앞뒤에 위치한다.
Que faites–vous? [무엇을 하고 있습니까?]
Je ne fais rien. [아무 것도 안 해요]
Vous voulez quelque chose? [무엇을 원하십니까?]
Je ne veux rien. [아무 것도 원하지 않아요]

– 복합형태에서 ne rien은 조동사 앞뒤에 위치한다.
Tu as tout mangé? [너 다 먹었니?]
Non, je n'ai rien mangé. [아니 아무 것도 먹지 않았어]

c) 간접목적보어

– ne ... à / de+rien에서 ne는 동사 앞에 위치하고 나머지는 단순형태 또는 복합형태의 동사 뒤에 위치한다.
À quoi pensez–vous? [무엇에 대해 생각합니까?]
Je ne pense à rien. [아무 생각도 안 해요]
À quoi avez–vous pensé?
Je n'ai pensé à rien.

42) devenir

Je	deviens	Nous	devenons	과거분사
Tu	deviens	Vous	devenez	devenu
Il, Elle	devient	Ils, Elles	deviennent	

43) le plaisir

[기쁨]	plaisir d'amour [사랑의 기쁨] éprouver du plaisir [기쁨을 맛보다]
[복수형 : 쾌락]	mener une vie de plaisirs [방종한 생활을 하다]
[표현]	avec plaisir [기꺼이] avoir le plaisir de+동사원형 [–하게 되어 기쁘다]

44) le jeu

[놀이, 유희]	Ce n'est qu'un jeu. [그것은 아주 쉬워]
[연기]	jeu de lumière [조명효과]
[경기]	règle du jeu [경기규칙]
[노름]	gagner (perdre) au jeu [도박에서 따다 (잃다)]

45) un or

[금, 황금]	mine d'or [금광] or pur [순금]
[금화, 부]	payer au poids d'or [비싼 금액을 치루다]
[값진 것]	avoir un coeur d'or [마음씨가 대단히 착하다]

빠트릭 브뤼엘 (Patrick BRUEL)

Je te le dis quand même

http : // kr.youtube.com/watch?v=hxwISk2GY_M

On aurait pu se dire tout ça
Ailleurs qu'au café d'en bas
Que t'allais peut－être partir
Et peut－être même pas revenir
Mais en tout cas ce qui est sûr
C'est qu'on pouvait en rire
Alors on va se quitter comme ça
Comme des cons devant le café d'en bas
Comme dans une série B, on est tous les deux mauvais
On s'est moqué tellement de fois des gens qui faisaient ça
Mais je trouve pas de refrain à notre histoire
Tous les mots qui me viennent sont dérisoires
Je sais bien que je te l'ai trop dit
Mais je te le dis quand même .. Je t'aime

Je voulais quand même te dire merci
Pour tout le mal qu'on s'est pas dit
Certains rigolent déjà, je m'en fous, je les aimais pas!
On avait l'air trop bien, y'en a qui supportent pas!
Mais je trouve pas de refrain à notre histoire
Tous les mots qui me viennent sont dérisoires
Je sais bien que je te l'ai trop dit
Mais je te le dis quand même .. Je t'aime

배워봅시다

1) On

3인칭 주어 대명사로서 문어체의 경우 문장 처음에 위치할 때 l'on이 되기도 한다. 동사는 3인칭 단수를 사용한다.

[사람]	On a souvent besoin d'un plus petit que soi. [때론 자기보다 못한 사람의 도움을 받아야 한다]
[세상 사람들]	On dit ... [－라고 말하곤 한다]
[어떤 사람]	On vous demande au téléphone. [누가 당신에게 전화를 했는데요]
[강세형 : 우리]	Lui et moi, on est bien ici. [우린 여기가 좋다]

2) se dire

[혼잣말하다]	Il se disait que c'était trop dur. [그는 그것이 너무 어렵다고 생각했다]

3) ailleurs

[다른 곳에]	avoir l'espoir ailleurs [다른 생각을 하다]
[표현]	d'ailleurs [게다가] par ailleurs [더구나] nulle part ailleurs [다른 아무데도 －않다]

4) le café

[커피]	Il boit son café sans sucre. [그는 설탕을 타지 않고 커피를 마신다] Elle boit une tasse de café au lait à son petit déjeuner. [그녀는 아침에 밀크커피 한잔을 마신다] café décaféiné [카페인이 없는 커피] café glace [냉커피]
[카페]	J'ai rendez－vous dans un café. [난 커피숍에서 약속이 있어]
[표현]	C'est un peu fort de café. [지독해, 용서할 수 없어. 거창한데]

5) bas

① 형용사

a) 높이가 낮은
maison basse de toit [지붕이 낮은 집]　　le plafond bas [낮은 천장]

b) 소리가 낮은 : une voix basse [낮은 목소리로]

② 부 사

a) 낮게
L'avion vole bas. [비행기가 낮게 난다]　　parler tout bas [아주 낮게 말하다]

6) que가 문장 앞에 나오고 주어+동사의 어순과 함께로 끝나는 문장은 3인칭에 대한 명령형이다.

Qu'il sorte! [그를 나가라고 해!]

7) peut-être

[아마, 어쩌면]	Il vient peut-être demain. [그는 아마 내일 올 거야]
[틀림없이]	Il n'est peut-être pas très intelligent, mais il est gentil. [그는 틀림없이 영리하지 않을지는 모르지만 친절하다]

8) partir

Je	pars	Nous	partons	과거분사
Tu	pars	Vous	partez	parti
Il, Elle	part	Ils, Elles	partent	

a) 출발하다
A quelle heure part ce train? [이 기차는 몇 시에 떠나니?]
partir pour Paris [파리를 향해 출발하다]

b) 시작하다
Vous êtes mal parti. [당신 잘못 시작했어요]
C'est parti! [자, 시작했어!]

9) revenir

[다시 오다]	Le médecin va revenir demain. [의사는 내일 돌아올 거야] Revenez nous voir. [우리를 보러 다시 오세요]
[다시 떠오르다]	Son nom me revient maintenant. [그의 이름이 이제 생각난다]

10) mais

① 접속사

a) 그렇지만

Il est riche, mais avare. [그는 부자지만 구두쇠다]

b) 부정 뒤에서 대립을 강조 : –가 아니고

Il n'est pas un criminel, mais bien un imprudent.

[그는 범죄자가 아니라, 단지 경솔한 뿐이야]

② 부사

a) 정말

Tu viens avec moi? Mais oui. [나랑 같이 갈래? 물론이지]

Mais non. [천만에]

11) sûr

[자신이 있는]	être sûr du succès [성공에 자신이 있는] J'en suis sûr. [확실합니다] Je suis sûr de gagner. [나는 이길 자신이 있다]
[신뢰할 수 있는]	Cette femme est sûre. [이 여인은 믿을 만하다]
[확실한]	Ce qui est sûr, c'est que je n'irai pas. [확실한 것은 내가 가지 않을 것이라는 거야]
[표현]	bien sûr. [물론이지] être sûr et certain [확실하다]

12) en

① 부정관사 혹은 부분관사가 선행한 명사

Tu as un chien?	Oui j'en ai un.
[너 개 가지고 있니?]	[응, 한 마리를 가지고 있어]
Vous avez des enfants?	Oui, j'en ai deux.
[아이들이 있어요?]	[예, 두 명 있습니다]

Tu as de la chance. Tu en as toujours.
[너는 운이 좋구나.] [너는 항상 그래]

② 전치사 de가 선행하는 사물명사

Je m'occupe de ces affaires. = Je m'en occupe. [내가 그 일을 맡을게]
Il s'occupe de sa mère. = Il s'occupe d'elle. [그는 어머니를 돌본다]

③ 명사의 보어

Tu as vu l'émission sur les animaux hier?
[너 어제 동물들에 대한 방송을 봤니?]
J'en ai vu une partie seulement. [=une partie de l'émission] [단지 일부만 봤어]

④ 출신지 또는 근원지의 장소에 대한 보어

Tu es déjà allé chez Marie? Oui, j'en arrive juste à l'instant.
[=j'arrive de chez elle]
[너 마리네 집에 벌써 갔었니?] [응, 거기에서 막 오는 길이야]

13) rire

[웃다]	rire aux éclats [폭소하다] rire aux larmes [눈물이 나도록 웃다]
[즐기다]	Ils ont bien ri. [그들은 즐거워했다]
[농담하다]	C'est pour rire. [농담이야] Vous voulez rire! [농담이시죠!]
[표현]	C'est à mourir de rire. [우스워 죽겠다] rire comme un bossu (une haleine, un fou) [배꼽이 빠지도록 웃다]

14) quitter

[떠나다]	Il quitte sa maison. [그는 집을 나온다] Ne quittez pas [전화 끊지 마세요]
[그만두다]	quitter son métier [직장을 그만두다]
[헤어지다]	Il quitte sa femme. [그는 아내와 헤어진다]

15) le con

① 명사

– 머저리, 바보 : Sale con! [천지바보]
faire le con [바보짓을 하다]

② 형용사

– 얼빠진 : être con comme la lune [지독한 바보]
histoire cone [터무니없는 이야기]

16) devant

① 전치사

a) –앞에
Regardez devant vous. [당신 앞을 보세요]
Il y a un camion devant le magasin. [상점 앞에 트럭이 있다]

b) –면전에서
Ne dites pas ça devant lui. [그사람 면전에서 그것을 말하지 마세요]

② 부사

– 앞으로
Passez devant. [먼저 가세요]
Il marche devant. [그는 선두에서 걷는다]

17) une série

[연속]	numéro de série [일련번호] une série de jours chauds [연일 계속되는 무더위]
[씨리즈, 세트]	une série de timbres [시리즈 우표]

18) se moquer de

[놀리다, 비웃다]	Ne vous moquez pas de lui. [그를 조롱하지 마세요]
[아랑곳하지 않다]	Il se moque de mes conseils. [그는 내 충고를 무시한다]

19) tellement

a) 그토록
L'air est tellement bon ici. [여기 공기는 정말 좋다]

b) tellement de + 명사
Il a pris tellement de précautions. [그는 아주 조심했다]

c) 문장 앞에서 결과문을 유도 : 그 정도로
On aurait dit que sa peau allait craqur, tellement elle était tendue.
[그녀의 피부는 금방이라도 퍼질 것 같았다. 그 정도로 팽팽했다]

d) 부정문에서 : 그다지
Je n'ai pas tellement envie de voir ce film.
[나는 그다지 그 영화를 보고 싶지 않다]

e) tellement ... que : 너무 －해서 －하다
Il a couru tellement vite que je ne l'ai pas vu.
[그는 너무 빨리 달려서 그를 보지 못했다]

20) la fois

[번, 회]	combien de fois? [몇 번?] une fois par semaine [일주일에 한번] C'est la première fois [처음으로]

21) le refrain [반복구, 후렴]

[늘 되풀이 되는 말]	C'est son refrain. [그것은 그가 늘 되풀이하는 말이야] Changez de refrain. [제발 화제를 바꾸세요 = Changez de disque)]

22) une histoire

[역사]	histoire de France [프랑스 역사] histoire ancienne [고대사]
[이야기]	Tout ça, ce sont des histoires. [모두가 다 거짓말이야]
[표현]	C'est une autre histoire. [그것 별개의 문제다]

23) le mot

[낱말, 단어]	mot courant [일상어] mot dérivé [파생어]
[말, 표현]	gros mot [상스러운 표현] jeu de mots [말장난]
[표현]	en deux mots [간단히 말해서] manger ses mots [우물거리다]

24) dérisoire

[극히 적은]	à un prix dérisoire [터무니없는 가격] salaire dérisoire [박봉]
[하찮은]	dérisoire ennemi [가소로운 적]

25) 복합과거(조동사+과거분사)

① 조동사가 avoir이고 직접목적보어 인칭대명사가 사용되었을 경우, 과거분사는 성과 수에서 일치해야 한다.

J'ai vu Pierre. – Je l'ai vu. [l : 남성단수]
J'ai vu Marie. – Je l'ai vue. [l' : 여성단수]
J'ai vu Pierre et son père. – Je les ai vus.

② 직접과 간접목적보어가 같이 쓰이는 경우, 1, 2인칭이 앞에 오고 3인칭이 뒤에 온다.

Je te l'ai dit. [나는 너에게 그것을 말했어] – te : 간접, le : 직접

③ 3인칭의 경우, 직접목적보어가 먼저 온다.

Je le lui ai dit. [나는 그것을 그에게 말했다]

④ 단순시제의 경우 부사는 동사 뒤에 위치하는 반면, 복합시제의 경우 부사는 조동사와 과거분사 사이에 위치한다.

Je parle trop – Tu as trop parlé.

26) aimer

[+ 명사 : ─을 좋아하다]	Il aime la musique classique. [그는 고전음악을 좋아한다]
[+ 동사원형 : ─하는 것을 좋아하다]	Il n'aime pas sortir seul. [그녀는 혼자 나가는 것을 좋아하지 않는다]

27) certain [부정 대명사]

[어떤 사람들]	Certains sont incapables de garder un secret. [어떤 사람들은 비밀을 못 지킨다]
[몇몇]	Certains d'entre vous [당신들 중 몇몇은]

28) rigoler

[장난치다]	On a bien rigolé. [우린 재미있게 놓았다]
[농담하다]	Vous voulez rigoler! [농담이시죠]

29) un air

[외관, 모습]	d'un air triste [처량한 모습으로]
[태도]	d'un air décidé [단호한 태도로]

빠트리씨아 까쓰 (Patricia Kaas)

Une dernière semaine à New York

www.paroles.net/chanson/23377.1

Et s'il ne nous restait plus qu'une semaine à vivre
Serais–tu prêt à me suivre
pour s'endormir ensemble à New York
Et s'il ne nous restait plus qu'une semaine à vivre
Serais–tu prêt à me suivre
Là–bas, le long des docks
Oh oh il n'y aurait plus que la ville et nous
Oh oh et dans la brume de Chinatown je saurais te dire les mots doux
Et s'il ne nous restait plus qu'un avion à prendre
Saurais–tu me comprendre
Cette dernière semaine à New York
Et s'il ne nous restait plus qu'un avion à prendre
Saurais–tu me défendre
Là–bas, le long des docks
Oh oh il n'y aurait plus que des hôtels et nous
Oh oh dormir dans tes bras serait pour moi
Le désir le plus fou
Et s'il ne nous restait plus qu'une semaine à vivre
Serais–tu prêt à me suivre
pour s'endormir ensemble à New York
Et s'il ne nous restait plus qu'une semaine à vivre
Serais–tu prêt à me suivre
Là–bas, le long des docks

배워봅시다

1) dernier (ère)

[명사 앞 : 최후의]	le dernier venu [마지막에 온 사람] le dernier jour du mois [달의 마지막 날]
[명사 뒤 : 최근의]	la semaine dernière [지난 주]

- 형용사의 일치

– 명사의 성과 수에 일치한다.

Une petite fille [작은 소녀] des maisons anciennes [오래된 집]

– 형용사가 복합으로 구성된 경우 불변이다.

des yeux bleu clair [밝은 푸른색의 눈] des jupes bleu marine [바다색 푸른 치마]

2) rester

[있다]	Restez–là jusqu'à ce que je vous appelle. [내가 당신을 부를 때까지 거기에 있으시오] rester au lit [침대에 그대로 있다] Restez encore un peu. [조금만 더 있으세요]
[+ 속사, 상황보어]	Restez tranquille [조용히 있으세요] rester debout [서 있다] Elle reste jeune. [그녀는 아직도 젊다]

3) une semaine

[주, 주간]	cette semaine [이번 주] la semaine dernière [지난 주] la semaine prochaine [다음 주]
[표현]	la semaine des quatre jeudis [결코, 절대로]

4) prêt(e)

[준비된]	Le dîner est prêt. [저녁이 준비됐다] Vous être prêt? [준비됐어요?]
[+à+동사원형]	Je suis prêt à partir. [나는 떠날 준비가 됐어]
[표현]	être prêt à tout [어떤 것이건 준비가 되어 있다]

5) suivre

[뒤따르다]	suivre qn de près [-의 뒤를 바짝 쫓다] Sa femme le suit dans tous ses voyages. [그의 아내는 그가 여행하는 곳마다 쫓아다닌다] suivre un suspect [용의자를 추적하다]
[따라가다]	Suivez la rivière jusqu'au pont. [다리까지 강을 따라가시오]
[따르다]	suivre la mode [유행을 따르다]
[듣다]	suivre un cours [강의를 듣다]
[이해하다]	Vous parlez trop vite. Il est difficile de vous suivre. [당신이 말을 너무 빨리 해서 이해할 수가 없어요]

6) s'endormir

[잠들다]	Je me suis endormi vers minuit. [나는 자정 경에 잠들었다] s'endormir d'un sommeil de plomb [깊이 잠들다]

- 자주 쓰이는 대명동사들

s'en aller	On s'en va. [여기를 나가자]
s'arrêter	Le taxi s'arrête devant ma porte. [택시가 내 집 앞에 선다]
s'asseoir	Asseyez-vous! [앉으세요!]
se blesser	Il s'est blessé la tête. [그는 머리를 다쳤다]
se coucher	Je me couche à minuit. [나는 자정에 잠자리에 든다]
se dépêcher	Dépêchez-vous! [서두르세요!]
s'habiller	Elle ne sait pas s'habiller. [그녀는 옷을 입을 줄 모른다]
s'intéresser	Il s'intéresse au cinéma. [그는 영화에 관심이 있다]
se laver	Il se lave les mains. [그는 손을 씻는다]
se rappeler	Je ne me rappelle pas son nom. [그의 이름이 생각이 나지 않아]
se reposer	Reposez-vous bien! [푹 쉬세요!]
se réveiller	Elle se réveille tard. [그녀는 늦게 잠자리에서 일어난다]
se souvenir	Je me souviens de son père. [그의 아버지에 대해 기억나요]
se tromper	Vous vous trompez d'adresse. [주소를 혼동하셨군요]

7) ensemble

[함께]	vivre ensemble [함께 살다] Ils sont tous venus ensemble [그들은 모두 함께 왔다]
[동시에]	vendre tous ses meubles ensemble [가구 전부를 한꺼번에 팔다] tout ensemble [동시에]

- 도시명사

Rome [로마], Athènes [아테네], Sparte [스파르타], Alexandre [알렉산드르] 등의 도시 이름은 오랜 전통에 따라 여성으로 취급되는 경향이 있다. 그리고 관사를 붙이지 않는 것이 일반적이지만, 몇몇의 도시는 정관사를 포함하는 것들이 있다 :

Le Havre [르 아브르], Le Mans [르망], La Rochelle [라호셸]

도시명의 관사가 혼동되는 경우, une ville de+도시명사를 사용하기도 한다.

8) le long

[길이, 세로]	avoir dix mètres de long [길이가 10미터다] table de deux mètres de long sur un mètre de large. [길이가 2미터, 폭이 1미터인 책상]
[표현]	tout au long [빠짐없이]

9) la ville

[도시]	chercher du travail à la ville [도시에서 일자리를 찾다] ville industrielle [산업도시] ville de champignon [나날이 팽창하는 도시] hôtel de ville [시청]
[표현]	en ville [도시에서]

10) doux

[단, 맛있는]	vin doux [단맛이 도는 포도주 − vin sec]
[부드러운, 심한]	peau douce [부드러운 피부] La sauce est un peu douce, il faut la saler. [스프가 약간 싱겁다, 소금을 쳐라]

11) un avion

[비행기]	accident d'avion [비행기 사고] avion de ligne [정기노선 취항기]
[표현]	en avion [비행기로] mal d'avion [항공병] par avion [항공우편으로]

12) prendre

je prends	tu prends	il, elle prend
nous prenons	vous prenez	ils, elles prennent

a) 잡다, 붙들다
prendre qn par la main [-의 손을 잡다]
prendre un enfant dans ses bras [아이를 품에 안다]

b) 입다, 쓰다
prendre un chapeau [모자를 쓰다]
prendre un parapluie [우산을 휴대하다]

c) 맡다, 돌보다
prendre qn sous sa protection [-를 보호해 주다]

d) 꺼내다
prendre de l'argent à la banque [은행에서 돈을 찾다]

e) 태우다
prendre un taxi [택시를 타다]

f) prendre - pour : -로 간주하다
prendre qn pour un imbécile [-를 바보로 취급하다]

g) 먹다, 복용하다
prendre ses repas [식사하다]

h) 목욕하다
prendre un bain [목욕하다]

13) défendre

je défends	tu défends	il, elle défend
nous défendons	vous défendez	ils, elles défendent

a) 지키다, 수호하다
défendre son honneur [명예를 지키다]

b) 변호하다
défendre son client [의뢰인을 변호하다]

c) 주장하다
défendre son point de vue [자신의 의견을 주장하다]

d) 금지하다
défendre l'alcool à qn [-에게 술을 금지하다]

14) un hôtel

[호텔, 여관]	hôtel de tourisme [관광호텔]
[관용건물]	hôtel des Monnaies [조폐국]

15) dormir

je dors	tu dors	il, elle dort
nous dormons	vous dormez	ils, elles dorment

a) 자다
Vous avez bien dormi? [잘 주무셨어요?]
dormir d'un profond sommeil [잠을 깊이 자다]
dormir d'un sommeil léger [잠을 설치다]

b) 표현
dormir à points fermés [깊이 잠들다]
dormir en chien [몸을 구부리고 자다]

16) le bras

[팔]	La mère tient son bébé dans ses bras. [엄마가 아기를 팔에 안고 있다] charrette à bras [손수레]
[조력자]	être le bras droit de qn [-의 오른팔이다]
[표현]	avoir le bras long [영향력이 크다] avoir les bras retournés [게으르다] recevoir qn à bras ouverts [-을 환영하다]

장-자끄 골드만 (Jean - Jacques GOLDMAN)

Né en 17 à Leidenstadt

http : // kr.youtube.com/watch?v=PULi2cGGD48

Et si j'étais né en 17 à Leienstadt
Sur les ruines d'un champ de bataille
Aurais-je été meilleur ou pire que ces gens
Si j'avais été allemand?

Bercé d'humiliation, de haine et d'ignorance
Nourri de rêves de revanche
Aurais-je été de ces improbables consciences
Larmes au milieu d'un torrent
Si j'avais grandi dans les docklands de Belfast
Soldat d'une fois, d'une caste
Aurais-je eu la force envers et contre les miens
De trahir ; tendre une main
Si j'étais née blanche et riche à Johannesbourg

Entre le pouvoir et la peur

Aurais-je entendu ces cris portés par le vent
Rien ne sera comme avant
On saura jamais ce qu'on a vraiment dans nos ventres
Caché derrière nos apparences

L'âme d'un brave ou d'un complice ou d'un bourreau?
Ou le pire ou le plus beau?
Serions-nous de ceux qui résistent ou bien les moutons d'un troupeau
S'il fallait plus que des mots?

Et si j'étais né en 17 à Leienstadt
Sur les ruines d'un champ de bataille
Aurais-je été meilleur ou pire que ces gens
Si j'avais été allemand?
Et qu'on nous épargne à toi et moi si possible très longtemps
D'avoir à choisir un camp

배워봅시다

1) naître

[태어나다, 싹트다]	Il est né poète. [그는 타고난 시인이다] L'homme est né pour le bonheur. [인간은 행복해지기 위해 태어났다]
[표현]	être né pour qch [선천적으로 -에 적합하다] Je ne suis pas né d'hier. [나를 갓난애인줄 아는 모양이군]

2) si : 조건

① [si+직설법 현재, 과거]

Je ne partirai pas s'il pleut. [비가 오면 외출하지 않겠다]

② [si+반과거, 대과거]

Si j'étais riche, j'achèterais une voiture. [내가 부자였다면, 차를 살 텐데]

3) sur : 전치사

[－위에]	Il y a un livre sur la table. [책상 위에 책이 한권 있다]
[몸에 지니고 있다]	avoir de l'argent sur soi [돈을 몸에 지니고 있다]
[－에 의하여]	croire qn sur parole [－의 말을 듣고 신뢰하다]
[－을 내걸고] :	sur ma parole [맹세코] sur mon honneur [명예를 걸고]
[－중에]	un cas sur cent [백에 한 경우]

4) la ruine

[붕괴, 와해]	la ruine de la ville [마을의 붕괴]
[복수 : 폐허]	ruines romaines [로마의 폐허]
[표현]	C'est la ruine. [이젠 다 틀렸다] menace ruine [무너질 것 같다]

5) la bataille

[전쟁]	champ de bataille [전쟁터]
[싸움, 논쟁]	La bataille électorale a été ardente. [선거전이 치열했다]
[표현]	cheveux de bataille [부스스한 머리털] ligne de bataille [전선]

6) meilleur

[bon 의 비교급 : 더 좋은]	Cet homme est meilleur que je ne pensais. [이 사람은 내가 생각했던 것 보다 낫다]
[bon 의 최상급]	son meilleur ami [그의 가장 좋은 친구]

7) pire

형용사 : [mauvais 의 비교급 : 더 나쁜]	une catastrophe pire que la guerre [전쟁보다 더 나쁜 재난]
[명사]	Le pire de tout, c'est l'ennui. [무엇보다 제일 나쁜 것은 권태다]

8) allemand : 국가, 국민 및 언어

La Corée [한국] le Coréen [한국남자] / la Coréennele coréen [한국어]

La Chine [중국] le Chinois / la Chinoisele chinois

La France [프랑스] le Français / la Françaisele français

Le Japon [일본] le Japonais / la Japonaisele japonais

L'Allemagne [독일] l'Allemand / l'allemandel'allemand

9) bercer

[살며시 흔들다]	canot bercé par les vagues [물결에 가볍게 흔들리는 파도]
[달래다]	bercer un chagrin [슬픔을 달래다]
	[être bercé de : 자주 들으며 자라다, 몸에 배다]

10) une humiliation

[모욕, 창피, 굴욕]	essuyer une humiliation [모욕을 받다]

11) la haine

[증오]	avoir de la haine de qn [－를 싫어하다] exciter la haine de qn [－의 증오심을 불러일으키다]

12) une ignorance (ignorer)

[모르다]	Il ignore qui je suis. [그는 내가 누군지 모른다]
[무시하다]	J'ai décidé de l'ignorer. [나는 그를 무시하기로 결심했다]

13) nourrir

[기르다, 양육하다]	nourrir sa famille [가족을 부양하다]

14) la revanche

[보복, 복수]	jouer la revanche [복수전을 하다]
[표현]	en revanche [반면에]

15) la conscience

[의식, 자각, 양심]	obéir à sa conscience [양심에 따르다]
[표현]	avoir de la conscience [양심이 있다] avoir la conscience en paix [양심에 걸릴게 없다] mauvaise conscience [양심의 거리낌]

16) le milieu

[가운데]	le juste milieu [중용]
[표현]	au beau milieu de = en plein milieu de [－한가운데] Il n'y a pas de milieu. [타협의 여지가 없다]

17) grandir

[커지다, 자라다]	Comme il est grandi! [그는 정말 많이 컸구나!]

18) le soldat

[군인, 사병]	soldat de marine [해병]
[표현]	lever des soldats [모병하다] jouer au petit soldat [허세를 부리다]

19) la force

[힘, 권력]	la force physique [체력] troisième force [제 삼 세력]
[표현]	à force de＋동사원형 : [많이 －한 덕택에] à toute force [무슨 일이 있어도] avec force [힘차게]

쌀바또르 아다모 (Adamo SALVATORE)

TOMBE LA NEIGE

http : // kr.youtube.com/watch?v=7A9xWYZD55U

Tombe la neige
Tu ne viendras pas ce soir
Tombe la neige
Et mon coeur s'habille de noir
Ce soyeux cortège
Tombe la neige
Tu ne viendras pas ce soir
Tombe la neige
Et mon coeur s'habille de noir
Ce soyeux cortège
Tout en larmes blanches
L'oiseau sur la branche
Pleure le sortilège

Tu ne viendras pas ce soir
Me crie mon désespoir
Mais tombe la neige
Impassible manège

Tombe la neige
Tu ne viendras pas ce soir
Tombe la neige

Tout est blanc de désespoir
Triste certitude
Le froid et l'absence
Cet odieux silence
Blanche solitude
Tu ne viendras pas ce soir
Me crie mon désespoir
Mais tombe la neige
Impassible manège

배워봅시다

1) tomber

[쓰러지다]	J'ai failli tomber. [나는 넘어질 뻔 했다]
[떨어지다]	feuilles qui tombent [떨어지는 낙엽들]
[표현]	laisser tomber [관심을 두지 않다]

- 장소의 변화 또는 이동을 나타내는 동사들

aller [-에 가다]	Je suis allé à l'école. [나는 학교에 갔다]
venir [-에 오다]	Il est venu me voir. [그는 나를 보러 왔다]
arriver [도착하다]	Il est arrivé à l'heure. [그는 정시에 도착했다]
partir [떠나다]	Elle est partie ce matin. [그녀는 오늘 아침에 떠났다]
entrer [들어오다]	Il est entré dans sa chambre. [그는 자기 방으로 들어갔다]
sortir [나가다]	Elle est sortie sans rien dire. [그녀는 아무 말 없이 나갔다]
monter [오르다]	Il est monté à la montagne. [그는 산에 올랐다]
descendre[내려가다]	Il est descendu par l'escalier. [그는 계단으로 내려왔다]
passer [지나가다]	Il est passé par la fenêtre. [그는 창문으로 지나갔다]
tomber [떨어지다]	L'échelle est tombée. [사다리가 쓰러졌다]

2) la neige

[눈]	amas de neige [눈더미] bonhomme de neige [눈사람] chose de neige [하찮은 물건]

3) le soir

[저녁]	repas du soir [저녁 식사] À ce soir! [오늘 저녁에 봐!] du matin au soir [아침부터 저녁까지]

4) noir(e)

[검은]	cheveux noirs [검은 머리카락]	film noir et blanc [흑백영화]
[어두운]	nuit noire [캄캄한 밤]	chambre noire [어두운 방]

- 색깔에 관련된 형용사들

blanc [흰 색의]	noir [검은 색의]	bleu [푸른 색의]	blond [황금 색의]
gris [회색의]	jaune [노란 색의]	rouge [붉은 색의]	vert [녹 색의]

5) blanc(he)

[흰]	blanche neige [백설공주] peau blanche [흰 피부]	blanc comme un lis [백합같이 흰] blanc comme un linge [하얗게 질린]
[표현]	dire tantôt blanc, tantôt noir [이랬다 저랬다 하다]	

6) le désespoir

[절망]	coup de désespoir [절망적 행동]tomber dans le désespoir [절망에 빠지다]

7) triste

[명사 앞 : 비참한]	visage triste [침울한 얼굴] regarder qn d'un air triste [침울한 태도로 -를 보다]
[명사 뒤 : 슬픈]	triste personnage [한심한 인물]

8) la certitude

[확실함]	avec sûreté et certitude [절대로 확실하게] J'ai la certitude d'avoir payé. [나는 값을 치렀다고 확신합니다]

9) impassible

[냉정한]	être impassible devant le danger [위험 앞에서 태연하다] visage impassible [무표정한 얼굴]

베로니끄 상송 (Véronique SANSON)

Amoureuse

www.paroles.net/chanson/10759.1

Une nuit je m'endors avec lui
Mais je sais qu'on nous l'interdit
Et je sens la fièvre qui me mord
Sans que j'aie l'ombre d'un remords

Et l'aurore m'apporte le sommeil
Je ne veux pas qu'arrive le soleil
Quand je prends sa tête entre mes mains
Je vous jure que j'ai du chagrin
Et je me demande
Si cet amour aura un lendemain
Quand je suis loin de lui
Quand je suis loin de lui
Je n'ai plus vraiment toute ma tête
Et je ne suis plus d'ici
Oh ! je ne suis plus d'ici
Je ressens la pluie d'une autre planète
d'une autre planète

Quand il me serre tout contre lui
Quand je sens que j'entre dans sa vie
Je prie pour que le destin m'en sorte
Je prie pour que le diable m'emporte
Et l'angoisse me montre son visage

Elle me force à parler son langage
Mais quand je prends sa tête entre mes mains
Je vous jure que j'ai du chagrin
Et je me demande
Si cet amour aura un lendemain
Quand je suis loin de lui
Quand je suis loin de lui
Je n'ai plus vraiment toute ma tête
Et je ne suis plus d'ici
Oh ! je ne suis plus d'ici
Je ressens la pluie d'une autre planète
d'une autre planète

배워봅시다

1) interdir

[금지시키다]	Je vous interdis de fumer. [당신이 담배피우는 것을 금합니다] Il est interdit de boire ici. [여기서 술을 마시는 것은 금지다]

2) 간접목적보어 인칭 대명사

① 형 태

		단 수	복 수
1인칭		me	nous
2인칭		te	vous
3인칭	남 성	lui	leur
	여 성		

② 용 법

a) 간접목적보어 인칭대명사는 항상 사람을 나타내며 거의 동사 앞에 위치한다.

Tu téléphones souvent à Paul? [너 뽈에게 자주 전화하니?]
Oui. je lui téléphone tous les jours. [응, 그에게 매일 전화해]

b) 직접목적보어 인칭대명사는 달리, 간접목적보어 인칭대명사 3인칭의 경우 성의 구분이 없다 :
Elle écrit une lettre à Jean. = Elle lui écrit une lettre.
[그녀는 장에게 편지를 쓴다]
Elle écrit à Isabelle. = Elle lui écrit une lettre.
Paul téléphone à ses filles. = Il leur parle.
Paul téléphone à ses fils. = Il leur parle.

3) la fièvre

[열]	petite (forte) fièvre [미(고)열] avoir de la fièvre [열이 있다] fièvre de cheval [심한 열]
[흥분]	fièvre de la rampe [무대 가장자리의 흥분된 열기]

4) mordre

[물다]	Le chien m'a mordu la main. [개가 내 손을 물었다] J'ai été mordu toute la nuit par les moustiques. [나는 밤새 모기에게 물렸다]

5) une ombre

[그늘]	plaine sans ombre [그늘이 없는 들판]
[망각]	rester da ns l'ombre [망각 속에 살다]
[표현]	C'est comme l'ombre et le corps. [늘 함께 붙어 다니다] suivre qn comme son ombre [~의 뒤에 붙어 다니다]

6) un remords

[가책, 회한]	avoir des remords [양심의 가책을 받다] mourir sans remords [여한 없이 죽다]

7) une aurore

[새벽]	à l'aurore [새벽에]
[초창기]	aurore de la vie [인생의 여명]

8) le sommeil

[잠, 수면]	nuit sans sommeil [잠이 오지 않는 밤] yeux lourds de sommeil [잠이 깨지 않은 눈]

- 동사구

avoir	peur [두렵다]	froid [춥다]	chaud [덥다]
	sommeil [잠이 온다]	faim [배고프다]	soif [목이 마르다]
	envie de [－하고 싶다]	besoin de [－가 필요하다]	

9) entre

① 둘 : －사이에, －의 중간에

a) 공간
Les Pyrénées se trouvent entre la France et l'Espagne.
[피레네 산맥은 프랑스와 스페인 사이에 있습니다]

b) 시간
Je viendrai entre 10 heures et onze heures.
[나는 10시에서 11시 사이에 오겠습니다]

c) 정도, 상태
Il vit entre la vie et la mort. [예. 생사지경을 헤매고 있어요]

d) 선택, 분할
Il hésite entre deux choix. [그는 두 가지 선택에서 망설인다]

e) 수량
Ça se vend entre 500 et 600 euros. [이것은 500 유로와 600 유로 사이에서 팔려요]

② 여 럿

a) － 사이에서
Je dois choisir seulement un entre ces cravates?
[이 넥타이들 중에서 하나만 선택해야 해요?]

b) d'entre＋인칭대명사 : －중에서
L'un d'entre vous doit aller à l'aéroport.
[여러분들 중에 한 사람은 공항에 가야 합니다]

10) le chagrin

[슬픔, 괴로움]	avoir du chagrin [슬프다] mourir de chagrin [크게 상심하다] chagrin d'amour [사랑의 슬픔]

11) loin

[(장소)멀리]	aller se promener loin [멀리까지 산책하다] C'est enccore loin d'ici? [여기서 아직 멀었나요?]
[(시간) 아득히]	remonter loin dans l'histoire [역사를 멀리 거슬러 올라가다] L'été n'est plus très loin. [곧 여름이다]
[표현]	Loin des yeux, loin du coeur. [몸이 멀어지면 마음도 멀어진다]

12) serrer

[죄다]	serrer les poings [주먹을 꽉 쥐다] serrer les dents [이를 꽉 물다] serrer un robinet [수도꼭지를 꽉 잠그다]

13) contre

① 대립 : [－에 반대하여]

agir contre l'avis de ses parents [부모의 의견에 반대로 행동하다]
Je suis contre votre avis. [난 당신의 의견에 반대입니다]

② 적대 : [－에 대하여]

se fâcher contre qn [－에게 화를 내다]
se battre contre l'ennemi [적과 싸우다]

③ 근접 : [－에 기대어]

s'appuyer contre le mur [벽에 기대다]

④ 비율

dix voix contre sept [10표 대 7표]

⑤ 교환

échanger une chose contre une autre [한 물건과 다른 물건을 교환하다]

14) le destin

[운명]	se livrer au destin [운명에 몸을 맡기다] Il tient notre destin dans ses mains. [우리 운명은 그의 손에 달렸다]

15) le visage

[얼굴]	frapper qn au visage [－의 얼굴을 때리다] changer de visage [안색이 달라지다] nouveau visage [신인]
[표현]	à visage découvert [숨김없이] faire bon(mauvais) visage à qn [－에게 좋은(나쁜) 얼굴을 하다]

17) la tête

[머리]	J'ai mal à la tête.[나는 머리가 아프다] tête chauve [대머리]
[표정]	avoir une tête sympathique [친근감이 있어 보이다]
[표현]	avoir la tête ailleurs [딴 생각을 하다] faire la tête [싫은 표정을 하다] tête à tête [마주 앉아서]

프랑스 갈 (France GALL)

POUPÉE DE CIRE POUPÉE DE SON

www.paroles-musique.com/
clip-France_Gall-Poupee_De_Cire_Poupee_De_Son-video,c1

Une nuit je m'endors avec lui
Mais je sais qu'on nous l'interdit

Et je sens la fièvre qui me mord
Sans que j'aie l'ombre d'un remords
Et l'aurore m'apporte le sommeil
Je ne veux pas qu'arrive le soleil
Quand je prends sa tête entre mes mains
Je vous jure que j'ai du chagrin
Et je me demande
Si cet amour aura un lendemain
Quand je suis loin de lui
Quand je suis loin de lui
Je n'ai plus vraiment toute ma tête
Et je ne suis plus d'ici
Oh ! je ne suis plus d'ici
Je ressens la pluie d'une autre planète
Quand il me serre tout contre lui
Quand je sens que j'entre dans sa vie

Je prie pour que le destin m'en sorte
Je prie pour que le diable m'emporte
Et l'angoisse me montre son visage
Elle me force à parler son langage
Mais quand je prends sa tête entre mes mains
Je vous jure que j'ai du chagrin
Et je me demande
Si cet amour aura un lendemain
Quand je suis loin de lui
Quand je suis loin de lui
Je n'ai plus vraiment toute ma tête
Et je ne suis plus d'ici
Oh ! je ne suis plus d'ici
Je ressens la pluie d'une autre planète

배워봅시다

1) la poupée

[인형]	poupée de bois [나무인형] jouer à la poupée [인형놀이를 하다]

2) voir

je vois	tu vois	il, elle voit
nous voyons	vous voyez	ils, elles voient
[보이다]	Je l'ai vu mes propres yeux. [나는 그것을 내 눈으로 직접 봤다] De ma balcon, on voit la mer. [나의 발코니에서 바다가 보인다]	

3) le miroir

[거울]	miroir de poche [손거울] miroir mural [벽거울]
[표현]	miroir aux alouettes [속임수, 유혹]

4) chacun(e)

– 항상 단수로 쓰이며 사람 또는 사물을 나타낸다.

Chacun a son défaut. [누구나 실수를 하기 마련이다]

– 홀로 쓰이거나 de, d'entre+주어를 나타내는 대명사가 뒤에 위치한다.

Chacun d'eux a refusé. [그들 모두 거절했다]
Chacun d'entre vous aura une surprise. [당신들 모두 놀랄 거예요]

5) partout

[도처에]	chercher qch partout [-을 사방으로 찾다] en tout et partout [언제 어디서든지]

6) un éclat

[조각]	éclat de verre [유리조각]
[큰소리]	éclat de rire [폭소] parler avec des éclats de voix [언성을 높여 말하다]
[섬광]	éclat de soleil [눈부신 햇빛]

7) la voix

[목소리]	avoir une voix très agréable [듣기 좋은 목소리를 가지고 있다] voix blanche [억양 없는 목소리] à voix basse [낮은 목소리로]
[표현]	chanter à pleine voix [목청을 다해 노래하다] rester sans voix [어안이 벙벙하다] Voix du peuple, voix de Dieu. [민심이 천심]

8) entendre

j'entends	tu entends	il, elle entend
nous entendons	vous entendez	ils, elles entendent
[들리다]	Je ne vous entends mal. [당신 말이 잘 안들려요]	
[의미하다]	Qu'entendez-vous par ces mots? [그게 무슨 의미죠?]	

9) rire

[웃다]	rire aux éclats [웃음을 터뜨리다] rire aux larmes [눈물이 나도록 웃다]
[표현]	C'est à mourir de rire. [우스워 죽겠다] Rire bien qui rira le dernier. [마지막에 웃는 자가 승리자이다]

10) 관계대명사 복합 형태

		남 성	여 성
주어, 직접목적어	단수	lequel	laquelle
	복수	lesquels	lesquelles
간접보어	단수	auquel, duquel par lesquel	à laquelle par laquelle
	복수	auxquels, desquels par lesquels	auxquelles, par lesquelles

복합형인 lequel, laquelle, lesquel(le)s, 그리고 전치사와의 축약형들(à qui, duquel, desquels, auquel, auxquels)은 의문대명사와 같다. 선행사와 대명사이고 무생물인 경우, 전치사 뒤에 사용된다.

les troupes sur l'arrivée desquelles le général comptait tant.
[장군이 그렇게 믿던 군대의 도착]
Le garçon à qui je t'ai présenté est lycéen.
[내가 너에게 소개했던 그 아이는 고등학생이야]

선행사의 정체에 대한 애매성을 피하기 위해 동격의 관계절에서 주어로 사용되기도 한다.
le mari de ma voisine lequel / laquelle ...

11) non

non은 oui 또는 si에 반대되는 개념으로서 부정절 전체를 대체한다. 또한, non은 전체의문에 대한 부정적 답변이다.

Tu pars demain? Non. [=je ne pars pas demain]
[너 내일 떠나니?] [아니 [=내일 떠나지 않아]
Il cherche encore un travail? J'espère que non.
[그는 아직도 일자리를 찾고 있니?] [=J'espère qu'il a trouvé un travail]

대립에서 non 또는 pas를 사용할 수 있는데, 형용사, 부사, 대명사 앞에는 pas를 쓰는 경향이 있다 :

Il adore le football, mais moi non. [그는 축구를 아주 좋아하지만 나는 아니야]

Tu veux boire quelque chose? [뭐 좀 마실래?] — Non, pas maintenant. Je n'ai pas soif. [아니, 지금은 싫어. 목이 마르지 않아]

On va voir un film ce soir? [오늘 저녁에 영화 보러 갈까?] — Non, pas ce soir. J'ai rendez-vous. [아니, 오늘 저녁은 안 돼. 약속이 있어]

12) 간접목적 의문대명사

	선행사		
기 능	생 물	무 생 물	생물 또는 무생물
주 어	qui		lequel, laquelle
직접목적 속사	que		
전치사보어	전치사+qui dont	전치사+quoi dont	전치사+lequel auquel duquel
	단 순 형		복 합 형
	형 태		

a) 사람이나 동물 : à qui, pour qui, avec qui, de qui
Pour qui travaillez-vous? [누구를 위해 일하십니까?]
Avec qui chantez-vous? [누구와 함께 노래를 하십니까?]

b) 사물 : à quoi. avec quoi?
A quoi penses-tu? [너 무엇에 대해 생각하니?]

13) sous

① 공간적 위치

a) -아래에, 밑에
Le chat est sous la chaise. [그 개는 밑에 있어]

b) -안에, 속에
L'avion a disparu sous les nuages. [비행기가 구름 속으로 사라졌다]

② 외관 : -을 입고, -형태로, -으로

Il m'a évité sous un prétexte ou l'autre. [그는 이리 저리 핑계로 나를 피했다]

③ 작용, 영향

Il a attendu Marie sous la pluie. [그는 빗속에서 마리를 기다렸다]

④ −의 보호 하에

Il est sous la protection des parents adoptés.
[그는 양부모의 보호 하에 있다]

14) la chaleur

[더위]	Quelle chaleur ! [정말 덥군!] coup de chaleur [일사병]
[열기]	accueillir qn avec chaleur [-를 열렬히 환영하다]

자니 할리데이 (Johnny HALLYDAY)

A deux heures de chez toi

www.paroles.net/chanson/10112.1

J'étais venu pour prendre le train
Pour te rejoindre enfin
Lorsque je l'ai vue soudain
Et mon cœur dans son regard
Oubliant le départ
En t'oubliant toi

{Refrain:}
Surtout ne lui en veux pas
Cette fille ne savait pas
Que tu m'attendais là－bas
Que pour elle je reste là
Juste à deux heures de chez toi
Mon long chemin touchait à sa fin
Mais, vois tu, le destin
Jamais, il ne nous prévient
Pour nous deux dans cette gare
Ce qui fut notre histoire
Meurt avec ce train

{au Rrefrain}
Pour une fois ton cœur pleurera
Quand tu liras cela
Et pourtant, je n'y peux rien
Aurai－je ton pardon?
En apprenant son nom
J'ai effacé le tien

{au Refrain}
Dans quelques jours
Nous serons bien loin
Seuls dans un autre train
Qui s'éloignera de toi
Il te faut m'oublier
Même si je n'étais qu'à
Deux heures de chez toi
Deux heures de chez toi

배워봅시다

1) 대과거 : avoir, être의 반과거＋과거분사

– 두 개의 과거에 일어난 사건 중, 먼저 일어난 것을 나타냄.

Depuis qu'il avait quitté son pays, il pensait à ses parents.
[그는 조국을 떠나고 나서부터 부모님을 생각했다]

– quand, après que 뒤에 쓰여 반복을 나타낸다. 이때 주절의 동사는 반복의 반과거이다.

Quand il avait terminé son travail, il se sentait fatigué..
[그가 일을 끝마쳤을 때 그는 피곤함을 느꼈다]

2) le train [기차]

le métro [지하철]	le train [기차]	l'avion [비행기]	le bus [버스]
la station	la gare	l'aéroport	l'arrêt

3) rejoindre

[결합하다]	rejoindre les lèvres d'une plaie [상처를 봉합시키다]
[합류하다]	Partez en avant, je vious rejoindrai au café. [먼저 떠나세요, 카페에서 합류할게요]

4) lorsque

[동시성]	Lorsque je trouve mon amour, [내 사랑을 찾으면]
[대립]	On fait des discours, lorsqu'il faut agir. [행동을 해야 하는데도 따지고만 있다]

5) soudain(e)

[갑작스러운]	attaque soudaine [급습] mort soudaine [급사] douleur soudaine et aiguë [갑작스러운 격통]

6) 직접목적보어 인칭대명사 : le, la, les는 다음의 요소들을 대체할 수 있다 :

① 정관사, 소유형용사, 지시형용사가 선행하는 한정 보통명사

Tu as lu le dernier livre de Jean? Oui. je l'ai lu.
[너 장의 최근 책을 읽었니?] [응, 그것을 읽었어]
Vous voulez réserver votre place maintenant?
[당신의 자리를 지금 예약하시겠어요?]

– Non, je la réserverai demain. [아니, 자리를 내일 예약할게요]
J'ai acheté cette robe au magasin. [이 옷을 상점에서 샀어]
– Je la trouve très bien. [아주 좋은데]

② 문맥이나 상황에 의해 한정되는 보통명사

Vous avez une carte d'identité? [당신 신분증 있으세요?]
– Non, je l'ai laissée chez moi. [아니오. 집에 두고 왔어요]

③ 고유명사

Tu as trouvé Paul? Non, je ne l'ai pas encore trouvé.
[너 뽈을 찾았니?] [아니, 그를 아직 찾지 못했어]

- voici 또는 voilà로 시작하는 문장에서 인칭대명사는 항상 직접목적보어 인칭대명사를 사용한다 :

Tu peux me passer le dictionnaire, s'il vous plaît? Le voici.
[사전 좀 줄래?] [여기에 있어]

Donnez-moi l'addition, s'il vous plaît! La voici.
[계산서 좀 주세요!] [여기에 있습니다]

7) surtout

[특히]	Surtout, n'oubliez pas de nous prévenir votre arrivée. [특히, 당신의 도착을 미리 알려주는 것을 잊지 마세요] Il est bavrad surtout quand il est avec vous. [그는 당신과 함께 있을 때 특히 수다스러워요]

8) lui

간접목적보어 인칭대명사의 lui와 강세인칭 대명사 3인칭 남성 단수의 lui를 혼동해서는 안된다.

Tu as téléphoné à Paul? – Oui, je lui ai téléphoné hier. [간접]
[너 뽈에게 전화했니?] [응, 어제 그에게 전화했어]
Tu travailles avec lui? [강세 : 너 그와 함께 일하니?]

명령문에서 간접목적보어 인칭대명사는 동사 뒤에 위치하는 반면 부정명령문에서는 동사 앞에 위치한다 :

Je téléphone à Marie? Oui, Téléphone-lui !
[마리에게 전화할까?] [응, 그녀에게 전화해 !]

Non, ne lui téléphone pas aujourd'hui!
[아니, 그녀에게 오늘 전화하지마]

9) la fin

[시간 : 끝]	Le 31 décembre, c'est la fin de l'année. [12월 31일은 한 해의 마지막이다]
[끝부분]	la fin d'une autoroute [고속도로 종점]
[결론]	heureuse fin [해피 엔딩]
[목적]	arriver à ses fins [목적을 달성하다] La fin ne justifie pas les moyens. [목적이 수단을 정당화하진 않는다]

10) prévenir

[예고하다]	prévenir la police [경찰에 신고하다]
[예방하다]	Il a pu prévenir ce malheur à temps. [그는 그 불행을 제 때에 막을 수 있었다]

11) lire

je lis	tu lis	il, elle lit
nous lisons	vous lisez	ils, elles lisent
[읽다]	Avez-vous quelque chose à lire? [읽을 만한 것을 갖고 있어요?] apprendre à lire [읽는 것을 배우다]	

12) effacer

[지우다]	effacer une tache [얼룩을 지우다] Le temps efface tout. [시간은 모든 것을 잊게 한다]

13) l'éloigner

[물러서다]	Éloignez-vous ! [물러서세요!] Le train s'éloigne de la gare. [기차가 역에서 멀어진다]
[벗어나다]	s'éloigner du sujet [주제에서 벗어나다]

14) y

① 전치사 à가 선행하는 무생물을 나타낸다.

Tu participes à cette réunion? Oui. j'y participe.
[너 이 회의에 참석할 거야?] [응, 거기에 참석할 거야]

Elle s'intéresse à la soirée dansante? Oui, elle s'y intéresse.
[그녀는 무도회에 관심이 있니?] [응, 그것에 관심 있어 해]

② 상황을 나타내는 장소 또는 예정지를 나타내기도 한다.

Vous allez à Paris? Oui, j'y vais.
[당신 파리에 갑니까?] [예, 그곳에 갑니다]

Il rentre chez lui? Non. il n'y rentre pas.
[그는 자기 집으로 돌아가니?] [아니, 그곳으로 가지 않아]

③ 절 혹은 부정법 전체를 대체할 수 있다.

Vous vous attendiez à ce qu'il accepte votre proposition?
[당신은 그가 당신의 제안을 받아들일 것을 기대했습니까?]
– Non, je ne m'y attendais pas. [아니오, 그것을 기대하지 않았어요]

- 보어 대명사들의 어순

en과 y의 경우

① en은 모든 경우에 다른 보어대명사 뒤에 위치한다.

Il m'a acheté des gâteaux. – Il m'en a acheté.
[그는 내게 케익들을 사줬어]
Il offre des jouets à ses enfants. – Il leur en offre.
[그는 아이들에게 장난감을 사준다]
Ne nous demande pas de l'argent ! –Ne nous en demande pas.
[우리에게 돈을 요구하지 마!]
Raconte–nous des histoires ! – Raconte–nous–en!
[우리에게 이야기를 해봐!]
Raconte des histoires aux enfants. – Raconte–leur–en!
[아이들에게 얘기를 해줘]

② y 역시 다른 보어대명사 뒤에 위치한다.

Il accompagne ses amies à la gare. – Il les y accompagne.
[그는 친구들을 역까지 마중한다]
N'emmenez pas les enfants au zoo! – Ne les y emmenez pas.
[아이들을 동물원에 데려가지 마세요]

자끄 브렐 (Jacques BREL)

Amsterdam

www.paroles.net/chanson/10786.1

Dans le port d'Amsterdam
Y a des marins qui chantent
Les rêves qui les hantent
Au large d'Amsterdam
Dans le port d'Amsterdam
Y a des marins qui dorment
Comme des oriflammes
Le long des berges mornes
Dans le port d'Amsterdam
Y a des marins qui meurent
Pleins de bière et de drames
Aux premières lueurs
Mais dans le port d'Amsterdam
Y a des marins qui naissent
Dans la chaleur épaisse
Des langueurs océanes
Dans le port d'Amsterdam
Y a des marins qui mangent
Sur des nappes trop blanches
Des poissons ruisselants
Ils vous montrent des dents
A croquer la fortune
A décroisser la lune
A bouffer des haubans
Et ça sent la morue

Jusque dans le cœur des frites
Que leurs grosses mains invitent
A revenir en plus
Puis se lèvent en riant
Dans un bruit de tempête
Referment leur braguette
Et sortent en rotant
Dans le port d'Amsterdam
Y a des marins qui dansent
En se frottant la panse
Sur la panse des femmes

Et ils tournent et ils dansent

Comme des soleils crachés

Dans le son déchiré
D'un accordéon rance
Ils se tordent le cou
Pour mieux s'entendre rire
Jusqu'à ce que tout à coup L'accordéon expire
Alors le geste grave
Alors le regard fier
Ils ramènent leur batave
Jusqu'en pleine lumière
Dans le port d'Amsterdam
Y a des marins qui boivent
Et qui boivent et reboivent
Et qui reboivent encore
Ils boivent à la santé
Des putains d'Amsterdam
De Hambourg ou d'ailleurs
Enfin ils boivent aux dames
Qui leur donnent leur joli corps
Qui leur donnent leur vertu
Pour une pièce en or
Et quand ils ont bien bu
Se plantent le nez au ciel
Se mouchent dans les étoiles
Et ils pissent comme je pleure
Sur les femmes infidèles
Dans le port d'Amsterdam
Dans le port d'Amsterdam.

배워봅시다

1) premier(ère) 첫 번째의

• 서수들 (les nombres ordinaux)

① 형 태

a) 숫자에 −ème를 붙여 만든다.
deux − deuxièmetrois − troisième

b) 21e (vingt et unième), 31e (trente et unième), 41 (quarante et unième)
Au concours, il a été reçu vingt et unième sur deux cents candidats.
[대회에서 그는 200명의 후보자 중 21위를 했다]

② 용 법

a) 형용사로서 서수는 속사 (attributs) 또는 부가사(épithètes)의 기능을 하는데, 역할에 따라 의미가 바뀐다.
L'équipe chinoise est arrivée première.
[속사 : 중국 팀이 맨 먼저 (선두로) 도착했다]
La première équipe était japonaise. [첫 번째 팀은 일본 팀이었다]

b) 한정사(관사, 소유형용사 또는 지시형용사)가 선행할 수 있다.
Mon deuxième enfant a gagné le grand prix au concours.
[내 두 번째 아이가 경연대회에서 대상을 받았어]

− deuxième는 두 개 이상의 구성체 중 두 번째라는 의미인 반면, seconde는 단지 두 개만이 있는 경우에서 두 번째라는 의미의 차이가 있다 :

Il a été classé deuxième sur trente au second semestre.
[그는 2학기에 30명 중 2번째를 차지했다]

c) 서수는 수에 일치한다.
Ce sont les troisièmes Jeux Olympiques auxquels il participe.
[이것은 그가 참가하는 세 번째 올림픽이다]

d) 파생 부사인 −ment는 서수에서부터 시작된다.
premièrement [첫 번째로]　　deuxièmement [두 번째로]

2) naître

[태어나다]	Il est né chanteur. [그는 타고난 가수다] Je suis né à Paris. [나는 파리에서 태어났다]

3) épais(se)

[두꺼운]	livre épais [두꺼운 책]	cheveux épais [숱이 많은 머리카락]
[둔한]	avoir l'esprit épais [머리가 둔하다]	sensibilité épaisse [둔한 감수성]

4) la dent

[이]	dents de sagesse [사랑니] avoir mal aux dents [이가 아프다] se brosser les dents [이를 닦다]
[표현]	à belles dents [게걸스럽게] avoir la dent [배가 고프다] avoir la dent dure [입바른 소리를 잘하다]

5) la fortune

[재산]	partager sa fortune entre ses enfants [재산을 자식들에게 나눠주다]
[운]	bonne fortune [행운] caprice de la fortune [운명의 장난]

6) gros(se)

[뚱뚱한]	grosse femme [뚱뚱한 여자] grosses lèvres [두툼한 입술]
[다량의]	avoir un gros appétit [식욕이 왕성하다]

7) le bruit

[잡음]	à grand bruit [큰 소리로] Ne faites pas de bruit [소리 내지 마세요]
[소문]	faux bruit [헛소문] bruit qui court [떠도는 소문]

8) joli(e)

- 자주 사용되는 형용사들

ancien [구식의] moderne [현대식의]	présent [자리에 있는] - absent [부재중인]
chaud [더운] – froid [추운]	court [짧은] – long [긴]
difficile [어려운] – facile [쉬운]	doux [부드러운] – dur [딱딱한]
faible [약한] – fort [강한]	gauche [왼쪽의] – droit [오른 쪽의]
gentil [친절한] – méchant [짓궂은]	grand [큰] – petit [작은]
haut [높은] – bas [낮은]	jeune [젊은] – vieux [나이 든]
libre [시간이 있는] occupé [바쁜]	lourd [무거운] – léger [가벼운]
mauvais [나쁜] – bien[좋은]	mince [날씬한] – gros [뚱뚱한]
vieux [오래된] neuf [새 것의]	pauvre [가난한] – riche [부유한]
possible [가능한] – impossible [불가능한]	
premier [첫번째의] – dernier [마지막의]	

9) se lever

[일어나다]	Je me lève à 7 heures. [나는 7시에 일어난다]

10) se frotter

[-을 문지르다]	se frotter les mains [두 손을 비비다]	se frotter les yeuz [눈을 비비다 (의심하다)]

11) se tordre

[비틀다]	se tordre de rire [포복졸도하다] se tordre le pied [발을 삐다] se tordre de douleur [고통스러원 몸을 비틀다]

12) fier(ère)

[자랑스러워하는]	Je suis fier de ma fille. [나는 내 딸이 자랑스럽다]
[거만한]	fier comme paon [몹시 거만한]

13) la santé

[건강]	santé de fer [대단히 좋은 건강] avoir de la santé [건강하다] recouvrer la santé [건강을 회복하다] nuire à la santé [건강을 해치다]

쥘리앙 끌렉 (JULIEN CLERC)

Si j'étais elle

www.paroles.net/chanson/21815.1

Si j'étais elle
Je saurais dire tant de ces choses
Tant de ces mots qu'elle ne dit pas
De sa voix douce à en frémir
Si j'étais elle
Je ne voudrais pas de tous ces songes
De tous ces drôles de mensonges
Qu'elle s'invente pour s'enfuir

{Refrain:}
Mais il n'y a qu'elle
Qui sait se taire ainsi
Et elle se cache dans ses silences
Comme une toute petite fille
Mais il n'y a qu'elle
Qui sait se fuir comme ça
Et elle s'allonge dans son absence
Tout contre moi tout contre moi.

Si j'étais elle

Je ne chercherais pas tellement d'excuses

Paroles vaines et vains refuges
Tristes armes de combat
Si j'étais elle
Je n'aimerais pas me voir souffrir
À en crever à la maudire
Pour tout ce mal qu'elle pose là

{au Refrain}

Si j'étais elle
Je laisserais que tout se glisse
Que tout se passe et très en douce
C'est qu'elle est douce croyez-moi
Si j'étais elle je voudrais bien juste pour voir
Juste pour rien, juste comme ça, comment ça serait...
Cet amour-là

배워봅시다

1) 조건법현재

① 형 태

Je	−rais	Nous	−rions
Tu	−rais	Vous	−riez
Il, Elle	−rait	Ils, Elles	−raient

② 용 법

a) 미래에 실현될 수 있는 사실

Si je terminaias mon travail, je vous suivrais.
[내가 일을 끝내며 당신을 따라갈게요]

b) 현재 실현되지 않은 사실

Si j'avais vingt ans de moins (maintenant), je vous épouserais.
[내가 지금 20살만 젊었어도, 당신과 결혼할 텐데]

c) 과거에 실현되지 못한 사실

Si j'avais obtenu le permis de conduire (hier), je conduiserais.

[내가 면허증을 따기만 했어도, 운전을 할 텐데]

☺ 독립절에서의 조건법

– 추측에 연관되어 발생될 수 있는 일

Ne faites pas de bruit; l'enfant s'éveillerait.

[소리내지 마세요. 애가 깰 수도 있어요]

– 부드럽거나 겸손의 표현이나 확실하지 않은 가정

Je voudrais vous parler. [당신과 말하고 싶어요]

On dirait qu'il a peur. [그가 두려워하는 것 같은데]

2) drôle

[우스운]	mot drôle [농담]	histoire drôle [우스운 이야기]
[이상한]	un drôle de garçon [이상한 아이]	Ce n'est pas drôle. [난처하다]

3) croire

je crois	tu crois	il, elle croit
nous croyons	vous croyez	ils, elles croient
[믿다]	Je crois son innocence. [나는 그의 무죄를 믿어]	
[-생각하다]	Je crois que tu as raison. [나는 네가 옳다고 생각해]	

4) se taire

[침묵하다]	Taisez-vous ! [입 다무세요!] Je préfère me taire là-dessus. [그 점에 대해서는 입을 다물래요]

5) la silence

[침묵]	garder (rompre) la silence [침묵을 지키다(깨다)]
[고요]	silence de la nuit [밤의 정막] silence de mort [죽음과 같은 정적]

6) une excuse

[단수 : 변명]	chercher une excuse [변명거리를 찾다] donner une bonne excuse [납득할 만한 변명을 하다] faute sans excuse [변명의 여지가 없는 잘못]
[복수 : 사과]	faire ses excuses à qn [-에게 사과하다]

7) vain(e)

[하잘것없는]	vain mot [빈 말] vaine promesse [빈 약속]	vaine gloire [덧없는 영예] vain espoir [헛된 희망]
[쓸데없는]	de vains efforts [쓸데없는 노력]	discussion vaine [공론]

8) le combat

[전투, 싸움]	combat de rues [시가전] La vie est un combat perpétuel. [인생은 끊임없는 전쟁이다]

9) souffrir

[타동사 : 견디다]	souffrir la faim [허기를 참다]
[자동사 : 괴로워하다]	souffrir du froid [추위로 고통받다]

플로렁 빠니 (Florent PAGNY)

N'importe quoi

www.paroles-musique.com/
clip-Florent_Pagny-Nimporte_Quoi-video,c1422

Dis－moi, pourquoi t'es comme ça?
Pourquoi ça va pas?
Pourquoi t'essaies pas?
Pourquoi tu veux pas?

Dis－moi, pourquoi tu souris?
Et pourquoi tu pleures?
Pourquoi t'as envie?
Et pourquoi t'as peur?

Dis－moi, pourquoi tu dis ça?
Pourquoi t'y crois pas?
Pourquoi t'y crois plus?
Pourquoi tu sais plus?

Tu vois, tu retrouves plus ta rue.
T'as paumé l'étage.
J'crois bien qu't'es perdue.

Tu marches pas, tu nages.

{Refrain:}
Et là, tu crois
Qu'je vais rester sans rien dire?
Ah oui, tu crois
Qu'je vais rester planté là
A te voir partir dans tes délires
Et te laisser faire n'importe quoi?
Dis－moi, pourquoi tu fais ça?
Pourquoi t'arrêtes pas?
Tu te fous en l'air.
Ça a l'air de t'plaire.

Pourquoi, pourquoi tu comprends pas
Que c'est pas vrai tout ça
Que tu reviendras pas
Si tu t'en vas par là?
Et tu crois pas
Qu'je vais rester sans rien dire?
Ah oui, tu crois
Qu'je vais rester planté là
A te voir partir dans tes délires
Et te laisser faire n'importe quoi?

{Refrain}
Dis－toi, t'es en train de partir
Tu t'es trompé d'navire
T'as cassé ta dérive
T'es en train d'te couler.

Et moi, tu m'as oublié
Moi, tu y as pas pensé
Tu m'as juste laissé
le droit de la fermer.

Et tu crois pas
Qu'je vais rester sans rien dire?
Ah oui, tu crois pas
Qu'je vais rester planté là
A te voir mourir dans tes délires
Et te laisser faire n'importe quoi?

Oh oh oh oh oh oh
Oh oh oh oh oh oh

배워봅시다

1) essayer

j'essaie	tu essaies	il, elle essaie
nous essayons	vous essayez	ils, elles essaient
[시도, 노력하다]	Il a essayé de résoudre ce problème. [그는 이 문제를 해결하기 위해 애썼다]	

• -ayer, -oyer, uyer로 끝나는 동사들 (ennuyer, envoyer, nettoyer)

je	−aie	−oie	−uie	nous	−ayons	−oyons	−uyons
tu	−aies	−oies	−uies	vous	−ayez	−oyez	−uyez
il, elle	−aie	−oie	−uie	ils, elles	−aient	−oient	−uient

2) une envie

[욕망]	J'ai envie d'une voiture. [자동차를 갖고 싶다] l'envie de fumer [담배를 피고 싶은 갈망]
[질투]	être rongé d'envie [질투로 괴로워하다] porter envie à qn [선망하다]

3) aller

je vais	tu vas	il, elle va
nous allons	vous allez	ils, elles vont

a) −에 가다

A : Tu vas où? [너 어디 가니?]

B : Je vais à la poste. [우체국에 가]

b) 건강상태

A : Comment allez−vous? [어떻게 지내세요?]

B : Je vais bien merci. Et vous? [잘 지냅니다. 당신은요?]

A : Bien. [잘 지내요]

c) 어울리다

A : Cette robe te va bien. [이 옷은 너에게 잘 맞는데]

B : Merci beaucop. [고마워]

d) 근접미래 : 곧 –할 것이다

A : Qu'est–ce que tu vas faire demain? [너 내일 뭐할 거니?]

B : Je vais regarder la télé. [TV를 볼 거야]

4) plaire

[–의 마음에 들다]	Cette cravate me plaît. [이 넥타이가 내 맘에 들어] Il cherche à plaire à son patron. [그는 사장에게 잘 보이려고 애쓴다]

5) vrai(e)

[진실의]	C'est la vérité vraie. [틀림없는 사실이다]
[사실의]	histoire vraie [실화]
[진짜의]	vrai héros [진짜 영웅] vraies perles [진짜 진주]

6) se tromper

[잘못하다]	Tout le monde se trompe. [누구나 실수하는 법이다]
[속다]	se tromper à son air innocent [그의 순진함에 속다]

7) penser

- 전치사를 요구하는 타동사들

à	parler à Marie [마리에게 말하다]
	penser à l'avenir [미래에 대해 생각하다]
	obéir à la loi [법에 따르다]
	téléphoner à Jean [장에게 전화하다]
de	changer de chemise [셔츠를 갈아입다]
	parler de l'accident [사고에 대해 말하다]
	profiter de l'occasion [기회를 이용하다]

8) comprendre

- −d, (t)re로 끝나는 동사들(attendre, comprendre, descendre, répondre, permettre)

je	−d(t)s	nous	−d(t)ons
tu	−d(t)s	vous	−d(t)ez
il, elle	−d(t)	ils, elles	−d(t)ent

9) 의문문 : 의문문이란 답변을 요구하는 질문에 관계되는 문장이다.

① 억양에 의한 의문문

가장 단순한 형태로서 긍정문의 어순을 그대로 유지하면서 문장 끝에 억양을 상승시키며 의문을 나타내는 문장이다.

On va au cinéma? [우리 극장에 갈까?]
Tu pars? [너 떠나는 거야?]

② est−ce que에 의해 도입되는 의문문

문장 맨 앞에 est−ce que를 쓰고, 뒤에 평서문의 어순을 쓴다.

Paul est parti. [뽈은 떠났다]
Est−ce que Paul est parti? [뽈은 떠났니?]

③ 도치

주어를 동사 뒤에 위치시키는 의문문으로 문어체에서 많이 쓰인다.

Tu aimes le football. → Aimes−tu le football? [너는 축구를 좋아하는구나]

10) le délire

[정신착란, 망상]	avoir le délire [헛소리하다] délire persécution [피해 망상] C'est du délire. [그것은 미친 짓이다]

파스칼 오비스포 (Pascal OBISPO)

Mourir demain

www.paroles-musique.com/
clip-Natasha_St_Pier-Mourir_Demain-video,c3085

Il y a ceux qui prendraient un avion
D'autres qui s'enfermeraient chez eux les yeux fermés
Toi, qu'est–ce que tu ferais? {x2}
Il y en a qui voudrait revoir la mer
D'autres qui voudraient encore faire l'amour
Une dernière fois
Toi, tu ferais quoi? ... et toi, tu ferais quoi?

Si on devait mourir demain
Qu'est–ce qu'on ferait de plus,
Qu'est–ce qu'on ferait de moins
Si on devait mourir demain
Moi, je t'aimerais.. moi, je t'aimerais

Il y en a qui referaient leur passé
Certains qui voudraient boire et faire la
fête
Jusqu'au matin
D'autres qui prieraient... {x2}

Ceux qui s'en fichent et se donneraient du plaisir

Et d'autres qui voudraient encore partir
Avant la fin
Toi, qu'est－ce que tu ferais? ... et toi, qu'est－ce que tu ferais?
Si on devait mourir demain
Qu'est－ce qu'on ferait de plus,
Qu'est－ce qu'on ferait de moins
Si on devait mourir demain
Moi, je t'aimerais.. moi, je t'aimerais

Et toi, dis-moi, est ce que tu m'aimeras
Jusqu'à demain et tous les jours d'après
Que rien, non rien, ne s'arrêtera jamais
Si on devait mourir demain
Moi, je t'aimerais... moi, je t'aimerais
Est－ce qu'on ferait du mal, du bien
Si on avait jusqu'à demain
Pour vivre tout ce qu'on a rêvé
Si on devait mourir demain
Moi, je t'aimerais. moi, je t'aimerais

배워봅시다

1) fois

[번, 회]	combien de fois? [몇 번?] plusieurs fois [여러 번]	une fois s ur deux [두 번에 한 번] prochaine fois [다음에]
[배]	Trois fois deux font six. [3X2=6]	

2) mourir

[죽다]	mourir jeune [젊어서 죽다]	mourir dans un accident [사고로 죽다]
[죽을 지경이다]	Je meurs de soif (faim). [목말라(배고파) 죽겠다]	

3) demain

[내일]	On se verra demain. [우리 내일 보자] À demain ! [내일 보자!] Demain, c'est samedi. [내일은 토요일이다]

4) le passé

[과거]	remonter le passé [과거를 되돌아보다] Tout ça, c'est du passé. [그건 모두 지난 이야기야] se pencher sur son passé [과거의 회상에 잠기다]

5) certain(e)

① 부정형용사

a) 단수에서 관사 un(e)과 함께 쓰인다.

Un certain nombre des preuves nous montrent qu'il est innocent.
[몇몇의 증거들이 우리에게 그가 무죄라는 것을 보여준다]

b) 복수에서는 관사 없이 사용한다(다른 사람들 중에서 어떤 사람들).

Certains étudiants ne veulent pas travailler. [어떤 학생들은 공부하기를 원치 않는다]

certain은 문맥에 따라 의미가 달라지는데, 명사 뒤 또는 동사 être 뒤에서 품질형용사로서 확실한 (=sûr)>의 뜻을 나타내는 반면 명사 앞에서는 [어떤]의 의미를 나타낸다.

après un certain temps [얼마 후에], certaines gens [어떤 사람들은]
Il est certain qu'il va venir. [그가 오는 것은 확실하다]

② 부정대명사

certain(e)s : 한정사 없이 복수에만 사용된다.

Parmi les spectateurs de ce film, certains ne l'aimaient pas.
[이 영화의 관객들 중에서 어떤 이들은 이 영화를 좋아하지 않았다]

6) la fête

[축제]	fête nationale [국경일] fête des Mères [어머니날] fête de la moisson [추수감사절]
[표현]	Ce n'est pas tous les jours fête. [언제나 좋은 일만 있는 것은 아니다] faire sa fête à qn [-를 골탕먹이다]

7) jusque

[시간 : -까지]	jusqu'à présent [현재까지]	jusqu'à aujourd'hui [오늘까지]
[장소, 수]	aller jusqu'à Paris [파리까지 가다]	compter jusqu'à dix [10까지 세다]
[+접속법]	Je t'attendrai jusqu'à ce que tu aies terminé tes achats. [나는 네가 물건을 살 때까지 기다릴 거야]	

8) prier

[기도하다]	Il prie Dieu avec ferveur. [그는 신에게 열심히 기도한다]
[간청하다]	Je vous prie de vous taire. [잠자코 계세요]

9) le plaisir

[기쁨, 쾌락]	plaisir d'amour [사랑의 기쁨] recherche du plaisir [쾌락 추구] mener une vie de plaisirs [방종한 생활을 하다] J'ai du plaisir à regarder la télé. [나는 Tv를 보는 게 즐겁다]

10) s'arrêter

[멈추다]	La pendule s'est arrêtée. [괘종시계기]
[들리다]	s'arrêter au café pour prendre un apéritif. [술 한 잔 마시러 카페에 들리다]

11) 타동사 : 직접목적어를 하나 취하는 타동사들

a	accepter [받아들이다]	accompagner [동반하다]	acheter [－을 사다]
	adorer[몹시 좋아하다]	aider [－을 돕다]	aimer [좋아하다]
	apporter [－을 가져오다]	apprendre [－을 배우다]	attendre [－을 기다리다]
b	boire [－을 마시다]		
c	cacher [－을 감추다]	casser [－을 깨뜨리다]	changer [－을 바꾸다]
	chercher [을 찾다]	choisir [－을 선택하다]	comprendre [이해하다]
	continuer [계속하다]	croire [－을 믿다]	
d	décider [－을 결정하다]	demander [－을 요구하다]	
e	écouter [－을 듣다]	écrire [－을 쓰다]	envoyer [－을 보내다]
	espérer [－을 기대하다]	étudier [－을 공부하다]	expliquer [－을 설명하다]
f	faire [－을 하다]	fermer [－을 닫다]	fumer [－을 피다]
g	gagner [벌다, 승리하다]	garder [－을 지키다]	
i	inviter [－을 초대하다]		
m	manger [－을 먹다]	mettre [－을 넣다]	montrer [－을 보여주다]
o	offrir [－을 제공하다]	oublier [－을 잊다]	ouvrir [－을 열다]
p	payer [－을 지불하다]	porter [－을 입다, 끼다]	prendre [－을 잡다]
	préférer [－을 선호하다]	préparer [－을 준비하다]	promettre [약속하다]
	proposer [－을 제안하다]		
q	quitter [－을 떠나다]		
r	raconter [－을 이야기하다]	ranger [－을 정리하다]	recevoir [－을 받다]
	regarder [－을 쳐다보다]	regretter [후회하다]	rencontrer [－을 만나다]
	répéter [－을 반복하다]		
s	savoir [－을 알다]	soigner [－을 돌보다]	suivre [－을 뒤쫓다]
t	terminer [－을 끝내다]	trouver [－을 발견하다]	
v	vendre [－을 팔다]	visiter [－를 방문하다]	vouloir [－을 원하다]
	voyager [－를 여행하다]		

프랑수와즈 아르디 (Françoise HARDY)

Comment te dire adieu

www.clipzik.com/francoise-hardy/comment-te-dire-adieu.html -

Sous aucun prétexte je ne veux
Avoir de réflexes malheureux
Il faut que tu m'expliques un peu mieux
comment te dire adieu
Mon coeur de silex vite prend feu
Ton coeur de pirex résiste au feu
Je suis bien perplexe je ne veux
me résoudre aux adieux
Je sais bien qu'un ex amour
n'a pas de chance ou si peu
mais pour moi
une explication vaudrait mieux
Sous aucun pretexte je ne veux
devant toi sur exposer mes yeux
derrière un kleenex je saurais mieux
Comment te dire adieu
Comment te dire adieu

배워봅시다

1) un adieu

[이별]	faire ses adieux à qn [-와 작별하다]　　dernier adieu [호텔방을 빌릴 때 문지기에게 주는 팁]

2) aucun(e)

[부정형용사]	sans aucune exception [예외 없이] Le fait n'a aucune importance. [이 사실은 전혀 중요하지 않아]
[부정대명사]	Aucun ne me plaît. [아무도 내 맘에 들지 않아]

3) le prétexte

[구실, 핑계]	Il cherche toujours un prétexte pour ne pas travailler [그는 일을 하지 않으려고 늘 핑계를 찾는다]

4) malheureux(se)

[불행한]	famille malheureuse [불행한 가족]　malheureux comme les peurrres [아주 비참한] se rendre malheureux [불행해지다]

5) vite

[빨리]	Il court plus vite que moi. [그는 나보다 빨리 달린다] Le coeur bat vite. [심장이 빨리 뛴다]　　s'habiller vite [옷을 재빨리 입다]

6) mieux (bien의 우등 비교급)

[더 잘]	Marie danse mieux que Carol. [마리는 캬롤 보다 춤을 더 잘 춘다] Elle travaille mieux que je ne crois. [그녀는 내가 생각한 것 보다 일을 더 잘한다] de mieux en mieux [점점 더 잘]

7) le feu

[불]	allumer un feu [불을 지피다] Avez-vous du feu? [불 있어요?] cuire à feu doux [약한 불로 익히다]
[표현]	être tout feu tout flamme pour qch [-에 열중하다] faire du feu [발포하다] Il n'y pas le feu. [급할 것 없다]

8) perplexe

[당황한]	Cette demande me rend perplexe. [이 요구가 나를 당황하게 한다] air perplexe [난처한 표정]

9) exposer

[진열하다]	exposer des livres en vente [판매용 책을 진열하다] Il expose un tableau au Salon. [그림 한 점을 전시회에 출품한다]
[설명하다]	Il m'a exposé la situation actuelle. [그는 현 상황을 내게 설명했다]

10) 목적어를 두 개 취하는 동사들

apporter	사물	à	사람	[ㅡ을 ㅡ에게 가져오다]	apporter un cadeau à X [X에게 선물을 가져오다]
demander				[ㅡ을 ㅡ에게 요구하다]	demander une aide à X [X에게 도움을 청하다]
donner				[ㅡ을 ㅡ에게 주다]	donner un livre à X [X에게 책을 주다]
écrire				[ㅡ을 ㅡ에게 쓰다]	écrire une lettre à X [X에게 편지를 쓰다]
emprunter				[ㅡ을 ㅡ에게 빌리다]	emprunter de l'argent à X [X에게 돈을 빌리다]
envoyer				[ㅡ을 ㅡ에게 보내다]	envoyer un colis à X [X에게 소포를 보내다]
expliquer				[ㅡ을 ㅡ에게 설명하다]	expliquer la situation à X [X에게 상황을 설명하다]
montrer				[ㅡ을 ㅡ에게 보이다]	montrer une carte à X [X에게 지도를 보여주다]
prêter				[ㅡ을 ㅡ에게 빌려주다]	prêter un stylo à X [X에게 만년필을 빌려주다]
proposer				[ㅡ을 ㅡ에게 제안하다]	proposer un mariage à X [X에게 결혼을 제안하다]
raconter				[ㅡ을 ㅡ에게 이야기하다]	raconter une histoire à X [X에게 이야기를 하다]
rendre				[ㅡ을 ㅡ에게 돌려주다]	rendre une bague à X [X에게 반지를 돌려주다]

11) 부분관사 (l'article partitif)

전체의 일부를 나타내는 관사로서, 명사가 셀 수 없는 경우에 사용한다.

① 형 태

남성단수 앞	du
여성단수 앞	de la
모음 (a, e, i, o, u), 묵음의 h	de l'

② 용 법

a) 먹는 것 혹은 마시는 것 앞에 쓰여서 [약간의]라는 부분의 뜻을 나타낸다.

남성단수 앞	du	du pain [빵] du café [커피]
여성단수 앞	de la	de la viande [고기] de la bière [맥주]
모음 (a, e, i, o, u), 묵음의 h	de l'	de l'eau [물]

b) 추상명사 앞

주어	avoir	du	courage [용기]
		de la	chance [운이 좋다] patience [인내심이 있다]

알렝 슈송 (Alain SOUCHON)

L'amour à la machine

www.paroles.net/chanson/10646.1

Passez notre amour à la machine
faites le bouillir
pour voir si les couleurs d'origine peuvent revenir
est－ce qu'on peut avoir à l'eau de javel des sentiments
la blancheur qu'on croyait éternelle
Avant

pour retrouver le rose initial de ta joue devenue pâle
le bleu de nos baisers du début
tant d'azur perdu
Passez notre amour à la machine
faites le bouillir
pour voir si les couleurs d'origine peuvent revenir
est－ce qu'on peut avoir à l'eau de javel des sentiments
la blancheur qu'on croyait éternelle
Avant

matisse l'amour c'est bleu difficile
les caresses rouges fragiles
le soleil de la vie les tabasses
et alors elles passent

allez à la machine
le rouge pour faire tomber la misère de nos gentils petits grands－pères
noires, les mains dans les boucles blondes tout autour du monde
Passez notre amour à la machine
faites le bouillir
pour voir si les couleurs d'origine peuvent revenir
est－ce qu'on peut avoir à l'eau de javel des sentiments
la blancheur qu'on croyait éternelle
Avant

배워봅시다

1) un amour

[사랑, 애정]	être féru d'amour pour qn [－에게 홀딱 빠지다]
[사랑하는 사람]	Tu es mon amour. [너는 네 사랑이다]

2) la machine

[기계]	machine à calculer [계산기] machine à laver [세탁기] civilisation des machines [기계문명]
[비유]	C'est une machine à travailler. [그는 일하는 기계다]

3) passer

[지나가다]	Le facteur vient de passer. [우편배달부가 막 지나갔다]
[상영되다]	Le film passe dans les salles d'exclusivité. [그 영화는 개봉관에서 상영되고 있다]
[통과되다]	Il a passé à cet examen. [그는 그 시험에 통과했다]
[시간이 흐르다]	Le temps passe vite. [시간이 빨리 지나간다]
[passer par]	idée passe par la tête [머리를 스쳐지나가는 생각]

4) bouillir

[끓다]	L'eau bout à 100C. [물은 100도에서 끓는다]
[삶다]	faire bouillir du linge [속옷을 삶다]
[감정이 끓다]	La tête me bout. [머리가 터질 것 같다]

5) la couleur

[색, 빛깔]	De quelle couleur est votre voiture? [당신 차가 무슨 색입니까?] couleurs fondamentales [삼원색]
[유색]	crayon de couleur [색연필]　　télévision en couleur [칼라 TV]
[복수 : 국기]	hisser (baisser) les couleurs [국기를 올리다 (내리다)]

6) une origine

[시발, 시초]	dès l'origine [처음부터]
[기원]	mot d'origine [어원]
[원인]	origine d'une révolution [혁명의 원인]
[태생, 출신]	d'origine française [프랑스 출신]

7) éternel

[영원한]	Rien n'est éternel dans ce monde. [이 세상에 영원한 것은 없다] se promettre un amour éternel [영원한 사랑을 맹세하다]

8) initial(e)

[최초의]	cause initiale [첫째 이유]　　état initial [원상태]

9) la joue

[뺨]	embrasser qn sur la joue [-의 볼에 입을 맞추다] gifler qn sur la joue [-의 뺨을 때리다]　　se caler les joues [배불리 먹다]

10) pâle

[창백한]	être pâle de peur [공포로 파랗게 질리다] pâle comme un linge [아주 창백한]

11) le début

[처음]	d u débit à la fin [처음부터 끝까지] tout au dfébut [처음에는] faire ses débutsà [-에 데뷔하다]

12) une eau

[물]	eau de robinet [수도물] boire de l'eau [물을 마시다] eau portable [음료수]
[표현]	Il ne veut pas l'eau qu'il boit. [그는 밥값도 못하는 인간이다] tomber à l'eau [수포로 돌아가다]

13) le sentiment

[감정]	sentiment de haine [증오심] exprimer ses sentiments [감정을 표현하다] Elle partage mes sentiments. [그녀는 나와 사랑하는 사이다]
[의식, 자각]	J'ai le sentiment qu'il ne m'aime pas. [그가 나를 좋아하지 않는 것 같은 느낌이야]

14) un azur

[창공]	ciel d'azur [창공]
[맑은 마음의 경지]	azur d'âme sereine [맑은 하늘과도 같은 평온한 마음]

15) la caresse

[쓰다듬기, 애무]	caresse des lèvres [키스] caresse volutueuse [애무]

16) rouge

[빨간색의]	poisson rouge [금붕어]　vin rouge [적포도주]
[붉은]	être rouge de honte [창피해서 얼굴이 빨개지다] être rouge comme un coq [수치감으로 얼굴이 새빨갛다]

17) fragile

[부서지기 쉬운]	fragile comme un verre [유리처럼 깨지기 쉬운]
[허약한]	avoir l'estomac fragile [위가 약하다]

18) le soleil

[태양, 해]	Le soleil se lève. [태양이 뜬다] lever (coucher) du soleil [해돋이 (일몰)]
[햇빛]	Il fait du soleil. [날씨가 좋다]　bain de soleil [일광욕]
[표현]	avoir un coup de soleil [취해 있다]　en plein soleil [대낮에]

19) la tabassée

[난투]	Il a reçu une de ces tabassée. [그는 마구 얻어맞았다]

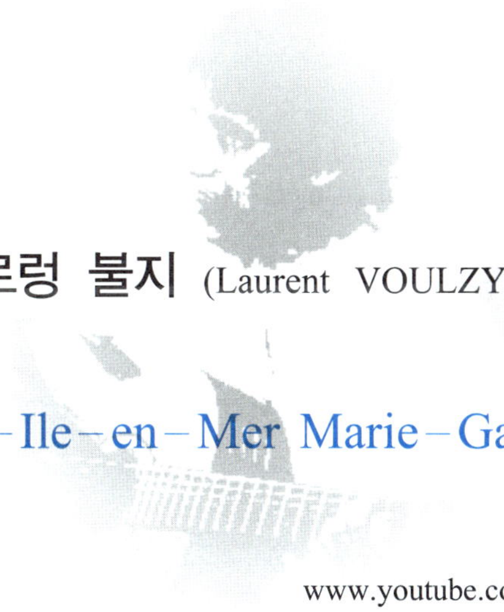

로렁 불지 (Laurent VOULZY)

Belle–Ile–en–Mer Marie–Galante

www.youtube.com/watch?v=Ns4MQgUxEs8

Belle–Ile–en–Mer
Marie–Galante
Saint–Vincent
Loin Singapour
Seymour Ceylan
Vous c'est l'eau, c'est l'eau
Qui vous sépare
Et vous laisse à part

Moi des souvenirs d'enfance En France
Violence
Manque d'indulgence
Par les différences que j'ai
Café Léger
Au lait mélangé
Séparé petit enfant
Tout comme vous

Je connais ce sentiment
De solitude et d'isolement

{au Refrain}

Comme laissé tout seul en mer
Corsaire
Sur terre
Un peu solitaire
L'amour je l'voyais passer
Ohé Ohé
Je l'voyais passer
Séparé petit enfant
Tout comme vous
Je connais ce sentiment
De solitude et d'isolement

<Refrain>

Karukera
Calédonie
Ouessant
Vierges des mers
Toutes seules
Tout l'temps
Vous c'est l'eau, c'est l'eau
Qui vous sépare
Et vous laisse à part

Oh oh...

배워봅시다

1) C'est .. qui : 발췌

① C'est+...+관계대명사

Qui va résoudre ce problème? C'est toi?
[누가 이 문제를 해결할래?] [너니?]

Non, c'est toi qui vas résoudre ce problème.[아니 이 문제를 해결한 사람은 너야]
C'est moi qui ai gagné le grand prix. [대상을 받은 사람은 나야]

② C'est+....+que에 의해 유도되는 절

C'est à Paris que j'ai fait mes études. [내가 공부를 한 곳은 파리에서야]
Ce n'est pas pour moi que je fais ça, c'est pour toi !
[내가 그것을 한 것은 나를 위한 것이 아니라 너를 위한 것이야 !]

③ si .. c'est parce que... 또는 si ..., c'est que ...

Si je me lève tôt, c'est parce que je peux gagner du temps.
[내가 일찍 일어나는 것은, 시간을 절약할 수 있기 때문이야]
S'il n'a pas téléphoné, c'est que tout va bien.
[그가 전화를 하지 않는다는 것은, 모든 것이 잘 된다는 뜻이지]

2) une île

[섬]	habiter dans une île [섬에 살다]	île de sécurité [안전지대]

3) séparer

[떼어놓다]	séparer la mère de ses enfants [어머니를 아이들과 떼어놓다]
[경계짓다]	Les Pyrénées séparent l'Espagne de la France. [피레네 산맥이 스페인과 프랑스의 경계가 된다]

4) le souvenir

[기억, 추억]	souvenir vague [어렴풋한 기억] Je n'ai pas de souvenir de l'avoir rencontré. [그를 만난 기억이 없다]

5) la violence

[폭력]	user de la violence [폭력을 행사하다] parler avec violence [난폭하게 말하다]	prendre par la violence [폭력을 써서 강탈하다]

6) manquer

[없다]	Rien ne manque. [모자란 것이 없다]
[그립다]	Ses enfants lui manquent. [그는 애들이 보고 싶다]

7) la différence

[차이]	différence entre A et B [A와 B의 차이] Il y a une grande différence de prix entre ces deux articles. [이 두 물건은 값의 차이가 크다]
[구분]	faire une différence entre A et B [A와 B를 구분하다]

8) léger(ère)

[가벼운]	léger comme une plume [깃털처럼 가벼운]
[약한]	café léger [연한 커피] vin léger [약한 술]
[경박한]	caractère léger [경박한 성격]

9) une solitude

[고독]	aimer la solitude [고독을 즐기다] Depuis son départ, ma maison n'est qu'une solitude. [그가 떠난 후로 내 집이 빈 집 같다]

10) la terre

[지구]	La terre tourne. [지구는 돈다]
[육지]	tomber par terre [땅에 떨어지다] tremblement de terre [지진]

11) seul(e)

[명사 앞 : 유일한]	une seule amie [단 하나의 여자친구] une seule fois [단 한 번만]
[명사 뒤 : 단독의]	un homme seul [고독한 사람] Un homme seul ne peut le faire. [혼자서는 그것을 할 수 없다]

막심 르 포레스티에 (Maxime LE FORESTIER)

San Francisco

www.paroles.net/chanson/21548.1

C'est une maison bleue
Adossée à la colline
On y vient à pied, on ne frappe pas
Ceux qui vivent là, ont jeté la clé
On se retrouve ensemble
Après des années de route
Et l'on vient s'asseoir autour du repas
Tout le monde est là, à cinq heures du soir
San Francisco s'embrume
San Francisco s'allume
San Francisco, où êtes vous
Liza et Luc, Sylvia, attendez－moi

Nageant dans le brouillard
Enlacés, roulant dans l'herbe
On écoutera Tom à la guitare
Phil à la kena, jusqu'à la nuit noire
Un autre arrivera
Pour nous dire des nouvelles

D'un qui reviendra dans un an ou deux
Puisqu'il est heureux, on s'endormira
San Francisco se lève
San Francisco se lève

San Francisco, où êtes vous
Liza et Luc, Sylvia, attendez－moi

C'est une maison bleue
Accrochée à ma mémoire
On y vient à pied, on ne frappe pas
Ceux qui vivent là, ont jeté la clé
Peuplée de cheveux longs
De grands lits et de musique
Peuplée de lumière, et peuplée de fous
Elle sera dernière à rester debout
Si San Francisco s'effondre
Si San Francisco s'effondre
San Francisco, où êtes vous
Liza et Luc, Sylvia, attendez－moi

배워봅시다

1) une maison

[집, 건물]	maison à vendre [팔 집] maison de santé [요양소]	maison de campagne [별장] maison de la culture [문화회관]

2) bleu(e)

[푸른]	cravate bleue [푸른 색 넥타이] colère de bleue [파랗게 질릴 정도의 분노]	battre qn tout bleu [－를 실컷 패다]

3) la colline

[언덕]	monter sur une colline [언덕 위에 오르다] colline arrondie [둥근 언덕]

4) le peid

[발]	J'ai mal au pied. [난 발이 아프다] boiter du pied droit [오른 발을 절다]
[표현]	au pied de [-의 발밑에] avoir des pieds chauds [편하게 살다] avoir toujours un pied en air [한시도 가만히 있지 않다] Il y a du pied. [걱정할 것 없다]

5) la clé

[열쇠]	fermer la porte à clé [열쇠로 문을 잠그다] clé passe-partout [만능열쇠] clé du mystère [비밀의 열쇠]

6) la route

[도로]	route nationale [국도] Code de la route [교통법] se mettre en route [출발하다]

7) le repas

[식사]	léger repas [간단한 식사] préparer un repas [식사를 준비하다] faire un repas de mouton [음료 없이 식사하다]

8) le brouillard

[안개]	Il fait du brouillard. [안개가 껴있다] brouillard épais [짙은 안개] avoir un brouillard devant les yeux [흐릿하게 보인다]

9) noir(e)

[검은]	chien noir [검은 개] cheveux noirs [검은 머리] film noir et blanc [흑백 영화] Il fait noir comme dans un four. [아주 캄캄하다]

10) la mémoire

[기억]	avoir une bonne (mauvaise) mémoire [기억력이 좋다(나쁘다)] trou de la mémoire [기억의 공백]

11) frapper

[두드리다]	frapper à la porte [문을 두드리다]
[침범하다]	être frappé de cancer [암에 걸리다]

12) 상황 보어(le complément circonstanciel)를 유도하는 의문문

부분 의문을 유도하는 단어들은 다음과 같은 것들이 있다.

① 대명사

- qui, que : 의문시되는 요소의 정체 또는 특성에 대해 묻는다.
- lequel, lesquels, laquelle, lesquelles : 여러 개의 요소들 중 선택을 내포한다.

② 한정사

- quel, quelle, quels, quelles : 의문형용사로 의문시되는 요소의 특성을 묻는다.

③ 부사

- quand, pourquoi, comment, combien, où

13) des → de (d'+모음)+형용사+명사

단순형	복합형
Où vas-tu? [너 어디 가니?]	Où est-ce que tu vas?
Quand reviens-tu? [너 언제 돌아올 거니?]	Quand est-ce que tu reviens?
Pourquoi Paul est-il parti? [왜 뽈이 떠났니?]	Pourquoi est-ce que Paul est parti?

J'ai passé des vacances bien amusantes. [나는 아주 재미있는 휴가를 보냈어]
→ J'ai passé de bonnes vacances. [나는 좋은 휴가를 보냈어]
(d'excellentes vacances)

가루 (Garou)

Sous le vent

www.paroles.net/chanson/22126.1

Et si tu crois que j'ai eu peur
C'est faux
Je donne des vacances à mon cœur
Un peu de repos

Et si tu crois que j'ai eu tort
Attends
Respire un peu le souffle d'or
Qui me pousse en avant
Et

Fais comme si j'avais pris la mer
J'ai sorti la grand'voile
Et j'ai glissé sous le vent
Fais comme si je quittais la terre
J'ai trouvé mon étoile
Je l'ai suivie un instant
Sous le vent

Et si tu crois que c'est fini
Jamais
C'est juste une pause, un répit
Après les dangers

Et si tu crois que je t'oublie
Écoute
Ouvre ton corps aux vents de la nuit
Ferme les yeux
Et

Fais comme si j'avais pris la mer
J'ai sorti la grand'voile
Et j'ai glissé sous le vent
Fais comme si je quittais la terre
J'ai trouvé mon étoile
Je l'ai suivie un instant
Sous le vent

Et si tu crois que c'est fini
Jamais
C'est juste une pause, un répit
Après les dangers

Fais comme si j'avais pris la mer
J'ai sorti la grand'voile
Et j'ai glissé sous le vent
Fais comme si je quittais la terre
J'ai trouvé mon étoile
Je l'ai suivie un instant

<X2>

Sous le vent

배워봅시다

1) le vent [바람]

명사가 나타내는 특정한 의미에 따른 성의 구분

여성	병명	la grippe [유행성 감기]	la typoïde [장티푸스]
	학문	la médecine [의학]	la politique [정치학]
	축제	la Toussaint [만성절]	la Saint-André [앙드레 성축일]
	-eur 추상명사	la candeur [순진함]	la valeur [가치]
남성	나무	le chêne [떡갈나무]	le tilleul [보리수]
	금속, 화학물질	le fer [철]	le cuivre [구리]
	요일, 달, 계절,	le lundi [월요일] un été [계절]	un avril [4월]
	바람, 방위	le zéphyr [서풍] le mistral [북풍] le sud [남쪽]	le noroît [북서풍] le nord [북쪽]
	숫자, 철자, 음계	le huit [8] un do [도]	un B [B]
	부정법형태	le dîner [저녁식사]	le déjeuner [아침식사]
	불변하는 단어	le bien [선]	le mal [악]

2) faux(sse)

[틀린]	faire un calcul faux [계산을 잘못하다] jugement faux [틀린 판단]	
[가짜의]	faux nom [가명]	fausse monnaie [위조지폐]

3) les vacances

- 단수와 복수의 의미가 다른 명사들

단 수	복 수
le ciseau [끌, 정]	les ciseaux [그네]
un effet [결과]	des effets [의류]
la lunette [망원경]	les lunettes [안경]
la vacance [빈자리]	les vacances [방학, 휴가]

4) le repos

[휴식]	prendre du repos [휴식을 취하다] Après sa maladie, il a obtenu un mois de repos. [병이 난 후에 한 달 간의 휴가를 얻었다] laisser qn en repos [-를 가만히 두다]

5) le tort

[잘못]	J'ai tort. [내가 틀렸어]	reconnaître ses torts [자신의 잘못을 인정하다]

6) un or

[금]	or fin [순금] à prix d'or [대단히 비싼 값으로]	affaire d'or [유리한 사업] pour tout l'or du monde [아무리 귀중한 것을 주어도]

7) pousser

[밀다]	pousser la porte [문을 밀다] pousser qn dehors [-를 밖으로 밀어내다]
[지르다]	pousser un cri (soupir) [소리를 지르다 (한숨을 쉬다)]

8) sortir

[자동사]	Je suis sorti hier soir. [어제 저녁에 난 외출했다]
[타동사]	Il a sorti les mains de sa poche. [그는 주머니에서 손을 꺼냈다]

- 조동사를 두 개로 취하는 동사들

tomber	Elle est montée à la tour Eiffel. [그녀는 에펠탑에 올랐다]
	Elle a monté sa valise au deuxième étage. [그녀는 가방을 2층에 올렸다]
descendre	Il est descendu d'un arbre. [그는 나무에서 내려왔다]
	Il a descendu les escaliers. [그는 계단을 내려왔다]
sortir	Il est sorti. [그는 외출했다]
	Il a sorti sa femme. [그는 아내를 데리고 나갔다]
(r)entrer	Il est rentré tard. [그는 늦게 귀가했다]
	Il a rentré des marchandises dans son magasin. [그는 상점으로 물건을 넣었다]
passer	Elle est passée me voir. [그녀는 나를 보러 들렸다]
	Tu as passé de bonnes vacances? [재미있는 휴가를 보냈니?]

9) quitter

[떠나다]	quitter sa maison [집에서 나오다] quitter sa femme [아내와 헤어지다] Ne quittez pas (전화에서 : 잠깐 기다리세요)]

10) suivre

[뒤따르다]	suivre qn de près [-에 바짝 붙어 뒤쫓다] Vous parlez trop vite. Il est difficile de vous suivre. [당신은 말을 너무 빨리 해서 이해하기가 어려워요]

11) le danger

[위험]	éviter un danger [위험을 피하다] échapper au danger [위엄에서 벗어나다] Sa vie est en danger. [그의 목숨이 위험하다]

엘자 (Elsa)

T'en va pas

www.paroles-musique.com/clip-Elsa-Ten_Va_Pas-video,c1241

T'en va pas
Si tu m'aimes t'en va pas
Papa si tu l'aimes dis－lui
Qu'elle est la femme de ta vie vie vie
Papa ne t'en va pas
On veut pas vivre sans toi
T'en va pas au bout de la nuit

Nuit tu me fais peur
Nuit tu n'en finis pas
Comme un voleur
Il est parti sans moi
On n'ira plus au ciné tous les trois

Nuit tu me fais peur
Nuit tu n'en finis pas
Comme un voleur
Il est parti sans moi
Papa si tu pensais un peu à moi

Où tu vas, quand tu t'en vas d'ici?
J'arrive pas à vivre sans toi

Avec la femme de ta vie vie vie
Papa fais pas d'connerie
Quand on s'aime on s'en va pas
On ne part pas en pleine nuit

Nuit tu me fais peur
Nuit tu n'en finis pas
Comme un voleur
Il est parti sans moi
Tu m'emmèneras jamais aux USA

Nuit tu me fais peur
Nuit tu n'en finis pas
Comme un voleur
Il est parti sans moi
Papa j'tassure arrête ton cinéma
Nuit tu me fais peur
Nuit tu n'en finis pas
Comme un voleur
Il est parti sans moi
Papa j'tassure qu'un jour tu reviendras

Nuit... sans moi
Papa j'tassure arrête ton cinéma
Nuit... sans moi
Papa j'tassure qu'un jour tu reviendras

Nuit... sans moi
Papa si tu pensais un peu
Si tu pensais un peu à moi

Nuit... sans moi
Tu m'emmèneras jamais aux USA

Nuit... sans moi
Papa j'suis sûre qu'un jour tu reviendras

배워봅시다

1) la vie

[목숨]	C'est une question de vie ou de mort. [이것은 사느냐 죽느냐의 문제다]	
[생활]	changer de vie [생활태도를 바꾸다]	vie privée [사생활]
[생계]	niveau de vie [생활수준]	prix de la vie [생활비]

2) le bout

[끝]	montrer le bout de son nez [모습을 드러내다]	au bout du monde [세상 끝에]
[종말]	bout de l'année [연말]	

3) 직접화법과 간접화법

직접화법의 문장에서 주절의 동사의 시제가 직설법, 미래 또는 조건법인 경우 간접화법으로 바뀌었을 때 동사의 시제에는 변화가 없다. 반면, 주절의 동사가 과거시제인 경우 직접화법에서 간접화법으로 바꿀 때 보어절의 시제에 변화가 생긴다.

간접화법을 유도하는 동사에는 다음과 같은 것들이 있다.

dit	affirmé	annoncé	déclaré	assuré	expliqué
précisé	répondu	reconnu	admis	avoué	ajouté

① 명령법 → 부정법 (l'infinitif)

Il m'a ordonné :≪Pars immédiatement.≫ [그는 내게 명령했다 : 즉시 떠나]
→ Il m'a ordonné de partir immédiatement.

② 동사의 시제변화

a) 현재 → 반과거
Il a dit : ≪Je suis content de ce résultat≫ [그는 말했다 : 이 결과에 만족해]
→ Il a dit qu'il était content de ce résultat.

b) 복합과거 → 대과거
Il a avoué : ≪J'ai commis une erreur≫ [그는 자백했다 : 내가 잘못을 했어]
→ Il a a voué qu'il avait commis une erreur. [그는 대답했다 : 나 파리에 막 도착했어]
→ Il a répondu qu'il venait d'arriver à Paris.

c) 단순미래 → 조건법 현재
Il a annoncé : ≪Je reviendrai bientôt.≫ [그는 말했다 : 곧 돌아올께]
→ Il a annoncé qu'il reviendrait bientôt.

d) 전미래 → 조건법 과거
Il a dit : ≪Je reviendrai quand j'aurai terminé le travail≫
→ Il a dit qu'il reviendrais quand il aurait terminé le travail.

e) 근접미래(aller+동사의 원형) → aller의 반과거+동사의 원형
Il a dit : ≪Je vais acheter une voiture .≫
→ Il a dit qu'il allait acheter une voiture.

③ 인칭의 변화

a) 주절에서 간접목적보어 인칭대명사가 1인칭 (m', nous)

– 종속절의 주어가 2인칭인 경우 (Tu, vous) : Tu → je, Vous → nous
Il m'a dit :≪Tu travailles beaucoup≫
→ Il m'a dit que je travaillais beaucoup
Il nous a dit : ≪Vous travaillez beaucoup≫
→ Il nous a dit que nous travaillions beaucoup.

– 종속절의 주어가 1인칭인 경우 (Je) → il
Il m'a dit : ≪Je cherche un appartement≫
→ Il m'a dit qu'il cherchait un appartement.

b) 주절에서 간접목적보어가 3인칭인 경우 (à son ami, ses étudiants..)

– 종속절의 주어가 1인칭인 경우 (Je) – il
Il a dit à son ami : ≪Je cherche un appartement≫
→ Il a dit à son ami qu'il cherchait un appartement.

– 종속절의 주어가 2인칭인 경우 (Tu, Vous) – il, ils
Il a dit à son ami : ≪Tu travailles beaucoup≫
→ Il a dit à son ami qu'il travaillait beaucoup.
Il a dit à ses étudiants : ≪Vous travaillez beaucoup≫
→ Il a dit à ses étudiants qu'ils travaillaient beaucoup.

⑤ 간접의문문

a) 간접의문문을 유도하는 동사들

<table>
<tr><td></td><td></td><td colspan="2">전체의문</td><td>부분의문</td><td></td></tr>
<tr><td>demander</td><td>savoir</td><td colspan="2" rowspan="2">si</td><td>où</td><td rowspan="4">주어＋동사</td></tr>
<tr><td>vouloir savoir</td><td>s'informer</td><td>quand</td></tr>
<tr><td></td><td></td><td>Qu'est－ce que</td><td>ce que</td><td rowspan="2">comment</td></tr>
<tr><td></td><td></td><td>Qu'est－ce qui</td><td>ce qui</td></tr>
</table>

b) 전체 의문

－ si를 사용하는 경우

Il m'a demandé : ≪Tu travailles beaucoup?≫

→ Il m'a demandé si je travaillais beaucoup.

Il a demandé à son ami : ≪Tu travailles beaucoup?≫

→ Il a demandé à son ami s'il travaillait beaucoup.

Il m'a demandé : ≪Est－ce que vous allez－bien?≫

→ Il m'a demandé si j'allais bien.

Il a demandé à ses amis : ≪Est－ce que vous allez－bien?≫

→ Il a demandé à ses amis s'ils allaient bien.

－ ce qui, ce que를 사용하는 경우

Il m'a demandé : ≪Qu'est－ce que tu fais?≫

→ Il m'a demandé ce que je faisais.

Il a demandé à son ami : ≪Qu'est－ce que tu fais?≫

→ Il a demandé à son ami ce qu'il faisait.

Il m'a demandé : ≪Qu'est－ce qui se passe?≫

→ Il m'a demandé ce qui se passait.

c) 부분 의문

Il m'a demandé : ≪Où vas－tu?≫

→Il m'a demandé où j'allais.

Il a demandé à son ami : ≪Où vas－tu?≫

→ Il a demandé à son ami où il allait.

Il m'a demandé : ≪Pourquoi pars－tu?≫

→ Il m'a demandé pourquoi je partais.

Il a demandé à son ami : ≪Pourquoi pars－tu?≫

→ Il a demandé à son ami pourquoi il partait.

모란 (Maurane)

Sur un prélude de Bach

www.youtube.com/watch?v=LadJeS310kc

Lorsque j'entends ce prélude de Bach
Par Glen Gould, ma raison s'envole
Vers le port du Havre et les baraques
Et les cargos lourds que l'on rafistole
Et les torchères, les grues patraques
Les citernes de gasoil

Toi qui courais dans les flaques
Moi et ma tête à claques
Moi qui te croyais ma chose, ma bestiole
Moi je n'étais qu'un pot de colle

Lorsque j'entends ce prélude de Bach
Par Glen Gould, ma raison s'envole
Et toutes ces amours qui se détraquent
Et les chagrins lourds, les peines qu'on bricole
Et toutes mes erreurs de zodiaque
Et mes sautes de boussole

Toi, les pieds dans les flaques
Moi et ma tête à claques
J'ai pris les remorqueurs pour des gondoles
Et moi, moi je traîne ma casserole

Dans cette décharge de rêves en pack
Qu'on bazarde au prix du pétrole
Pour des cols-blancs et des corbacs

Qui se foutent de Mozart, de Bach

J'donnerais Ray Charles, Mozart en vrac
La vie en rose, le rock'n roll
Tous ces bémols et tous ces couacs

Pour Glen Gould dans ce prélude de Bach.

배워봅시다

1) le prélude

[전주곡]	prélude Chopin [쇼팽의 전주곡]	prélude des hostilités [전쟁의 서막]

2) lourd(e)

[무거운]	valise très lourde [매우 무거운 가방]	frais très lourds [막대한 비용]
[묵직한]	avoir la tête lourde [머리가 띵하다]	

3) s'envoler

[날아가다]	Son chapeau s'est envolé. [그의 모자가 날려갔다]
[사라지다]	Le temps s'envole. [시간이 흘러간다]

4) la baraque

[허술한 집]	casser la baraque [기존질서를 파괴하다]

5)

rafistoler [대강 수리하다]	cargo [소백화점]	torchère [큰 촛대]
les grues patraques [고장 난 기중기]	Les citernes de gasoil [디젤유 유조탱크들]	bestiole [바보 같은 애]

6) 관계 종속절 (la proposition subordonnée relative)

관계 종속절이란 주절(proposition principale) 에다가 단순관계대명사(qui, que, dont, où, quoi) 또는 복합관계대명사(전치사+lequel : duquel, auquel)로 도입되는 종속절이 관계되는 문장을 일컫는다.

－관계 종속절의 기능

a) 주절에서 이미 설명되어진 단어 또는 생각에 대한 정보를 보충하고 싶을 때
J'ai un frère. → J'ai un frère qui a trois ans plus que moi.
[나는 나보다 3살 많은 형제가 있다]

b) 관계대명사는 선행사라고 불리는 단어를 대체하는데 선행사는 다음과 같다.

－ 명사
Tu as lu le livre que je t'ai prêté? [너 내가 너에게 빌려준 책을 읽었니?]

－ 인칭대명사 또는 지시대명사
Vous avez vu mon fils? Je l'ai vu qui jouait dans le jardin.
[제 아들을 보셨나요?] [당신 아들이 정원에서 노는 것을 보았어요]
Qui est votre fille? C'est celle qui a de longs cheveux.
[당신 딸이 누구죠?] [긴 머리카락을 하고 있는 사람이에요]

c) 관계절은 근본적으로 명사의 형용사 또는 보어 기능을 한다.
Je me suis acheté une voiture qui est jaune et rouge. (=une voiture jaune et rouge)
[나는 노랗고 붉은 색의 차를 나를 위해 샀다]
Je me suis acheté une robe dont l'encolure est en V.
(=une robe à l'encolure en V) [나는 목이 V 자형인 옷을 샀다]

d) 주절에서 표현된 생각을 되풀이 하거나 보충하는 기능을 한다. 이 때 관계대명사는 ce qui, ce que, ce dont 등이다.
Mon fils a réussi à l'examen, ce qui m'a fait plaisir.
[내 아들이 시험에 합격했는데, 그것이 나를 기쁘게 했다]
Il est déjà parti, ce que je ne savais pas.[그는 이미 떠났는데, 나는 몰랐어]
Elle a gagné le grand prix au concours, ce dont elle était contente.
[그녀는 대회에서 대상을 받았는데, 그것에 만족해 했다]

밀렌 파머 (Mylène Farmer)

désenchantée

www.paroles.net/chanson/13815.1

Nager dans les eaux troubles
Des lendemains
Attendre ici la fin
Flotter dans l'air trop lourd
Du presque rien
Qui tendre la main

Si je dois tomber de haut
Que ma chute soit lente
Je n'ai trouvé de repos Que dans l'indifférence
Pourtant, je voudrais retrouver l'innocence
Mais rien n'a de sens, et rien ne va

Tout est chaos
A côté
Tous les idéaux et les mots Abimés...
Je cherche une âme qui pourra m'aider
Je suis géneration désenchantée, désenchantée

Qui pourrait m'empêcher
De tout entendre
Quand la raison s'effondre
A quel sein se vouer

Qui peut prétendre nous bercer dans son ventre
Si la mort est un mystère
La vie n'a rien de tendre
Si le ciel a un enfer
Le ciel peut bien m'attendre

Dis moi,
Dans ces vents contraires comment s'y prendre
Plus rien n'a de sens, plus rien ne va.

Tout est chaos
A côté
Tous les idéaux, et les mots Abimés...
Je cherche une âme qui pourra m'aider
Je suis géneration désenchantée, désenchantée

배워봅시다

1) trouble

[탁한, 흐린]	eau trouble [탁한 물]	temps trouble [흐린 날씨]

2) le lendemain

[그 다음날]	le lendemain matin [그 다음날 아침] au lendemain de son arrivée [그가 도착한 다음날] du jour au lendemain [순식간에]

3) la chute

[추락]	chute d'eau [폭포]	chute des cheveux [탈모]
[하락]	chute des prix [가격의 하락]	chute du moral [사기저하]

4) une indifférence

[무관심]	indifférence pour les malheurs d'autrui [타인의 불행에 대한 무관심] indifférence aux événements [세상사에 대한 무관심]

5) une innocence

[결백]	proclammer son innocence [자신의 무죄를 주장하다] innocence d'un jeune enfant [어린아이의 순진함]

6) s'effondrer

[무너지다]	La voûte va s'effondrer. [천장이 무너지려 한다] Les prix se sont effondrés. [물가가 폭락했다]

7) 의문문의 유형

a) 부정의문문

주로 긍정적인 답변을 요구하거나 확인 또는 동의를 구하는 경우에 사용하는데, 이 경우 답변은 si가 된다.

Il n'est pas beau? [그는 잘 생기지 않았니?]	Si, il est beau. [응, 잘 생겼어]
Quelqu'un n'a pas frappé à la porte? [누가 문을 두드리지 않았니?]	Si, je vais ouvrir la porte. [응, 내가 문을 열게]
Ce n'est pas l'heure de travailler? [공부할 시간 아냐?]	Si, je vais à la bibliothèque. [응, 나 도서관 간다]

b) 의문에 대한 강조를 나타낼 때

긍정문 끝에 n'est-ce pas, non 등을 첨가한다.

C'est intéressant, non? [이거 재미있죠, 그렇지 않아요?]
Vous le connaissez bien, n'est-ce pas? [당신 그 사람을 잘 알죠, 그렇지 않아요?]

c) 양자택일의 의문문

ou로 연결되는 이중 의문문으로서 oui, non, 또는 peut-être 등과 같은 것으로 답변할 수 없는 것이 특징이다.

Tu aimes le football ou le tennis? [너 축구를 좋아하니 아니면 테니스를 좋아하니?]
Tu viens ou pas? [너 올래, 안 올래?]

록 부와진느 (Rock voisine)

Hélène

Clip video : www.paroles.net/chanson/15605.1

Seul sur la plage les yeux dans l'eau
Mon rêve était trop beau
L'été qui s'achève tu partiras
A cent mille lieux de moi
Comment oublier ton sourire
Et tellement de souvenirs

Nos jeux dans les vagues près du quai
Je n'ai vu le temps passer
L'amour sur la plage désertée
Nos corps brûlés enlacés
Comment t'aimer si tu t'en vas
Dans ton pays loin là－bas oua oua

Hell things you do make me crazy about you
Pourquoi tu pars reste ici j'ai tant besoin d'une amie
Hell things you do make me crazy about you
Pourquoi tu pars si loin de moi
Là ou le vent te porte loin de mon cœur qui bat

Hell things you do make me crazy about you
Pourquoi tu pars reste ici reste encore juste une nuit

Seul sur le sable les yeux dans l'eau
Mon rêve était trop beau
Dès qui s'achève tu partiras
A cent mille lieux de moi
Comment t'aimer si tu t'en vas
Dans ton pays loin là－bas oua oua

배워봅시다

1) la plage

[해변, 바닷가]	se bronzer sur la plage [바닷가에서 몸을 태우다] plage de sable [모래사장]

2) le lieu

[장소]	la date et le lieu [날짜와 장소] au lieu de [-대신에]	lieu de travail [직장]

3) désert(e)

[황량한, 텅 빈]	île déserte [무인도]	rue déserte [인적이 없는 거리]

4) enlacer

[얼싸안다]	enlacer sa fiancée [약혼자를 껴안다]

5) 혼동하기 쉬운 부사들

a) aussi vs aussi

동사나 명사 또는 대명사 뒤에 위치하여 문장의 내부에서 단순한 첨가적 요소로서 기능한다. 이 때의 의미는 [-도 또한]이다 :

> Paul aime le tennis, mais il aime aussi le football.
> [뽈은 테니스를 좋아하지만, 축구도 또한 좋아한다]
> Moi, je suis étudiant, vous aussi? [나는 학생인데, 당신도 그래요?]

반면, 결과를 나타내는 경우 문장 맨 앞에 사용되며 의미는 [그래서] 이다. 이 때 문어체에서 동사와 주어대명사의 도치가 일어난다 :

> Il adore la chanson ; aussi va-t-il souvent au concert.
> [그는 노래를 아주 좋아해 ; 그래서 콘서트장에 자주 가]

b) aussi vs même

aussi는 [또한]의 의미를 갖는 반면 même는 강조의 의미로 [게다가, 심지어]라는 뜻을 포함한다 :

> J'aime la chanson, mais j'aime aussi la danse.
> [나는 음악을 좋아하지만, 무용도 좋아한다]
> Il parle l'anglais, l'italien et même le français.
> [그는 영어, 이탈리아 그리고 심지어 프랑스어까지 말한다]

c) aussi vs si

si는 강조의 의미로 [정말로]라는 뜻을 포함하는 반면 aussi는 [또한]이라는 동등성을 나타낸다 :

> Il est si méchant! [그는 정말 못됐어!]
> Il est aussi méchant que son frère. [그는 그의 형만큼 못됐어]

d) aussi vs autant

둘다 동등성을 나타내지만 aussi 는 뒤에 형용사가 오는 반면 autant 뒤에는 de+명사 또는 동사+autant 의 형태가 된다 :

> Il est aussi rapide que Paul. [그는 뽈만큼 빠르다]
> Il a autant de voitures que moi. [그는 나만큼 많은 차를 가지고 있다]
> Il déteste autant l'anglais que le français.
> [그는 프랑스어만큼이나 영어를 싫어한다]

e) plus tôt vs plutôt

plus tôt는 [조금 더 일찍]이라는 의미로 [plus tard]의 반대인 반면, plutôt는 [그보다는

더]의 뜻이다 :

Tu dois te lever plus tôt pour prendre le train.
[기차를 타기 위해서는 조금 더 일찍 일어나야 해]
Prenez le bateau plutôt que l'avion. [비행기보다 차라리 배를 타세요]

f) bien tôt vs bientôt

bien tôt는 [아주 일찍]의 의미로 [bien tard]의 반대의 뜻인 반면 bientôt는 [곧]이라는 의미이다 :

Il est 9 h et le film commence à 11 h. Tu es arrivé bien tôt.
[지금 9시고 영화는 11시에 시작해. 너 너무 일찍 도착했구나]
J'espère qu'on se verra boentôt. [우리가 곧 다시 만나길 바래요]

g) très vs trop

très는 형용사 또는 부사를 동반하며 강조의 뜻을 나타내는 반면, trop는 형용사, 부사 또는 동사와 함께 쓰이면서 [과도, 지나침]의 뜻을 나타낸다 :

Je suis très heureux de vous rencontrer. [당신을 만나 뵙게 되어 매우 기쁩니다]
Il fume trop. [그는 담배를 너무 많이 핀다]

쎄르쥬 겐즈부르그 (Serge GAINSBOURG)

Vilaines filles et mauvais garçons

Dans cette vallée de larmes qu'est la vie
Viens avec moi par les sentiers interdits
À ceux－là qui nous appellent à tort ou à raison
Vilaines filles et mauvais garçons
Au fond de cette vallée coule un torrent
Il est l'image même de nos vingt ans
C'est à lui que nous devons cet air et ces façons
Il n'est pas âme qui vive
Qui me plaise autant que moi
Si tu étais plus naïve
Je t'apprendrais tout ce que tu sais déjà

Les enfants du siècle sont tous un peu fous
Mais le cliquetis de la machine à sous
Couvrira cette voix qui dit à tort à raison
Vilaines filles, mauvais garçons
Demain lorsque la lune se couchera
N'existera au monde que toi et moi
Plus personne pour nous dire à tort à raison
Vilaines filles, mauvais garçons
Et les yeux dans les yeux tendrement nous
Nous dirons
Vilaines filles, mauvais garçons

배워봅시다

1) vilaine

[평민의, 천한, 날씨가 고약한]	Il fait vilaine. [날씨가 고약하군]
[못생긴]	Elle n'est pas vilaine. [그녀는 제법 예쁘다]

2) mauvais

[나쁜, 불량한]	produit de mauvaise qualité [불량품]
[잘못된]	mauvais calcul [오산]
[서투른]	Il est mauvais en latin. [그는 라틴어에 약하다]
[해로운]	Le tabac est mauvais pour la santé. [담배는 건강에 나쁘다]
[도덕적으로 못된]	mauvais garçon [불량한 소년]

3) le garçon

[사내아이, 소년]	beau garçon [미소년] vieux garçon [노총각]
[종업원]	donner du pourvoir au garçon [종업원에게 팁을 주다]

4) avec

[－와 함께]	aller se promener avec qn [－와 함께 산책하러 가다]
[－와 동시에]	se lever avec le jour [새벽에 일어나다] Avec le temps, les haines s'assoupissent. [시간이 감에 따라, 증오도 가라앉는다]
[양태 : －을 가지고]	Il accepte avec joie. [그는 기꺼이 승낙한다]
[수단 : －으로]	ouvrir la porte avec la clé [열쇠를 가지고 문을 열다]
[소유]	une robe avec une dentelles [레이스가 달린 드레스]
[－와]	confondre A avec B [A 와 B를 혼동하다]

5) le sentier

[작은 길, 오솔길]	suivre le sentier [오솔길을 따라가다]

6) interdir

[interdir à qn de+동사원형 : -에게 -하는 것을 금하다]

Je t'interdis de sortir. [나는 네게 외출하는 것을 금한다]

7) ceux (지시대명사)

① 형 태

	단 수				복 수	
	남성	여성	중성		남성	여성
단순형태	celui	elle	ce	ça	ceux	celles
복합형태	celui-ci celui-là	celle-ci celle-là	ceci cela		ceux-ci ceux-là	celles-ci celles-là

② 용 법

a) 전치사 de

- de+소유의 의미를 나타내는 명사

Quelle jolie voiture! Elle est à toi?Non, c'est celle de mon père.
[예쁜 차인데! 네거니?] [아니, 나의 아버지의 것이야]- de+부사
Tu as regardé le match de football hier? [너 어제 축구 경기 봤니?]
Oui, mais celui d'aujourd'hui sera plus intéressant.
[응, 하지만 오늘 경기가 더 흥미로울 거야]

- de+동사의 원형

Il aime beaucoup de sports et surtout celui de jouer avec une balle.
[그는 많은 운동을 좋아하는데, 특히 공을 가지고 하는 운동을 좋아한다]

b) 관계대명사

Montrez-moi le livre, celui que vous lisez.
[당신이 읽고 있는 책을 제게 보여주세요]
Tu as vu le film, celui dont tout le monde parle en ce moment?
[너 요즘 모든 사람들이 말하고 있는 그 영화를 봤니?]

③ 복합형태(celui-ci, celui-là, ceux-ci, ceux-là, celle-ci, celle-là, celles-ci, celles-là)

a) 문맥에 의해 한정되는 명사

Il a invité ses amis au dîner ; ceux－ci apportaient beaucoup de cadeaux.
[그는 저녁 식사에 친구들을 초대했어 ; 그들은 많은 선물을 가져왔어]

b) 지시형용사가 선행하는 명사

Cette voiture est très belle, mais celle－là me semble plus pratique.
[이 자동차는 아주 예뻐, 하지만 저 차가 더 실용적일 것 같아]

c) 대립의 가치

－ -ci는 가까운 것을 나타내고 -là는 먼 것을 나타낸다.
Celui - ci coûte plus cher que celui -là. [이것이 저것보다 더 비싸]

－ -ci는 후자, -là는 전자를 나타낸다.
J'ai un chien et une chatte ; celle－ci est mignonne, mais celui－là est moche.
[나는 개와 고양이가 있어 : 고양이는 예쁜데 개는 못생겼어]

－ -ci은 어떤 것, -là는 또 다른 어떤 것을 나타낸다.
Il y avait beaucoup de femmes, celles -ci chantaient, celles -là dansaient.
[많은 여인들이 있었는데, 어떤 여인들을 노래를 했고 또 다른 여인들은 춤을 췄다]

8) le tort

[잘못, 틀림]	C'est un tort d'avoir agi aussi vite. [그렇게 일찍 행동한 것은 잘못이야]
[표현]	à tort [부당하게] à tort et à travers [함부로] à tort ou à raison [옳건 그르건 간에]

9) la raison

[이성]	suivre les conseils de la raison [이성의 소리를 따르다]
[까닭, 이유]	pour des raisons politiques [정치적인 이유로]
[표현]	âge de raison [철들 나이] avec raison [옳게, 당연히]

10) le fond

[밑, 밑바닥]	fond de café [커피찌꺼기]
[토대, 바탕]	question de fond [기본적인 문제]
[표현]	regarder qn au fond des yeux [－를 뚫어지게 쳐다보다] Fonds de verres! [한방울도 남기지 말고 마셔라]

11) un torrent

[급류]	verser des torrents des larmes [비 오듯 눈물을 쏟다] Il pleut à torrent. [비가 억수로 쏟아진다]

12) une image

[영상, 초상화]	une image vivante de sa mère [어머니를 그대로 닮은 모습]
[이미지, 개념]	s'exprimer par images [비유로써 자기 뜻을 설명하다]

13) plaire

[— à qn : —의 마음에 들다]	chercher à plaire à qn [—의 마음에 들려고 애쓰다] Cet homme me plaît. [그 남자는 내 마음에 든다]

14) naïf

[천진난만한, 순신한]	Il est si naïf. [그는 정말 순박하다]
[고지식한, 어리석은]	Je ne suis pas assez naïf pour y croire. [나는 그것을 믿을 만큼 어리석지 않다]

15) apprendre

[배우다, 익히다]	apprendre l'anglais [영어를 배우다]
[가르치다]	Je lui ai appris la nouvelle. [나는 그에게 그 소식을 알렸다]

16) le siècle

[세기]	un demi siècle [반세기]
[복수 : 세월]	Il y a un siècle que je ne vous ai pas vu. [당신을 못 본지 한참 됐군요]

17) le sou (복수로 돈을 의미한다)

affaire de quatre sous [가치 없는 일]
Ça fait des sous! [그건 돈이 돼!]
manger ses quatres sous [얼마 안 되는 재산을 탕진하다]
sous sur sous [한 푼씩]

미셀 베르제 (Michel BERGER)

Peut être toi, peut être moi

Tu restes chez toi à boire un verre,
Devant la télé allumée,
Mais tu vois les choses de travers,
Si tu attends qu'on vienne te chercher,
Maintenant qu'est－ce que tu vas faire,
Quand le programme est terminé,
Tu sors, tu vas prendre l'air,
Te changer un peu les idées,
C'est peut－être moi
Peut－être toi,
Peut－être toi et moi,
Qui pouvons changer ça.
Tu démarres, tu mets la radio,
pour sentir quelqu'un même derrière un micro,
Si tu continues bientôt,
Tu resteras seul à parler tout haut,
C'est peut－être moi
Peut－être toi,
Peut－être toi et moi,
Qui pouvons changer ça.
Le monde est plein de gens qui parlent,

Sans jamais vraiment rien se dire,
Qui vivent la vie qu'on leur prépare,
En oubliant même leurs désirs
C'est peut-être moi
Peut-être toi,
Peut-être toi et moi,
Qui pouvons changer ça.
Peut-être moi
Peut-être toi,
Peut-être toi et moi,
Réfléchis un peu à tout ça?

배워봅시다

1) chez

[- 집에]	Venez chez moi. [내 집에 오세요] Je vais chez le coiffeur. [나는 이발소에 간다] Alors, je suis biens chez monsieur Dupont? [뒤퐁씨 댁인가요?]
[-나라에서]	On préfère le thé chez les Anglais. [영국인은 차를 더 좋아한다] Ça ne se fait pas chez nous. [우리나라에서는 그렇게 하지 않는다]
[-의 근무처]	aller chez le préfecture de police [경찰서에 가다]

2) boire

je bois	tu bois	il, elle boit
nous buvons	vous buvez	ils, elles boivent

a) 마시다
boire de l'eau (du vin) [물(술)을 마시다]
boire un coup de verre [한잔 마시다]

b) 술을 마시다
chanson à boire [주가] Il boit trop. [그는 술을 너무 마신다]

c) +à : 건배하다

Nous allons boire à votre santé. [당신의 건강을 위해 건배하죠]

d) 비유적 : 탕진하다 : boire son gain [재산을 술로 탕진하다]

e) 표현

Je peux boire la mer et les poissons. [나는 몹시 갈증이 난다]

offrir à boire à qn [-에게 술을 한잔 사주다]

3) un verre

[유리]	vase en verre [유리꽃병]
[컵]	Il a versé du vin dans son verre. [그는 포도주를 잔에다 따랐다]
[한 잔의 술]	prendre un verre [한잔하다]
[표현]	homme de verre [청렴결백한 사람] se briser comme un verre [쉽게 망가지다] Qui casse les verres les paies. [자기가 뿌린 씨는 자기가 거둔다]

4) la télé

[텔레비젼]	télévision par cable [유선 텔레비전 방송] émission de télévision en direct (différé) [텔레비젼 생 (녹화) 방송] regarder le match de football à la télé [축구시합을 TV로 보다]

5) allumer

[불을 켜다]	allumer l'électricité [전기 불을 켜다]
[표현]	Allume ta pipe à la pompe! [별꼴 다 보겠네!]

6) voir

Je	vois	Nous	voyons	과거분사
Tu	vois	Vous	voyez	vu
Il, Elle	voit	Ils, Elles	voient	

a) 보이다
De sa maison, on voit la mer. [그의 집에서는 바다가 보인다]

b) 만나보다
Allez voir Monsieur Kim. [김 선생님을 만나보러 가세요]

c) 알아차리다, 이해하다
Je vois ce que vous dites. [당신이 말하는 것을 알겠어요]

d) 표현
n'avoir rien à voir avec [−와 아무런 관계가 없다]

7) la chose

[사물, 물건]	Elle a acheté beaucoup de choses. [그녀는 많은 물건을 샀다] C'est la plus belle chose du monde. [이것은 세상에서 가장 아름다운 것이다]
[일, 문제]	J'ai beaucoup de choses à faire. [나는 해야 할 일이 많다]
[현실, 상황]	regarder les choses en face [현실을 직시하다]

8) le travers

[결함, 버릇]	Chacun a ses qualités et ses travers. [누구나 장점과 단점이 있다]
[경사]	Il y a du travers dans ce bâtiment. [이 건물에 경사진 데가 있다]
[표현]	à travers [−너머로, −을 통하여]

9) maintenant

[지금, 현재]	Maintenant, il est sorti. [지금 그는 외출중입니다] Maintenant c'est votre tour. [이제 당신 차례입니다]
[표현]	C'est maintenant ou jamais. [지금이 다시없는 기회다]

10) le programme

[프로그램]	le programme de télévision [텔레비젼 프로그램]
[수업계획]	le programme scolaire [학습 프로그램]

11) terminer

[끝마치다]	terminer son repas [식사를 끝마치다] terminer un travail [일을 끝내다]

12) un air

[공기]	pollution de l'air [공기오염] respirer l'air à pleins poumons [심호흡하다]
[바람]	l'air de la mer [바닷바람] courant d'air [외풍]
[공중]	l'armée de l'Air [공군]
[분위기]	Il y a quelque chose dans l'air. [수상한 기미가 있다]
[표현]	en air [공중에]

13) une idée

[관념]	idée générale [일반적인 관념] idée fixe [고정관념]
[생각]	C'est une bonne idée. [그거 좋은 생각이야]
[견해]	Chacun a son idée. [사람마다 자기 견해가 있다]

14) démarrer : [자동사]

[밧줄을 풀다, 시동을 걸다]	faire démarrer la voiture [차에 시동을 걸다]
[시작하다]	Ça démarre bien. [시작이 순조롭다]

15) mettre

je mets	tu mets	il, elle met
nous mettons	vous mettez	ils, elles mettent

a) 놓다, 넣다
mettre sa valise à terre [가방을 땅에 놓다]
mettre du vin en bouteille [포도주를 병에 담다]

b) 붙이다, 걸다
mettre un tableau au mur [그림을 벽에 걸다]

c) 차려놓다
mettre la table [식탁을 차리다]

d) 옷을 입다, 쓰다
mettre un chapeau sur la tête [머리 위에 모자를 쓰다]

e) 기재하다
mettre une somme sur un compte [돈을 통장에 기재하다]

f) 작동시키다
mettre le chauffage [난방을 가동시키다]

16) sentir

Je	sens	Nous	sentons	과거분사
Tu	sens	Vous	sentez	senti
Il, Elle	sent	Ils, Elles	sentent	

a) 느끼다
sentir la douleur [고통을 느끼다]
Il a senti que quelqu'un le regardait. [그는 누군가가 자기를 보고 있다고 느꼈다]

b) 냄새 맡다
Il est enrhumé, il ne sent plus rien. [그는 감기가 걸려 냄새를 못 맡는다]

17) quelqu'un

① quelqu'un : 남성 또는 여성의 사람을 나타낸다.

Est-ce qu'il y a quelqu'un? [누구 있습니까?]
Quelqu'un est venu te voir. [어떤 사람이 너를 보러 왔어]

② quelqu'un de+남성 형용사 또는 부사

Comment est-il? C'est quelqu'un de bien.
[그 사람 어때?] [좋은 사람이야]

③ quelqu'un à+동사원형

J'ai quelqu'un à voir. (=Je dois voir quelqu'un) [나 봐야 할 사람이 있어]

18) bientôt

[오래지 않아, 곧]	Il reviendra bientôt. [그는 곧 돌아올 거야]
[표현]	À bientôt! [또 봅시다]

19) seul(e)

a) 명사 앞 : 유일한, 단 하나의
une seule amie [단 하나의 여자친구]
Je ne l'ai vu qu'une seule fois. [나는 그를 딱 한번 봤을 뿐이다]

b) 명사 뒤 : 단독의
un homme seul [고독한 남자]
Un homme seul ne peut le faire. [혼자서는 그것을 할 수 없다]

c) 속사 : 홀로의, 외로운 : être seul au monde [외톨이다]

d) 오직 −만이
Vous seul êtes capable de le faire. [오로지 당신만이 그것을 할 수 있다]

20) haut

① 형용사

a) 높은 : haute montagne [높은 산]
porter des talons hauts [굽이 높은 신발을 신다]

b) haut de : −의 높이가 되는
mur haut de deux mètres [높이가 2미터인 벽]

c) 강한 : haute pression du sang [고혈압]

d) 소리가 높은
parler à hautes voix [음성을 높여 말하다]

e) 신분이 높은 : hautes classes [상류계급]

② 부사

a) 높이 : voler haut dans le ciel [하늘 높이 날다]

b) 큰소리로 : lire tout haut [큰 소리로 읽다]

21) le monde

[세계, 지구]	faire le tour du monde [세계 일주를 하다]	partout dans le monde [세계 도처에]
[세상]	Le monde est petit. [세상은 좁다]	venir au monde [태어나다]
[특정사회]	le monde capitaliste [자본주의 사회]	
[세상 사람들]	beaucoup de monde [많은 사람]	

22) vraiment

[참말로]	Vous m'aimez vraiment? [당신 나를 정말 사랑하세요?]
[대단히]	Il travaille vraiment bien. [그는 정말 일을 잘한다]
[놀라움]	Il est mort. [그가 죽었어] Vraiment? [정말이요?]

23) Gérondif : en + -ant

① 원인

En voyant son embarras, la police se fit plus aimable.
[그가 당황해하는 것을 보고, 경찰은 좀 더 부드럽게 대했다]

② 조건, 추측

Elle réussirait mieux, en s'y prenant autrement.
[그것을 다르게 생각한다면 그녀는 더 성공할 수 있을 거야]

③ 동시성

Ne lis pas en mangeant [먹으면서 읽지 마라]

④ 양태, 방법

En forgeant on devient forgeron. [자꾸 단련해야 숙달된다]

24) oublier

[잊다]	J'ai oublié son numéro de téléphone. [나는 그의 전화번호를 잊었다]
[oubler de + 동사원형]	N'oubliez pas de venir demain. [내일 오는 것을 잊지 마세요]

25) le désir

[욕망]	le désir ardent [갈망] désir de savoir [지식욕]	satisfaire un désir [욕망을 채우다] désir de la gloire [명예욕]

에디뜨 삐아프 (Edith PIAF)

J'ai qu'à regarder

Il a plutôt la gueule gentille
Il se laisse aimer tout comme les filles
Puis y vous r'garde en rigolant,
Alors, bien sûr, c'est désarmant.
Il vous donne rendez－vous un jour
S'il venait, ça serait trop facile
On attend comme une imbécile
Il est vraiment fait pour l'amour
J'ai qu'à regarder
J'ai envie de chanter
Courir dans les champs
Avec le printemps
De chanter pour moi
De crier ma joie
Dès que j'aperçois
Il me regarde comme ça
Puis il me dit tout bas:
"Viens, on va s'aimer..."
J'ose plus respirer
Ce que c'est bon de l'aimer...

La－la－la ...

Ce sera ma dernière aventure
Oh mon dieu, pourvu qu'elle dure
Si je devais plus le revoir un jour
Je serais dégoûtée de l'amour
Il a tant de femmes autour de lui
Qui rôdent autour de ses épaules
Alors, je suis là, je m'accroche à lui
Il y a vraiment que lui qui trouve ça drôle
J'ai qu'à regarder
J'ai envie de chanter
Courir dans les champs
Avec le printemps
De chanter pour moi
De crier ma joie
Dès que j'aperçois
Il me regarde comme ça
Puis il me dit tout bas:
"Viens, on va s'aimer..."
J'ose plus respirer
Ce que c'est bon de l'aimer...

배워봅시다

1) ne – que

① 단순형태 : ne + 동사 + que

Je n'aime que Marie. (=Je n'aime personne d'autre que Marie)
[나는 마리만을 좋아해]

② 복합형태 : ne + 조동사 + 과거분사 + que

Je n'ai acheté que la cravate. [나는 넥타이만 샀어]

2) regarder

[보다, 쳐다보다]	regarder la télé [텔레비젼을 쳐다보다] regarder qn attentivement [－를 유심히 쳐다보다]
[관계하다]	Ça ne me regarde pas. [그것은 나와는 상관이 없다]
[표 현]	regarder qn de haut [－를 깔보다]

3) plutõt

[오히려]	Ce fruit n'est pas mûr, prenez plutôt celui－ci. [저 과일은 아직 익지 않았어요, 차라리 이것을 드세요]
[plutôt que]	Il n'est pas méchant, mais plutôt froid. [그는 짓궂다기보다는 오히려 냉정하다]

4) la gueule

[속어로 사람의 입]	Ferme ta geule! [입 닥쳐라!] combat de gueule [입 싸움]	grande gueule [수다쟁이]
[사람의 얼굴]	avoir une sale gueule [밉상이다]	jolie petite gueule [귀여운 얼굴]
[표 현]	avoir la gueule de bois [술 마신 후 입이 깔깔하다] C'est bien fait pour ta gueule. [그것 참 고소하다] faire une drôle de gueule [낙담하다]	

5) gentil(le)

[귀여운, 예쁜]	Elle est gentille comme tout. [그녀는 아주 예쁘다]
[친절한]	être gentil avec qn [－에게 친절하다] C'est gentil de＋동사원형 : [－해주셔서 감사합니다]
[착 한]	Les enfants sont restés bien gentils toute la journée. [아이들은 하루 종일 얌전히 지냈다]

6) laisser

a) 남겨놓다, 내버려두다

laisser des restes dans son assiette. [음식을 다 먹지 않고 접시에 남겨놓다]

Tu prends ton imperméable? Non, je le laisse ici.

[너 비옷 가지고 갈 거야?] [아니, 여기다 두고 갈 거야]

b) laisser qch à qn : -에게 -을 남기다, 맡기다
Il m'a laissé sa nouvelle adresse. [그는 나에게 그의 새 주소를 적어놓고 갔다]
laisser toute sa fortune à sa femme [전 재산을 아내에게 남기다]

c) 잊다
J'ai laissé mes clés chez moi. [내 열쇠를 집에다 두고 왔어]

d) laisser+동사원형 : -하게 내버려두다
J'ai laissé partir mon ami. [나는 내 친구가 떠나게 놔두었다]
se laisser [자기에게 -하도록 놔두다]
se laisser dire des injures [남에게 욕설을 듣다]
Ne te laisse pas faire, proteste! [가만히 당하지만 말고 항의해!]

7) la fille

[딸]	Il aime sa fille plus que son fils. [그는 아들보다 딸을 더 좋아해] fille aînée [맏딸] fille unique [무남독녀]
[소녀]	petite fille [어린 여자아이]
[미혼여성]	rester fille toute sa vie [평생 독신으로 지내다]
[속어]	jouer la fille de l'air [일언반구 없이 가버리다]

8) un jour

[하루, 낮]	tout le jour [진종일] en deux jours [이틀 만에]	dans trois jours [삼일 후에]
[날]	jour de pluie [비오는 날] jour de repos [쉬는 날]	jour de l'an [설날] jour de bonheur [행복한 날]
[해, 날]	se lever avant le jour [해뜨기 전에]	au petit jour [해가 뜰 무렵]
[표현]	en plein jour [대낮에]	

9) venir

Je	viens	Nous	venons	과거분사
Tu	viens	Vous	venez	venu
Il, Elle	vient	Ils, Elles	viennent	

a) 오다
Il vient en voiture. [그는 자동차로 온다]
Il viendra demain. [그는 내일 올 거야]

b) 때가 오다
Le moment est venu de nous séparer. [우리가 헤어질 때가 왔어]

c) venir de]
－로부터 오다 : Je viens de Paris. [나는 파리에서 오는 길이야]
－에서 유래하다 : D'où vient cett erreur? [이 잘못은 어디에서 온 거지?]

d) venir＋동사원형]
－[－하러 오다 : Il vient me voir. [그는 나를 보러 왔어]

e) venir de＋동사원형 : 근접과거 : 막 －하다]
Elle vient de partir. [그녀는 막 떠났다]

10) imbécile

[저능한, 어리석은]	Il faut être imbécile pour dire cela. [그런 말을 하다니 정말 바보군] poser une question imbécile [바보 같은 질문을 하다]

11) une envie

[욕구, 갈망]	J'ai envie d'un vélo. [나는 자전거를 가지고 싶다]
[avoir envie de＋동사원형]	J'ai envie de fumer. [담배를 피우고 싶다]
[부러움, 질투]	être rongé d'envie sur qch [－에 선망의 눈초리를 던지다]

12) courir

[뛰다]	courir pour ne pas manquer son train. [기차를 놓치지 않기 위해 뛰다]
[서두르다]	courir à perdre haleine [숨을 헐떡거리며 뛰다] J'ai couru chez lui. [나는 그의 집에 서둘러 갔다]
[표현]	courir après [－을 쫓아다니다]

13) le champ

[밭]	Nous labourons notre champ. [우리는 밭을 갈려고 한다]
[복수 : 들, 전원]	la vie aux champs [전원생활]
[장, 터]	champs de bataille [전쟁터]
[범위, 영역]	champ de recherches [실험영역]

14) le printemps

[봄]	au printemps [봄에]
[청춘]	printemps de la vie [인생의 청춘]
[화해시기]	printemps entre Washington et Moscou [워싱턴과 모스코바의 화해]

15) crier

① 자동사

a) 고함치다
crier de peur [공포에 질려 울부짖다]
On entend crier les enfants dans la rue. [거기에서 아이들이 소리 지르는 것이 들린다]
Ne criez pas si fort! [그렇게 크게 소리 지르지 마세요]

② 타동사

– 떠들어대다 : crier des journaux [신문을 사라고 소리치다]

16) la joie

[기쁨]	joie infinie [무한한 기쁨을 느끼다] crie de joie [환호성] larmes de joie [기쁨의 눈물]

17) oser

[+ 동사원형]	Il a osé dire la vérité. [그는 용기를 내어 진실을 말했다]
[겸손한 표현]	Si j'ose le dire, [제가 감히 한 말씀 드리자면]

18) une aventure

[뜻밖의 일]	C'est une drôle aventure. [그것 참 희한한 사건이다]
[복수 : 모험]	homme d'aventures [모험가] roman (film) d'aventures [모험소설, 영화]

19) pourvu

a) pourvu de : －을 갖춘
écrivain pourvu d'un talent [재능을 갖춘 작가]

b) pourvu que＋접속법 : －하기만 한다면, －하는 조건으로
Il ne dira rien pourvu qu'on le laisse tranquille.
[그를 가만히 놔둔다면 아무 말도 하지 않을 거야]

c) 주절을 생략 : －하면 좋겠는데
Pourvu qu'il ne lui arrive aucun accident!
[그에게 아무 일도 안 일어났으면 좋겠는데!]

20) dégoûter

[혐오감을 주다]	Cet insecte la dégoûte. [이 벌레는 그녀에게 혐오감을 준다] Sa conduite dégoûte tout le monde. [그의 행동은 모든 이에게 혐오감을 준다]

21) autour

[둘레에, 주위에]	regarder autour [주위를 둘러보다]
[autour de]	Cet enfant est toujours autour de sa mère. [이 아이는 항상 엄마 주위에 있다]

22) la femme

[여자]	jeune femme [젊은 부인] courir les femmes [여자 꽁무니를 쫓다]
[아내]	prendre qn pour femme [－를 아내로 맞이하다]
[가정부]	femme de ménage [가정부] femme de chambre [호텔의 방 청소부]

23) rôder

[배회하다]	Un petit voyou rôde dans les rues. [어떤 부랑아가 거리를 배회하고 있다]
[어슬렁거리다]	voleurs qui rôdent autour de qn [주위를 어슬렁거리는 도둑들]

24) une épaule

[어깨]	épaules carrées [딱 벌어진 어깨]　épaules tombantes [늘어진 어깨] hausser les épaules [어깨를 으쓱거리다]
[표현]	porter qn sur ses épaules [一를 귀찮게 여기다]

샤를르 아즈나부르 (Charles AZANAVOUR>

Avant de t'aimer

Avant de t'aimer, je croyais que les femmes étaient des églises
Comme aux quatre coins de Venise et qu'on pouvait les visiter
Avant de t'aimer, je disais qu'elles n'étaient que gourmandise
Comme le sont les friandises et qu'on pouvait les partager
Avant de t'aimer, je croyais que les femmes étaient des chapelles
Enfermées dans les citadelles offertes au voeu de chasteté
Avant de t'aimer, je pensais que les femmes étaient sans cervelle
Qu'elles n'étaient que des modèles pour un pinceau, pour un maillet
Avant de t'aimer, je croyais que les femmes étaient des paroisses
Appartenant au garde－chasse qui piège et bague son gibier
Avant de t'aimer, je doutais des femmes et de ce qu'elles apportent
Quand elles referment la porte, sans un regard sans un regret
Mais aujourd'hui, femmes, je sais que vous êtes des cathédrales
Femmes fourmis, femmes cigales, femmes faites pour être aimées
Femme espérance, soit louée, toi, que j'imaginais naïve
Tu m'as sauvé de la dérive des larmes où mon coeur se noyait
Avant de t'aimer, je croyais que les femmes étaient des églises
Comme aux quatre coins de Venise et qu'on pouvait les visiter
Mais c'était avant de t'aimer c'était bien avant de t'aimer

배워봅시다

1) le coin

[모퉁이]	coin de la table [테이블 모퉁이] coin de la rue [길 모퉁이]
[구석]	mettre un enfant au coin [벌주기 위해 아이를 구석에 세우다]
[표현]	connaître qch dans les coins [-를 속속들이 알고 있다] les quatre coins du monde [세계 구석구석]

2) pouvoir

Je	peux	Nous	pouvons
Tu	peux	Vous	pouvez
Il, Elle	peut	Ils, Elles	peuvent

– 가능성

Je peux changer le billet d'avion? [제가 비행기 표를 바꿀 수 있나요?]

– 물리적 능력

Il peut courir 100 mètres à dix secondes.[그는 100미터를 10초에 달릴 수 있다]

– 허가

Tu peux sortir. [너는 외출해도 돼]

3) visiter

[위문하러 가다]	J'ai visité un ami malade [나는 아픈 친구를 문병갔다]
[방문하다]	visiter la maison d'un ami [친구의 집을 방문하다]
[견학, 구경하다]	Nous avons visité la France en voiture. [우린 자동차로 프랑스를 구경다녔다]

4) la gourmandise

[미식, 대식]	manger avec gourmandise [게걸스럽게 먹다] La gourmandise tue plus d'un homme que l'épée. [식탐은 검보다도 더 많은 사람을 죽인다]

5) la friandise

[맛있는 것]	friandise de louanges [찬사를 즐김]

6) partager

[나누다]	partager les bénéfices avec qn [－와 이익을 나누다]
[공유하다]	partager la joie avec qn [－와 기쁨을 공유하다]

7) enfermer

[가두다]	enfermer qn dans une pièce [-를 방에 가두다]
[감추다]	enfermer des bijoux dans un coffre-fort [보석을 금고에 넣어두다]

8) offrir

j'offre	tu offres	il, elle offre
nous offrons	vous offrez	ils, elles offrent
[제공하다]	offrir à boire [마실 것을 내놓다] Il offre un cadeau à sa femme. [그는 아내에게 선물을 준다]	

9) la cervelle

[두뇌]	C'est une tête dans cervelle. [저 놈은 골이 비었어] cervelle d'oiseau [얼간이] cervelle de moineau [모자라는 사람]
[사람]	cervelle légère [경박한 사람] cervelle folle [머리가 돈 사람]
[표현]	tourner la cervelle [머리를 혼란시키다] mettre la cervelle de qn à l'envers [대경질색하게 하다]

10) appartenir

[−에 속하다]	Ce stylo m'appartient. [이 만년필은 내 것이야]

11) le piège

[덫]	tendre un piège [덫을 놓다] prendre un renard au piège [여우를 덫으로 잡다]
[계략]	Il a donné dans le piège. [그는 함정에 빠졌다] être pris à son propre piège [자기가 파놓은 함정에 스스로 빠지다]

12) douter [의심하다]

de +명사구	Je doute du s uccès. [나는 성공을 의심한다] douter de la sincérité de qn [-의 성실성을 의심하다]
que +접속법	Je doute fort qu'il vienne. [나는 그가 올까 심히 의심스럽다]

13) le regard

[시선]	jeter un regard sur qn [-를 힐끗 보다] regard rapide [재빠른 시선] fixer son regard sur qn [-를 응시하다]

14) naïf(ve)

[순진한]	jeune fille naïve [순진한 소녀]
[고지식한]	Tu es naïf de croire qu'il t'aime. [그가 너를 좋아한다고 믿는 것을 보니 어리석군]

15) sauver

[구하다]	Tu m'as sauvé la vie. [너는 내 목숨을 구했어]

16) une larme

[눈물]	verser des larmes [눈물을 흘리다] retenir ses larmes [눈물을 참다] être tout en larmes [한없이 눈물을 흘리다] avoir la larmes facile [걸핏하면 눈물을 흘리다] avoir des larmes dans la voix [울먹이다]

끌로드 프랑수와 (Claude FRANÇOIS)

Alors salut

Quand chaque semaine moi j'attends ma p'tite amie
Quand chaque semaine je l'attends deux heures et demie
Quand elle arrive, elle me demande étonnée
Qu'est－ce qui t'arrive? Pourquoi as－tu l'air fâché?
Et c'est tout juste si elle ne m'accuse pas
C'est trop injuste, non vraiment si c'est comme ça, alors salut
Si c'est comme ça, alors salut
Quand chaque semaine si elle s'enfuit en courant
Quand chaque semaine je la rattrape en courant
Je lui propose d'oublier ça
Je lui propose de l'emmener au cinéma
Sur le programme, comme elle n'est jamais d'accord
Ça fait un drame, ah non, ça c'est trop fort!
Alors salut, si c'est comme ça, alors salut!

Mais c'est si bon de faire la paix
Et tout s'arrange à chaque fois
On oublie tout ça, on oublie tout ça, hey hey
On oublie tout ça, on oublie tout ça
Et on s'embrasse et on s'enlace
Et on se serre toujours plus fort, fort, fort, fort, fort
Si fort, fort, fort, fort, fort

Quand chaque semaine moi j'attends ma p'tite amie
Quand chaque semaine je l'attends deux heures et demie
Quand elle arrive, elle me demande étonnée
Suis - je fautive? Pourquoi as - tu l'air fâché?
Sans un sourire, je m'en vais la planter là
Je vais lui dire, très bien si c'est comme ça
Alors salut!
Salut ah
Hey hey hey hey oh oh oh oh

배워봅시다

1) petit(e)

[작은]	petite maison [작은 집] Il est plus petit que moi. [그는 나보다 키가 작다]
[어린]	mon petit frère [내 동생] Elle est trop petite pour aller à l'école. [그녀는 학교가기엔 너무 어리다]

- 형용사가 여러 개의 명사와 관계할 때

a) 명사가 복수면 형용사도 복수 : des livres et des cahiers verts

b) 명사들이 단수이고 et, ni, ainsi que 등으로 연결되어 있으면 형용사는 복수 :
une chemise et un pantalon verts

c) 명사가 같은 성 (genre) 인 경우, 형용사는 공통의 성을 따른다.
les littératures et civilisations européenns.

d) 명사들의 성이 다를 때, 형용사는 복수의 남성형을 취한다.
les noms et les couleurs évoqués
만일, 형용사의 남성형이 여성형과 발음이 다를 경우, 형용사 옆에 바로 남성 명사를 위치시킨다.
un stylo et une orthographe parfaits 보다는
une orthographe et un style parfaits

e) 여러 개의 형용사가 복수 형태의 하나의 명사와 관계할 때

명사의 여러 가지 특성 중에 각 하나씩 연관되는 경우 형용사들은 단수의 형태를 취한다.
Les monnaies danoises et italienne seront ..
[하나의 덴마크 동전과 하나의 이탈리아 동전]
Les étudiants danoises et allemandes ont ...
[한명 이상의 덴마크 학생과 한명 이상의 독일 학생]

2) ami(e)

[친구]	ami d'enfance [어릴적 친구]　grand ami [절친한 친구]

3) demi(e)

[형용사]	[반의]	une demi-heure [반시간] passer un mois et demi à la montagne [산에서 한달 반을 보내다]
[명사]	[절반]	boire un demi [맥주 한 컵을 마시다]

4) 시간

정오	자정	15분	30분	一분전	15분전
midi	minuit	et quart	et demie	moins	moins le quart

5) arriver

j'arrive	tu arrives	il, elle arrive
nous arrivons	vous arrivez	ils, elles arrivent
[도착하다]	Le train arrive à la gare. [기차가 역에 도착한다]	
[일어나다]	Ça arrive souvent. [그런 일은 자주 일어나]	

6) demander

[요구하다]	demander une aide [도움을 요청하다] Je ne demande pas beaucoup de choses. [난 많은 걸 요구 안 해]
[묻다]	demander l'heure [시간을 묻다] Demande－lui s'il vient avec nous. [그에게 우리와 갈 건지 물어봐]

7) pourquoi

[직접의문]	Pourquoi dis-tu cela? [왜 그런 말을 하니?] Pourquoi faire? [뭐하려구?]
[간접의문]	J'ignore pourquoi il pleure. [그가 왜 우는지 난 몰라]

8) fâché(e)

[유감스럽게 생각하는]	Je suis fâché(e) de n'avoir pu vous aider. [당신을 도와드리지 못해 유감입니다]
[화난]	avoir l'air fâché [성난 모습을 하다]

9) accuser

[비난하다]	accuser qn de froideur [-를 냉정하다고 나무라다] On l'a accusé d'avoir fui du combat. [그는 전투에서 도망친 것으로 문책을 받았다]

10) s'enfuir

[도망가다]	Un prisonnier s'est enfui. [죄수가 도망갔다]

11) rattraper

[다시 잡다]	rattraper un prisonnier qui s'est évadé [탈옥한 죄수를 다시 잡다]
[붙잡다]	J'ai rattrapé un enfant qu'il allait tomber. [넘어지는 아이를 붙잡았다]
[되찾다]	rattraper le temps perdu [잃어버린 시간을 벌충하다] rattraper l'argent qu'on a perdu [잃어버린 돈을 되찾다]

12) proposer

[제안, 권하다]	Je vous propose d'aller voir ce film. [그 영화를 볼 것을 제안합니다]

13) emmener

j'emmène	tu emmènes	il, elle emmène
nous emmenons	vous emmenez	ils, elles emmènent
[데려가다]	emmener qn à l'école [-를 학교에 데리고 가다]	

14) un accord

[동의, 승인]	obtenir l'accord de qn [-의 동의를 얻다] Ils vivent dans un accord parfait. [그들은 그지없이 화목하게 지내]
[협정]	l'accord de prix [가격협정] passer un accord [협정을 맺다]

15) fort

[힘센]	homme grand et fort [키가 크고 힘센 남자] être fort comme un Turc [무척 힘이 세다]
[뛰어난]	Il est fort en maths. [그는 수학을 잘한다]

16) toujours

[항상, 언제나]	Il est toujours prêt à vous aider. [그는 언제나 당신을 도울 준비가 되어 있어요]

씰비 바르탕 (Sylvie VARTAN)

Je n'aime encore que toi

De la Californie où j'ai planté ma vie
Je t'envoie des baisers mouillés à l'eau salée
Je t'envoie des couchers de soleil orangés
Une photo de moi où j'ai un peu changé
Elle est ressortie tout droit d'une bande dessinée

{Refrain:}
Mais sous les images
Sous les paysages
Sous ce personnage de cinéma
Mais sous ce décor
Au fond de mon corps
Moi je n'aime encore que toi

Rouler sous les palmiers seule en décapotable
Pouvoir marcher nu-pieds le matin sur le sable
En haut des tours de verre toucher à l'an deux mille
Et trouver le désert aux portes de la ville
Ça fait toujours rêver Saint-Germain des Prés

{au Refrain}
Moi je n'aime encore que toi
Partir pour revenir n'est pas vraiment partir
Tu n'as qu'à dire un mot je reviens tout de go
Enfiler mes hivers sous ton vieux pull－over
Et réchauffer mon dos ma peau contre ta peau
En t'écoutant tout haut me lire du Le Clézio
Car sous les images
Sous les paysages
Sous ce personnage de cinéma
Mais sous ce décor
Au fond de mon corps
Moi je n'aime encore que toi
Moi je n'aime encore que toi
Moi je n'aime encore que toi
Moi je n'aime encore que toi...

배워봅시다

1) mouillé(e)

[젖은]	linge mouillé [젖은 속옷] yeux mouillés [눈물이 글썽한 눈] voix mouillée [감격한 목소리]

2) le cinéma

[영화]	cinéma muet [무성영화]
[극장]	Je vais au cinéma une fois par moi. [난 한 달에 한번 극장에 간다]

3) le corps

[신체, 몸]	corps d'acier [건장한 신체] gardes du corps [호위병]

4) encore

ne – pas encore

① 용법

ne – pas encore는 부정의 ne ... pas와 시간의 부사 encore가 결합한 것으로 어떤 행위가 곧 발생할 것을 의미한다.

a) déjà의 부정

Il est déjà rentré? Non, il n'est pas encore rentré, mais il va bientôt rentrer.
[그는 벌써 귀가했니?] [아니, 아직 귀가 안했지만 곧 귀가할거야]

b) 홀로 쓰여 질문에 대한 답변

Tu as terminé le travail? Non, pas encore.
[너 일을 끝냈니?] [아니, 아직]

② ne – pas encore의 위치

a) 단순형태 : ne+동사+pas encore

Le magasin est ouvert? Non, il n'est pas encore ouvert.
[상점이 열었니?] [아니, 아직 안 열었어]

b) 복합형태 : ne+조동사+pas encore+과거분사

Je n'ai pas encore téléphoné à ma mère.
[나는 어머니께 아직 전화를 드리지 않았다]

5) envoyer

j'envoie	tu envoies	il, elle envoie
nous envoyons	vous envoyez	ils, elles envoient
[보내다]	envoyer un message à qn [—에게 심부름꾼을 보내다]	

6) droit

[똑바로]	aller tout droit [곧장 가다] se tenir droit [똑바로 서다]
[옳은]	coeur droit [곧은 마음]
[오른쪽의]	à main droite [오른 손으로]

7) le paysage [풍경]

• 어미를 통한 명사의 성 구분

남성	−age	le fromage [치즈] le courage [용기] le cage [새장]
	−ail	le travail [일] le bail [임대계약] le vitrail [유리창]
	−al	l'animal [동물] le journal [신문] le canal [운하]
	−eil	le soleil [태양] l'appareil [기구] l'accueil [환대]
	−ier	l'épicier [식료품주인] le fermier [농부] la pâtissier [과자제조인]
	−in	le gamin [남자아이] le matin [아침] le vin [포도주]
	−is	le bois [숲] le pois [무게] le tapis [양탄자]
	−isme	le communisme [공산주의] le capitalisme [자본주의]
	−ment	l'appartement [아파트] le médicament [의약품] le bâtiment [건물]
	−oir	le couloir [복도] le miroir [거울] le soir [저녁]
여성	−ade	le promenade [산책] le bousculade [밀치기]
	−aille	la bataille [전투] la paille [밀짚]
	−ance	l'alliance [동맹] l'élégance [우아함] la danse [무용]
	−ée	l'armée [군대] l'arrivée [도착]
	−ence	la patience [인내] la prudence [신중]
	−erie	la boulangerie [빵가게] l'épicerie [식료품가게] la librairie [서점]
	−ette	la cigarette [담배] la fillette [계집애]
	−ie	la jalousie [질투심] la philosophie [철학] la série [연속]
	−aison	la comparasion [비교] la raison [이유]
	−ion	la passion [열정] la nation [국가] la réflexion [숙고]
	−té	la beauté [미] la bonté [선행] la santé [건강]
	−ude	l'habitude [습관] la solitude [고독]

8) haut(e)

[높은]	haute montagne [높은 산] La mer est haute. [파도가 높다]	mur haut de deux mètres [높이 2미터 벽] parler à haute voix [소리 높여 말하다]

9) le désert

[사막]	désert chaud [열대 사막]
[허무]	Il vit dans un véritable désert. [그는 고독 속에서 산다]

10) rêver

[꿈꾸다]	J'ai rêvé cette nuit. [나 간밤에 꿈꿨어] rêver de voyages [여행하기를 갈망하다]
[헛소리하다]	Tu rêves ! [헛소리 하냐!]

11) vieux (vieille)

[늙은]	vieille femme [노파] vieille fille [노처녀]
[오래된]	de vieux vêtements [낡은 옷들]

다비드 할리데이 (David HALLYDAY)

Un Paradis Un Enfer

Demain ou après on ne sera plus là
Pour dire ce qu'il faut faire ou ne pas faire
Il sera trop tard pour revenir en arrière
C'est maintenant qu'on fait la terre pour nos enfants

Qu'est ce qu'on laisse derrière nous
Si c'est un monde en poussière
Un paradis, un enfer qu'on laisse, délaisse

Une mer sans dauphins
Des forêts sans arbres
Un ciel ou on ne voit rien
Des vautours est－ce qu'on dort tranquille
A ne plus rêver d'amour
Peut－on vivre sans voir plus loin
Se serra demain

Qu'est ce qu'on laisse derrière nous
Si c'est un monde en colère
Un paradis, un enfer qu'on laisse

Mais qu'est ce qu'on a fait de nous
De nos mains, de nos prières

Une oasis, un désert qu'on laisse, qu'on délaisse
Car demain ou après on ne sera plus là

Pour revenir en arrière il sera trop tard
Qu'est ce qu'on laisse derrière nous
Si c'est un monde en détresse
Un paradis, un enfer qu'on laisse
Mais qu'est ce qu'on a fait de nous
De nos mains, de nos prières
Une oasis, un désert qu'on laisse, qu'on délaisse
Un monde en poussière, Un monde en poussière

배워봅시다

1) après

[시간 : ―후에]	un an après sa mort [그가 죽은 지 일 년 후] dix heures après [10시 이후에]
[공간 : ―지나서]	C'est juste après le cinéma. [그것은 극장 바로 뒤에요]
[차례 : ―다음에]	Après―vous! [먼저 가세요!]
[부정법과거]	Après avoir dîné, il est parti. [저녁을 먹은 후 그는 떠났다]

2) arrière

[뒤의]	siège arrière [뒷좌석] roues arrières [뒷바퀴]

3) un monde

[세계]	faire le tour du monde [세계 일주를 하다] partout dans le monde [세계 도처에서]
[세상]	Le monde est petit. [세상은 좁다] venir au monde [세상에 태어나다]
[사람들]	Il y a beaucoup de monde dans la rue. [거리에 사람들이 많다] Tout le monde est content. [모든 사람들이 만족해한다]

4) le paradis

[천국]	aller au paradis [천국에 가다(죽다)] Cette plage est le paradis des enfants. [이 해변은 아이들의 천국이다]

5) une mer

[바다]	bord de la mer [해변가] male de mer [배멀미]
[표현]	chercher par mer et par terre [사방으로 찾다] Ce n'est pas la mer à boire. [그것은 그리 힘든 일이 아니다] C'est une goutte d'eau dans la mer. [소용없는 노력이다]

6) tranquille

[조용한]	Nous habitons dans un quartier tranquille. [우린 조용한 동네에 살고 있다] se tenir tranquille [조용히 있다]
[편안한]	avoir l'esprit tranquille [마음이 편안하다] Soyez tranquille ! [마음 놓으세요!]

7) 부정법

① 명사의 기능

a) 주어
Dormir n'est pas vivre. [자는 것은 사는 것이 아니다]

b) 속사
Souffler n'est pas jouer. [숨을 쉬는 것은 장난이 아니다]

c) 직접목적어
J'aime lire. [나는 읽는 것을 좋아한다]

d) 간접목적어
On l'oblige à chanter. [사람들은 그에게 노래할 것을 강요한다]

e) 상황보어
Il travaille sans dormir. [그는 잠도 자지 않고 일을 한다]

f) 형용사의 보어
Il est possible de partir plus tôt. [더 일찍 떠날 수도 있어]

② 동사에 영향을 받는 경우

a) 감정을 나타내는 동사
J'entends le chien aboyer. [나는 개가 듣는 소리를 듣는다]
Je les vois sortir. [나는 그들이 외출하는 것을 본다]

b) 주어를 부정법 동사 뒤에 위치시킬 수도 있다.
J'entends aboyer le chien.

c) 부정법형태의 동사가 타동사인 경우는 주어가 항상 앞에 온다.
J'ai entendu Pierre appeler. [나는 삐에르가 부르는 것을 듣는다]

d) faire, laisser 동사 뒤
Je fais entrer les enfants. [나는 아이들을 들어오게 한다]

8) 관사의 부재

① 전치사 de 뒤에

양	un verre de vin [포도주 한잔]	
	Il y a beaucoup de voitures à Paris. [파리에는 많은 차가 있다]	
	une boîte d'allumettes [성냥 한 갑]	
	un paquet de cigarettes [담배 한 갑]	
특성	table de travail [책상]	table de nuit [머리맡 탁자]
	des lunettes de soleil [썬글라스]	un chapeau de soleil [차양모자]
재질	une robe de soie [명주로 만든 치마]	
	une vase de cristal [크리스탈로 만든 꽃병]	
	une feuille de papier [종이 한 장]	
출신지	Je viens de Corée. [나는 한국 출신이다]	

② 절대적 부정이란 명사를 부정하는 경우이다:

Elle ne mange pas de lait, elle n'en boit jamais.
[그녀는 고기를 먹지 않는다, 그녀는 고기를 결코 먹지 않는다]

반면, 부정이 명사가 아니라, 형용사에 근거를 두거나, 부정이 전체가 아닌 일부에 걸리는 경우가 있는데 이를 상대적 부정문이라 하며, 이 경우 부분관사를 그대로 쓴다.

Elle ne boit pas du lait pasteurisé, elle boit du lait cru.
[그녀는 세균 처리된 우유를 마시지 않으며 생우유를 마신다]
Il n'a pas d'argent. [그는 돈이 없다] – 절대적 부정

Il n'a pas de l'argent à gaspiller. [그는 낭비할 돈이 없다]

– 상대적 부정, 특성 등을 나타내기 위한 형용사 뒤
un verre à eau [물잔] (=pour l'eau) une tasse à thé [찻잔] (=pour le thé)
planche à voile [보드] (=avec une voile) une robe à fleurs [꽃무늬 옷]

③ 부사구를 이루는데 사용되는 몇몇 전치사 뒤

avec prudence [신중하게] (=prudemment)
avec rapidité [재빠르게] (=rapidement)
en silence [조용하게](=silencieusement)

④ 양태보어를 이루는데 사용되는 몇몇 전치사 뒤

en avion [비행기로] à pied [걸어서] salle d'attente [대기실]

⑤ 전치사 sans 또는 avec

homme sans caractère [특징이 없는 남자]
sans espoir [절망적]
cabinet de toilette avec douche [샤워시설이 딸린 화장실]

⑥ et 혹은 ou에 의한 등위적 표현들

Regarde le menu! c'est fromage et dessert? [메뉴판 좀 봐! 치즈와 후식이야?]
Non, c'est fromage ou dessert. [아니, 치즈 아니면 후식이야]

⑦ ne – ni – ni 구문

Il n'a ni frère ni soeur. [그는 남동생도 여동생도 없다]

9) la prière

[기도]	faire ses prières [기도하다]
[청]	Prière de ne pas fumer [담배를 삼가 하시오]

레오 페레 (Léo FERRE)

Le fleuve aux amants

Elle coule mystérieusement
La rivière des amants
Endormis dans leur lit blanc
Elle vogue majesteusement
La frégate de leurs yeux
Vers des pays trop heureux
Et moi je les regarde
Mourir de bonheur
La bouche de la belle enfant
Les bras les mains de son amant
Font les rivages merveilleux
Du fleuve doux qui descend
Dans leur lit tout blanc

Elle coule mystérieusement
La rivière des amants
Qui sont morts dans leurs lit blanc
Il vogue majesteusement
Le navire de leurs yeux
Vers des pays trop heureux
Et moi je les regarde...
Je les regarde

Les cheveux de la belle enfant
Ses larmes comme des affluents
Font le grand fleuve des amants
Qui descendent dans leur lit tout blanc

Pout l'éternité

Et moi je les regarde
Mourir de bonheur
La bouche de la belle enfant
Les bras les mains de son amant
Font les rivages merveilleux
Du fleuve doux qui descend
Dans leur lit tout blanc

Elle coule mystérieusement
La rivière des amants
Qui sont morts dans leurs lit blanc
Il vogue majesteusement
Le navire de leurs yeux
Vers des pays trop heureux
Et moi je les regarde..
Je les regarde

Les cheveux de la belle enfant
Ses larmes comme des affluents
Font le grand fleuve des amants
Qui descendent dans leur lit tout blanc

Pout l'éternité

배워봅시다

1) le fleuve

[큰 강]	descendre en fleuve un canot [보트를 타고 강을 따라 내려가다] La Loire est le plus grand fleuve de France. [루와르 강은 프랑스에서 제일 긴 강이다]

2) couler [자동사]

[흐르다]	Cette rivière coule au milieu des champs. [이 강은 밭 한가운데로 흐른다]
[경과하다]	Les années coulent. [세월이 흐른다]

3) 부 사

① 접미사를 첨가하는 방법

a) 형용사의 여성형 + –ment

남성 형용사	여성 형용사	부 사
heureux [행복한]	heureuse	heureusement
certain [확실한]	certaine	certainement
actif [활동적인]	active	activement

b) 형용사의 여성형 + –ément

남성 형용사	여성 형용사	부 사
énorme [거대한]	énorme	énormément
précis [구체적인]	précise	précisément

c) 강세된 모음으로 끝나는 남성 형용사 + –ment

남성 형용사	부 사
joli [예쁜]	joliment
poli [친절한]	poliment
vrai [진실의]	vraiment

4) vers

[-를 향하여]	tourner la tête vers qn [-쪽으로 머리를 돌리다] vers le Nord [북쪽으로]

5) heureux(se)

[행복한]	vivre heureux [행복하게 살다] souvenirs heureux [행복한 추억] être heureux comme un roi [몹시 행복한]
[기쁜]	Je suis heureux de faire votre connaissance. [당신을 알게 되어 기쁩니다]
[행운의]	avoir la main heureuse [하는 일마다 행운이 따른다]

6) la bouche

[입]	parler la bouche pleine [입에 음식을 잔뜩 넣은 채 말하다] ouvrir la bouche [입을 열다] avoir toujours la même histoire à la bouche. [언제나 같은 이야기만을 되풀이하다]
[표현]	avoir la bouche pleine de qch [-에 대해 계속 지껄이다] avoir le coeur sur la bouche [생각나는 대로 말하다]

7) la main

[손]	lever la main [손을 들다] serrer la main à qn [-와 악수하다] tomber sous la main de qn [-의 수중에 떨어지다]
[표현]	coup de main [도움] s'en laver les mains [손을 떼다]

8) descendre

je descends	tu descends	il, elle descend
nous descendons	vous descendez	ils, elles descendent
[내려가다]	descendre d'un arbre [나무에서 내려오다] Il descend par l'escalier. [계단으로 내려가다]	

9) le lit

[침대]	Allons les enfants! Au lit! [애들아, 잠 잘 시간이야!]

10) le cheveu(x)

[머리카락]	cheveux blonds [금발]	avoir des cheveux longs [긴 머리카락]
[표현]	couper les cheveux en quatre [너무 세심히 따지다] saisir l'occasion aux cheveux [재빨리 기회를 잡다]	

11) le pays

[나라]	pays étranger [외국]	pays agricole [농업국]
[고향]	pays natal [고향]	quitter son pays [고향을 떠나다]

에티엔 다오 (Etienne DAHO)

Retour à moi

www.paroles.net/chanson/34008.1

Ennemie de soi－même, comment aimer les autres
Etranger à soi－même, étranger pour les autres
Qui réduit au silence, le fracas de l'enfance
Et avance masqué, en attendant sa chance
Et sous les apparences, le prix du vêtement
Personne ne voit les plaies et le sang de celui qui survit
Mais quand demain se lèvera, ah, je serai libre, retour à toi
Quand demain se lèvera, ah, je serai libre, retour à moi

Si l'amour me couronne et s'il me crucifie
Elève mes pensées dans un hymne à la vie
Et que monte très haut la flamme des bougies
Quel que soit le drapeau ou le Dieu que l'on prie

Et sous les apparences, vulnérable et changeant
Personne ne lèche les plaies de sang et celui qui survit
Mais quand demain se lèvera, ah, je serai libre, retour à toi
Quand demain se lèvera, ah, je serai libre, retour à moi
Quand demain se lèvera, ah, je serai libre, retour à moi

배워봅시다

1) un ennemi

[적]	se faire un ennemi à qn [－를 적으로 만들다] Son attitude agressive lui a fait beaucoup d'ennemis. [그의 공격적인 태도가 많은 적을 만들었다]

2) comment

[어떻게]	Comment allez－vous? [어떻게 지내세요?]
[왜}	Comment cela? [왜 그렇지요?]
[감탄문]	Comment? [뭐라구요?]

3) étranger(ère)

[외국의]	touristes étrangers [외국인 관광객들] politique étrangère [외교정책]
[낯설은]	Il est étranger à cette affaire. [그는 이 일과 무관하다]

4) réduire

[낮추다]	réduire ses dépenses [비용을 줄이다] réduire la vitesse [속력을 줄이다]
[축소하다]	réduire une carte [지도를 축척하다]

5) une enfance

[어린 시절]	J'ai passé mom enfance à l'étranger. [나는 어린 시절을 외국에서 보냈다] souvenirs d'enfance [어린 시절의 추억]

6) avancer [자동사]

[앞으로 나가다]	avancer d'un pas [한 걸음 앞으로 나가다] avancer vers qn [-에게 다가가다]
[앞지르다]	Ma montre avance de cinq minutes. [내 시계가 5분 빠르다]

7) une chance

[운, 행운]	avoir de la chance [운이 좋다] Je vous souhaite une bonne chance! [행운을 빌어요!]

8) une apparence

[겉보기, 외모]	juger sur l'apparence [외모로 판단하다] contre tout apparence [예상과는 딴판으로]

9) le vêtement [의복]

- 의류에 관계되는 명사들

chapeau [모자]	chemise [셔츠]	cravate [넥타이]	jupe [치마]
lunettes [안경]	pantalon [바지]	robe [드레스]	vêtement [의류]

10) libre

[자유로운]	libre comme l'air [완전 자유로운] avoir l'esprit libre [자유로운 사상]	accès libre [출입자유]
[비어있는]	place libre [빈 자리]	taxi libre [빈 택시]

11) le prix

[값]	prix courant [시가] prix de revient [원가] prix net(réduit) [정(할인)가]
[상]	décerner le prix [상을 수여하다] prix d'excellence [우등상]

12) le retour

[귀환]	moment du retour [돌아갈 시기] J'irai vous voir à votre retour. [당신이 돌아오면 찾아뵙죠]

13) 분리된 간접목적보어 인칭대명사

전치사 à 혹은 de에 의해 유도되는 명사를 대체한다. 전치사 뒤, 동사 다음에 위치한다. 생물과 무생물의 두 가지 형태가 있는데, 무생물의 경우는 항상 동사 앞에 위치한다.

① 형 태

à		de	
사물	사람	사물	사람
y	à moi	en	de moi
	à toi		de toi
	à lui / à elle		de lui / d'elle
	à nous		de nous
	à vous		de vous
	à eux / à elles		d'eux / d'elles
	à soi (한정되지 않는 주어)		de soi (한정되지 않는 주어)

② 용 법

a) 간접목적보어 인칭대명사와 분리된 간접목적보어 인칭대명사의 차이가 있다 :
Je parle à Marie. – Je lui parle / Je pense à Marie. – Je pense à elle.
Je téléphone à Paul. – Je lui téléphone. / Je rêve à Paul – Je rêve à lui.

위 문장들의 차이는 상호성에 있다. 즉, 내가 말을 하거나 (parler), 전화를 하면 (téléphoner) 상대방은 내 말을 들을 수 있다. 또, 편지를 쓰는 경우 (écrire) 상대방 역시 내 편지를 읽을 수 있거나 적어도 그렇게 생각할 수 있다. 반면, 오른 쪽에 있는 문장들의 경우, 상호성이 없다. 즉, 내가 누군가에 대해 생각하거나 (penser, songer) 꿈을 꾸어도 (rêver) 그 대상은 그 사실을 알지 못할 수도 있는데 이것은 동사가 가지고 있는 본유적인 의미적 특성에 따른 것이다.

- 간접목적보어 인칭대명사 : écrire, parler, téléphoner
- 분리 간접목적보어 인칭대명사 : penser, rêver, songer

조르쥬 브라쌍 (Georges BRASSENS)

Les Copains d'abord

www.paroles-musique.com/
clip-Georges_Brassens-Les_Copains_Dabord-video,c1566

Non, ce n'était pas le radeau De la Méduse, ce bateau
Qu'on se le dise au fond des ports
Dise au fond des ports
Il naviguait en père peinard Sur la grand－marée des canards
Et s'app'lait les Copains d'abord
Les Copains d'abord

Ses fluctuat nec mergitur
C'était pas d'la littérature
N'en déplaise aux jeteurs de sort
Aux jeteurs de sort
Son capitaine et ses mat'lots
N'étaient pas des enfants d'salauds
Mais des amis franco de port
Des copains d'abord
C'étaient pas des amis de luxe
Des petits Castor et Pollux
Des gens de Sodome et Gomorrhe
Sodome et Gomorrhe
C'étaient pas des amis choisis

Par Montaigne et La Boétie
Sur le ventre ils se tapaient fort
Les copains d'abord
C'étaient pas des anges non plus
L'Évangile, ils l'avaient pas lu
Mais ils s'aimaient toutes voiles dehors
Toutes voiles dehors
Jean, Pierre, Paul et compagnie
C'était leur seule litanie
Leur credo, leur confiteor
Aux copains d'abord
Au moindre coup de Trafalgar
C'est l'amitié qui prenait l'quart
C'est elle qui leur montrait le nord
Leur montrait le nord
Et quand ils étaient en détresse
Qu'leurs bras lançaient des S.O.S.
On aurait dit des sémaphores
Les copains d'abord
Au rendez－vous des bons copains
Y avait pas souvent de lapins
Quand l'un d'entre eux manquait à bord
C'est qu'il était mort
Oui, mais jamais, au grand jamais
Son trou dans l'eau n'se refermait
Cent ans après, coquin de sort
Il manquait encore
Des bateaux j'en ai pris beaucoup
Mais le seul qui ait tenu le coup
Qui n'ait jamais viré de bord
Mais viré de bord
naviguait en père peinard Sur la grand－ marée des canards
Et s'app'lait les Copains d'abord
Les Copains d'abord

배워봅시다

1) le copain

[친구]	être copain avec qn [-와 친하다] être copain comme cochons [단짝이다]

2) le bateau

[배]	bateau à vapeur [증기선] bateau de pêche [어선]
[농담]	C'est un bateau. [그건 농담이야]

3) le port

[항구]	arriver au port [항구에 도착하다] port de ville [항구도시] amener qn à bon port [사건을 무사히 해결하다]

4) le canard

[오리]	mon petit canard [여보 (애칭)] froid de canard [지독한 추위] lancer des canards [유언비어를 퍼뜨리다] trempé comme un canard [흠뻑 젖은]

5) un luxe

[사치]	articles de luxe [사치품] vivre dans le luxe [호화롭게 살다] Ce n'est pas du luxe. [그것은 꼭 필요한 것이다]

6) choisir

je choisis	tu choisis	il, elle choisit
nous choisissons	vous choisissez	ils, elles choisissent
[선택하다]	Quelle cravate choisis-tu? [어떤 넥타이를 선택할래?]	

7) d'abord

[우선]	D'abord, vous prenez la première rue à gauche. Après, vous allez tout droit. [우선, 첫 번째 길에서 왼쪽으로 도세요. 그 후에 곧장 가세요]

8) dehors

[밖에]	aller dehors [밖으로 나가다] mettre qn dehors [-를 쫓아내다]	manger dehors [외식하다]

9) la compagnie

[동행, 일행]	aimer la compagnie [함께 있는 것을 좋아하다] Salut la compagnie! [여러분 안녕!]	
[회사]	compagnie de gaz [가스회사]	compagnie aérienne [항공회사]

10) moindre

[비교급]	acheter à moindre prix [보다 싼 값에 사다]
[최상급]	Il n'a pas dit le moindre mot. [그는 일언방구 하지 않았다]

11) une amitié

[우정]	L'amitié entre homme et femme est délicate. [남녀 간의 우정이란 미묘한 것이다] traité d'amitié [우호조약] Faites mes amitiés à votre famille. [당신 가족께 안부전해주세요]

12) le coup

[구타]	J'ai frappé deux coups à la porte. [나는 문을 두 번 두드렸다] à tous les coups [매번] coup de chance [요행]

13) virer

[선회하다]	virer à droite [오른쪽으로 선회하다]
[내쫓다]	Il s'est fait viré par son patron. [주인에게 해고당했다]

14) 접속법 (le subjonctif)

불확실성 혹은 주관성을 띄는 경우 관계절에서 나타날 수 있는데 특히 주관성이 주절에서 강조되어지는 경우 사용하며 다음과 같이 다양한 방식이 가능하다.

① 선행사가 무한정 명사(un, une, des..)인 경우

J'aimerais vivre dans un pays qui garantisse la liberté de tous les gens.
[나는 모든 사람들의 자유를 보장해주는 나라에 살고 싶어]
[모든 사람들의 자유를 보장해 주는 나라의 존재에 대한 의심이 내재됨]

② 의문, 부정, 제한 또는 가정의 뜻을 내포하고 있는 경우

Tu n'as personne qui puisse t'aider?
[너를 도와줄 사람이 하나도 없니?]
Non, il n'y a que toi qui puisses m'aider.
[아니, 오직 너만이 나를 도와줄 수 있어]
Y a-t-il quelqu'un qui sache parler l'anglais?
[영어를 말할 줄 아는 사람이 있을까?]

③ 선행사가 최상급에 의해 제약되거나 형용사가 le seul, le premier, le dernier인 경우

Ce tableau est la dernière oeuvre qu'il ait peinte.
[이 그림은 그가 그렸던 마지막 작품이다]
Cet homme est le seul qui puisse acheter notre maison.
[이 남자가 우리의 집을 살 수 있는 유일한 사람이야]
Marie est la plus belle femme que je connaisse.
[마리는 내가 알고 있는 가장 아름다운 여인이야]

라라 파비앙 (Lara fabian)

Je suis malade

www.paroles-musique.com/
clip-Lara_Fabian-Je_Suis_Malade-video,c2337

Je ne rêve plus je ne fume plus
Je n'ai même plus d'histoire
Je suis laide sans toi je suis sale sans toi
Je suis comme un orphelin dans un dortoir

Je n'ai plus envie de vivre ma vie
Ma vie cesse quand tu pars
Je n'ai plus de vie et même mon lit
Se transforme en quai de gare
Quand tu t'en vas

Je suis malade complètement malade
Comme quand ma mère sortait le soir
Et qu'elle me laissait seul avec mon désespoir

Je suis malade parfaitement malade
T'arrives on ne sait jamais quand
Tu repars on ne sait jamais où
Et ça va faire bientôt deux ans
Que tu t'en fous

Comme à un rocher comme à un péché
Je suis accroché à toi
Je suis fatigué je suis épuisé
De faire semblant d'être heureux quand ils sont là

Je bois toutes les nuits mais tous les whiskies
Pour moi ont le même goût
Et tous les bateaux portent ton drapeau
Je ne sais plus où aller tu es partout

Je suis malade complètement malade
Je verse mon sang dans ton corps
Et je suis comme un oiseau mort quand toi tu dors

Je suis malade parfaitement malade
Tu m'as privé de tous mes chants
Tu m'as vidé de tous mes mots
Pourtant moi je croyais que j'avais du talent avant ta peau

Cet amour me tue, si ça continue
Je crèverai seul avec moi
Près de ma radio comme un gosse idiot
En écoutant ma propre voix qui chantera :

Je suis malade complètement malade
Comme quand ma mère sortait le soir
Et qu'elle me laissait seul avec mon désespoir

Je suis malade c'est ça je suis malade
Tu m'as privé de tous mes chants
Tu m'as vidé de tous mes mots
Et j'ai le cœur complètement malade
Cerné de barricades t'entends je suis malade

배워봅시다

1) malade

[아픈]	tomber malade [병들다] être malade comme une bête [중병이다]

2) une histoire

[역사]	histoire de la France [프랑스 역사]
[표현]	C'est toujours la même histoire. [언제나 마찬가지다]

3) sale

[더러운]	main sale [불결한 손] sale comme un porc [몹시 더러운]

4) laid(e)

[추한]	laid comme un pou [아주 못생긴] Il est laid de mentir. [거짓말하는 것은 수치스러운 일이다]

5) un orphelin

[고아]	orphelin de guerre [전쟁고아] mettre un e nfant aux Orphelins [아이를 고아원에 보내다]

6) le dortoir

[공동침대]	banlieu-dortoire [베드타운]

7) cesser

[멈추다]	Cessez le feu ! [사격중지!] Il a cessé de fumer. [그는 담배피우는 것을 그만두었다]

8) épuiser

[다 써버리다]	épuiser tous les moyens [모든 방법을 다 쓰다] Ce voyage m'a épuisé. [이 여행으로 난 녹초가 되었다]

9) le goût

[맛]	avoir un goût acide [신맛이 난다]　　perdre le goût [미각을 잃다]
[취미]	Elle n'a aucun goût pour s'habiller. [그녀는 옷 입는 센스가 없다]

10) crever [자동사]

[터지다]	La bombe a vrevé en l'air. [폭탄이 공중에서 터졌다] crever d'argent [돈이 주체할 수 없을 정도로 많다]

11) gosse

[아이]	gosse d'environ huit ans [8살 가량의 아이]

12) idiot

[얼빠진]	question idiote [바보 같은 질문] C'est idiot de sortir par ce temps. [이런 날에 외출하는 것은 바보 같은 짓이다]

13) 의문대명사

– 형 태

기능	생물	무생물	형태
주어	qui	–	단순형
	qui est–ce qui	qu'est–ce qui	복합형
직접목적보어	qui	que / quoi	단순형
	qui est–ce que	qu'est–ce que	복합형
속사	qui / que	que	단순형
	qui est–ce que	qu'est–ce que	복합형
	qu'est–ce que		
전치사부어	전치사+qui	전치사+quoi	복합형
	전치사+qui est–ce que	전치사+quoi est–ce que	복합형

① 주어

a) 사람 : qui Qui vient? [누가 오는데?]

b) 사물
qu'est–ce qui Qu'est–ce qui l'empêche de parler?
[그것을 말하지 못하게 하는 게 뭔데?]

c) 비인칭구문 : que Que se passe–t–il? [무슨 일이야?]

② 주어의 속사

a) 사람 : qui Qui êtes–vous? [당신은 누구십니까?]

b) 사람이나 사물
que Que puis–je faire sans vous? [당신 없이 내가 무엇을 할 수 있을까요?]

③ 직접목적어

a) 사람 : qui Qui voyez–vous? [당신 누구를 보십니까?]

b) 사물이나 동물 : que Que voyez–vous? [무엇을 보십니까?]
quoi Tu lui as dit quoi? [너 그에게 무엇을 말했니?]

④ 간접목적어

a) 사람이나 동물 : à qui, pour qui, avec qui, de qui
De qui parlez-vous? [누구에 대해 말하는 거죠?]
À qui téléphones-tu? [누구에게 전화하니?]

b) 사물 : à quoi. avec quoi?

A quoi penses-tu? [너 무엇에 대해 생각하니?]

• 이미 언급된 생물 또는 문맥에 의해 한정된 생물에 대한 의문대명사

		남 성	여 성
주어, 직접목적어	단수	lequel	laquelle
	복수	lesquels	lesquelles
간접보어	단수	auquel, duquel par lesquel	à laquelle par laquelle
	복수	auxquels, desquels par lesquels	auxquelles, par lesquelles

De ces fillettes, lesquelles sont les tiennes?

[이 소녀들 중에서 누가 너의 딸들이니?]

알리제 (Alizée)

L'alizé

http://www.teteaclip.com/
clips-videos/alizee/alizee-002-l-alizee.html

Tous les vents,
Balayent les maux de cœur
Moi, j'suis comme le vent :
L'esprit à mille à l'heure,
Je juge sans doute trop vite
C'est ok, tant pis
C'est juste là, je m'agite
Je grandis, l'amour aussi

C'est au gré du vent
Que j'aime vagabonder,
Moi, je suis comme le vent
J'embrasse toute une armée
De rêves et de bleuets,
Me plonger dedans
Je sais ce que je sais
Même si j'pleure tout l'temps
Alors, dis.

Arrêtez
De me dire que le vent a tourné

C'est pas vrai
S'il te plait
Arrêtez
De dire que l'adolescence, c'est :
Qu'on n'sait pas, car moi
J'ai trouvé mon amour
C'est un souffle, c'est doux un vent d'amour :
C'est léger, c'est l'alizé,
Moi, je dis que l'amour
Se boit jusqu'à la lie
Ce qu'elle veut, A-LIZÉE l'a toujours

Comme le vent
Emporte les maux de cœur
Dans un ouragan
Tourbillon mille à l'heure
Je suis sans doute comme lui
C'est ok, je suis
Aux portes de ma vie
Je grandis, l'amour aussi

C'est aux quatre vents
Que j'aime être logée
Moi, je suis comme le vent
J'emporte tous mes secrets
Dans un jardin d'Eden
M'allonger dedans,
Je sais que cet hymen
Durera longtemps
Alors, dis.

{au Refrain}

배워봅시다

1) balayer

[청소하다]	balayer sa chambre [방을 청소하다] balayer des ordures [쓰레기를 쓸다]
[소탕하다]	balayer les préjugés [편견을 말끔히 씻어버리다]

2) le mal

[악]	le bien et le mal [선과 악] fair le mal [나쁜 짓을 하다]
[고통]	mal insupportable [참을 수 없는 고통] souffrir deviolent maux de tête [심한 두통을 앓다]
[악의]	Je n'y entends aucun mal. [나쁜 뜻은 전혀 없어]

3) grandir

[성장하다]	Comme il est grandi ! [그는 정말 컸군!]

4) le gré

[취미]	au gré de qch [-대로] bon gré mal gré [좋건 싫건 간에]

5) le bleuet [속어 : 지폐]

6) doux(ce)

[맛있는]	pommes douces [달콤한 사과]
[부드러운]	peau douce [보드라운 살결] voix douce [감미로운 목소리]

7) 지속성을 표현하는 경우

(1) 제한된 지속성

지속성은 처음과 끝을 갖는데 주로 전치사가 선행하는 보어에 의해 나타내진다.

① pendant

지속성을 나타내는 명사가 뒤에 올 수 있다.

Qu'est-ce que tu vas faire pendant les vacances?
[방학 동안에 뭐 할 거니?]

② pour

앞으로 다가올 순간을 나타내는데 행위의 출발점과 기간을 표시한다.

Je reste à Rome pour une semaine. [지금부터 일주일 동안]
[나는 일주일 예정으로 로마에 머무를 것이다]
Il a loué une maison pour deux mois. [그는 두 달 동안 집을 빌렸다]

③ en

어떤 행위가 현실화되기 위해 필요한 시간을 보여주는 숫자로 된 시간의 보어가 뒤따른다. en을 동반하는 동사는 항상 완료 상태를 나타낸다.

Il a terminé son devoir en vingt minutes.
[그는 그의 숙제를 20분에 걸쳐 끝냈다]

④ dans

a) 미래에 구체적인 순간 (dans+숫자로 된 기간)
Il va arriver dans cinq minutes. [그는 5분 뒤에 도착할거야]
Je vais partir dans deux jours. [나는 2틀 뒤에 떠날 거야]

b) 미래에 조금 더 막연한 순간(dans+시간의 부사)
Je vous téléphonerai dans quelques jours. [며칠 뒤 당신께 전화할게요]

c) 대략적으로 한정되어 있는 지속성 안에서 미래의 한정되지 않은 순간
Le facteur va venir dans la matinée. [집배원이 아침나절에 올 거야]

d) 과거의 어느 순간 : 이 경우에 dans은 pendant의 의미를 갖는다.
Il a fait beaucoup d'erreurs dans sa jeunesse.
[그는 젊은 시절 실수를 많이 했다]

부록

- 색 인 표
- 참고문헌
- 가수소개

색인표

참고문헌

Ginou Richer, Piaf, mon amie, Denoël, 2007

Au bal de la chance d'Edith Piaf, L'Archipel, 2007

Carine Bernardi, Francis Cabrel, Poche, 2004

Thierry Cadet, Vanessa Paradis : Divine idole, de lagune, 2008.

Annie Réval, Caroline Réali, Michel Sardou : L'ombre et la lumière, Broché, 2006.

Nadège Montadert, Céline Dion : Une femme, tout simplement... de lagune, 2008.

Fabien Lecoeuvre, Il était une fois ... Patrick Bruel, de lagune, 2005.

Bernard Pascuito, Gainsbourg : Le Livre du souvenir, Sand, 2005.

François Bruneau, Patricia Kaas, Broché, 2000.

France Gall, Michel Berger : Si le bonheur existe, le cherche midi, 2002.

Patrick Amine et Michael Jones, Jean-Jacques Goldman : Un monde à part, bartillat, 2006.

Fabien Lecoeuvre, Claude François, Michel Lafon, 2008)

Jacques Perciot, Johnny Hallyday : Propos Rock and Roll, Didier Carpentier, 2003.

Stephane Weiss, Sylvie vartan (Relié), Didier Carpentier, 2004.

Pierre Perret et Marc Robine, Le Roman de Jacques Brel, poche, 2003.

Ouzounian Eric, Julien clerc, Hors Collection, 1998.

Chemouny Eric, Florent pagny, Presses de la Cité, 1998)

Jacques Perciot, Léo Ferré : Testament typographe, Editions Didier Carpentier, 2003.

S. Boudsocq, Pascal Obispo Mot a Mots, City, 2005.

Fageolle Pierre, Etienne daho, Hors Collection, 1999.

Catherine Rotulo, Françoise Hardy : Ses plus belles années, la Martinière, 2007.

Mireille Collignon, Alain Souchon : J'veux du léger, Belles Lettres, 2004.

Agnès Tytgat et André Tillieu, L'univers symbolique de Georges Brassens, Didier Carpentier, 2004.

Sophie Delassein, Né quelque part : Maxime Le Forestier, Hachette Littératures, 2005.

가수소개

Hélène

엘렌의 본명은 엘렌 롤스로서 1966년 12월 20일 프랑스 서쪽 지방인 르망에서 태어났다. 정보처리사인 아버지와 공연장 운영자인 어머니, 그리고 두 명의 자매의 가족 사이에서 화목하게 자란 엘렌은 어려서부터 노래 부르기를 좋아했지만 사실 그녀가 대중들에게 두각을 나타낸 것은 가수로서가 아니라 영화에서였다. 1979년 영화 <검은 양 (Mouton noir)>에 출연할 여주인공을 모집한다는 파리-마치 잡지에 난 공고를 본 그녀의 할머니가 그녀를 위해 신청을 하였고 3000명의 경쟁자를 뚫고 자끄 뒤트롱과 함께 이 영화에서 여주인공 알리스 역을 맡은 그녀의 나이는 12살이었다. 그 후에도 많은 영화 출연 교섭이 들어왔었는데 특히 그녀가 중학생이었을 때 영화감독 장-삐에르 모스카르도에 의해 캐스팅되어 찍은 영화 <Exit>가 대표적인 작품이다.

1987년, 그녀는 어머니와 함께 콘서트 기획사에서 일을 하게 되었는데, 이때 아동들을 위한 유명한 TV 프로인 도로테의 연출자인 장-뤽 아줄레를 만나 가수의 길로 들어서게 되었고 그녀는 법대공부를 그만 두게 된다. 그리고 몇 주후, 그녀는 <그의 커다란 녹색 눈동자 속에 : Dans ses grands yeux verts>라는 곡을 녹음하고 앨범을 낸다. 그러나 예상보다 적은 음반 판매량을 보고 음반제작사는 엘렌을 TV 프로인 도로테에서 전화를 받거나 사연을 소개하는 역할을 맡게 한다. 그리고 1991년, <첫 번째 키스 : Premiers baisers>에서 쥐스틴느의 언니 역할을 하면서 대중들에게 알려지게 되었다. 처음에는 단지 몇 번만 출연할 예정이었으나 시청자들의 예상치 못한 호응에 다시, <엘렌과 남자친구들 : Hélène et les garçons>이라는 일일 시트콤에 주연을 맡기도 했다.

이때부터 엘렌은 그야말로 성공가도를 달리게 되는데 TV에서 얻은 인기를 발판으로 두 번째 음반은 70만장의 판매를 올렸고 1993년 칸느에서 TV부분 최우수상을 거머쥐게 된다. 그리고 세 번째 앨범을 내고 1993년 10월 파리와 지방 순회공연을 한다. <엘렌과 남자친구들 : Hélène et les garçons>은 1994년까지 약 3년이 못되는 기간 동안 방영되었고 네 번째 앨범인 <사랑의 기적 : le miracle de l'amour>를 내고 95년 1월부터 베르씨에서 공연을 하게 된다. 약간의 휴식을 취한 엘렌은 5번째 앨범인 <Toi … émois>를 낸 후 1997년 6번째 그녀의 앨범에서 그녀는 5곡을 직접 작사와 작곡까지 하게 된다. 2000년 영화 <Exit>에 출현한 후 <사랑의 휴가 : les vacances de l'amour>라는 영화를 찍게 된다.

2003년 2월, <Que de vent>이라는 곡을 내고, 안티으에서 <사랑의 휴가 : les vacances de l'amour>라는 영화를 찍었다.

영원한 소녀 같은 모습의 천진난만한 환한 미소, 화려하기보다는 늘 편한 복장으로 대중들에게 가까이 다가가는 그녀, 기교는 그다지 없지만 솔직 담백한 그녀의 목소리는 아직도 많은 프랑스인들의 사랑을 받고 있다.

Francis Cabrel

가브리엘은 1953년 11월 23일 뚤르즈 근처에 있는 2천 명 정도의 주민이 살고 있는 조그마한 마을인 아스타포르에서 태어났다. 이탈리아 출신이자 보석상에서 일을 하던 그의 아버지는 뮤제트라는 전통 악기에 열광하는 사람이었고 그의 어머니는 커피숍 계산대에서 일을 하였는데 매우 아름다운 목소리를 가지고 있었다. 그는 아주 평범한 어린 시절을 보냈는데 학교에서는 조용한 편이었고 산책과 낚시를 즐겼다. 그의 친구들과 함께 마을 광장에서 농구를 즐겼지만 천성적으로 공격적인 성격이 아니었으므로 좋아하던 운동을 포기하게 된다.

그의 나이 13세가 되던 1967년, 그는 처음으로 라디오에서 밥 딜런의 <구르는 돌처럼 : Like a rolling stone>을 듣게 된다. 이것으로 인해 그의 운명은 완전히 변화를 가져오게 되고 결국 그를 가수의 길로 들어서게 하는 계기가 된다. 그의 삼촌이 크리스마스 때 그에게 선물로 준 기타를 가지고 연습하면서 그는 자신의 내성적인 성격마저도 바뀌게 된다. 그는 학창시절 때 영어를 배우면서 닐 영과 레오나르 코헨 그리고 밥 딜런 등의 곡을 프랑스어로 번역하기도 했다.

17살이 되면서 folk rock이라는 그룹을 만들게 되었고 19살부터는 스스로 생활비를 벌어야만 했다. 그는 낮에는 신발공장에서 일을 하고 토요일 밤에는 바에서 그의 그룹들과 함께 연주를 하였다. 이 시기에 그는 에릭 클립톤의 영향을 많이 받아 기타연주에 더욱 박차를 가하는 동시에 곡을 쓰기 시작하였다.

1974년 프랑씨스는 남쪽 지방의 큰 라디오 방송국이 주최하는 대회에 참가하는데 400명의 후보자들과 경쟁을 하여 그는 마침내 자신의 아내에게 바치는 곡인 <Petite Marie>라는 곡으로 대상을 차지하게 된다. 상금 2000프랑은 가난한 그에게는 경제적으로 상당한 도움을 주었고 게다가 음반사와 계약까지 하는 행운을 가져다주었다.

1977년 그의 첫 번째 앨범인 <먼지의 벽 : Les murs de poussières>는 삼년 뒤에 나왔는데 <귀여운 마리 : Petite Marie>가 싱글로 나왔으나 그는 만족스럽지 못했다. 그의 진정한 성공은 1979년에 나온 두 번째 앨범인 <여정 : Les chemins de traverse>로부터이다. 몇 주 만에 40만장이라는 앨범 판매를 기록하였고, 특히 <나는 그녀를 죽도록 사랑해 : Je l'aime à mourrir>의 작곡가이자 작사가인 그는 당시 미국 팝의 영향에 싫증난 프랑스 대중들에게 신선하게 다가가면서 대성공을 거두게 된다.

1980년, 세 번째 앨범인 <Fragile>에 수록되어 있는 <너의 눈의 잉크 : L'encre de tes yeux> 역시 대 성공을 거둔다. 이 앨범에서 그는 록켄롤의 리듬을 갖는 발라드곡 <오뜨 싸부아 지방의 여인 : La Dame de Haute-Savoie>에서 전기 기타를 사용하였으며 이 노래는 그를 대표하는 곡이 된다.

1989년 한 가정의 가장이 된 그는 원숙미 넘치는 앨범 <Sabacane>를 만들게 된다. 이 앨범은 그의 앨범 중에서 가사와 작곡에 있어 최고의 작품으로 손꼽을 만큼 완성도가 높은 앨범으로 인정받는다. 이 앨범은 2백 만장이라는 엄청난 판매기록을 올렸고 자신의 딸에게 바치는 <Sabacane>와 <C'est écrit>라는 곡이 특히 뛰어나다.

집 없는 사람들을 위한 레스토 뒤 꿰르(Les Restos du Coeur), 에이즈에 걸린 아이들을 위한 쏠 렁 씨(Sol En Si) 등 다양한 자선 공연을 한 몇 달 후 까브렐은 <하나의 어둠에서 또 다른 어둠으로 : D'une ombre à l'autre>라는 제목의 세 번째 음반을 만든다. 이 앨범에는 한편으로는 1989년 툴르즈 스포츠 회관 공연 때 함께 했던 그의 싸바칸 그룹과 다른 한편으로는 1991년 5월에 쌀라 문화 회관에서 공연했던 어쿠스틱 버전의 이중적인 분위기로 43곡을 담았다. 세장의 CD가 담겨져 있는 이 앨범은 일종의 총 결산이자 까브렐의 영감을 완전히 집약시켜주기에 충분했다. 그의 딸이 태어나면서 프랑씨스 까브렐은 가족과 함께 아스타포르 시의회의 의원으로 단란한 생활을 해나갔다. 1995년 그는 파리로 올라와 아스타포르와 아스타포르의 이전 학교에서 일년에 두 번 만나면서 가요의 전문적인 접촉을 향상시키길 바라는 젊은 작사-작곡가들과 일주일 동안 모임을 가졌다. 매번 만남이 이루어지는 동안 콘서트를 열었는데 첫 번째 부분은 견습생 자신들이 담당하였고 두 번째 부분은 까브렐이 맡았다. 이러한 방식으로 진행되었던 콘서트는 6월 24일 카지노 드 파리에서 "파리에서 아스타포르의 만남"이라는 제목으로 공연을 하였다. 그리고 2003년과 2004년의 순회공연에 이어 <Beaux Dégâts>라는 앨범을 녹음하게 된다. 2005년 루이지애나의 음악은 전 세계적으로 알려지게 된다. 그러나 이 도시의 영혼이며 문화의 꽃이었던 이 음악은 이 도시의 폭풍우가 닥치면서 많은 루이지애나 음악가들이 목숨을 잃게 되는 불운을 겪는다. 프랑씨스 까브렐은 이 재난을 입은 음악 도시를 지원하기 위해 그의 친구인 지샤리 리샤르와 함께 자선 공연을 연다. 누벨 오를레앙의 SOS 음악협회가 창설되고 회장 자리를 맡은 까브렐은 2005년 11월 7일, 파리의 빨레 드 꽁그레에서 공연을 하는데 많은 음악가들이 여기에 참여한다. 이 공연에서 얻은 수익금 전액은 누벨-오를레앙의 재해를 입은 음악가들을 돕는데 사용되었다. 베로니끄 샹송, 갸루, 제라 드 빨마스, 빠리 꽁보, 알렝 슈숑 등 당대의 쟁쟁한 음악가들이 프랑씨스 까브렐의 호소에 화답하여 이 공연에 참여하였다. 이 공연에서 음악가이자 따듯한 마음의 소유자인 까브렐은 이들을 돕기 위해 재난의 슬픔을 담고 있는 <깨어진 약속 : La Promesse Cassée>라는 노래의 가사를 짓는다. 그리고 까브렐은 2006년 미쉘 델페쉬와 함께 <Le Loir & Cher>를 녹음한다.

<LE SOLDAT ROSE>라는 뮤지컬 콩트에도 참여하는데 이것은 루이 슈디와 삐에르-도미니끄 뷔고가 작사하고 작곡한 것으로서 이야기 진행은 까뜨린느 쟈콥이 맡았고 노래에는 바네사 빠라디, 알랭 슈숑 등이 참여하였다. 이 앨범은 2006년 11월에 출범되었다. 그리고 2006년 11월 12일, 그렁 렉스에서 모든 연예인들이 참여하는 콘서트가 열리기도 했다. 2007년 자신의 30년 음악생활을 맞아 베스트 앨범인 <L'essentiel 1977-2007>을 낸다.

귀족풍의 분위기를 자아내는 외모와 부드럽고 감미로운 목소리로 아름다운 가사와 멜로디, 그리고 어쿠스틱을 이용한 그의 음악은 언제나 사랑을 주제로 담고 있으며 박애주의적 정신에 입각한 많은 자선 공연으로 그는 프랑스 대중가요를 대표하는 가수로 인정받고 있다.

Vanessa PARADIS

1972년 12월 22일 파리에서 태어난 바네싸 빠라디는 거울제조업 회사의 사장인 아버지와 그곳에 책임자인 어머니 사이에서 행복한 어린 시절을 보냈다. 바네싸는 어려서부터 노래하고 춤추는 것을 무척 좋아했는데, 코메디언인 그의 삼촌 디디에 삥은 이 어린 조카의 목소리에서 가수의 재능을 보았고 그녀의 부모에게 아이들이 프랑스의 유명한 샹송가수들의 노래를 부르는 자끄 마르뗑이 진행을 맡고 있는 L'Ecole des fans이라는 방송에 출연해서 노래를 할 것을 제의했다.

80년 5월 3일, 어린 바네싸는 이 방송에 출연하여 필립 샤르텔의 <Emilie Jolie>라는 곡을 불렀다. 그녀의 부모는 딸이 가수가 되는 것을 그다지 탐탁치 않게 여겼기 때문에 바네싸는 곧 마른느 강가에 있는 집에서 가족들과 함께 조용한 어린 시절을 보내게 된다. 그 후, 그녀는 아이들의 유럽노래대회에 참가하였지만 입상을 하지는 못했다.

1985년, 그녀의 삼촌은 <깜짝 파티의 마술 : La magie des surprises-parties>라는 제목의 미니 음반을 제작하는데 이것은 판매되지는 않았다. 같은 시기에 그는 자신의 조카인 바네싸를 파리에 있는 녹음실로 데리고 갔는데 그곳에서는 작곡가인 에티엔느 로다-질과 프랑크 랑골프가 배우인 소피 마르소의 음반을 제작하고 있었다. 그들과의 대화를 하는 도중 바네싸를 위한 노래를 작곡하게 되었고 쥴리앙 끌랙 노래의 작곡가인 로다-질과 르노의 노래 중 많은 곡을 작곡한 랑골프는 합작을 하여 <Joe le taxi>라는 곡을 만들었는데 이 노래는 80년대 프랑스 샹송을 대표하는 곡으로 남게 된다. 1987년 4월 27일, 미니 앨범이 나오게 되고 곧 가요순위에 진입하게 된다. 8월 1일 Top 50곡의 1위로 오른 바네싸의 <Joe le taxi>는 그해 여름 말, 백 만장의 앨범을 판매하게 된다.

삼촌인 디디에 뻬은 이 어린 소녀인 바네싸의 매니저가 되었고 그의 부모님들은 그녀의 모든 행동에 대해 아주 가까이에서 살피게 되는데 심지어 그녀가 벌어들인 모든 것은 그녀의 나이가 18세가 될 때까지 은행계좌에서 찾아 쓸 수 없게 한다. 그러나 그녀의 이런 빠른 성공은 청소년기였던 바네싸에게 몇 가지 나쁜 영향을 끼치게 된다. 음반의 엄청난 판매로 인해 바네싸는 어린 소녀가 너무 상업적이라는 대중들에게 좋지 않은 인상을 심어주게 되었고 특히 그 나이 또래의 청소년들은 자신들의 나이에 엄청난 성공을 한 이 어린 바네싸에게 대해 아주 좋지 않은 감정을 갖는다. 또 그녀에게 쏟아지는 혹독한 비평 역시 그녀를 너무 일찍 조숙해진 행실 바르지 못한 소녀라고 비난한다. 이 시기에 그녀의 이름은 곧 업신여김이나 조롱의 대명사를 말하는 것이었다.

1988년 1월, 세계 음반 시장에서의 비판은 그녀에게 혹독한 시련의 아픔을 겪게 했다. 커다란 무대 위에 선 바네싸에게 청중들은 야유와 비난을 퍼부었는데 그럼에도 불구하고 그녀는 자신의 노래를 끝까지 부른다. 무대 위에서 그녀가 두 번째의 노래를 부를 때 그녀에게 그렇게 가혹했던 청중들은 그녀의 용기와 열정에 박수를 보낸다. 이런 어려운 시기를 통해 상처를 깊게 받았던 바네싸는 모든 활동을 중단할 생각을 하게 된다. 그녀의 주위에 있던 사람들은 그녀에게 이런 어려운 직업을 선택함에 있어서 쏟아지는 비난을 극복할 자신이 없다면 잠시 활동을 중단하는 것이 좋지 않냐는 충고를 한다. 그러나 이 시기에 Joe le taxi 는 영국에서 엄청난 인기를 얻었고 바네싸는 이 기회를 통해 영국에서 얼마동안 활동한다. 영국에서의 그녀에 대한 환대는 대단하였으며 바네싸는 이에 용기를 다시 얻게 된다. 그 어떤 프랑스 가수도 20년 전 세르쥬 겐즈부르그 이후 영국에서 이런 성공을 거둔 적이 없었다.

<Joe le taxi>가 큰 성공을 거두자 에티엔느 로다-질과 프랑크 랑골프는 제대로 된 앨범 한 장을 제작하기로 결심하게 된다. 그래서 1988년 <M & J>이라는 앨범이 나오게 되는데 이 앨범의 대부분의 노래들은 차트에서 아주 많은 인기를 끌었고 그 기간 또한 오래 지속되었다. <Marilyn et John>이라는 노래는 브라질에서 차트 1위에 올랐지만 앨범은 당시 그녀와 같은 세대의 엘자와 빠트리씨아 같은 다른 가수들의 앨범만큼이나 많이 판매되지는 못했다. 1988년 9월에 바네싸는 그녀의 성공에도 불구하고 고등학교 2학년으로 복학을 하고 대학입학시험을 통과한다.

1년 뒤, 1989년 11월 장-끌로드 브리쏘의 <하얀 밀월여행 : Noce Blanche>이라는 영화가 나왔는데 바네싸는 여기에서 자기보다 30년 연상의 선생님과 사랑에 빠지는 소외된 어린 소녀의 역할을 맡는다. 이 영화에서 주연을 맡은 바네싸는 자신이 결코 되바라진 소녀가 아니라는 것을 자신을 향해 비판하는 모든 사람들에게 입증하길 바랐고, 각종 비평들은 오히려 그녀에게 호의적인 반응을 보였으며 일반 대중들은 과연 그녀가 영화에서 연기를 어떻게 하는지에 대한 호기심으로 영화관을 찾는다.

1990년 초, 바네싸는 이 역할에 대한 보상을 받게 되는데 바로 2월 21일 로미 슈나이더 상을 타게 되며 3월 1일에는 세자르 영화 시상식에서 올해의 신인 여우 연기상을 받는다. 이 시상식 때 그녀는 다른 가수들과 함께 그 자리에 있었던 세르쥬 겐즈부르그의 <La javanaise>라는 곡을 부른다.

바네싸는 좀 더 대중적인 팝의 많은 곡을 부르기를 원했고 바로 이때 세르쥬 겐즈부르가 그녀에게 자신과 함께 일할 것을 제의한다. 그리하여 디디에 뻬과 프랑크 랑골프와 함께 바네싸는 겐즈부르그를 호텔에서 만나게 된다. 겐즈부르그는 그녀에게 <Lolyceenne>라는 별명을 붙여주며 프랑크와 함께 그녀의 많은 곡을 작곡하게 된다.

1990년 5월 14일, 그녀의 두 번째 앨범인 <Variations sur le même T'aime>가 나오는데, 이 음반은 첫 번째 음반보다 훨씬 성숙된 그녀의 모습을 보여주었고 그런 그녀에게 그녀를 좋아하는 팬과 그녀를 비판하던 다른 사람들을 놀라게 했다. 바네싸의 이미지는 세련되고 그녀만의 매력을 한껏 보여주었다. 또한 Tandem은 유명한 감독인 자에-밥티스트 몽디노에 의해 뮤직 비디오로 제작되었다. 이 앨범에서 바네싸는 영어로 노래를 불렀으며 이 앨범으로 90년의 최고 여가수상을 수상하게 된다.

1991년 바네싸는 샤넬의 향수인 코코의 모델을 맡으며 장-뽈 구드가 제작한 광고에 등장하는데 이 광고에서 그녀는 천국의 조그마한 새로 변한다.

1991년 미국 제작자와 함께 일을 하고 싶은 생각이 점점 커져만 갔던 바네싸는 6개월 동안 뉴욕에 그녀의 삼촌이자 매니저인 디디에 삥과 머물게 된다. 그녀는 이곳에서 유명한 가수인 레니 크라비츠를 만나게 되는데 그는 바네싸에게 영어로 된 앨범을 만들어 준다. 단순히 <바네싸>라고 불리는 이 새로운 음반은 1992년 10월에 출시되었고 그녀의 목소리는 60년과 70년대의 분위기를 자아냈다.

그러나 프랑스에서 이 앨범에 대한 반응은 오히려 냉담한 편이었다. 여론은 바네싸에게 곱지 않은 시선을 주었고 영어로 제작된 앨범이라는 이유도 단단히 한몫을 했다.

1993년 초, 20살이 된 바네싸는 데뷔 초부터 꿈꿔왔던 순회공연을 하게 되는데 3월 3일 도빌에서 15000명의 청소년들 앞에서 공연을 시작으로 70회의 공연을 한다.

파리에서 그녀는 3월 30일부터 4월 11일까지 일주일 동안 올랭피아에서 공연을 갖는다. 1994년 올랭피아의 실황 앨범이 나오고 1994년 프랑스의 유명한 코메디언인 꼴뤼슈가 주축이 되어 집 없고 헐벗은 사람들을 돕기 위해 마련된 Restos du coeur 콘서트에 참가한다. 1993년부터, 그녀는 매년 겨울 많은 프랑스의 유명한 가수들과 함께 이 콘서트에 참여하면서 어려운 사람들을 돕는데 앞장섰다.

그리고 1994년 두 번째 영화에 출연하는데, 장 베커 감독의 <엘리자>라는 이 영화에서 그녀는 자신의 아버지(제라르 데빠르듀가 출연)를 찾는 젊은 여인의 역할을 맡는다. 이 영화는 1995년 2월 15일에 상영되었다.

1995년 영화 이외에 바네싸의 활동은 Canal+ 방송국에서 주최한 연주회에 출연하여 자신의 앨범에 있는 곡 중 16 곡과 비틀즈, 롤링 스톤즈, 세르쥬 겐즈부르그 등의 노래를 부른다. 96년 9월 이 방송을 통해 얻어진 수익금인 750.000 프랑 전액을 바네싸가 대모인 불우한 어린이 돕기 단체인 기자 빠트릭 쉐느의 꿈이라는 단체에 기부한다.

그 다음해, 바네싸는 5월 칸느 영화제 개막식에 등장하는데 이 자리에서 프랑수와 트뤼포 감독의 <Jules et Jim>이라는 영화의 삽입곡인 <Le tourbillon>이라는 노래를 심사위원장인 여배우 잔 모로를 위해 부른다. 매우 감명을 받은 이 여배우는 바네싸와 함께 등장한다. 그리고 1997년 초 개봉하는 르네 만조르 감독의 <마법사의 사랑 : Un amour de sorcière>이라는 영화에 출연하게 된다.

1996년 가수 막심 르 포레스티에는 그녀에게 <Chienne d'idée>라는 제목의 공연에 함께 출연할 것을 제의한다. 여기에서 그녀는 쟈니 헐리데이와 함께 <Si j'étais moi>라는 곡을 부른다.

98년, 프랑스 영화의 산 증인인 장-뽈 베르몽도, 알렝 들롱과 함께 <Une chance sur deux>라는 영화에 출연하였고 99년에는 <다리 위에 소녀 : La fille sur le pont>이라는 영화에 다니엘 오퉤이와 함께 출연한다.

2000년 9월, <Bliss>라는 이름의 새로운 앨범이 제작하여 10월 17일에 시장에 출시된다. 1994년 어떤 노래도 하지 않았던 바네싸에게는 아주 의미 깊은 앨범인 이 <Bliss>는 그전의 앨범들과는 달리 바네싸가 스스로 선택한 최초의 앨범이었다. 이 앨범에서 그녀는 자신이 앨범 제작에 직접 참여하였고 알렝 바슝을 비롯한 많은 유명한 가수들과 함께 앨범을 만들었다.

비록 바네싸의 여정이 순탄치는 않았다 하더라도 이 젊은 여인은 프랑스의 오늘날의 샹송에서 아직도 많은 영향을 끼치고 있고, 초창기의 어려움을 딛고 유명가수가 되었다.

Michel SARDOU

그의 아버지인 페르낭 사르두는 뮤지컬 배우이며 영화계에서도 잘 알려진 사람이었다. 그는 45살에 어린 무용수였던 재키와 결혼을 하였고 1947년 1월 26일 미셀은 파리에서 태어났다. 예술가였던 부모들의 영향으로 그는 어린 시절을 뮤직홀에서 보내게 되는데, 63년 학업을 중단하고 브라질로 떠난다. 그리고 그의 아버지가 60년에 문을 연 <Chez Fernand Sardou>라는 카바레에서 일을 하게 된다. 1965년에 무용수 프랑수와즈 페트르와 결혼을 한 사르두는 경제적으로 어려운 상태로 살림을 시작한다. 그러다가 미셸 푸겡을 만나게 되면서 카바레 여러 곳에서 노래를 하게 된다. 그리고 오디션을 통과하여 <le Madras>라는 곡을 발표한다.

1966년에 자끄 르보를 만나게 되는데 그는 미셀의 수많은 히트곡을 작곡한다. 그리고 18개월의 군 복무를 마치고, 1967년 미국이 베트남전쟁에 참가하는 그 시기에 <Les Ricains>이란 곡을 발표하는데 이 곡은 2차 세계대전에 참여하였던 미군 병사들에게 바치는 곡이었고 이런 이유로 해서 곧 라디오 방송국에서 금지곡이 된다.

70년은 샤르두의 인생에 큰 전환점이 되는 시기였다. 그의 첫 번째 아이인 상드린느가 태어났고, 위그 오프레와 끌로드 프랑수와의 곡인 <Les Bals populaires>, <Et mourir de plaisir> 그리고 <J'habite en France> 등을 작사한 블린 뷔기와 만나게 된다. 그리고 70년 2월 앙리 꼬마시아스와 함께 올렝피아에서 공연을 한다.

1971년, <J'habite en France>라는 곡으로 아카데미 샤를르 크로드에서 대상을 받아 당시 프랑스 대통령인 조르쥬 퐁피두가 상을 수여한다.

그 이듬해에 결정적인 성공을 거두게 되는데, 73년 7월 3일에 <La Maladie d'amour>라는 곡으로 프랑스 챠트에 10주 동안 머물렀고, <Bonsoir Clara>와 <le Rire du Sergent>이라는 곡으로 백 만장의 앨범 판매를 기록한다. 그의 노래들은 예술가들의 가슴 깊숙한 곳에서의 신념을 느낄 수 있는 인생의 어려운 역경을 노래한다. 또한 그는 매우 비판적인 시각을 가지고 있어 안티-샤르두를 만들 정도였고 특히 <les Villes de solitude>와 <les Vieux maries>는 여성주의자들에게 신랄한 비판을 받기도 했다.

그럼에도 불구하고 그는 순회공연을 시작하는데 73년 12월 두 번째 딸이 태어난다. 3년 동안 최정상에 있으면서 74년 1월 올렝피아 공연을 시작으로 75년 12월까지 프랑스와 캐나다에서 공연을 한다.

1976년 그의 아버지인 레르낭 사르두가 심장마비로 사망한다. 10월달에 <Je suis pour>라는 책을 출간하는데 여기서 자식을 죽인 한 아버지에 대한 얘기를 하면서 그는 죽음에 대한 고통을 주제로 매우 과격한 표현들을 서슴치 않고 사용한다. 이 사건으로 미셸 샤르두에 대한 반발이 커졌고 곳곳에서 데모가 일어난다. 77년 10월, 바베뜨와 두 번째 결혼을 한다.

89년, 파리에서 가장 큰 공연장인 베르시 경기장에서 코메디언 꼴뤼쉬가 만든 Restos du coeur를 위한 공연을 에디 미첼, 자니 할리데이, 베로니끄 상송, 장-자끄 골드만과 함께 한다. 1992년 그는 <Le Bac G>라는 앨범을 냈는데 이 곡은 오늘날의 젊은이들이 겪는 어려움에 대해 표현하고 있다. 1997년 10월 13일, <Salut>라는 앨범을 발표하였고 이 앨범제작을 위해 자니 할리데이와 에디 미첼과 같은 친구들이 참여한다. 이 앨범에 수록된 11곡 중 <Mon dernier rêve sera pour toi>에서는 유명한 정치인인 베르나르 따삐에 대해 언급하기도 했다.

1999년 2월, 그는 573.900의 관객 앞에서 음악상을 수상한다. 그리고 바베트와의 22년간의 결혼생활을 청산하고 그는 99년 여름에 이혼을 한다. 재키의 장례식에서 신문기자인 안느-마리 뻬리에를 만나게 되고 프랑스 대통령인 자끄 시락이 참석한 가운데 99년 10월 11일 결혼하게 된다. 1년 뒤, 미셸 사르두는 이민과 극우파들에 대한 사회-정치적 문제를 다룬 앨범을 낸다. 그리고 이 앨범은 최고의 음반 판매를 기록한다. 2006년 <Hors-format>라는 노래 이후, 미셸 사르두는 50일이 넘는 장기 공연을 시작한다. 프랑스에서 제일 규모가 큰 공연장에서 거대한 투어 공연을 기획하는데 4월 18일 두에를 시작으로 4월 25-29일과 6월 2-6일에 파리의 제니스에서 공연한다. 5월 17일에는 깡, 그리고 18일에는 르망에서 공연했다. 5월 11일과 12일 오베르뉴와 리용에서의 콘서트는 이미 매진이 되었으며 보르도, 툴루즈, 몽뻴리에의 공연표도 역시 매진되었다. 이렇게 열렬한 팬들의 호응 속에 그는 파리로 돌아와 6월 1일부터 9일까지 9일간 저녁에 공연을 갖는다. 이 투어 공연은 12월 14일 리무즈를 끝으로 막을 내린다. 미셸 사르두는 2006년 11월 11곡과 12곡이 담긴 두 장짜리 앨범을 제작하는데, 이 앨범에는 시멘느 바디와 함께 두엣으로 부른 <Le Chant des hommes>가 수록되어 있다. 이 앨범은 출반된 후 프랑스 음반 차트에서 판매 선두 대열에 낀다.

가사에 정치에 관한 자신의 의견을 밝히는 것을 서슴치 않았으며 때로는 사회적 문제를 다룰 뿐 아니라 때로는 감미로운 사랑에 대해 노래하는 폭넓은 가수 미셸 사르두는 오늘날까지도 프랑스의 가수들의 대부로서 자리를 굳건히 하고 있다.

Céline Dion

디옹은 1968년 3월 30일 퀘벡의 샤를르뉴에서 태어났다. 14명의 자식을 둔 가정에서 태어난 그녀는 5살 때 그의 오빠의 결혼식에서 노래를 부르면서 재능을 보였다. 주로 가족들 앞에서 노래를 하던 그녀는 가끔 대중들 앞에서 노래를 하곤 했는데, 그녀는 Académie d'Art lyrique라는 예술학교에서 코메디 뮤지컬 훈련을 받는다. 그녀의 재능을 진정으로 믿던 어머니는 디옹이 12살이 되던 해 작곡을 하여 부엌에서 녹음을 한다. <그것은 단지 꿈이었을 뿐이야 : Ce n'était qu'un rêve>라는 곡이었는데 음악은 쎌린과 그의 오빠 자끄가 맡았다. 그 다음 날, 제작자인 르네 알젤리는 자신의 사무실에 배달된 테이프를 받게 되는데 그는 81년 쎌린에게 <la Voix du Bon Dieu>라는 첫 번째 앨범을 제작하게 하고 그 이듬해 황금 음반상을 수상한다.

82년 두 번째 앨범인 <D'amour ou d'amitié>는 프랑스에서 이 어린 여가수의 경력을 드높이기 위해 접촉한 에디 마네에 의해 만들어진다. 이번에도 역시 그녀는 대성공을 거두었고, 82년 도꾜에서 열린 국제 대중음악제에서 대상을 수상한다. 그리고 퀘벡에서 열린 국제 음반 시장에서 골든 디스크를 받았고, 쎌린은 최초로 프랑스어로 부른 앨범 <Du soleil au coeur>에 수록된 <내 친구는 내 곁을 떠났다네 : Mon ami m'a quittée>가 청소년들에게 인기를 끈다. 같은 해 10월 퀘벡 음악제에서 4개의 펠릭스 상을 수상한다.

84년 9월 11일 몬트리올 올림픽 경기장에서 교황 바오르 2세가 캐나다를 방문했을 때 젊은이들을 대표하여 6만 5천명 관중 앞에서 <Une Colombe>를 부른다. 같은 해 두 번째 앨범인 <행복의 새들 : Les oiseaux du bonheur>가 나오고 11월, 프랑스 코메디언인 빠트릭 쎄바스티엔의 올렝피아 공연에서 첫 번째 부분을 맡게 된다. 1985년 그녀는 이디오피아를 돕기 위한 음반으로서 여러 가수들이 참여한 음반 작업에 동참을 한다. 1986년, 18살의 나이에 새로운 곡인 <Billy>를 내놓는데 영어와 성형수술을 받기 위해 한동안 무대에 서지 않는다. 그리고 작곡가이자 작사가인 이탈리아인 로마노 무수마라가 그에게 <Je ne veux pas>라는 곡을 써준다.

1988년 프랑스에서 만들어진 세 번째 앨범인 <Incognito>를 내놓는다. 이 앨범의 곡들은 뤽 플라만동, 에디 마레와 다니엘 라부와가 담당하는데 <나 없이는 떠나지마 : Ne partez pas sans moi>라는 곡이 이 앨범에 수록되어 있다. 이 곡으로 그녀는 유러비죤 콘테스트에서 상을 받게 되고 같은 해, 4개의 펠릭스 상을 더 수상한다. 또한 몬트리올에 있는 쌩-드니 극장에서 42회 공연을 한다.

90년대 초, 영어로 <Unison>이라는 앨범을 내놓는데 <Where does my heart beat now>는 프랑스어로 번역되어 프랑스 순위 50곡 중에 일위를 차지하였고 미국과 전 세계로 알려진다. 앨범은 총 1천 7백 만장이 팔렸으며 미국 방송국에 자주 출연하게 된다. 1991년 6월, 가수생활 10년을 기념하는 자리에서 몬트리올에서 대중들 앞에서 공연을 갖는다. 점점 성인이 되어가면서 그녀의 목소리는 더욱 원숙해지고, <Dion chante Plamondon>라는 앨범으로 다시 성공을 거둔다.

작곡가인 미셸 베르제를 기리는 <스타마니아>에 참여하여 히트했던 자신의 노래들을 부르는데, 특히 <Ziggy>라는 곡은 또 한 번의 성공을 거둔다. 그녀는 또 월트 디즈니사의 만화영화인 <미녀와 야수 : The Beauty and the Beast (La belle et la bête)>에서 프린스와 함께 노래를 부른다. 1992년, 영어판의 두 번째 앨범인 <Céline Dion>에서 특히 펑크의 황제라 불리는 프린스와 함께 <With this tear>라는 곡을 부른다. 이 앨범의 주된 내용은 <사랑은 산을 옮길 수 있다 : Love can move mountains>라는 것이었고 그리고 그녀는 여름에 있었던 마이클 볼튼의 미국 순회공연에서 첫 파트를 맡게 된다. 같은 해에, 스타마니아의 영어판 버전인 코메디 뮤지컬 <Tycoon>에도 출연한다.

그 와중에서도 프랑스어로 된 앨범을 만들었는데 5월에 싱글곡인 <Je danse dans ma tête>를 내놓는다. 몬테카를로에서 벌어진 4회 세계 음악제에서 수상을 하면서 그녀의 음반은 전 세계로 퍼져 나간다.

쎌린 디옹은 93년 11월 영어로 된 세 번째 음반인 <The colour of my love>를 낸다. 그리고 <Nothing's broken but my heart>라는 곡은 미국 차트에서 모든 부분에 높은 순위를 차지한다. 또한 <The Beauty and the Beast>라는 곡으로 빌보드 어워드 뿐 아니라 그레미 어워드에서 캐나다인으로는 최초로 1위를 하게 된다. 그녀의 새 앨범은 약 천만장이 팔리는 대 기록을 세운다.

가수 데뷔 때부터 그녀는 가족에 대해 애정을 보였는데 27명의 조카들 중 카린이 낭종에 걸려 사망하게 되자 이 병의 퇴치 연합에 적극 참여하게 하는 계기가 된다. 또 그녀가 13살 때부터 그녀를 알았던 르네 안젤리와 약혼을 한다.

94년 9월, 그녀는 파리 올렝피아에서 3일 동안 <sold out>이란 공연을 하는데 프랑스어로 된 <Plamondon : Starmania>와 <Bagdad Café>의 주제곡, 그리고 티나 터너의 곡들을 부른다. 11월에 올림피아 라이브 콘서트 음반을 낸 후 그녀는 코메디언인 꼴뤼슈가 85년에 세운 <Restos du Coeur>에 기금 조성마련을 위한 <Enfoirés au Grand Rex>에 참여한다. 여기에서 그녀는 장-자끄 골드만과 함께 <Là-bas>와 <la chanson des Restos>를 부른다. 미국과 일본의 공연으로 바쁜 가운데 데 심지어 <Jackson Family Honours>자리에서 마이클 잭슨과 함께 한다. 또한 94년 12월 17일 그녀와 쭉 함께 했던 르네 안젤리와 결혼을 한다.

프랑스의 가수이자 작곡가인 장-자끄 골드만은 프랑스어권의 사람들 중에서 가장 아름다운 목소리를 가진 쎌린에게 12곡을 작곡해주면서 함께 작업을 할 것을 제안한다. 그녀는 이를 수락하게 되고 <D'eux>라는 예술작품이라 일컬어지는 앨범을 낸다.

95년 봄에 나온 이 앨범은 모든 작업을 골드만이 담당한다. 또 그녀와 함께 <J'irai où tu iras>라는 듀엣 곡까지 부른다. 타이틀곡인 <Pour que tu m'aimes encore>는 곧 대중들의 인기를 얻게 되고 마지막 곡인 <Vole>은 병으로 사망한 그녀의 조카를 위해 부른 곡으로 많은 감동을 불러 일으켰다.

이 앨범은 전 세계적으로 6백 만 장이 팔렸고 십만 장은 미국에서 팔렸는데 프랑스어로 된 앨범이 이렇게 미국에서 팔린 것은 아주 드문 경우였다. 그녀는 프랑스 순회공연과 95년 10월 파리 제니스에서, 그리고 12월에는 베르씨에서 공연을 한다. 공연은 대성공을 거두었고 96년 1월 베르씨에서와 지방에서 두 번의 공연을 갖는다. 또, 2월 10회째 맞이하는 <Restos du Coeur>에 참여하고 프랑스에서 두 개의 음악상 (올해의 프랑스어권 예술가상과 올해의 노래)을 받는다.

이런 좋은 분위기를 놓치고 싶지 않던 그녀는 3월에 영어로 된 <Falling into you>라는 새 앨범을 만든다. 그리고 골드만이 작곡한 <Pour que tu m'aimes encore>가 이 앨범의 타이틀곡이 된다. 또 이 앨범에서 앵글로-색쓴 사람들이 제일 좋아하는 <All by myself>와 <You make me feel like>를 리메이크하여 다시 부른다. 이 앨범의 성공은 가히 경이적이라 할 수 있는데, 천 팔백만장의 앨범이 전 세계에서 판매되었다. 그녀는 전 세계 순회공연을 하는데 세계 사람들은 그녀의 크리스탈 목소리의 매력에 흠뻑 빠진다. 96년 7월, 그녀는 아틀란타 올림픽 대회 개회 축하 행사에서 3억의 사람들 앞에서 <The Power of Dream>을 부른다.

프랑스와 고향인 몬트리올에서 몇 번의 공연을 한 후 디옹은 아시아 투어를 하게 되는데, 만원사례를 이루었으며 4월 뉴욕 공연은 암표가 1500달러에 팔리기도 했다. 또 같은 달, 모나코에서 열린 세계 음악수상에서 공주인 스테파니의 손을 잡기도 했다.

그러나 쉬지 않은 공연으로 몹시 지쳐있던 그녀는 96년 9월 열릴 예정이었던 콘서트를 취소하고 플로리다에서 휴식을 취한다.

97년 11월 <사랑에 대해 얘기해 봅시다 : Let's talk about love>라는 제목으로 앨범을 내는데 여기에 수록되어 있는 <Tell him>을 바바라 스트라이젠드와 함께 노래를 부른다. 그리고 이탈리아의 태너 루치아노 파바로티와 함께 노래를 부르고 그룹 비지스, 캐롤 킹과도 함께 노래를 한다. 게다가 <My heart will go on>라는 곡은 영화 타이타닉의 주제가로도 사용되었다. 이 앨범은 커다란 성공을 거둬 2천 4백 만 장이 팔린다.

프랑스 가수 장-자끄 골드만과 함께 작업을 한 앨범 <D'eux>의 성공 이후 98년 9월, <S'il suffisait d'aimer>라는 앨범을 낸다. 이 앨범은 유럽과 캐나다에서 2백만 장이 팔리면서 최고의 판매기록을 갱신하였다.

98년 가을, 셀린은 2000년 1월 1일 가수의 생활을 접는다고 발표하게 된다. 그녀는 적어도 2년 동안 개인적인 삶을 위해 가요계를 떠날 것을 결심한다. 99년 디옹은 고향인 퀘벡을 시작으로 전 세계 투어를 하게 되는데 빌보트 차드 6개 부분을 석권하고 쏘니 뮤직사는 그녀에게 다이아몬드로 제작된 음반을 선사한다.

셀린 디옹은 최고의 영예를 누렸던 가수이며 그녀의 성공은 거의 역사적이라고 할 만하다. 투어 첫 번째 공연 때 2만 5천명이 기립박수를 쳤으며 그 후 6개의 콘서트는 표가 매진되는 사례를 이루었다. 여름 초, 남편 르네 안젤리의 병이 악화되면서 그녀는 몇 명 공연을 취소하기도 하였는데, 6월 19일과 20일 파리에서 있었던 콘서트에서는 장-자끄 골드만이 깜짝 출연하여 그녀와 함께 <J'irai où tu iras>를 불러 75000명의 관객을 열광케 했다.

99년 그녀는 소니 뮤직사로부터 앨범 1억장의 판매에 대한 보상을 받고 그녀의 히트곡을 모은 앨범 <All the way>는 천만장의 판매를 기록하였다. 2001년 1월 25일 르네 -샤를르라는 아들을 낳는다. 부와 명예를 얻은 셀린 디옹은 하나의 상징으로 대표된다. 놀라운 재능과 뛰어난 가창력을 가진 그녀는 자신의 가수경력과 이미지를 관리할 줄 아는 여성이었다. 99년에 대 투어 공연을 시작하지만 3월 30일, 그녀의 나이 31세가 되던 날 뜻밖의 나쁜 소식으로 그녀의 가수 활동을 전면 중단하게 된다. 셀린은 르네가 후두암에 걸렸다는 사실을 알게 된 것이다. 그녀에게 남편은 가수 활동보다 더 중요하였고 그녀는 남편을 돌보기 위해 몇 개월 동안 공연을 중단하기로 결정한다. 모든 스케줄을 취소하였지만 르네의 건강이 점차 나아짐에 따라 그녀가 파리 공연을 할 것이라고 발표한다. 6월 19일과 20일, 그녀는 프랑스 스타디움을 두 번이나 관객으로 꽉 채웠다. 그녀는 자신의 사생활이 우선이라는 것을 깨닫게 되었고 99년 12월 31일, 몬트리올에서 <셀린 디옹의 마지막 La Dernière De Céline Dion>이라는 공연을 끝으로 작별을 고한다. 12월 15일에 유네스코는 그녀가 전 세계에 전달해 준 평화의 메시지에 대해 감사를 표한다.

2000년 1월 5일, 라스베가스의 쎄자 펠러스에서 셀린과 르네는 자신들의 결혼 5주년을 기념한다, 르네를 돌본다고 해서 셀린이 아무 것도 하지 않는 것은 아니었는데 특히 그녀는 골프를 즐겼다. 9월에 그녀는 갸루와 함께 <Sous Le Vent>을 녹음한다. 10월 말 <The Collector's Series Vol.1 : 프랑스어로 <사랑에 대한 모든 것>이라는 앨범이 출시된다. 그리고 6월 8일 셀린과 르네는 공식적으로 자신들이 아이를 갖고 싶다고 발표하였고 2001년 1월 25일 가족의 별명처럼 <어린 왕자>인 르네-샤를르가 태어난다. (2,8킬로에 52cm). 7월 25일 그는 몬트리올에 있는 대성당에서 세례를 받고 르네와 셀린은 자신들의 활동을 재개할 생각을 시작한다. 셀린은 2003년 3월부터 3년 동안 라스베가스에서 공연을 해야 했다. 그리고 셀린 <디옹의 필수불가결한 것들 : Les Indispensables de Céline Dion>이라는 앨범과 함께 <셀린 디옹, 나의 삶과 꿈>이라는 책을 출간한다. 셀린 디옹이 갸루와 녹음을 같이 할 당시에 그녀는 임신한 상태였다. 9월 11일 미국에서 끔찍한 대 테러 참사가 발생하자 셀린은 9월 21일, 기금을 모으기 위한 <America : A Tribute To Heroes>에 참여한다. 그녀는 여기에서 상징적이면서도 애국의 의미를 담고 있는 <God Bless America>를 부른다. 캐나다에서 그녀는 같은 목적으로 공연에서 <L'Amour Existe Encore : 사랑은 아직도 존재한다>라는 노래를 부른다.

2002년 쎌린 디옹의 활동 재개는 3월 25일 <A New Day Has Come>가 발매되면서 시작된다. 쎌린은 목소리와 함께 영혼을 담아 노래를 부르는 가수였다. 이 앨범은 큰 성공을 거두었고 « Stuart Little 2 »라는 소니 영화사의 만화영화의 삽입곡인 <I'm Alive>역시 성공을 거둔다. 그녀는 로스엔젤레스에 있는 <Kodak Theatre>에서 공연을 하며 그녀의 관객들과 다시 만난다. 쎌린은 3월 20일 가루의 베르씨 콘서트에서 노래를 불렀으며 영국과 연합왕국에서 팔린 싱글곡과 앨범의 판매수가 천 5백 만 장이라는 기록적인 결과를 낳은 것이다. 5월 23일, 그녀는 라스베가스에서 ≪Divas Live≫에 참가한다. 그녀는 2003년 라스베가스에서 열리게 될 공연 준비를 위해 벨기에의 루브리에에 거주한다. 11월에 쎌린은 공연 준비를 계속하기 위해 가족과 함께 라스베가스로 거주한다.

2003년 1월 26일, 쎌린은 캘리포니아 샌디에그에 있는 슈퍼볼 경기에서 <God Bless America>를 노래한다. 이 미식축구 결승전은 미국에서 한 해의 가장 주목받는 스포츠였다. 3월 24일 <One Heart>라는 새로운 앨범이 전 세계에 출반되었다. 타이틀 곡 <I Drove All Night>는 또한 크라이슬러라는 미국 자동차를 TV에서 선전하는 새로운 광고에 사용된다. 같은 날 쎌린 디옹이라는 이름의 향수가 출시된다. 3월 25일 세자의 팰러스라는 곳에서(400명을 유치하는) 그토록 기다렸던 공연이 시작되는데 이곳에서 3년 동안 600회의 공연이 벌어질 예정이었다. 5월 23일 그녀는 텔레비젼 방송인 VH1이 준비한 <Divas Duets>에 참여하는데 이것은 세계에서 가장 위대한 목소리를 가진 사람들만 초대되었다.

7월 초, 프랑스에서 <One Heart>가 출반되고 10월 14일 쎌린의 프랑스어로 부른 새로운 앨범인<1 Fille & 4 Types>를 장-자끄 골드만과 함께 출반한다. 이 앨범이 출반되자마자 프랑스어권 여러 나라에서 판매 1위를 기록하였는데 타이틀곡인 <Tout l'or des hommes>는 기록을 세우면서 오랫동안 1위 자리를 지킨다. 12월 30일 일요일 무대에 오르기 몇 시간 전 쎌린은 그녀의 아버지가 오랜 병환 끝에 사망했다는 소식을 접하게 된다. 그녀는 그 날 청중들에게 아버지에게 바치는 두 개의 노래를 부르고 난 후 아버지의 사망 소식을 알린다. 공연이 끝나자마자 안젤리 부부는 디옹의 가족들이 살고 있는 퀘벡에 있는 라발로 날아간다.

2004년 2월 8일 46회 그레미 어워드 시상식이 거행될 때 쎌린은 특별히 루터 반드로스에게 헌정의 노래를 하는데 그녀가 <Dance With My Father>노래를 부르는 동안 커다란 화면에 그녀의 아버지의 영상이 비춰졌고 시상식장에는 감동의 물결이 넘쳤다. 그리고 며칠 후, 쎌린은 건강의 이유로 이틀간의 공연을 취소한다. 2월 23일 <Je t'aime encore>라는 싱글곡을 발표하고 3월 27일 파키슨 병을 앓고 있는 환자들을 위해 무하메드 알 리가 마련한 <Celebrity Fight Night X Show>에 참여한다. 4월에 그녀의 두 번째 곡 <Céline Dion Parfums Notes>가 미국에서 발매된다. 4월 말 라스베가스에서 촬영했던 <Contre nature>라는 제목의 뮤직 비디오가 나온다. 계속되는 목의 통증을 좀 더 확실히 치료하기 위해 그녀는 5월 한 달 동안 그녀의 공연 중 몇 개를 취소한다. 6월 14일 <A New Day… – Live in Las Vegas>라는 라이브 앨범이 발매되는데 이 앨범에서 두 개의 노래가 히트를 하는데 그 중 첫 번째가 <You & I>다. 9월 15일에는 월드 뮤직 어워드에 참석하여 다이아몬드 상을 수상한다. 이 상은 가수 경력 동안에 100백 만 장 이상의 앨범이 팔린 사람에게 주어지는 것이었다. 후두염으로 앓고 있던 쎌린은 라스베가스에서 예정되었던 그녀의 공연 연장을 취소한다.

10월 10일 셀린은 인류애를 위한 헌신에 대한 공헌으로 13번째 엘라상을 수상한다. 10월 11일 쎌린 디옹과 안느 제데스의 공동 작업의 결과인 <Miracle>이 발표된다. 이 앨범은 원칙적으로 미국을 겨냥하였음에도 불구하고 여러 나라에서 판매 1위를 차지한다. 11월, 쎌린은 같은 이름의 영화를 위해 <Ma Nouvelle France>라는 주제곡을 녹음한다. 12월 17일 그녀는 르네와의 결혼 10주년을 축하한다. 2005년 1월 13일 그녀는 아시아의 수나미의 희생자들을 위한 공연에서 <In Some Small Way>라는 곡을 불렀고 여기서 얻어진 수익은 국제 박애 협회에 기부되었다. 5월 8일, 어머니 날을 맞이하여 쎌린은 <A New Day...>공연을 하였는데 이 공연은 다시 한 번 아시아의 수나미의 희생자들을 위한 공연을 겸하는 것이었다. 많은 사람들이 이에 참여하였고 기금은 유니세프에 전달되었다. 6월 21일 쎌린은 이브 몽땅이 불렀던 <A Paris>를 녹음하는데 이는 파리가 2012년 올림픽 주최 도시로서 선정되기 위한 곡이었다. 그러나 7월 6일 국제 올림픽 위원회는 런던을 주최 도시로 선정하였다. 9월 20일 쎌린 디옹이 부른 <Dance With My Father>는 루터 반드로스를 기리는 헌정 앨범에 들어있다. 10월 3일 2장의 CD로 그녀의 최고의 30 곡들을 모은 베스트 앨범이 나오는데 이중에 Il Divo 그룹과 함께 부른 <I Believe In You>가 수록되어 있다. 10월 5일부터 10일 프랑스로 돌아온 그녀의 일정은 꽉 짜여졌다. 쎌린은 여러 텔레비전 방송국에 출연하였으며 10월 7일 스타 아카데미에서 1983년 그녀가 데뷔할 때부터 뜨거운 성원을 아끼지 않았던 자신의 열성 프랑스 팬들 앞에서 눈물을 감추지 못했다. 또한 그녀는 <Les 500 choristes ensemble> 방송에 초대되어 4곡의 노래를 불렀는데 특히 자니 헐리데이와 <L'envie>라는 곡을 같이 불러 감동을 주었다. 11월 21일 프랑스어로 된 그녀의 모든 뮤직 비디오를 담은 DVD가 출시되었고 같은 날 제나 글라체가 쓴 그녀의 자서전이 출판되었다.

2006년 2월 6일 쎌린의 조각상이 파리의 그레벵 미술관에 들어선다. 조각상에 옷을 입히는 전통에 따라, 쎌린은 1999년 프랑스에서 한 두 개의 공연에서 그녀가 입었던 진주로 장식된 흰 옷을 기증한다.

2월 20일 라스베가스의 세자르 펠러스에서 그녀는 제리와 엘튼 존과 함께 공연하였는데 먼저 제리가 시작하고 그 뒤를 쎌린이 이었고 마지막을 엘튼 존이 장식하였다. 쎌린과 엘튼 존은 <Saturday Night's Alright>와 <Sorry Seems To Be The Hardest Word>을 부르며 끝을 장식했는데 이 공연의 결과 2,1백만 달라를 거둬들였다. 4월 14일 그녀는 두 번째로 그레벵 미술관에 조각상이 들어서는데 이때는 자신이 그레미 어워드 시상식에서 입었던 검은 색의 옷을 기증한다. 4월 30일 갈라 아티스 때 쎌린은 <L'amour existe encore>와 위성을 통해 자신의 사위인 마크 뒤프레와 함께 듀엣으로 <Tout près du bonheur>를 부른다. 5월 7일 500회를 기념하는 자리에서 그녀는 백 만 달러 수표를 라스베가스의 10개의 자선단체에 기부한다. 그리고 사위와 함께 <Tout près du bonheur> 노래의 뮤직 비디오를 찍는데 이 장면은 거대한 LED 화면에 비춰졌고 이 화면은 이런 종류로는 세계에서 제일 큰 것이었다. 6월 4일, 쎌린과 르네는 보석세공인인 크리스 아이레가 개최한 저녁 만찬에 초대되었다. 7월 14일 그녀는 퀘벡에 있는 <Le Mirage> 골프 클럽에서 아이들을 위한 <Céline pour les enfants>이라는 제목의 공연을 한다. 여기에서 그녀는 1,5백만 달러를 아이들을 위한 세 개의 자선단체에 기부한다.

2007년 2월 14일 그녀의 프랑스 앨범 중 타이틀 곡인 <Et s'il n'en restait qu'une (Je serais celle là)>를 발표된다. 2월 25일 오스카상 79회를 맞이하여 이탈리아 작곡가인 년 에니오 모리코네를 기리기 위해 1984년에 상영되었던 영화 <Il était une fois en Amérique>에 나왔던 <I Knew I Loved You>를 부른다. 그리고 2007년 쎌린은 뮤지컬을 한다.

쎌린 디옹은 프랑스어권에서 독보적인 존재라고 할 수 있다. 사실 퀘벡출신의 디옹은 유럽에서 프랑스어로 노래를 부르면서 유럽에서 인정을 받기 시작했고, 미국에서는 영어로 노래를 부르며 인기를 얻었다. 그의 첫 번째 앨범의 제목인 선한 신의 목소리라는 칭송을 사람들로 받는 그녀는 최고의 인기를 누리고 있는데, 2천만장 이상의 앨범이 팔리고, 캐나다에서 펠릭스와, 미국의 그래미 어워드, 또 프랑스의 빅뚜와르와 같은 권위 있는 곳에서 30여 차례의 시상을 받았다. 1997년 말, 그녀의 우상인 바바라 스트라이젠드와 듀엣을 하면서 그녀의 꿈은 마침내 현실로 이루어진다.

천상의 목소리를 가지고 있다는 극찬과 함께 가수로서 뿐만 아니라 박애주의자로서 솔선수범을 아끼지 않는 쎌린 디옹은 비단 캐나다와 프랑스에서뿐만 아니라 전 세계적으로 주목받고 있는 최고의 가수임에 틀림없다.

Patrick BRUEL

영국에 비틀즈 매니아들이 있다면, 프랑스에는 90년대 브뤼엘 매니아들이 있었다. 젊은 배우이자 가수로서 성공을 한 브뤼엘은 그의 매력과 강렬한 무대 매너를 통해 이미 수많은 소녀팬들의 우상이 되었다. 알제리에서 1959년 5월 14일에 태어난 빠트릭 브뤼엘은 프랑스어 선생인 이혼한 오귀스타에 의해 키워졌다. 알제리의 독립 이후, 1962년 프랑스로 돌아온 그들은 둘다 파리 교외인 아르정뛰이에 거주했고, 이후 파리 13구로 이사를 했다. 어렸을 때 빠트릭이 좋아했던 것은 축구였고 그는 커서 축구선수가 되길 꿈꿨을 정도였다. 그러나 음악은 빠트릭이 좋아하는 또 다른 부분이었고 그는 그의 어머니가 자주 듣던 브라쌍과 브렐의 음반, 그리고 그가 좋아했던 기타리스트인 에릭 클립턴, 제프 벡 또는 지미 핸드릭스를 들으며 컸다. 1978년 대학입학시험이후 빠트릭은 대학에 들어갔는데 특히 저녁에 기타를 치며 노래하던 메디테라네 클럽의 사회를 보았다. 같은 해에 일간지인 프랑스 수와르에 광고를 보고 응모하여 알렉상드르 아르카디 감독의 <Le coup de sirocco>라는 영화에 출연하게 되는데 1962년 알제리의 독립 이후, 프랑스에 도착한 한 가족의 이야기를 다룬 영화였다.

이때에 본명인 빠트릭 벤기기를 브뤼엘로 이름을 바꾸었다. 영화가 성공했음에도 불구하고 직업적인 배우로서의 부족함을 느낀 빠트릭은 1979년 그가 오래전부터 꿈꿔오던 도시인 뉴욕으로 떠날 결심을 한다. 그곳에서 일 년 동안, 그는 나이트클럽, 디스코장, 바 등 많은 곳을 돌아다니며 음악적인 경험을 쌓게 된다. 이것을 기회로 그는 그의 절친한 친구가 되는 제라르 프레스귀르빅을 만나게 된다.

프랑스로 돌아온 빠트릭은 연극과 영화에 출연하게 되는데 1981년 삐에레뜨 브뤼노의 연극 <Le Chariman>에 출연하고 베르트랑 반 에펭테르 감독의 <Le Batard>

에 출연한다. 1983년에는 알렉상드르 아르카디의 <Le Grand Carnaval>에 출연하게 되는데, 이 영화는 50년대 프랑스인이 알제리에서 겪는 일을 다루고 있다. 1981년 <Vide>라는 미니 앨범을 냈으나 알려지지 않았고, 1983년 <Marre de cette nana-là>라는 곡을 내놓게 되는데, 이 노래로 일약 스타의 대열에 올라선 그는 어린 소녀들의 우상으로 떠오르게 된다. 1985년 그는 새로이 연극무대에 서게 되는데, 마리아 파콤의 <On m'appelle Emilie> 그리고 빠트릭 슘만 감독의 <P.R.O.F.S>라는 영화에 출연한다. 그리고, 두 번째 미니 앨범인 <Comment ça va pour vous>를 불러 많은 인기를 끌게 된다. 1986년 빠트릭은 리다 드이 감독의 영화 <La Mémoire tatouée>에 출연하여 세계적인 영화의 첫 경험을 하게 된다. 그러나 86년은 특히 그의 첫 번째 앨범인 <De face>를 주목해야 하는데, 거의 모든 곡이 제라르 프레스기르빅과 브뤼엘이 쓴 곡으로, 이전의 미니 앨범보다는 더 많이 팔리지는 않았다. 노래들 중에, 배우 미우-미우와 함께 불렀던 <Tout le monde peut se tromper>는 끌로드 르루슈 감독의 영화 <Attention Bandits>의 배경음악으로 쓰였는데 이 영화에서 빠트릭은 주연을 맡았다. 1987년 그가 거의 28살이 되던 해, 빠트릭은 파리의 올렘피아 무대에 서게 된다. 첫 공연을 한 후 1988년 라이브 앨범을 제작한다.

영화에서의 빠트릭의 역할은 연극과는 대조적으로 1988년, 조르쥬 로트테 감독의 영화 <La Maison assassinée>와 같이 드라마틱한 역할을 맡았다. 특히 주목할 만한 것은 삐레르 졸리베 감독의 <Force majeure>라는 영화이다.

1989년 10월, 빠트릭의 두 번째 앨범인 <Alors regarde>를 발표하였는데 이 앨범은 그의 가수 인생에 전환점을 가져다준 계기가 되었고 이제부터 그는 진정한 가수로서의 인정을 받게 된다. 의도적으로 뚤루즈와 뉴욕 두 곳에서 앨범 제작을 한 그를 유명한 뮤지션들이 참가하여 앨범 작업을 도왔는데, 주제는 우정(Place des grands hommes), 사랑 (Je te l'dis quand meme), 또는 사회의 문제 (Alors regarde) 등 이었다. 감성에 기초한 이 앨범은 처음에는 그다지 많은 호응을 받지 못했지만, <Casser la voix>같은 곡은 엄청난 인기를 끌었다. 앨범이 나온 지 1년 뒤인 1990년 10월 5일, 프랑스와 외국의 130 일이 넘는 순회공연을 시작하는데 날이 갈수록 그의 콘서트에는 소녀 팬들이 환호했고 어떤 때는 음악을 듣지 못할 정도였다. 이때가 부뤼엘 메니아들이 바로 전 프랑스를 뒤덮었다. 90년 10월 9-17일 파리의 제니스에서 공연을 마쳐야 하는데, 대중의 요구를 만족시키기 위해 12월에 3번의 다른 콘서트를 가져야 했다. 게다가 부뤼엘은 12월 16일 올렘피아에서 공연을 한다. 1991 2월 음악시상시게 세 부분에서 후보가 되었지만, 하나도 상을 타지 못했다. 사실 그의 성공은 젊은 소녀들에 의해 이루어졌다는 대중들의 인식 때문이었다.

그러나 부뤼엘은 계속해서 수 만 명의 팬들을 열광시켰고 1991년 5월 프렝땅 드 부르쥬에서 몇 시간 만에 8천장의 표가 팔렸다. 그는 특히 유럽과 캐나다에서 인기를 끌었는데 여러 언어로 노래를 했으며 유럽 전체의 여러 TV 프로에서 그를 볼 수 있었다. 6월 부뤼엘은 작곡가 상을 수상하고 91년 여름 내내 콘서트를 하였고 수많은 팬들이 그의 공연장을 찾았다. 11월에 앨범 <Alors regarde>는 이미 2백 5십 만장에 가깝게 판매되었고 90-91년 순회공연 라이브 앨범인 <Si ce soir>는 백 만장이 팔렸다.

1992년 2월 1일, 브뤼엘은 최고 남자 가수상을 수상한다. 그리고 1993년 끌로드 지디의 영화 <Profil bas>에 두 번째로 출연함과 동시에 미셸 드빌 감독의 <Toutes peines confondues>에 출연한다. 1994년 4월, 세 번째 앨범인 <Bouge>가 나왔는데 뉴욕에서 제작된 이 앨범은 먼저 앨범보다 더 락 적인 요소가 감이되었고 기타의 선율은 70년대 락에 대한 그의 열정을 보여주었다. 이 앨범으로 <Alors regarde>에서 보여주었던 그의 낭만적인 이미지를 깨는데 성공한다. 그의 앨범 제작사인 BMG은 94년 말 순회공연을 할 것을 기대했고 1994년 9월 16-20 일까지 베르씨에서 북과 트롬벳과 함께 공연을 한다. 9월 15일, 로쿠아 칸자가 찬조 출연하여 그의 공연 첫 번째 부분을 빛내준다. 그리고 이 공연에서 쟈끄 브렐에 대한 존경의 표시로 <Jeff>를 부른다.

94년 말과 95년, 그는 순회공연을 하면서 이전보다 훨씬 차분해진 관객을 느끼게 된다. 95년 봄, 제 10회 파리 영화제의 심사위원장 자리에 앉게 되는데 심사위원들이 청소년들이었다는 사실로 그의 인기를 알 수 있었다. 95년 여름, <fête à Bruel>이라는 축제에 초대를 받고 그 곳에서 칼레드, 세네갈 출신의 우쑤 느두르와 함께 <Quand les hommes vivront d'amour>라는 노래를 부른다. 7월 12일과 8월 13일의 공연 남부 프랑스인 오랑쥬와 뚤롱에서 있을 예정이었던 두 개의 공연을 취소하는데 그것은 두 마을의 극우파인 시장들에 대한 그의 불만을 표현하기 위해서였다. 현실에 대한 참여에 민감한 브뤼엘은 프랑스의 정치적이고 사회적인 사건에 대해 그의 의견을 말하는데 조금의 주저함도 없었고, 심지어 1991년 11월 유명한 프랑스 방송의 프로인 <Sept sur Sept>에 초대되었을 정도이다.

가을에 그는 프랑씨스 베베의 영화인 <Le Jaguar>를 장 르노와 함께 촬영하기 위해 남아메리카로 간다. 그리고 12월 1일에 새로운 라이브 음반인 <On s'était dit>를 낸다. 또한 자니 할리데이를 위해 썼던 곡인 <Pour exister>라는 싱글 음반이 11월 달에 나온다. 1996년 1

월, 베네주엘라에서 돌아온 빠트릭은 음반 국제 시장인 미뎀에 초대 손님의 자격으로 방문한다. 2월 7일, 미국 감독인 시드니 폴락의 영화인 <Sabrina>에 출연하면서 세계적인 배우 헤리슨 포드와 함께 포스터에 나란히 선다. 이 시기에 그는 젊은 예술가들을 위해 일을 하는데 주로 코메디언 꼴뤼슈가 사회에서 홀대받는 사람들을 위해 창설한 프랑스 인권주의 협회인 Restos du coeur라는 협회를 돕기 위한 앨범이었다. 1997년 8월 27일, 알렉상드르 아르카디 감독의 정치 스릴러인 <K>에 출연하고 99년 가을 앨범을 준비하면서 빠트릭은 98년 봄, 그의 형인 다비드가 음악을 맡은 <La Grande magie>라는 연극에 출연한다.

99년 10월, <Juste avant>이라는 앨범이 나오고 그의 형제들인 다비드와 파브리스 모로가 함께 참여한다. 그리고 펠릭스 그레이 역시 알제리 출신인 가수인 빠트릭을 위해 아랍 음악으로 된 <le Cafe des délices< 샹송을 만들어준다. 행복하고 슬픈 사랑의 이야기들을 다룬 이 앨범은 비록 예술가적인 면에 대해 비판을 받았지만 상업적으로는 성공을 거둔다. 2000년 4월 1995년부터 참가했던 Restaurants du coeur의 지원금을 마련하기 위한 예술가들의 공연인 Enfoirés에 참여하는데 여기에서 빠트릭 피오리와 듀엣을 하고 또 <La Bombe humaine>라는 곡을 파스칼 오비스포와 함께 노래한다. 이후 빠트릭은 순회공연에 나서는데 대성공을 거둔다. 대중들과의 호흡으로 대 스타의 반열에 오르게 된 빠트릭은 잡지인 Chorus의 2000년 봄 호 표지를 장식한다. 같은 해 5월 4일, 프랑스 순회공연에 앞서 파리 제니스에서 8차례 공연을 가진다

5월 15일 40살이 된 그를 기념하기 위해 파스칼 오비스포를 비롯, 수많은 연애인들이 그를 찾는다. 특히 샤를르 아즈나부가 이 자리에 있음으로서 빠트릭은 최고의 감동을 받는다. 성공적인 순회공연을 마친 뒤 2001년 가을을 시작으로 또다시 영화에 출연하고 2000년 12월 <Juste avant>이란 그의 앨범은 백 만장의 판매기록을 세운다. 2002년 빠트릭은 <Entre–deux>라는 앨범을 위해 프랑스 샹송의 곡들에 집중하는데 기존의 곡들을 다시 부른 이 앨범에서 많은 유명 가수와 듀엣으로 불렀는데 특히 .프랑시스 갸브렐과 <La Complainte de la butte>를 비롯, 자니 할리데이와도 함께 노래를 불렀다. 이 앨범은 프랑스 모든 세대들을 열광케 하였고 몇 개월 만에 2백 만장이라는 놀라운 음반판매를 기록한다. 그리고 연극에서 출연하였으며 2004년 9월 21일 시나리오 작가인 아만다 스테스와 결혼하였다. 오스카의 아버지로서 빠트릭은 수나미의 참사 이후 몇 주 동안 충격에 휩싸였고 노래를 작사 작곡하였다. 여러 명의 가수들이 <Et puis la terre>라는 그의 곡 녹음에 참여하였고 그 수익을 적십자에 기증한다. 기성세대의 부조리에 대해 강한 반발을 보여줬던 그는 가수로서뿐 아니라 영화에서도 프랑스에 중요한 획을 긋는 인물로 자리 잡았다.

Patricia Kaas

빠트리씨아 까쓰는 영, 미 음악이 전 세계를 휩쓸고 있을 때 프랑스의 샹송의 명맥을 이어주는 몇 안 되는 가수 중에 하나다. 7명의 자녀가 있는 집안에서 태어난 그녀는 7살에 뛰어난 목소리와 음악에 놀라운 재능을 보였고 독일계의 그녀의 어머니는 그녀의 재능을 알아차렸다. 그녀의 아버지는 광부였는데 그다지 여유롭지 않은 가정환경 속에서 음악에 대한 열정을 보였고 또 그에 대한 남다른 용기를 보여 8살의 나이에 무대에 선다. 또한 그녀는 라디오방송을 통해 끌로드 프랑수와, 실비 바르탕 등 유명한 가수들의 노래를 불러 사람들을 놀라게 했다. 11살의 나이에 사레부룩에 있는 클럽에서 7년 동안 노래를 부르며 실력을 쌓았다.

1987년 그녀는 파리에서 오디션을 보게 되고 여기에서 프랑스 작곡가인 베르하임 과 계약을 맺는다. 그녀의 재능을 본 그는 즉시 작곡에 들어가고, 그녀의 첫 곡인 <Jalousie>를 발표한다. 영화배우인 제라르 데빠르듀는 그녀의 목소리를 듣고는 앨범제작을 맡을 생각을 하게 된다. 그녀가 스타의 반열에 오르게 되는데 많은 영향을 끼친 인물 중에 디디에를 꼽을 수 있는데, 그는 <Mademoiselle chante le blueses>를 작곡하여 그녀로 하여금 그 해 음악 시상식에서 신인상을 수상하게 하는 영광을 안긴다. 그리고 첫 앨범인 <Mademoiselle chante le blueses>는 두 달 동안 가요 순위 프로그램에서 2위를 지킬 정도의 인기를 끌게 된다. 이 앨범은 프랑스뿐 아니라 벨기에 스위스에서도 높은 앨범 판매기록을 올리는데 특히 캐나다에서는 2천 5백 만장의 판매를 올리면서 골든 디스크 상을 받게 된다. 이로서 그녀는 외국 가수들 중 최고의 음반 판매를 기록한다.

1990년 그녀의 두 번째 음반인 <Scène de vie>를 발표하는데, 여기서 그녀는 전통 프랑스 샹송에다가 블루스, 째즈, 팝을 접목하는 시도를 한다. 그 이듬해인 1991년 그녀는 13개국에서 210회의 공연이라는 순회공연을 하게 되는데 65만명의 관객을 열광케 한다. 그리고 이 앨범은 미국에서도 발매되었는데, 이로서 그녀는 미국에서 삐아프, 이브 몽땅의 뒤를 잇는 가장 유명한 프랑스 가수로의 입지를 굳힌다. 이곳에서 그녀는 외국인 가수상뿐 아니라, 여자 가수부문에서 대상을 수상하는 영광을

안는다.

1991년 파리의 제니스에서 가졌던 콘서트의 2 장짜리 라이브 앨범이 <Carnet de scène>라는 이름으로 제작된다. 그리고 미국에서 8번의 공연을 하였고 매 회마다 관객들은 꽉 들어찼다. 그리고 그녀의 세 번째 앨범인 <Je te dis Vous>를 제작한다. 이 앨범에는 장-자끄 골드만을 비롯한 많은 유명한 프랑스 작곡가들이 대거 참여하였다.

1993년, 47개국에서 판매된 이 앨범은 2백 5십 만장이라는 판매를 올리면서 외국에서 그녀의 인기를 다시 한 번 실감하게 해주었다. 그리고 특히 <Reste sur moi>라는 곡은 미국 댄스 차트에서 20위권 안에 드는 기염을 토하기도 했다. 무대 위에서 노래하는 것을 즐겼던 그녀는 미국을 포함해 러시아, 캄보디아, 핀란드, 한국, 일본 등 19개국의 순회를 <Tout de Charme>라는 이름으로 시작하게 된다. 그녀는 비극의 장소였던 체르노빌에서는 무료로 공연하여 3십만이라는 관객 앞에서 노래를 부르기도 했다.

1995년 그녀는 연속 4년째 외국 가수상을 수상하였고, 몬테카를로에서 열린 시상식에서 두 번째로 프랑스 최고 가수상을 수상한다. 그리고 <Dans ma chair>라는 네 번째 앨범을 제작하게 되는데 프랑크 시나트라, 레이 찰스, 바바라 스트라이젠드, 폴 싸이먼과 같은 세계적인 가수들의 앨범을 제작했던 필 레이몬드가 이 앨범 제작을 맡았다. 이 앨범에는 프랑스 작곡가인 장자크 골드만뿐 아니라 아이안 워렌과 같은 미국의 저명한 작곡가들도 대거 참여하였다. 이 앨범은 전 세계적으로 백 5십 만장이 팔렸고 이를 기념하기 위해 23개국 120일 간의 세계 순회공연을 한다. 그리고 올렝피아에서 공연했던 세 번째 실황 앨범을 <Rendez-vous>라는 이름으로 제작한다. 이 앨범에서 바바라의 대표곡인 <l'aigle noir>를 그녀가 부르기도 했다. 1999년 5월 그녀의 다섯 번째 앨범인 <Le mot de passe>를 제작한다. 이 앨범에는 파스칼 오비스코가 대부분의 곡을 작곡하고 기획하게 된다. 이 앨범의 주제를 향수에 맞췄고 지나간 시간들에 대한 추억을 담고 있다. 꺄쓰는 12년간의 가수 생활에서 천 이백 만장의 앨범 판매를 기록하게 된다.

1999년 6월 마이클 잭슨과 그의 친구들이라는 공연에 초대를 받았고 이 공연은 전 세계 39개국으로 중계되었다. 유네스코, 적십자 그리고 닐슨만델라 재단과 함께 코소보와 북한 어린이들을 위해 열린 이 공연에서 그녀는 전 세계 내노라하는 가수들과 함께 노래를 하였다. 1999년 9월 그녀는 파리에서 공연을 하였는데 이 공연은 중국으로 중계되면서 그녀의 노래하는 모습을 5억 5천 만 명의 중국인들이 지켜보았다. 이밖에도 그녀는 코소보를 비롯, 어려움을 겪는 곳에 가서 공연하기를 주저하지 않았다.

2000년 1월, 프랑스의 집 없는 사람들을 위한 자선단체의 기금을 마련하기 위한 <Restos du Coeur>에 참가하여 데이비드 할리데이와 듀엣을 부르기도 했다. 또 2000년 6월 음악의 날에 헥커 병원에서 병마에 시달리고 있는 어린이들을 위해 공연을 하였으며 또 올림피아에서 자니 할리데이와 듀엣을 하기도 하였다. 같은 해 7월 14일 프랑스 독립기념일에는 룩셈부르그 공원에서 6만 명의 시민들 앞에서 공연을 하기도 했다. 8월말 베를린 공연에는 3만 명의 관객이 열광을 했다. 2000년 8월 29일 그녀의 두 번째 공연실황앨범을 제작하였는데 필하모니 오케스트라와의 협연이 일품이었다. 2000년 10월 베를린에서 헤물트 슈미트 수상과 여러 장관들이 있는 가운데서 상을 받았는데 이 상은 프랑스-독일의 기자들과 정치인들이 주는 상으로서 그 값어치가 있었다. <Help I'm a fish>라는 만화영화에서 주제가를 부르기도 했다. 11월 2일 빨레 데 꽁그레에서 콘서트를 가졌는데 필하모니 오케스트라와 협연하였다.

2001년 1월 리용에서 8번째 <Restos du Coeur>에 참가한다. 그리고 4월 룩셈부르그에서 필하모니 오케스트라와 협연을 하는데, 무료인 이 공연에는 5만 명의 관객이 그녀와 함께 호흡했다. 5월 4일 그녀는 <And nows ladies et gentleman>이라는 첫 번째 영화에 출연하는데, 8월 런던에서 이 영화음악을 영어와 프랑스어로 녹음하게 된다. 10월 23일, 최초의 그녀의 베스트 앨범 (87-2001년까지 18곡 수록)을 제작하면서 프랑스뿐 아니라 전 세계적으로 가장 유명한 샹송 가수로서의 입지를 굳힌 그녀의 역사는 아직도 계속되고 있다.

Jean-Jacques GOLDMAN

혹 장-자끄 골드만이라는 가수의 노래를 들어본 적이 없다고 하더라도, 우린 이미 그의 작품들을 쉽게 접하고 있다고 할 수 있는데 쎌린 디옹, 빠트리씨아 꺄쓰 등 프랑스뿐 아니라 프랑스어를 사용하는 유명한 가수들의 곡을 만들어주는 실력 있는 가수겸 작곡가이기 때문이다.

그는 1951년 10월 11일 파리에서 태어났다. 그의 부모는 폴란드계 유태인의 이민자들로서 1930년대에 프랑스에 도착하였고 세계 2차 대전에 레지스탕스로 활약하면서 프랑스 국적을 얻게 된다. 그의 아버지 알떼르 골드만과 어머니 루뜨 암부렝은 1949년 6월 결혼을 하였고, 4명의 자녀 중 세 번째로 태어난 골드만은 파리 19구,

그리고 교외인 몽루즈에서 지극히 평범한 소년기를 보낸다. 그의 부모는 어려서 골드만에게 바이올린과 피아노를 가르쳤는데, 14살 때에는 몽루즈 교회의 합창단으로 활동하였다. 그는 또 기타와 오르간도 연주하였는데, 신부인 뒤푸르망뗄은 그에게 미니 앨범을 제작하자고 건의하였고 이것이 그의 첫 번째 데뷔라고 할 수 있다. 그는 아레따 프랭클린의 <Think>라는 소울 뮤직 비디오를 보고 충격을 받은 후1968년 클래식 음악공부를 그만두고 기타를 본격적으로 배워 여러 그룹들과 함께 바나 클럽에서 연주를 한다. 그러면서도 고등학교의 교육은 정상적으로 받아 1969년 대학입학시험에 합격한다. 그의 부모님들은 그에게 경제계통의 학업을 할 것을 바랬고 그의 부모님의 소망에 따라 70년과 73년 릴에 있는 고등 경제 학교(Ecole des Hautes Etudes Commerciales)에 입학한다. 이 기간 동안에 그는 지미 핸드릭스를 비롯 70년대의 최고의 기타 연주가들에 흠뻑 빠져 기타 연습에 전념한다. 방학 동안에, 그는 친구와 함께 캐나다와 미국을 여행했고 당시의 많은 젊은이들처럼, 여행을 하며 많은 것을 보고 느끼게 된다.

대학 졸업 후, 그는 파리로 돌아와 음악에 대한 열정을 불태우기 시작하는데, 74-75년 공군에서 군 생활을 한 후, 기타와 노래 그리고 작곡 사이에서 하나를 결정하지 못하고 음악생활을 하게 된다. 이때 그는 프로그래씨브 락 그룹 Zoo의 공연에서 레오 페레를 만나게 되고 바로 이 시기에 오케스트라로 락을 연주하면 어떨까하는 생각을 갖게 된다.

그는 베트남 출신의 두 명의 기타리스트를 만나게 되는데, 이들은 골드만의 매력적인 목소리를 듣고는 Tai Phong (태풍) 이라는 그룹을 결성하게 된다. 이들은 1년간의 연습기간을 가진 후, WEA 음반사와 계약을 한다. 1975년에 첫 번째 앨범인 <Sister Jane>을 발표하고, 이에 힘입어 77년 <Windows>라는 두 번째 앨범까지 제작한다. 그리고 1979년 세 번째 앨범인 <Last flight>를 발표한 4년 동안, 그는 락 심포니에 전념하였다. 그룹 활동 후, 장-자끄 골드만은 집에 조그마한 스튜디오를 차리고, 프랑스어로 작곡활동에 전념하는데, 72년에 만난 그의 아내인 까뜨린느는 그를 격려하고 지지해주었다. 1981년 그는 마크 륑부르조라는 이름으로 제작자로서 활동하였는데, 에픽이라는 가수를 발굴하여 그에게 <Il suffira d'un signe>라는 곡을 작곡해준다. 6분 정도의 이 미니 앨범은 50만장이라는 판매를 올렸고, 이후 에픽과 5장의 앨범을 제작하는 계약을 하게 된다. 그는 11곡이 들어 있는 <Démodé>라는 불리는 앨범을 제작하였는데 상업적으로는 그다지 성공을 거두지 못했다. 1982년, 골드만은 <Minoritaire>라고 부르는 두 번째 개인 앨범을 제작하였는데, 이 음반에 수록된 <Quand la musique est bonne>는 대성공을 거두었다. 비교적 고음의 목소리와 세련된 멜로디는 대중들로부터 많은 사랑을 받았던 그는 83년에는 같은 앨범에 수록된 곡 중에서 <Comme toi>라는 곡으로 스타의 반열에 올랐고 세 번째 곡인 <Au bout de mes rêves>는 그의 자리를 확고히 굳혀주었다. 1984년 5월까지 그는 순회공연을 갖는다. 그의 수줍은 성격 때문에 그는 쇼 비즈니스를 강조하는 연예계 생활에 쉽게 적응하지 못했는데 일이 끝나면 바로 집으로 돌아와 아내와 아이들과 함께 많은 시간을 보냈다.

84년에 세 번째 앨범인 <Positif>를 발표하였는데 불과 몇 개월 만에 50만장이 팔렸고 이 앨범에 수록되어 있던 <Envole-moi>, <Encore un matin>, <Long is the road> 곡 등이 대 히트를 하면서 이 앨범은 대성공을 거둔다. 85년 장-자끄 골드만은 <Non homologue>라는 새 앨범을 만든다. 앨범 자켓에 있는 주머니에 손을 넣고 웃고 있는 그의 자연스런 모습에서 사람들은 친근감을 느꼈다. 이 앨범에 있는 <Compte pas sur moi>라는 곡과 마이클 존스와 듀엣으로 부른<Je te donne>가 많은 인기를 끌었다. 정치적으로 어느 한편에 서길 꺼려했던 장-자끄 골드만은 그러나 사회적인 문제들에 관심을 보였는데 85년 이디오피아 난민을 돕는 꽁꼬르드 광장에서 열린 음악회에 참가하였고 인종차별주의에 대항하는 집단인 SOS Racisme, 그리고 집 없는 가난한 사람들을 위한 모임인 Restos du Coeur에 참여한다.

85년 9월 제니스에서 공연을 할 때 프랑스의 경제는 최고의 위기를 맞게 되었고, 관객도 적었다. 그러나 그는 관객들에게 "어려운 가운데서도 와주셔서 감사합니다" 라는 말을 미소를 띠우며 하였고 그의 이런 모습에 관객들은 매료되어, 심지어 젊은 여성들로 구성된 골드마니아까지 생겨났다. 86년 순회공연을 하면서 <Pas toi>라는 곡을 발표하였고, 6월 14일에는 SOS Racisme의 콘서트에 참여하였으며 7월에는 퀘벡과 몬트리올에서 공연을 가졌다. 또 자니 할리데이의 <Gang>이라는 제목의 음반을 제작하였고 그는 11월 22일, 그해의 음악상을 수상한다. 87년 6월 <Elle a fait un bébé toute seule>이라는 곡을 발표하였는데 골드만은 여기서 여성들의 해방에 대해 다루었다. 성공을 할 것이라는 그의 예상과는 달리, 대중들은 단순하면서도 효과적인 그의 이전 스타일을 선호하였다. 10월 <Entre gris clair et gris fonce>라는 두 장짜리 앨범을 제작하였는데, 불과 한 달 사이에 25만장이 팔리는 기염을 토했고 10년 동안 백 만장이라는 판매기록을 세웠다. 골드만은 88년 파리에서 공연을 가졌는데 다른 사람들과는 차별화한 공연을 원했던 그는 항상 예상치 못한 이벤트로 관객들을 놀라게 했다. 얼마간의 휴식을 취한 그는 89년 그의 친구인 코메디언 꼴뤼슈가 설립한 Restos du coeur의 자금을 마련하기 위한 자선공연에 참여하였고 <Tournée des Enfoires>라는 이름의 이 공연에는 그 이외에도 자니 할리데이, 에디 미첼, 베로니끄 샹송 그리고 미셸 사르드 등 최고의 가수들이 대거 참여하였다.

90년 <Nuit>라는 앨범을 프레데릭-골드만-존스 세 사람이 함께 발표하였는데 이 앨범에는 10곡이 수록되어 있었고 12월에 판매되었다. 고음이면서 맑은 목소리의 골드만, 그리고 꺄롤 프레데릭의 풍부한 성향의 목소리, 영국발음이 섞인 존스 이 세 사람의 어우러짐은 대중들의 사랑을 받기에 충분했고 91년 6월에 60만장이 팔렸다. 그리고 6월 4일에서 9일까지 파리 근처에 있는 뱅쎈느에 위치한 자끄 앙끄 자전거 경주장에서 콘서트를 시작으로 프랑스와 전 세계로 92년까지 투어를 한다. 또 이때 금속으로 표지가 된 <Sur scène> 앨범을 제작한다. 93년, 그는 마크 라부완느를 비롯한 여러 가수들을 위해 곡을 써주었는데 특히 빠트리씨아 꺄쓰의 <Il me dit que je suis belle>는 히트를 기록한다. 94년 초, 프레데릭-골드만-존스는 <Rouge>라는 새로운 앨범을 제작하는데, 앨범 제목처럼 소련 합창단이 이 앨범에 참여하였는데 이 앨범은 백 만장의 판매기록을 세웠다. 또 이 세 사람은 94년 5월 파리에 있는 재즈바인 뉴 모닝에서 공연을 갖기도 했다. 1994년 장-자끄 골드만은 다른 가수들을 위해 곡을 계속 썼는데 플로랑 빠니를 위해 <Est-ce que tu me suis?>, <Loin>과 <Si tu veux m'essayer> 세 곡을 만들어주었는데 그중에서도 <Si tu veux m'essayer>는 장-자끄 골드만이 1983년 만들었던 <J'essaierai d'oublier>의 새로운 버전이었다. 2월 5일, 어려운 사람들을 돕는 자선 공연인 Les Enfoirés에 장-루이 오베르, 샤를르 아즈나부르, 임마누엘 베아, 제인 버킹, 빠트릭 바뤼엘, 프랑시스 꺄브렐, 쎌린 디옹, 샤를로뜨 겐스부르그, 프랑스 갈, 꺄뜨린느 라라, 이디 미첼, 플로랑 빠니, 바네사 빠라디, 르노, 알렝 슈숑, 로렁 부지 등과 함께 참여하였는데 여기서 쎌린 디옹과 듀엣으로 <Là-bas>를 불렀다. 이를 계기로 골드만은 쎌린을 위해 곡을 쓰고 싶은 생각이 들었고 쎌린 디옹에 대한 자료들을 모으기 시작했다.

1995년 장-자끄 골드만은 자니 홀리데이와 두 번째 앨범을 제작하는데 세 곡의 노래를 만들어준다. 쎌린 디옹을 위해 만든 앨범 <D'eux>가 출반되면서 2년 동안 이 앨범은 7백만 장 가까이 팔렸으며 프랑스에서는 4백만장이 넘게 팔렸고 이는 프랑스에서 최고의 음반 판매 기록이자 프랑스어로 된 단일 앨범으로는 전 세계에서 가장 많이 팔린 앨범이었다. 프랑스에서 이 앨범은 44주 동안 1위를 기록했으며 출반 이후 2년이 넘게 여전히 많이 팔린 50개의 앨범에 속했다. 심지어 프랑스 앨범이라는 이름으로 미국에서조차 여러 번 골든 디스크상을 수상한다. 6월 출반된 제니스에서 라이브 공연 실황의 두장짜리 앨범은 60만장이 넘게 팔리면서 순식간에 플라틴 디스크가 된다. 그리고 이 앨범은 New Morning이라는 제목의 공연으로 이어지는데 여기서 3일 동안의 걷어들인 수익을 국제 기억상실증 단체에 기부한다. 3월 8일 코메디 오페라에서 한 des Enfoirés에 리안 폴리, 빠트리씨아 꺄스, 막심 포레스티에, 미쉘 푸겡 등 많은 연예인들과 함께 참여한다. <Envoyé Spécial>이라는 방송은 알제리와 이스라엘에서의 <D'eux> 앨범의 성공에 대해 집중적으로 다루었는데 여기서 장-자끄 골드만은 노아와 카레드와 함께 셋이서 <Imagine>을 부른다. 방송 후 카레는 그에게 노래를 만들어줄 것을 부탁한다. 95년 12월, 꺄롤 프레데릭은 <Springfield>라는 솔로 앨범을 냈는데 골드만은 <Change>와 <Jesus in me>라는 두 곡을 작곡해준다. 1996년에는 81-89년까지 그의 히트곡들을 한 장에 담은 앨범인 <Singulier>를 제작한다. 그 후 많은 공연을 가졌는데, 작곡가로서도 활동을 계속하여 쎌린 디옹의 앨범 <S'il suffisait d'aimer>의 대부분의 곡을 작곡한다.

1997년은 장-자끄 골드만에게 있어서는 매우 뜻있는 한 해였다. 1월 26일, 제니스에서 열린 Les Enfoirés 공연에서 3200명의 관객들이 스스로 120프랑의 입장료를 내면서 어려운 사람들을 돕기 위한 기금을 관객들 스스로 조성하였다. 그리고 이 공연은 TF1에서 2월 8일 방영되기도 했다. 또한 쎌린 디옹은 그레미 어워드 시상식에서 <Falling Into You>로 올 해의 앨범상과 올해의 팝송 상을 수상하였다. 빠트리시아 꺄스의 새로운 곡인 <Quand j'ai peur de tout>가 출반되면서 장-자끄 골드만은 디안 워렌이 작사한 이 노래를 프랑스어 편곡을 맡았고 이는 3월 18일 <Quand j'ai peur de tout>, <Je me souviens de rien>이라는 두 곡을 편곡해주면서 장차 미국 시장을 겨냥한 발판을 마련하게 된다. 그는 또한 세 번째 곡인 <Je voudrais la connaître>의 음악과 가사를 맡는다. 골드만은 8월 26일 Sainte Natacha 날에 <En passant>이라는 곡을 내놓는데 이 곡은 전자음이 아닌 어쿠스틱한 분위기의 노래였다. 8월 21과 26일 사이에 그의 모든 앨범곡 들이 라디오 방송인 <jeunes> (RTL2, Europe 2)를 비롯 많은 라디오 방송에서 집중적으로 들려줬다. <En passant>은 10년 이후 그의 첫 번째 솔로 앨범으로서 상실감에 빠져 있던 젊은 시절에 대한 향수를 불러일으키는 완성도 높은 앨범이었다. 장-자끄 골드만은 <Les murailles>라는 곡에서 아내와의 헤어짐에 대해 거침없이 노래했으며 이 앨범에서 단지 <Bonne idée>와 <On ira> 두 곡만이 긍정적인 느낌을 주는 곡이었다. 이 앨범은 일주일에 4십 만장이 판매되었다. 그는 친구인 질다 아르젤과 함께 새로운 앨범을 공동제작하고 9일에 걸쳐 프랑스 투어 공연을 한다.

1998년 1월 26일 제니스에서 <Enfoirés en Coeur>의 녹음을 했으며 4월 17일부터 6월 16일까지, 8월 3일부터 12월 18일까지 총 130일에 걸쳐 프랑스, 벨기에 스위스에서 투어 공연을 갖는다. 2월 21일 빅투와르 들라 뮤직에 명예 초대 손님들 중 한 명으로서 자니 할리데이와 듀엣으로 <Je te promets>를, 그리고 자니 하리데이와 빠스칼 오비스포와 함께 셋이서 <Quelque chose de Tennessee>를 부른다. 프랑스에서 노예제도의 폐지 150주년을 기념하여 말라부와 그룹 등 많은 가수들을 초청하였는데 여기에서 골드만은 이디뜨 르펠과 듀엣으로 <Chanson d'amour>를 부른다. 6월에 Hit Diffusion 출판사에서 <En passant>의 악보 책을 출간하는데 골드만의 어릴 적 친구였던 뽈 페레뜨는 이 책에 장-자끄 골드만의 노래에 대해 설명을 해줄 것을 부탁한다. 앨범의 완벽한 악보 책인 이 책은 프랑스에서 가장 많이 팔린 악보책으로 기록된다. 8월 18일에 장-자끄 골드만이 작사하고 자끄 브네루소가 곡을 붙인 싱글 곡 <Personne ne saurait>가 나오는데 여름 말엽에 성공을 거둔다. 그리고 9월 3일 쎌린 디옹의 <S'il suffisait d'aimer> 앨범이 출반되는데 여기에 장-자끄 골드만이 12곡 중 10곡을 작사한다. 이 앨범은 <Dans un autre monde>와 같은 훌륭한 록 곡뿐 아니라 <On ne change pas>, <En attendant ses pas>, <S'il suffisait d'aimer>와 같은 아름다운 발라드가 포함되어 있다.

11월 24일 에이즈 환자를 돕기 위한 "Ensemble contre le SIDA"가 나오는데 이는 1994년<Entre sourires et larmes>라는 제목으로 2백만 프랑의 기금을 모금했던 그 것과 유사한 목적을 지녔다. 이 앨범의 타이틀 곡은 <Sa raison d'être>로서 장-자끄 골드만을 포함 42명의 가수들이 참여하였다. 1999년 2월 3일 제라르 데빠르듀 주연의 아스테릭스 영화가 개봉되었는데 이 영화의 삽입곡을 작곡한다. 특히 <Elle ne me voit pas>과 <Obélix>라는 곡이 주목을 끌었다. 3월 파리-마치의 여론조사에서 장-자끄 골드만은 최근 50년 동안 프랑스의 가수로서 자끄 브렐과 조르쥬 브라셍의 뒤를 이어 세 번째 가수로 선정된다.

3월 18일, M6 에서 Fréquenstar 방송 중 "<프랑씨스 꺄브렐> 편에 출연한 골드만은 그의 친구인 아스타포르와 함께 <Comme toi>와 <Petite Marie>를 부른다. 5월 18일 빠트리씨아 꺄스의 출반된 새로운 앨범인 <Le mot de passe>에서 파스칼 오비스포가 12곡 중 10곡을 작곡하였는데 여기에서 골드만은 <Les chansons commencent>, <Une fille de l'est>를 만든다. 6월 15일 두 장짜리 앨범과 1998년 en passant 공연 비디오 카세트가 동시에 출반되었는데 이 앨범에는 24곡이 실려 있다. 그리고 두 번째 CD는 수 년 동안 장-자끄 골드만의 순외 공연때 그의 안전요원의 책임자이자 투워 도중에 사망한 데데 말레를 기리는 내용이 포함되었다.

6월 19-20일, 장-자끄 골드만은 자신과 <J'irai où tu iras>를 듀엣으로 불러준 퀘벡출신의 쎌린 디옹에게 감사하기 위해 Stade de France에서 만난다. 장-자끄 골드만은 Solidays의 위원들과 접촉을 하게 되는데 미셀 조네스는 그에게 제랄드 드 빨마스를 초대하는 것이 어떠냐고 제안한다. 당시 드 빨마스는 두 번째 앨범의 상업적 실패로 매우 곤란한 지경에 있었다. 더 이상 노래의 영감이 떠오르지 않은 그는 장-자끄에게 도와달라고 부탁하고 골드만은 그의 노래 몇 곡을 들어주기로 한다. Solidays 며칠 후, 장-자끄는 드 빨마스에게 <J'en rêve encore>의 가사를 준다. 몇 개월 후, 그의 세 번째 앨범이 출반되고 7월 10일 미셀, 드 빨마스와 장-자끄는 Solidays의 앨범에 있는 <Proud Mary>를 함께 녹음한다.

8월 6일 장-자끄 골드만은 <Elle attend>의 클립을 하기로 약속하였고 파스칼 오비스포와 빠트릭 브뤼엘이 듀엣과 <Pour que tu m'aimes encore>를 트리오로 부른다. 8월 24일 마크 라부완느의 <Septième ciel>라는 새로운 앨범에서 장-자끄 골드만이 음악을 맡는다. 그리고 8월 쎌린 디옹의 <Au cœur du Stade>가 CD, 카세트 비디오, DVD로 출시되는데 여기에 장-자끄 골드만이 만든 8곡이 포함된다. 여름 내내 지속된 여론 조사에서 장-자끄 골드만은 TV5의 10만 시청자들을 대상으로 쎌린 디옹을 앞질러 그 해 여름의 가수로 선정된다. 10월, 장-자끄 골드만은 새로운 앨범인 <Sol en Si>에 참여하는데 여기에서 프랑시스 꺄브렐과 듀엣으로 <La fille du nord>를 부른다.

11월 20일 TF1 방송에서 쎌린 디옹과 노트르 담 드 빠리에 대한 특별 방송이 있었는데 노르트 담 드 빠리 출연자들이 쎌린 디옹을 위해 장-자끄 골드만의 노래들인 <Pour que tu m'aimes encore>, <J'irai où tu iras>와 <Dans un autre monde>를 부른다.

12월 4일 장-자끄 골드만은 TF1에서 자신을 위한 특별 방송에 파스칼 오비스포를 초빙하여 자니 할리데이를 위해 오비스포가 작곡한 <Allumer le feu>를 함께 부른다. 12월 IFOP / RTL / M6 세 개의 여론조사 기관으로부터 장-자끄 골드만은 자끄 브렐의 뒤를 이어 (자니 헐리데이 보다 앞선)세기를 통틀어 가장 두드러진 프랑스 가수로 인정받았다. 12월 31일 자정, 리옹 합창단이 12번의 타종에 맞추어 장-자끄 골드만이 글을 쓰고 리샤르 꼬치안테가 작곡한 <2000>이란 곡을 부르며 한 해를 마감한다. 2000년 초, 장-자끄 골드만은 프랑스 방송 전파에서 가장 많이 노래가 방송된 가수로 인정을 받는데 이전 해의 33800회에 비해 1999년에는 28500여회 방송을 탄다. 1월 6일, 장-자끄 골드만, 빠트릭 브뤼엘, 파스칼 오비스포, 미셸 조나스와 알랭 슈숑이 오드와 툴르즈 지방의 홍수로 인한 피해의 도움을 주고자 콘서트를 갖는다. 이 공연 소식은 당일날 전해졌음에도 불구하고 몇 분 만에 관객이 꽉 들어찼다.

2월 코메디언 꼴뤼쉬의 부랑자들을 돕기 위한 자선 공연인 Les Restos du Cœur의 15주년을 기념하여 <Les relais du cœur>라는 책이 출판되는데 장-자끄 골드만은 이 책의 서문을 쓴다. 2월 28일 2000년에 Les Enfoirés 공연을 하는데 처음으로 CD는 방송 직후에 구입할 수 있었다. 4일 동안에 4십 만장의 앨범이 판매되었다. 6월 2일 IPSOS 여론 조사에 따라, 프랑스인들이 함께 저녁을 먹고 싶은 인물들 중 선호도 높은 인물로 선정된다. 7월 29일-8월 5일, 3번째 노래하는 주간을 맞이하는데 주요 목적은 전 세계의 700-800명의 합창단이 일주일동안 가장 위대한 작곡가의 작품들을 노래하는 것이었다. 그리고 그 작곡가 앞에서 그의 명예를 기리는 훌륭한 콘서트를 일주일 마지막 날에 여는 것이었는데, 이 해에는 1000명의 합창단이 몇 개월 전부터 작곡가를 선정하였고 장-자끄 골드만이 선정되어 그 앞에서 노래를 하였다. 만명이 넘는 청중들이 이 예외적인 공연에 참석하였고 마지막에 장-자끄 골드만은 합창단들과 함께 <Peur de rien blues>, <Rouge>, <Puisque tu pars> 세 곡을 부른다. 7월부터 8월에 걸쳐 장-자끄 골드만은 그의 새로운 앨범 준비를 시작한다. 일주일간의 합창단들의 존재는 그에게 영감을 주었고 <Ensemble>이라고 제목을 정했다.

9월 12일 야닉 노아의 앨범이 출시되는데 여기에 장-자끄 골드만이 한 곡 <Ni divin ni chien>을 담당한다. 10월 17일 드 빨마스의 세번째 앨범 <Marcher dans le sable>이 출시되는데 장-자끄 골드만이 참여한 <J'en rêve encore>가 타이틀곡이었고 드 빨마스는 1995년 <Sur la route>이후 유례없는 성공을 거둔다. 11월 20일 에이즈 환자들을 돕기 위한 의도로 전통적인 크리스마스 노래들로 이루어진 <Noël ensemble>이 출반되는데 타이틀곡인 <Noël ensemble>에는 장-자끄 골드만을 비롯 107명의 가수들이 참여하였다. 2002년, 2월 22일 해마다 열리는 자선 공연인 des Enfoirés가 <Tous dans le même bateau>라는 제목으로 열렸는데 TF1 방송국에서 방영한 이 공연은 53%의 시청율과 11,3백만 시청자가 보았다. 5월 19일 지단과 영양장애 환자를 위한 유럽 단체인 ELA를 위한 특별 무대에서 장-자끄 골드만, 쎌린 디옹 그리고 갸루가 트리오로 <Ton fils>를 부른다.

가정생활을 중요시했던 그는 파리 교외의 몽루즈에서 살았는데, 그의 국제적인 명성에도 불구하고 그는 내성적이고 가정적인 생활을 하였다. 그가 작곡한 곡들은 거의 프랑스의 대표적인 곡들이 되었고, 상업적으로 성공하였지만, 그는 그저 가수로서의 꿈 이외에 다른 야망을 갖지 않는 순수한 사람이다.

Adamo SALVATORE

아다모는 요즘 세대들보다는 지금 학생들의 어머니나 아버지들 세대에 아주 잘 알려진 유명한 프랑스 샹송 가수이다. 아다모는 60년대부터 음악을 시작하여, 지금까지 전 세계에 9천만장의 앨범을 판매한 명실 공히 프랑스 샹송을 대표하는 가수임에는 틀림없다. 특히 일본에서는 그야말로 선풍적인 인기를 끌던 가수이다.

아다모는 1943년 11월 시실리아섬에 있는 조그만 마을인 꼬미조라는 곳에서 태어났다. 그의 아버지인 안토니오는 우물을 파는 인부였고 어머니 콘체타는 평범한 가정주부였다. 1947년 그의 아버지가 벨기에에 광부로 취직이 되면서 그의 가족은 이민을 가게 된다. 1950년, 아다모는 뇌막염을 심각하게 앓아, 거의 일 년 동안 침대에서 꼼짝 못하고 누워있게 된다. 학업의 경우 그는 엄격한 카톨릭 학교에 다녔으며 그의 부모는 아다모가 광부로서의 인생이 되지 않길 원했고 그래서 그의 공부를 위해 최선을 다하였다. 학창시절의 아다모는 혼자 있기를 좋아하며 공부를 열심히 하던 학생이었다. 이때까지 외아들이었던 아다모의 가정에는 1950년 1960년, 동생들이 태어나 7명으로 늘어난다.

1950년, 청소년기의 아다모는 그의 특별한 목소리의 재능을 드러냈고 특히 노래에 관심이 많았다. 아다모는 여러 곳의 지역 노래 대회에 참가하였는데 그런 그에게 드디어 기회가 왔다. 그것은 룩셈부르크 라디오 방송에서 주최하는 아다모의 집 가까이에 있던 몽 연극 공연장에서 대회가 열리게 된 것이었다. 1959년 12월, 그는 자신이 작곡한 노래인 <Si l'osais>이라는 곡으로 참가하게 된다. 그러나 예선전에서 탈락하고 마는 불운을 겪게 되는데, 이때 심사위원 중에 하나가 이 젊은 가수인 아다모를 주목하여 다시 예선을 통과하게 만들었고, 결국 아다모는 이 대회에서 대상을 수상하게 된다. 이후 곧바로 아다모는 미니 앨범을 제작하였는데, 흥행에서 성공을 하지는 못했다. 젊은 가수인 아다모는 실망을 하게 되었고 다시 학업을 계속할 생각을 하게 되는데, 이때 그의 아버지의 고집은 그의 아들의 운명을 완전히 바뀌게 된다. 가족들과 함께 파리로 이사를 온 아다모는 그후 4장의 앨범을 발표하는데 이 역시 성공에는 실패한다. 그러다가 마침내 63년에 <Sans toi ma mie>라는 곡으로 세상에 알려지게 되는데 이 낭만적인 제목은 당시 미국의 로큰 롤과 프랑스의 다양한 음악 장르의 짬뽕이라 할 수 있는 당시 분위기와는 대조적인 분위기를 자아내는 곡이었다. 이때부터 그의 인생은 완전히 바뀌게 되는데 그가 20살이 되던 때 부뤽셀에 있는 벨기에 방송국의 무대에 서게 된다. 그리고 그는 당시 전 세계의 젊은 여성들을 사로잡았던 오빠의 대표인 클리프 리챠드의 공연에 오프닝을 맡게 된다.

일 년 뒤 아다모는 1965년 1월 12일 프랑스의 유명한 뮤직 홀인 올림피아에서 단독 공연을 갖게 된다. 그리고 9월부터 한 달 동안 아다모의 콘서트가 이 뮤직홀에서 공연된다. 작사가이며 작곡가의 능력을 갖춘 아다모는 대부분의 노래를 자신이 직접 작사, 작곡하였고 이는 당시 젊은 가수들이 갖지 못하던 능력이었다. 이때부터 아다모는 미니 앨범을 제작하였고 그의 앨범은 팔려나가기 시작했다. 더욱이 그의 애 띤 소년의 외모와 매혹적인 목소리의 노래는 그가 인기를 끌기에 충분했다. 그리고 63년 드디어 우리나라에서도 겨울이면 한 두 번 씩은 나오고, 우리나라 가수들이 번안해서 불렀던 <눈이 내리네 : tombe la neige>라는 곡을 발표하게 된다. 이 곡 이외에도 많은 곡들을 히트시키면서 아다모는 외국으로 순회 공연을 떠나게 되는데, 전에 없던 인기를 끌게 된다. 특히 아다모의 일본 공연은 아다모를 전 세계의 스타로 만들기에 부족함이 없었다. 오늘날에도 떠오르는 태양의 나라라는 일본에서 매년 아다모의 많은 팬들이 그를 위해 콘서트를 준비해 놓는 것을 보면 일본에서의 그의 인기가 어느 정도인지 실감하게 된다. <Tombe la neige>는 일본에서 가요 순위 프로그램에서 72주 동안 머물러 있었을 정도였다. 프랑스의 대표적 가수인 끌로드 프랑수와의 <Ma way (Comme d'habitude)>와 질베르 베꼬의 <그리고 지금 : Et maintenant>과 함께 <Tombe la niege>는 2000년대의 30년의 공간을 뛰어넘어 전 세계 사람들에게 사랑받고 있는 곡이다.

아다모는 자신의 노래를 영어, 스페인어, 이탈리아어, 독일어 등 수많은 언어들로 번역하여 불렀는데 그가 최고의 전성기를 누리던 이 때 그의 아버지는 1966년 8월 7일 익사사고로 세상을 떠나게 된다. 1967년 이스라엘과 이집트의 6일간의 전투가 벌어졌을 때, 그는 이 전쟁에 대해 언급한 <Inch'Allah>라는 곡을 만들게 된다. 그 후 그는 소련, 보스니아, 레바논에 대한 급박한 현실에 대해 노래를 하였다. 60년 말, 아다모는 니꼴과 결혼을 하고, 안토니라는 아들을 낳는다. 지칠 줄 모르는 열정을 가진 아다모는 시대의 흐름에 굴하지 않고, 전세계를 돌아다니며 순회공연을 갖는데 미국의 카아네기 홀에서 여러 번 공연을 가질 정도의 특혜를 받는다. 1980년 초, 벤자민과 아멜 리가 태어나고 아다모는 계속 공연을 한다. 1983년 5월 2일에서 13일까지의 올림피아에서 두 번째 공연을 할 때 유럽보다 더 많은 외국인 관객들이 올림피아를 가득 메웠다. 칠레에서 공연 때는 3만 명 앞에서 공연을 하고 일본에서의 공연은 그의 인기가 사라지지 않았음을 여실히 증명해 주었다. 그의 앨범들은 수백 만장이 팔렸다. 그러나 1984년 5월, 그는 심각한 심장마비를 일으키게 되었고 7월에 수술을 받고 수개월 동안 모든 활동을 중지해야만 했다.

건강상의 문제와 외국에서의 오랜 순회공연에서 오는 후유증을 겪은 후 아다모는 80년 말 뮤지컬로 다시 무대에 등장한다. 이 시기는 60년대와 70년대에 대한 향수에 프랑스 사람들이 빠져있을 때였고 따라서 이때의 노래들이 셀 수도 없을 만큼 CD로 제작되었는데 아다모는 이런 분위기에 단단히 한 몫을 했고 그 역시 1989년에 자신의 유명한 히트곡들만을 모은 앨범을 제작하여 황금음반의 반열에 올랐다. 이 여세를 몰아 아다모는 90년 4월 파리 카지노 무대에 서게 된다. 92년, <Reveur de fond>라는 앨범을 제작하였고 그는 끊임없이 작사와 작곡활동을 하였다. 93년, 파리 카지노에서 다시 공연을 하였고, 벨기에에 있는 그가 처음 무대에 섰던 곳인 몽에서 공연을 갖는다. 94년 11월 <이것은 나의 인생 : C'est ma vie>라는 앨범은 상업적으로도 성공을 하게 되었고, 아직 아다모가 건재하다는 것을 보여준 예였다. 93년에 세계 불우한 어린이들을 돕는 단체인 UNICEF의 명예대사로 임명되고 2년 뒤, 모란과 함께 듀엣 곡을 만들어 그 수익금을 세계의 불우한 어린이들을 위해 쓰는 일을 하게 된다. 50대가 된 아다모는 가수 이외에 다른 일에 자신의 열정을 쏟아 붇는데 95년, <영혼의 말들 : Les Mots de l'âme>라는 시집을 발간한다. 1995년 10월, 부뤽셀과 밀라노에서 자신의 인생과 음악생활에 있어서 어려웠을 순간을 상기하게 하는 <La Vie comme elle passe>라는 새로운 앨범을 제작한다. 12월 12에서 17일에 올림피아에서 그의 음악생활 30년을 기념하는 공연을 하였고 일본에서 7일간의 공연, 그리고 5월에는 뉴욕의 카아네기 홀에서 공연을 한다.

98년 새로운 앨범인 <Regards>을 만들고 아다모는 이 앨범을 통해 그가 얼마나 부드러움과 연민을 조화롭게 혼합할 줄 아는지를 사람들에게 보여주었다. 99년 가을, 그는 9천만장의 앨범 판매를 기념하는 때에 10년 전부터 프랑스 국내순회공연을 10월 2일에 시작한다. 그리고 이 순회공연은 올림피아에서 막을 내린다. 2001년 봄, 아다모는 새 앨범인 <Par les temps qui courent>를 내면서 프랑스, 퀘벡, 벨기에, 독일 등 순회공연을 하였다.

우수에 젖은 눈과 독특한 목소리의 떨림으로 한 때 전 세계 여성 팬들의 마음을 사로잡았고 지금도 겨울이 되면 전 세계에서 울려 퍼지는 그의 <Tombe la neige>라는 노래는 사람들의 마음속에 여전히 깊게 자리 잡고 있다.

Véronique SANSON

경이적인 목소리를 지닌 가수인 베로니끄 샹송은 자신의 노래 전부를 작사, 작곡하는 뛰어난 음악가이다. 그녀는 프랑스 샹송을 대표하는 가수들 중 한 명이다.

베로니끄 샹송은 1949년 4월 24일에 파리 근교에 있는 블론뉴-비앙꾸르에서 태어났다. 부모인 르네와 끌레뜨는 샹송과 그녀보다 두 살 많은 언니인 비올렌느에게 어려서부터 피아노 교습을 시켰다. 고전음악에 대한 베로니끄의 재능은 어려서부터 뛰어났는데 지금도 그녀는 자신의 피아노 실력을 유지하기 위해 모차르트, 바하 등의 곡을 연주한다. 13세에 베로니끄는 기타와 함께 샹송 작사를 시작하였는데 공부보다는 음악에 훨씬 더 많은 관심을 갖게 된다. 영국에서 생활하는 동안 그녀는 비틀즈를 발견하게 되고 이로 인해 작곡에 대한 열정을 더욱 높이는 계기가 된다. 65년 뇌막염으로 인해 많은 기억을 상실하는 불행을 겪고 난 베로니끄는 샹송뿐 아니라 두대의 풀룻과 클라리넷, 그리고 오케스트라를 위한 곡을 작곡한다. 스페인으로 휴가를 떠났을 때 베로니끄와 그의 언니는 프랑수와 베르넹을 만나게 되는데 그는 오늘날 빠트리씨아 꺄스의 대부분의 곡을 작곡하는 작곡가가 된다. 이 3명의 젊은이들은 로슈 마르뗑이라는 그룹을 결성하여 미니 음반 두 장을 제작하였지만 거의 판매가 되지 못한다. 베로니끄와 비올렌느는 대학으로 돌아갔고 베로니끄는 어린 시절 친구였던 미셸 베르제를 만나게 된다. 1969년에 베로니끄 혼자 <봄은 하늘의 불>이라는 제목의 미니 음반을 녹음하게 되고 이 제목으로 라디오 방송에서 많이 들을 수 있는 기회를 가졌지만 상업적인 성공을 가져오지는 못했다. 이 실패에도 불구하고 베로니끄는 샹송이 자신의 직업이라는 것을 깨달았고 미셸 베르제와 함께 계속 작업을 하였는데 그로부터 코메디언인 루이 드 퓌네스의 딸인 이자벨을 위한 곡을 작곡해줄 것을 부탁받는다.

베로니끄는 <이웃들>이라는 제목의 곡을 작곡하는데 이 곡은 1992년 그녀의 앨범인 <후회 없이>에 다시 수록되었다. 미셸 베르제와 베로니끄는 함께 많은 작업을 하였는데 70년대 베로니끄는 피아노 앞에서 많은 시간을 보내며 작곡을 하였다. 1972년 미셸 베르제가 베로니끄의 첫 번째 앨범을 제작하게 되는데 WEA 음반사에서 출반된 이 음반 <연인들>들 중 <바이하> 또는 <사람의 욕구> 등과 같은 곡들은 25년이 지난 지금까지도 사랑을 받고 있다. 그 이듬 해 베르제가 제작한 또 다름 음반 <내 꿈의 또 다른 저편에>라는 음반은 매우 좋은 평을 받았다. 그러나 이때까지도 베로니끄는 무대 위에 서는 것을 두려워하였는데 그 이유는 그녀가 첫 번째 계약을 맺은 것이 에펠탑에 있는 식당에서 매일 저녁 4곡의 샹송을 마술사와 가수 기 마르델 프로그램 사이에 별 관심이 없는 관광객들 앞에서 부르는 것이었고 그 때의 나쁜 기억을 간직하고 있었기 때문이었다.

그녀가 무대에서 노래하는 것에 적응을 하기 시작한 것은 쥴리엔 끌렉, 끌로드 프랑수와, 그리고 미셸 뽈라레프의 순회 공연때 첫 번째 부분에 나와 노래를 부르면서부터였다. 이 시기에 그녀는 미국 음악가인 스테판 스틸스를 만나는데 1973년 3월 두 사람은 영국에서 결혼을 하고 미국으로 건너가 10년 동안 이곳에서 산다. 그리고 1974년 4월 19일 아들인 크리스토퍼가 태어난다. 베로니끄는 미국에서 매우 행복한 생활을 하였는데 남편 곁에서 오케스트라에 대해 배웠고 훌륭한 음악가들과 함께 작업하는 새로운 방법을 터득하게 된다. 프랑스로 돌아와서도 그녀는 대부분의 시간을 미국 음악가들과 함께 연주하였다. 그녀의 세 번째 앨범인 <저주>는 1974년에 출시되었는데 당시만 해도 프랑스 가수가 프랑스 땅을 벗어나 외국에서 음반을 녹음하는 것이 매우 이례적인 경우였다. 그러나 이 시기에 완전히 미국적 음악 세계에 빠져 있던 베로니끄에게는 어찌 보면 당연한 일이라고 할 수 있다. 퀘벡에서 공연을 가진 후 그녀는 1974년 말 올렝피아에서 두 번의 공연을 가지면서 스타덤에 오르게 된다. 2년 뒤 베로니끄는 이번에는 영국 음악가들과 런던에서 녹음작업을 하였고 1976년 그녀의 네 번째 앨범인 <뱅쿠버>라는 음반을 만들었다. 이때부터 진정한 스타로 자리매김한 베로니끄는 이 주 동안 올렝피아에서 두 번째 공연을 하였다. 미국의 영향을 많이 받았던 그녀의 음악은 당시의 프랑스 샹송과는 다른 분위기로 차별화된다. 높은 수준의 음악가들로 구성된 오케스트라의 연주와 베로니끄의 곡은 가사와 멜로디 모두 최고의 수준이었으며 이 음반은 골든 디스크를 수상하게 된다. 무대에서 공연하는 것이 점점 익숙하게 된 베로니끄는 무대에서 첫 번째 실황 음반을 제작한다. 1976년 베로니끄는 빠떼 마르코니 음반사의 음악 담당이었던 베르나르 쌩-뽈을 만나게 되는데 그는 그녀의 매니저가 된다. 베로니끄는 1977년 출반된 <헐리우드>라는 음반에서 그를 기리는 <베르나르의 노래>라는 곡을 헌정한다. 같은 해에 베로니끄는 프랑스에서 미셸 조나스와 함께 순회공연 중 첫 번째 부분을 맡게 된다. 미국에서 많은 시간을 보내며 활동하였던 그녀였지만 프랑스를 비롯한 유럽에서도 뛰어난 가수로 인정받았다. 그녀는 모국어인 프랑스어로 작사를 하였고 무엇보다도 프랑스에서 그녀의 가수 경력을 시작하였다.

1978년 한 달간의 순회 공연 후 그녀는 여성으로서는 처음으로 빨레 데 스포츠에서 3일 동안 공연을 하였다. 1979년 <일곱 번째>라는 음반을 출반하고 올림피아에서 2주 동안 공연을 하였다. 그녀는 2년 간격으로 음반을 제작하였는데 1981년 <그녀를 살게 내버려 둬>라는 앨범을 만들고 빨레 데 스포츠에서 3주간 공연을 하였다. 70년 말 그녀의 가족상황은 그다지 좋지 못했는데 그녀의 남편과 이혼을 하고 아들을 프랑스로 데려 오기 위해 미국 법정에 서기까지 했다. 1983년에서야 그녀는 이 소송에서 승리하여 아들의 여권을 가져올 수 있었다. 미국에서의 풍부한 음악적 경험을 바탕으로 베로니끄는 프랑스에서 많은 공연을 하였다. 80년대 초반기인 83-85년에는 가수로서 약간의 어려움을 겪었는데 1983년 6월 28일 빨레 데 스포츠에서 에디 미첼과 미셸 조나스와 함께 공연을 하였다. 이 시기에 그녀는 사랑을 주제로 한 <오로지 여성>이라는 한 장의 앨범만을 만들었다. 동반자인 코메디언 에티엔느 치꼬와 함께 센느강 부근에 정착한 베로니끄는 1985년 앨범을 제작하였는데 호평을 받으면서 대중들로부터 많은 사랑을 받게 된다. 11월 5일부터 12월 1일까지 올림피아에서 한 공연은 커다란 성공을 거두었고 1986년 11월 11일부터 12월 11일까지 알렝 슈송과 함께 <각자 자신의 차례>라는 제목의 순회공연은 한다.

1988년 새로운 앨범 <증오의 나>라는 제목의 앨범을 제작하였는데 이 음반에 수록되었던 <알라>라는 제목의 곡을 89년 올림피아에서 한 공연에서 부르기로 결심하였지만 이슬람교도들로부터 위협을 느끼게 된다. 그의 아버지는 내무부 장관에게 베로니끄를 보호하기 위해 경찰 보호를 요청하기까지 했다. 이 사건이 있은 지 얼마 후 살만 러슈다이에 대항하는 <fatwa> 사건이 일어나고 어떤 음반가게에서는 베로니끄의 음반을 없애기까지 하였다. 그러나 가수 이브 시몽을 시작으로 수 백명의 프랑스 음악가들이 <모든 교조주의의 diktat에 대한 거부>라는 운동을 펼치게 된다. 4명의 프랑스 최고의 가수인 자니 할리데이, 미셀 사르두, 에디 미첼, 그리고 장자끄 골드만과 함께 베로니끄는 박애주의자인 꼴뤼쉬의 <마음의 식당>을 위한 공연에 참가한다. 1989년 베로니끄 상송은 자신의 꿈 중 하나를 실현하게 되는데 바로 심포니 오케스트라와 협연을 하는 것이었다. 체코슬로바키에서 협연준비를 한 그녀는 12월 26일부터 31일까지 프라하 심포니 오케스트라와 함께 샤틀레 극장의 무대에서 협연을 한다. 이 공연 장면을 앨범으로 만든 것이 1990년 <심포니 상송>이다. 그리고 1991년 작곡가 협회로부터 그녀는 대상을 받게 된다. 같은 해, 꺄트린느 라라는 작가인 조르주 생을 주제로 한 오페라를 녹음하고 친구인 베로니끄에게 <그녀와 나 사이>라는 듀엣곡을 함께 해주기를 부탁한다. 1992년 베로니끄는 1980년 이후 처음으로 자신의 9번째 앨범을 녹음하기 위해 로스 엔젤레스로 떠나는데 최고의 연주가들과 함께 <후회 없이>라는 앨범을 1992년 5월 25일 프랑스에서 발매한다. 이 앨범은 공전의 히트를 기록하였고 <오로지 물만을>이라는 첫 번째 곡은 오 십 만장이 팔렸다. 이 앨범으로 베로니끄는 1993년 92년 최고의 여성 가수로 선정된다. 3월 11일부터 14일까지 그녀는 파리의 제니스에서 공연을 하였는데 최고의 실황앨범으로 인정받았다.

며 칠 간의 순회공연을 마친 후 그녀는 파리로 돌아와 올렝피아에서 일주일간 공연을 하였다. 이 때 그녀는 1992년 심장마비로 사망한 미셀 베르제의 <너 그곳에 있을 거니>라는 곡을 부른다. 92년부터 94년은 베로니끄에게 매우 행복한 기간이었는데 계속되는 콘서트과 순회공연을 통해 대중에게 가장 가까이 다가가는 여가수로 인정받았다. 1994년 3월 29일부터 4월 3일까지 올렝피아에서 새로운 공연을 하였는데 특히 1994년 7월 12일 라 로셀의 프랑코폴리에서의 공연은 상송에게는 축제로 기록될만한 공연이었다. 많은 프랑스 가수들이 그녀와 함께 노래를 하였는데 미쉘 푸겡, 알렝 샹포르, 이브 듀떼이, 윌리엄 쉘러, 마크 라부완, 레 이노썽 등이 프랑스에서 가장 재능 있고 대중으로부터 사랑받는 여성 작곡자이자 작사가인 베로니끄를 위해 노래했다. 이 유일무이한 공연을 앨범으로 만든 실황 앨범이 다음 해 여름 <그들이 그녀를 상상한 것 처럼>이라는 제목으로 출반되었다. 1995년 2월 베로니끄 상송은 개그맨인 삐에르 빨마드를 만나게 되고 6월 27일 그와 결혼한다. 같은 해에 그녀는 처음으로 자신의 아들이자 작사-작곡가인 크리스토퍼와 듀엣으로 음반을 녹음하는데 에이즈에 걸린 아이들을 위한 연대라는 협회를 위해 <달리자>라는 곡을 함께 부른다. 지칠 줄 모르는 베로니끄는 97년 <이상적인 존재>라는 곡을 12월에 내놓고 98년 1월 내내 파리의 빨레 데 스포츠에서 10번의 공연을 한다. 98년 2월 17일 프랑스에서 11번째 앨범인 <불멸>이라는 앨범을 내놓는데 다른 때와 마찬가지로 많은 친구들이 있는 추억의 장소인 미국에서 녹음을 하였다. 그녀는 처음으로 자신의 노래를 작곡할 작곡가-작사가에게 도움을 청하였는데 베르나루 스웰은 낭만적이면서 로큰롤적인 이 여가수의 특성을 아주 잘 살린 이 앨범 중 4곡을 작사, 작곡하였다.

99년 여름 동안 그녀는 새로운 앨범을 준비하는데 7월 18일 브르타뉴에 있는 비에이 샤루 축제를 비롯하여 몇몇 축제에 모습을 드러내면서 대중들의 많은 사랑을 받았다. 이 앨범은 자신의 오랜 친구였던 미셀 베르제의 노래들로 이루어졌는데 <나비에서 별로> 등을 비롯한 <머리 속에서 자유로운 디에고>, <흰 색의 천국>, <사랑

이 저기 있네> 등 베르제의 곡들을 에티엔느 다오와 알렝 샹포르 등과 함께 불렀는데 이는 베르제의 몇몇 팬들로부터 회의적 반응을 받기도 했다. 12월에 베로니끄는 삼십만장의 앨범이 판매되면서 플라틴 디스크 상을 수상하였고 2000년 1월 13일을 시작으로 지방 순회공연을 시작하여 1월 18일부터 2월 6일까지 파리의 올렝피아 공연을 하였다. 이것은 파리의 위대한 뮤직홀에서의 그녀의 7번째 공연이었다. 오로지 메셀 베르제를 주제로 한 곡들로 이루어진 이 공연은 그녀의 가수 생활에 매우 특별한 순간이었다. 게다가 평소와는 반대로, 유명한 의상 디자이너인 입생 로랑이 그녀의 의상을 만들어주었다. 이 공연에는 평소 늘 공연을 같이 하던 연주가들과 프라그의 전통 클라식 연주가들이 함께 했다. 올림피아 공연에 이어 제니스에서 3월달에 공연을 하였다.

넘치는 에너지와 일에 대한 열정, 그리고 결코 평범하지 않은 베로니끄 상송은 대중들과 동료 가수들로부터 많은 사랑을 받는 대중가수로서 그리고 프랑스 샹송을 세계에 알리는 진수와 같은 존재로 남아 있다.

France GALL

제인 버킹과 세르즈 겐스부르그의 커플를 따로 떼어서 언급하기 어려울 정도로 미셸 베르제를 말하지 않고 프랑스 갈에 대해 말하는 것은 어렵다. 60년대 겐즈부르그의 적극적인 후원을 받았고 젊고 재능있는 작곡가인 미셸 베르제의 적극적인 도움을 받았던 프랑스 갈은 프랑스에서 가장 인기있는 여가수 중 한명이 되었다.

1947년 10월 7일 파리에서 태어난 이자벨 갈은 할아버지가 십자가 합창단의 공동 창시자였고 어머니는 노래를 불렀고, 그녀의 아버지는 샤를르 아즈나부르와 에디뜨 삐아프가 불렀던 유명한 곡들을 작사한 유명한 작사가이기도 했던 음악가 가정에서 태어났다. 어린 시절, 그녀는 형제들과 함께 피아노와 키타를 배우면서 음악가족의 일원으로 성장했다. 아버지 덕에 15세의 어린 나이에 첫 녹음을 하였는데 63년 9월 <그렇게 바보처럼 굴지마>란 제목의 앨범은 2십 만장이 판매되었고 당시 인기를 누렸던 앵글로-색슨과 프랑스 음악을 섞은 음악 장르인 예-예에 맞추어 이름을 프랑스로 바꾸었다. 노래를 부르면서 프랑스 갈은 학교를 떠나 1964년 미니 음반을 출반하였다. 아버지가 작사한 <성 샤를르마뉴 대제>라는 곡은 당시 최고의 인기를 누렸던 실비 바르땅과 어깨를 나란히 하는 가수로 만들어주었다. 이때 그녀는 유명한 작사, 작곡가인 세르즈 겐스부르그를 만나게 되는데 그는 그녀를 위해 여러 곡을 작곡해주었다. 1965년 3월 20일 세르즈 겐즈부르그가 작곡한 곡으로 프랑스 갈은 나폴리에서 벌어진 유로비젼 콘테스트에서 천오백만명의 TV 시청자들 앞에서 노래를 불러 수상하면서 신문 기사면을 장식하였다. 이 때 라이브로 불렀던 <밀랍인형, 소리인형>이라는 곡은 상업적으로도 큰 성공을 거두었다. 이듬 해 <막대기 사탕과자 (고무 젖꼭지)>는 또 다른 성공을 가져왔는데 이 노래는 당시 겐즈부르그가 작사, 작곡을 하고 프랑스 갈이 노래를 불렀지만 그녀는 겐즈부르그의 이중적 의미가 담긴 이 유머스런 가사를 전혀 이해하지 못했던 것 같다. 프랑스 갈에게 있어서 이 시기는 그다지 좋은 기억으로 남아있지 않은데 상업적인 성공에도 불구하고 미성숙한 어린 소녀인 그녀는 가족으로부터 지나친 보호를 받으며 명성을 누리지 못했다.

1966년 20세가 된 그녀는 프랑스 대중 가수로 선정되었고 1967년에는 <어린 상어>라는 곡을 불러 인기를 얻었다. <어린 상어> 이후 프랑스 갈은 영화배우인 모리스 비로 <어린 소녀>와 코메디언인 미레이 닥과 <마음에 드는 것을 찾지 마>라는 곡을 듀엣을 부르기 위해 모습을 드러냈을 뿐 거의 음악활동을 하지 않았다. 그러나 그녀가 노래를 부르지 않았다고 해서 음악세계를 떠난 것은 아니었다. 그녀는 끌로드 프랑수와와 핑크빛 사랑을 하였으며, 줄리앙 끌렉과도 70-74년의 4년 동안 사귀었다. 1974년은 이 젊은 여인에게 있어서 사생활과 가수로서의 인생에 중요한 시기이다. 이 해에 그녀는 유명한 작곡, 작사가인 미셸 베르제를 만나게 되는데 그는 60년대와 70년대 초 베로니끄 상송과 푸랑수와즈 아르디에게 곡을 써 성공을 함으로써 그 능력을 인정받고 있었다. 베르제와 프랑스 갈은 더 이상 떨어지지 않았다. 프랑스 갈에게 있어서 이 만남은 가수로서의 인생에서 새로운 국면을 맞게 된 계기가 되었는데 미셸 베르제는 그녀에게 시리즈 형식의 앨범을 제작해 주었다. 그 첫 번째가 1974년 <선언>이라는 제목의 노래였고 그녀의 모든 앨범은 음악차트에 올랐다. 1975년 미셸 베르제는 <프랑스 갈>이라는 이름의 앨범을 제작하였다. 여기에는 <선언>이라는 곡 이외에 <삼바 맘보>, <그에게 어떻게 말을 해야 할까?>등이 수록되어 있다. 그들은 1976년 6월 22일 파리에서 결혼한다. 미셸 베르제는 정규적으로 자신과 자신의 아내인 프랑스 갈을 위해 곡을 만들었는데 초창기에 프랑스 갈은 미셸 베르제로 하여금 한 해에 두 장의 앨범을 만들 수 있을 정도의 영감을 주었다.

77년 프랑스 갈이 부른 <디스코 춤>은 새로운 성공을 가져다 주었다. 그리고 같은 해에 <파리-프랑스>와 <사랑의 욕망>이란 곡이 인기를 얻었으며 특히 <그는

서서 피아노를 쳤다>라는 곡은 영국의 가수인 엘튼 존을 연상케하는 가사의 노래였다. 1978년은 퀘벡출신의 뤅 쁠라몽동과의 공동작업으로 이루어진 락 오페라인 <스타마니아>가 만들어진 해다. 여기에서 프랑스 걀은 크리스탈의 역을 맡았고 이 앨범은 78년에 음반으로 만들어졌고 79년 빨레 데 스포츠에서 공연을 하여 대성공을 거두었다. 이후 20여년 동안 많은 버전으로 스타마니아가 공연되었고 이중 어떤 곡들은 진정한 고전음악이 되었다. 1978년 11월 14일 볼린느가 태어난 후 스타마니아에 출현한 프랑스 걀은 엘튼존과 함께 부른 <주기 위해 주기>라는 곡은 1980년 미니 음반 부분에서 최고의 판매를 이룬다. 미셸 베르제와 엘튼 존의 공통 작품인 이 곡은 역사적인 두엣 곡을 강조하기 위해 어떤 앨범에도 수록되지 않았다.

1981년 프랑스 걀의 4번째 앨범인 <음악을 위한 모든 것>이 만들어진다. 그리고 81년 4월 2일 두 번째 아이인 라파엘이 태어났다. 이 시기에 프랑스 걀은 공연 준비를 하는데 베르제와의 만남 이후 많은 성공에도 불구하고 그녀는 무대에서 공연을 하지 않았었다.

1984년 그녀는 새로운 앨범인 <데브렁쉬>를 출반하면서 제니스에서 9월 11일부터 두 달간에 공연을 하는데 대 성공을 거둔다. 80년대에 그녀는 인류애를 바탕으로 하는 공연과 음악을 위주로 하는 charity-spectacle이라고 불리는 쇼 비즈니스에 많은 시간을 보낸다. 미쉘 베르제와 프랑스는 이 분야에서 매우 열성적이었으며 많은 활동을 한다. 1985년 이디오피아에 기근이 들자, 미국의 음악가들처럼, 프랑스 가수들도 이 비극에 맞서 도움을 주기 위해 곡을 작곡하여 노래하는데 베르제와 걀은 이들 중 선두주자로 나선다. 게다가 프랑스 걀과 미셸 베르제는 "Action Ecoles"이라고 불리는 보다 구체적인 활동에 나서는데 이것의 목적은 기근에 시달리고 있는 지역의 학생들과 그들의 가족에게 쌀을 지원해주는 것이었다. 다니엘 발라부완과 배우인 리샤르 베리 역시 이 활동에 참여한다. 그러나 1986년 1월 가수 다니엘 발라부완이 인류봉사단체의 이름으로 파리-다카 경주에 참가하였다가 말리의 하늘 위에서 헬기사고로 사망한다. 이 가수의 절친한 친구였던 베르제/걀 부부는 그의 사망으로 인해 깊은 충격에 빠진다. 그 이듬 해 프랑스 걀은 <바바카>라는 앨범과 함께 무대에서 공연을 다시 시작하는데 이 앨범은 아프리카에서의 경험에서 영감을 얻은 것이었다. 앨범 타이틀곡은 문명화된 대지 위에 사막이 펼쳐져 있는 모습을 연상케 한다. 그리고 <Evidemment>이라는 곡은 다니엘 발라부완에 대한 추억을 그리고 있다. 이 앨범 이후 제니스에서의 3주간의 공연을 하고 프랑스 장기 투어 공연을 하게 되는데 이 공연 실황을 담은 두 장짜리 앨범이 <88 프랑스 투어 : le Tour de France 88>라는 이름으로 출반된다.

1992년 프랑스 음악계는 프랑스 걀과 미셸 베르제 부부가 공동으로 만든 <Double jeu>라는 앨범으로 술렁이게 되는데 전 곡은 미셸 베르제과 작곡하고 10곡의 노래는 두 사람이 함께 불렀으며 이 음반의 첫 번째 타이틀 곡은 <Laissez passer les rêves>였다. 92년 7월에 이 부부는 가을에 씨갈에서 파리 공연을 예고하지만 이 계획은 결코 실현되지 못했다. 쌩트로페에서 몇 킬로 떨어지지 않은 라마뛰엘의 집에서 여름휴가를 보내던 중 미셸 베르제가 치명적인 내출혈을 일으키게 된다. 그는 8월 3일 44살의 나이로 사망하고 이는 그의 가족들뿐만 아니라 프랑스 음악계 전체에 커다란 손실이었다. 프랑스 걀은 상실과 절망감 속에서도 그 다음 해 무대에 설 것을 결심한다. 그녀는 파리에서 제일 큰 공연장인 베르씨에서 93년 9월 공연을 한다. 이 공연장은 관객들로 꽉 들어찼으며 감동의 물결을 이루었다. 자신의 곡을 거의 전부 작곡해주었던 미셸 베르제가 사망한 후, 그녀는 많은 친구들에 위안을 받으며 베르제의 추모 행사에 참여하였다. 94년 9월 말, 그녀는 전자음이 아닌 보다 어쿠스틱한 분위기의 공연을 위해 쁠레이엘 공연장에서 무대에 선다. 그리고 베르제에 대한 앨범을 녹음하기 위해 그녀의 아이들과 몇 개월 동안 로스앤젤레스에 머물기로 결심한다. 그녀는 자신을 위해 작곡했던 곡들을 다시 녹음할 뿐 아니라 베르제가 불렀던 <les Princes des Villes>나 <Que l'amour est bizarre>같은 곡도 녹음한다. 이 앨범은 1995년 <프랑스>라는 이름으로 출반된다. 96년 11월 5일부터 17일까지, 프랑스 걀은 파리에 있는 올림피아 무대에 서고 12월까지 프랑스 전국 투어를 한다. 1997년 초, 텔레비전에서 그녀는 어쿠스틱 분위기의 공연을 하는데 <la Mamma>라는 곡을 부르기 위해 샤를르 아즈나부를 초대한다.

97년 여름 동안 프랑스 걀과 미셸 베르제의 딸인 뽈린느가 19세의 나이로 사망한다. 딸의 사망으로 인해 프랑스걀은 다시 한 번 깊은 절망감에 빠진다. 99년 10월 11일, 그녀는 그래도 미셸 사르두의 결혼식에 참석한다. 이 때 자신의 친구들인 조니 할리데이를 비롯한 친구들을 다시 만난다. 2000년 8월 15일, 그녀는 올림피아 무대에서 그와 함께 <Quelque chose de Tennessee>라는 노래를 불러 관객들을 깜짝 놀라게 한다. 이제 그녀는 쇼비즈니스에서 손을 떼고 가수로서의 음악적 삶을 살고 있다.

Johnny HALLYDAY

그의 진짜 이름은 장-필립으로 그는 1943년 6월 15일 파리에서 위게뜨와 레옹 스메트 사이에 태어났다. 불행히도 몇 개월 뒤에 그의 부모들은 이혼을 했고 자니는 레옹의 누이인 그의 숙모 헬렌 마르에 의해 키워졌다. 1944년 이들은 헬렌의 두 딸이자 무용수였던 데스타와 므넹이 순회공연을 떠나면서 이들과 함께 방방곡곡을 돌아다니게 된다. 어린 자니는 끊임없는 여행으로 인해 친구 하나 없는 외로운 소년이었다. 그는 통신으로 공부를 했으며 그 비용은 숙모가 지불했다. 떠돌이 소년인 자니는 50년대 초 무용과 기타 수업을 받게 되었고 광고 영화에서 단역을 맡게 된다. 9살이 되면서부터 그는 사촌 데스타와 그녀의 친구인 리 할리데이가 의상을 갈아입는 동안 무대에 올라갔다. 코펜하겐에서 그는 <la Ballade de Davy Crockett>이란 노래를 부른다. 57년에 파리로 돌아온 그는 미국 영화에 빠져 배우가 되기를 꿈꾼다. 가족의 격려와 함께 그는 연기 수업과 노래수업을 받는다. 57년에 엘비스 프레슬리와 함께 <Lovin' you>라는 영화의 캐스팅되기도 한다. 50년대 말 낭시 독 앤 롤에 심취해 있던 젊은 남녀들이 모이는 유명한 파리의 골프 드루오에 드나들게 되는데 이곳에서 자니는 그의 친구들을 위해 엘비스 프레슬리의 노래들을 부른다. 59년 12월 30일, 그는 파리-칵테일이라는 텔레비전 방송에 나가고 보그의 예능 담당자였던 자끄 울프송에 의해 캐스팅된다. 60년 3월에 사촌의 친구인 리 할리데이의 이름에서 따온 자니 할리데이라는 이름으로 첫 번째 디스크가 나오는데 <T'aimer follement>이란 곡이 타이틀곡이 된다. 6월 그의 두 번째 음반인 <Souvenirs souvenirs>가 나온다. 9월 그는 파리에 있는 알라브라라는 곳에서 코메디언인 레이몬드 드보스의 무대에서 앞부분에 출연한다. 골프 드루오의 친구들이 그를 응원해주기 위해 왔는데 젊은 청년이었던 자니는 프랑스에서는 결코 본 적이 없었던 노래를 부르며 바닥에서 구르는 모습을 보여준다.

61년 초, 그는 <Hello! Johnny>라는 제목의 곡을 내놓고 2월에 보그에서 주최하는 첫 번째 록 페스티발이 열리는 빨레 데 스포르에서 주목을 받는다. 그는 여름 동안 보그사를 떠나 필립스로 옮기는데 이 때 그의 나이 18세였으며 아버지로 인해 벨기에 국적을 가지고 있었던 그는 마침내 프랑스 국적을 갖는다. 9월 20일부터 10월 9일까지 자니는 파리의 올렘피아에서 공연을 하면서 이때 세계적으로 선풍을 일으키는 춤인 트위스트를 선보인다. 가을에 프랑스어와 영어로 된 <Viens danser le twist>를 내놓는다. 그리고 그 해 말, 필립스사에서 <Salut les Copains>이라는 음반을 내놓는다. 젊은이들의 우상으로 부상한 자니는 자키 케네디 앞에서 프랑스 여객선에서 자선 공연을 연다. 7월과 8월, 자니는 대단위의 프랑스 순회공연을 계획하였고 수많은 팬들이 몰려들었다. 이 해에 그는 <l'Idole des jeunes>라는 곡을 내놓는다.10월 25일부터 11월 12일까지 그는 두 번째로 올렘피아 무대에 섰는데 특히 <la Bagarre>라는 곡이 인기를 모았다.

그는 이전에 만난 적이 있었던 실비 바르땅과 함께 <D'où viens-tu Johnny?>라는 영화에 출연하는데 이후 두 사람은 곧 결혼을 하게 된다. 그리고 파리의 나씨옹 광장에서 <Salut les Copains>이라는 월간지의 첫 번째 기념일을 맞아 공연을 하였는데 15만명의 젊은이들이 자신들의 우상을 보기 위해 이곳으로 몰려들었다. 9월에 그는 실비 바르탕과 함께 미국으로 떠나 테네시에서 <Pour moi la vie va commencer>곡을 녹음한다. 64년 5월 8일, 자니 할리데이는 독일에 있는 오펜부르그의 43사단 보병대에 입소한다. 군에 입소한 그의 이미지는 급부상하였고 존경과 믿음을 받을만한 젊은이로 떠올랐다. 65년 4월 12일 그는 실비 바르탕과 결혼을 한다. 11월 18일, 군복무를 마친 그는 올렘피아에서 다시 공연을 갖지만 기대했던 것만큼의 성공을 거두지는 못한다. 이 해 말 그는 <Johnny chante Hallyday>라는 제목의 새로운 앨범을 내놓는다. 가수 경력 10년의 전반부에 스타덤에 올랐지만 예예족이 사라짐과 동시에 대중으로부터 멀어졌다고 느꼈던 그는 밥딜란이나 비틀스같은 다른 음악을 시도하기로 결심한다. 프랑스에서 그는 자신을 혹평하는 안투완느에게 보란 듯이 <Cheveux longs idées courtes>라는 곡을 내놓는다. 9월 10일 크게 낙담하던 그는 자살을 시도하지만 얼마 후 자신의 절망적이었던 여름을 상기하며 <Noir c'est noir>라는 곡을 내놓는다. 이때 그의 아들인 다비드가 1966년 8월 14일 태어나고 그는 이탈리아에서 공연 중 돌아와 아들을 보고 다시 저녁에 이탈리아로 떠나기도 한다.

1967년 초 그는 몬테 카를로 자동차 경주대회에 참가한다. 2월 미국의 기타리스트이자 가수인 지미 헨드릭스의 <Hey Joe>를 프랑스어로 번역하여 녹음하는데 프랑스에서 지니 헨드릭스를 알리는 역할을 한다. 3월 15일부터 4월 16일까지 그는 실비 바르탕과 함께 다시 한 번 올렘피아에서 공연을 하는데 대성공을 거둔다. 부부는 곧 남부 아메리카로 공연을 하고 프랑스로 돌아오자마자 녹음작업에 들어가 <Johnny 67>이라는 앨범을 내놓는데 여기에는 엘비스 프레슬리의 <Love me

tender>를 프랑스어로 번역한 <Amour d'été>가 포함되어 있었다. 10월 그는 존 베리의 영화 <A tout casser>에 출연하는데 여기에서 주제곡을 부른다. 여기에는 후에 레드 제플린이라는 세계적으로 유명한 영국 그룹에 속하게 되는 지미 페이지가 키타를 맡았다. 68년 초, 그는 미국대륙으로 순회공연을 떠난다. 6월 말, 자니는 <Jeune Homme>라는 앨범을 내놓는다. 이번에는 엘비스 프레슬리의 <Loving you>를 프랑스어로 번역한 <La vie à t'aimer>라는 곡이 포함된다. 같은 해 10월 20일 남아프리카 순회공연을 떠나는데 특히 요하네스버그 공연에서는 오케스트라가 있는 곳으로 떨어져 다리가 부러지기도 하지만 깁스를 한 채 공연을 계속한다. 69년 4월 26일부터 5월 41일까지 자니는 파리에 있는 빨레 데 스포츠에서 16번의 공연을 한다. 이 공연은 유명한 블랙버드의 맴버들인 키타리스트 마이키 존과 드러머 토미 브라운, 그리고 17인의 오케스트라와 함께 환상적인 분위기 속에서 이루어진다. 이 공연에서 대성공을 이룬 후 69년 5월, <Je suis né dans la rue>라는 곡을 발표하는데 특히 그 이후에 나온 <Que je t'aime>는 대단한 히트를 기록한다. 69년 말 그는 영화에 전념한다.

이후 그의 10년은 그에게는 개인적으로 매우 많은 일이 일어났던 기간인데, 2월 그는 아내와 함께 심각한 자동차 사고를 당하게 되는데 이 사고로 실비 바르탕은 수술을 받아야 했다. 그러나 끊임없는 에너지의 소유자였던 자니는 골프 드루오에서 그의 열성팬들을 위해 3월 21일 예외적인 공연을 갖는다. 한 달 뒤, 소설가이자 기자인 필립 라브로의 작품인 <Jesus Christ est un hippie>라는 곡을 내놓는다. 이듬 해 <J'ai tout donné>라는 영화의 오랜 촬영을 마친 뒤, 그는 런던에서 녹음한 <Flagrant délit>라는 작품을 내놓는데 그는 그 어느 때보다 노래를 잘했다는 평을 받는다. 9월 14일부터 10월 26일까지 빨레 데 스포츠에서 공연을 하는데 미셀 폴라레푸가 피아노를 치며 부른다. 71년 리노 벤추라와 자끄 브렐과 함께 <L'aventure c'est l'aventure>라는 영화에 출연하여 주제가를 부른다. 30세가 되면서 자니의 활동력은 그 어느 때보다 왕성해지는데 1972년 여름 <Johnny Circus>라는 이름으로 프랑스 순회공연을 갖는데 전역을 캠핑카를 가지고 직접 돌아다녔다.

이러한 그의 생활로 인해 아내인 실비 바르탕과의 관계가 멀어지면서 1년의 별거 후, 이들은 다시 합치기로 한다. <J'ai un problème>이란 곡을 통해 이들은 두 사람의 관계를 더욱 굳건히 하게 된다. 6월 15일 자니는 파산의 위기에 몰린 브뤼노 꼬꺄트릭스를 돕기 위해 파리의 올렝피아에서 공연을 갖기도 한다. 74년 그는 남아메리카와 프랑스에서 공연을 갖는데 죽음의 계곡이라 불리는 곳에서의 오토바이로 횡단을 하였고 이로 인해 자니는 점점 더 오토바이를 즐기게 된다. 남아메리카 공연을 이용하여 그는 라스베가스에서 엘비스의 공연을 보기도 했고 10월에는 <Johnny Rider>라는 곡을 내놓는다. 프레슬리의 영향을 받아 록의 근원을 알고자 했던 그는 75년 1월 멤피스에서 녹음을 하는데 <La fille de l'été dernier>와 <Rock à Memphis>와 같은 곡들이 대표적이다.

엄청난 세금을 내야했던 자니는 염증을 느껴 프랑스를 떠날 것을 결심하고 실비와 아들과 함께 로스앤젤레스에 정착한다. 그럼에도 불구하고 그의 음반은 여전히 인기를 끌었다. 76년 6월 <Derrière l'amour>라는 앨범을 내고 9월에는 <Hamlet>이라는 오페라-록 앨범을 발표하는데 음반시장에서 공전의 판매기록을 세운다. 같은 시기에 무대에 서기를 갈망하던 그는 파리의 빨레 데 스포르에서 공연한다. 그는 프랑스와 외국에서 순회공연을 계속 하였는데 77년 <Tant pis c'est la vie>라는 앨범을 내놓는다. 이듬 해, 그는 도쿄 국제 가요제에서 35살의 생일을 맞게 되고 꺄트린느 드눼부와 함께 심사위원으로 참석한다.

79년은 그에게 있어 끊임없는 순회공연의 일정으로 꽉 차 있었다. 그는 항공모함인 끌레망소에서 TV로 생중계되는 가운데 노래를 하기도 했는데 군대와 해군의 좋은 이미지를 위해서는 군복무를 마친 그가 가장 이상적인 인물이기도 했다. 대중들은 여전히 그가 공연장에 나타나길 기대하였고 자니는 기회가 될 때마다 무대에 서려고 노력했다. 10월 18일부터 11월 26일까지 자니는 파리에서 가죽옷을 입고 눈에 푸른 전기 모습을 그려놓고 <l'Ange aux yeux de laser>라는 무대를 선보인다. 그는 <A partir de maintenant>이라는 앨범에서 발라부완느의 <Je ne suis pas un héros>와 폴라레프의 <Poupée qui fait non>이라는 두 곡을 편곡해서 다시 부르며 순회공연을 계속하는데 8월 14일 무대 위에서 쓰러진다. 건강이 회복되었음에도 불구하고 루머는 계속 되었고 81년 1월 캘리포니아에서 휴가를 보내면서 그는 자신이 죽었다는 신문기사를 보게 된다. 그의 삶은 신문기사에 끊임없이 등장하는 이슈였고 80년 11월 5일 실비 바르탕과의 이혼 때에도 마찬가지였다. 거의 15년 동안 함께 한 부부의 삶은 모든 프랑스인들에게 한편의 드라마 같은 느낌을 주기도 했다.

81년 자니는 <En pièces détachées>과 <Pas facile>라는 두 개의 앨범을 내놓는데 이 제목이 그의 인생에서 착안한 것일까?

2월과 3월 동안, 그는 다시 한 번 파리에서 공연을 하고 직후에 두 장짜리 앨범을 내놓고 10월 1일 로스엔젤레스에서 바베트 에티엔느라는 모델과 결혼하지만 2달 2일만에 파경을 맞는다. 이듬 해 그는 제작자인 미셀 말로리와 결별하고 삐에르 비옹과 결합하였으며 텔레비전 방송에서 만난 나탈리 베예와 급속도로 가까워진다. 9월 <la Peur>라는 앨범을 내놓는데 여기에 수록된 타이틀 곡인 <le Survivant>을 파리의 빨레 데 스포르 공연에서 첫 선을 보인다. 그리고 그의 경력에서 처음으로 비디오 카세트를 판매한다. 2월 프랑스 순회공연을 하는 동안 나탈리 베예는 1983년 말 로라라는 이름의 딸을 낳는다. 건강의 문제로 가수로서의 생활에 타격을 주기도 했지만 그는 지치지 않는 에너지로 무장한 사람의 이미지를 갖고 있었다. 84년 10월 25일부터 85년 2월 23일까지 파리의 제니스에서 4개월이라는 장기간의 공연을 한다. 1월 8일 그는 무대에서 기절을 하여 병원에서 실려갔지만 며칠 뒤 다시 공연 무대에 선다. 84년 장-뤽 고다르라는 누벨 바그의 거장과 함께 <Détective>라는 영화를 촬영하면서 많은 사람들을 만나게 되는데 나탈리 베예는 자니로 하여금 쇼비즈니스 세계의 사람들보다 더 지적인 사람들을 만나게 하였고 그를 좀 더 지적인 삶으로 이끌려 노력하였다. 이러한 이유로 그녀는 미셸 베르제를 그에게 소개하고 85년 5월 <Quelque chose de Tenessee>라는 곡을 포함한 앨범을 제작한다. 이 음반은 당시 세대의 최고의 작곡가들 중 한 명에 의해 만들어진 것이었고 다양한 장르의 음악을 보여주는 음반이다.

86년 자니는 나탈리 베예와 헤어지고 자니를 위해 장-자끄 골드만이 쓴 <Gang>이라는 앨범이 나온다. 이 앨범에는 여러 개의 히트곡이 수록되어있는데 <Laura>, <l'Envie> 그리고 영국 가수인 카르멜과 함께 듀엣으로 부른 <J'oublierai ton nom>이 담겨있다. 이 음반 출시 이후 자니는 다시 무대에 서기로 결심하고 미셸 베르제에게 무대의 연출을 맡아달라고 부탁한다. 이렇게 해서 <Johnny se donne à Bercy>라는 이름으로 87년 9월 15일부터 10월 4일까지 공연을 하고 바로 이어서 순회공연을 갖는다. 일 년 뒤, 자니는 줄리엥 끌렉 노래의 작사가인 에티엔느 로다-질에게 부탁하여 <Cadillac>의 가사를 부탁한다. 이때 그의 아들인 다비드는 그에게 두 곡을 작곡해주는데 그 중 하나가 <Mirador>이다. 89년 말, 자니는 코메디언 꼴뤼쉬가 만든 빈민자 돕기 단체인 Restos du Coeur의 자금을 마련하기 위한 공연 des Enfoiées 에 참가한다. 여기에서 그는 프랑스의 대표적인 가수들인 미셸 사르두, 베로니끄 상송, 골드만 그리고 에디 미첼과 함께 노래를 했고 이들의 참가로 공연은 큰 성공을 거둔다. 90년 자니는 자신의 친구인 롱 크리스의 딸인 아주 어린 아들린느와 결혼을 하면서 다시 한 번 세간의 주목을 받는다. 그리고 9월 15일부터 베르씨에서 공연을 하는데 이로 인해 그는 프랑스의 최고의 관객상을 받는다.

91년 그는 <Ça ne change pas un homme>라는 앨범 제작을 위해 많은 가수들에게 도움을 청하는데 여기에 본조비, 빠트릭 브뤼엘, 에티엔느 로다-질과 같은 가수들이 참여한다. 92년 9월, 폴리그램 음반사는 과거 자니의 히트곡들을 모은 17장의 앨범을 5박스의 형태로 출시하는데 여기에는 220곡이 수록되어 있다. 93년 6월 18, 19, 20일에 자니는 파리의 빡 데 프렝스에서 그의 50번째 생일을 축하하면서 50곡이 넘는 자신의 히트곡들을 세 번의 거대한 공연에서 부른다. 프랑스 공연을 마친 후, 자니는 자신의 오랜 꿈이었던 <Rough Town>라는 영어 제목의 음반을 내고 싶어한다. 이를 위해 그는 롤링 스톤스의 제작자였던 크리스 킴세이에 도움을 받기도 한다. 이는 영어로 된 가사를 프랑스어로 바꿔 부르는 그의 재능과 함께 또 다른 차원의 느낌을 주는 기회가 된다. 그는 그 무엇보다도 브르스 스프링스틴과 같은 미국 음악에 심취해 있었는데 그러나 영어로 부른 그의 노래는 프랑스에서는 큰 반응을 얻지 못했다. 95년에 쌩-트로페즈에 있는 자신의 집의 이름을 따 <Lorada>라는 제목의 앨범을 만든다. 이 앨범에는 장-자끄 골드만을 비롯해 과거의 그룹들이 참여하였는데 그가 좋아하는 단순하면서도 효과적인 그런 노래들이 수록되어있다. 그리고 9월 12일부터 베르씨를 시작으로 <Lorada tour>가 시작된다. 매우 힘든 수술을 겪은 후, 많은 격려를 받은 자니는 96년 11월 24일 라스베가스에서 공연을 갖는데 이 공연을 보기 위해 프랑스로부터 비행기를 타고 온 그의 4300명의 팬들이 자리를 함께 했다.

프랑스 록의 진정한 기념비적인 인물인 자니는 97년 1월 프랑스 대통령인 자끄 시락으로부터 명예훈장을 받는다. 6월 쿠바에서 생일을 보낸 자니는 며칠 뒤 뉴욕에서 활동을 재개한다 필립 샤텔과 함께 아이들을 위한 동화의 새로운 버전이 되는 <Emilie Jolie>를 녹음한다. 그리고 8월 20일부터 10월 30일에 걸쳐 그는 새로운 앨범 제작에 들어간다. 2달 동안 자니는 이 앨범의 주 작곡자인 파스칼 오비스포와 작업을 하는데 첫 번째 곡인 <Ce que je sais>가 뉴욕에서 촬영한 뮤직 비디오와 함께 그 해 말에 나왔고 이 뮤직 비디오는 윌리암 프라이킨이라는 영화 <L'Exorciste>의 감독이 맡았다. 98년 5월, 자니는 다섯 번째로 칸느 영화제에 단순한 영화애호가로서 온 것임에도 불구하고 많은 사람들이 그를 환영했다. 그러나 그는 자신의 예술적 힘이 가수일 때 가장 발휘된다는 것을 알고 있었고 그래서 프랑스에서 가장 큰 공연을 계획했다. 98년 9월 5일과 6일 파리 옆에 있는 스타드 드 프랑스에서 두 차례의 공연을 가졌는데 첫 날은 비로 인해 연기가 되었지만 매일 저녁 8만 명의 관객이 찾아들었다. 이 공연에는 프랑스의 내노라는 가수들이 함께 했는데 라라 파비엥은 <Requiem pour un fou>를, 플로랑 빠니는 <Le Penitencier>을 불렀으며 골드만과 오비스포 역시 참여하면서 최고의 공연이 되었다. 10월 13일, 자니와 아들 다비드 두 사람이 공동 작업한 <Sang pour sang>이란 앨범을 내놓는데 다비는 13곡 모두를 작곡하였다. 가사는 프랑수와 사강과 벵쌍 라발렉과 같은 작가들도 참여하였다.

2달 뒤, 이 앨범은 150만장이 팔리면서 다이어먼드 앨범상을 수상한다. 그리고 2000년 2월 빅투와르 들라 뮤직에서 그 해 최고의 판매 앨범 상을 받는다. 6월, 제작사인 머큐리는 그의 40년 가수 생활을 기념하기 위한 앨범을 제작한다. 그리고 7월 10일 파리의 에펠탑 아래에서 자니는 무료 공연을 연다. 백 만 명 가까운 사람들이 이 공연을 보기 위해 몰려들었다. 6월 17일 파리 근교에 있는 쏘 공원에서 자신의 57번째 생일을 축하하는 공연을 열고 이것을 시작으로 파리 공연에 들어간다. 6월 17일부터 파리의 올렝피아를 시작으로 8월 30일과 31일은 몬트리올에서 공연을 마감한다. 최근 몇 년간의 노래와 공연 후, 자니는 영화를 비롯 많은 계획을 가지고 있다. 최고의 스타로서 80백만 장의 앨범 판매 기록, 400회의 공연, 1000곡의 노래, 18장의 플래틴 앨범, 그리고 15백 만 명의 관객 등 가히 스타로서의 명성에 걸맞는 많은 기록들을 가지고 있다.

Jacques BREL

자끄 브렐은 1929년 4월 18일 브뤽셀의 교외에 있는 샤에레벡에서 태어났다. 프랑스 샹송가수 중 가장 열정적인 인물로 손꼽히는 자끄의 아버지 자끄 로멩 조르쥬 브렐은 포장 공장을 운영하였다. 그의 형인 6살의 삐에르와 자끄는 카톨릭 중학교에서 엄격한 교육을 받았다. 16세에 그는 몇몇의 친구들과 함께 연극극단을 만들어 스스로 대본을 쓰기도 했다. 18세에 학교에 적응을 못하는 그를 그의 아버지는 가족 사업에 끼게 했다. 같은 시기에 그는 박애주의 단체인 라 프랑슈 꼬르데에 가입하고 49년에 회장이 된다. 이 단체의 핵심으로 그는 쌩떽쥬베리의 어린 왕자를 비롯해 많은 연극 무대에 선다. 그는 이곳에서 미래의 아내인 테레즈 미슈를 만난다. 1948년 그는 군복무를 하고 1950년 6월 1일, 자끄 브렐은 미슈와 결혼하여 1951년 말 첫 번째 딸인 샹딸이 태어난다. 사무실에서 일하는 것에 전혀 흥미를 느끼지 못하던 브렐은 이미 샹송의 매력에 끌린다. 1952년부터 그는 브뤽셀의 카바레에서 연회 때나 가족 모임때 자신이 작곡한 노래들을 부르곤 하였다. 그러나 가사에 들어있는 난폭성과 강렬함은 주위 사람들로부터 전혀 호응을 받지 못했다.

1953년에 그는 부뤽셀에 있는 라 로즈 누와르에서 노래를 했고 2월 첫 미니 음반이 나온다. 필립스사의 예능 담당 책임자인 자끄 꺄네띠는 그의 재능을 알아보고 그에게 파리로 올 것을 권유한다. 그러나 가족들은 그의 생계를 걱정하여 반대한다. 7월에 두 번째 딸인 프랑스가 태어나지만 자끄 브렐은 파리로 혼자 떠난다. 처음 시기는 매우 힘들었고 많은 오디션을 보러 다녔지만 그때마다 떨어졌고 그나마 르 카바레 드 자끄를 비롯한 여러 곳에서 노래를 하였지만 그의 지방색의 모습에 사람들은 비웃었다. 1954년 노크-르-주뜨노래 대회에서 아깝게 대상을 놓쳤지만 그럼에도 불구하고 쥴리에뜨 그레꼬는 올렝피아 공연에서 그의 노래들 중 하나를 부르기로 결심하고 <Ça va>를 부른다. 같은 해 7월에 브렐도 올렝피아에서 노래를 하지만 성공을 거두지 못한다. 이 공연에 이어 다이로 모레노, 필립 클레이와 꺄뜨린느 쏘바쥐와 함께 여름 순회공연을 떠난다. 1955년에 그는 아내와 자신들과 함께 파리 근교인 몬트뢰이에 자리를 잡는다. 이 시기에 조르쥬 빠스꿔에 (조조라 불리는)를 만나는데 그의 가장 신임이 두터운 친구가 된다. 1955년은 필립사에서 그의 첫 번째 미니 앨범이 제작된 해이다. 이 해에 브렐은 카톨릭 단체를 위해 노래를 했는데 여기에서 조르쥬 브라셍을 만나 이들은 친구가 된다.

1956년에 자끄 브렐은 클래식 피아니스트 프랑수와 로베를 만나 그와 함께 연주한다. 그는 브렐의 음악 세계를 잘 이해하였고 그가 가지고 있지 않은 음악적 기초 지식을 가르쳐 주었으며 모든 그의 노래의 반주를 총괄했다. 그 후에 또 자끄 브렐은 또 다른 피아니스트인 제라르 주아네스트를 만나게 되고 프랑스와 로베는 스튜디오에서 녹음을 할 때 반주를 맡는 동시에 나중에 무대 공연에서 그의 노래의 반주를 맡았다. 게다가 브렐과 주아네스트는 <Madeleine>,<La chanson des vieux amants>, <Les vieux>를 비롯하여 대부분의 노래의 가사를 함께 썼다. 1957년 브렐은 두 번째 미니 앨범을 내놓는데 특히 <Quand on a que l'amour>라는 곡은 샤를르 크로 아카데미 대상을 받는다.

1958년 8월 23일 그의 세 번째 딸인 이자벨이 태어난다. 1958년 자끄 브렐은 다시 필립 클레이의 올렝피아 무대의 공연 앞부분에서 노래를 부른다. 청중들은 이제야 비로소 그를 진정한 무대의 가수로 인정하게 된다.

1959년 브렐은 <La valse à 1000 temps>라는 4번째 음반을 내놓는다. 그리고 빡빡한 일정의 순회공연과 함께 그는 점점 성공을 거두었으며 그 해 말 프랑시스 르마르끄의 대타로서 보비노 공연에 참가하여 이곳에서의 성공으로 벨기에 출신의 가수인 그는 50년대를 화려하게 막을 내릴 수 있었다. 자신의 노래와 목소리를 오랫동안 단련한 후 브렐은 기타를 치지 않고 이제는 자신의 강한 이미지와 함께 자신만의 예술을 완전히 통제하며 노래를 불렀다. 1960년 초, 찰리 마루아니가 브렐의 매니저가 되면서 그를 위해 소련에서 미국에 이르기까지 많은 공연을 잡았다. 이후 술과 담배, 그리고 여자와 함께 끊임없는 순회공연으로 피곤한 삶을 살게 된다. 그는 무대에 서면서 장 꼬르띠의 아코디언을 첨가시키고 61년 1월 보비노 무대에 다시 서고 그 해에 그의 두 번째 앨범을 내놓는다. 그러나 특히 61년 10월 올렝피아에서 했던 공연은 그의 가수 경력의 가장 중요한 순간으로 남는다. 10월 12일, 그는 파리의 뮤직홀의 무대에 서 가수로의 스타 반열에 올라선다. 이 성공 이후, 자끄 브렐은 전 세계의 순회공연을 떠나고 그의 삶의 리듬은 가속화되어가기만 한다. 그러나 이 시기에 자끄 브렐은 이미 노래를 그만 둘 것을 생각하고 있었다. 1962년 3월 브렐은 필립스 음반사를 떠나 바클레이로 옮긴다. 이 달 6일 그는 그의 노래들 중 가장 유명한 곡인 <Le plat pays>를 녹음하는데 이 노래는 자신의 고향에 대한 향수를 담고 있었다.

10월에 그는 자신의 음악 잡지사를 내는데 이것은 6개월 후에 뿌슈넬 출판사가 되며 아내가 편집장을 맡는다. 브렐은 1963년 올렝피아 무대에 다시 서는데 앞부분에 이자벨 오브레와 함께 한다. 이자벨 오브레는 그 후 얼마 지나 큰 사고의 희생자가 되고 마는데 브렐은 그녀에게 <la Fanette>라는 샹송의 권리를 영원히 갖도록 한다. 64년 1월에 브렐의 아버지가 사망하고 3월에는 그의 어머니가 사망한다. 두 개의 앨범이 이 해에 나왔는데 올렝피아에서 가진 10월의 공연은 또 다시 성공을 거두었고 이 때에 <Amsterdam>이라는 곡을 불러 찬사를 받는다. 이 해에 브렐은 비행기에 흠뻑 빠져서 조그마한 비행기를 구입한다. 1964년 프랑스에서 음반 국제대상을 수상한 후 1965년 초, 브렐은 <Les Trois Baudets>라는 카바레에서 자신의 가수 경력 12년을 축하한다. 이 해 말 소련에서 5주 간의 공연이 있었고 또한 미국 뉴욕의 카네기홀에서 공연을 하고 미국 잡지들은 놀라운 폭풍우라는 찬사를 아끼지 않았다. 그의 공연의 대부분은 많은 관객들의 수에 비해서 규모가 작은 공연장에서 이루어졌었는데 브렐은 무대에서 젊은 가수들을 관객들 앞에서 노래할 수 있는 기회를 많이 제공했다. 1966년은 매우 중요한 해인데 왜냐하면 브렐이 노래를 그만둘 것을 확고하게 결정하였기 때문이다. 그는 끊임없는 순회공연에 몹시 지쳤고 그는 아직 시간이 없어 하지 못한 많은 계획들이 있었다. 10월 올렝피아에서의 그의 공연은 그 이전의 어떤 공연보다 뜻 깊은 무대였다. 조르쥬 브라셍이 프로그램의 서문을 썼고 그의 마지막 콘서트는 3주 동안 계속되었다.15곡의 노래를 부른 후, 브렐은 관객들에게 7번의 앵콜을 받는다. 11월에 그는 런던의 Royal Albert Hall에서 노래를 하고 그의 측근들과 샤를르 아즈나부와 같은 친구들은 그가 노래를 계속할 것을 권유했다. 67년 초, 자끄 브렐은 카네기 홀에서 두 번째 이자 마지막으로 무대에 서서 노래를 부른다. 바로 이 시기에 뉴욕에서 그는 동키호테의 뮤지컬 공연을 보게 되는데 영감이 머리를 스친 그는 이 코메디 뮤지컬을 유럽에서 올릴 생각을 하게 된다. 5월 16일 브렐은 프랑스의 루베에서 마지막 공연을 갖고 정말로 연극 무대와 영화를 위해 공연무대를 영원히 떠나기로 결심한다. 67년 여름 동안 그는 앙드레 까야뜨의 <Les Risques du métier>에 출연하였는데 이 영화는 가을에 프랑스에서 개봉되었고 그의 연기자적 재능은 이미 무대에서 알려진바 있었다. 67년에 브렐은 친구와 함께 배를 구입하였으며 여행에 대한 환상은 그의 영혼 속에 늘 꿈틀거리고 있었다. 1968년은 브뤽셀에서 그가 출연하고 산초의 역할을 맡은 다리오 모레노와 함께 한 돈키호테의 해였다. 첫 공연 10일 전인 12월 10일, 파리의 로얄 들 라 모네 극장에서 다리오 모레노가 죽고 그 자리는 로베르 마뉘엘로 대체되었는데 여기서 브렐의 배우로서의 완벽함이 돋보였다. 그러나 1969년 바끄 브렐은 150편이 넘은 영화로 인해 기력을 다해 연기를 포기한다. 5월 17일이 마지막 영화였으며 그 누구도 그의 역할을 감당하지 못했다. 1969년 1월 6일 RTL 라디오 방송에서 세 명의 프랑스를 대표하는 가수들을 한 자리에 모았는데 레오 페레, 조르쥬 브라셍과 자끄 브렐이었다. 여름 말에 브렐은 에두아르 몰리나로의 <Mon oncle Benjamin>이란 영화를 찍고 영화 직후 스위스에 있는 비행학교에 입학하고 새로운 비행기를 산다. 1971년 자끄 브렐은 감독으로서의 데뷔작인 <Franz>는 1971년 6월과 7월 사이에 촬영이 되었으며 바바라가 음악의 일부분을 썼다. 그 해 말, 자끄 브렐은 끌로드 를루슈의 <L'Aventure c'est l'aventure>라는 영화를 찍는데 이 촬영은 카리브에서 이루어졌고 이곳에서 젊은 여배우이자 무용수인 마들리 바미를 만나 그의 인생의 마지막을 함께 보낸다.

그의 영화는 1972년 3월 파리에서 개봉되었는데 커다란 성공을 거둔다. 그러나 브렐은 여기서 만족하지 않고 더욱 욕심을 낸다. 5월에 끌로드 를루슈의 영화는 그에게 다시 한 번 큰 성공을 가져다준다. 1972년에 브렐은 바클레와 30년간의 예외적인 계약을 맺게 되는데 새로운 곡이 없자 이전의 히트곡들을 새로운 반주자들과 함께 재녹음한 음반을 내기로 한다. 72년 6월과 7월 브렐은 브뤽셀에서 그의 두 번째 영화인 <Le Far West>를 촬영한다. 이 영화는 1973년 칸느 영화제를 목표로 개봉되었지만 완전 실패로 돌아간다. 73년 초, 브렐은 자신이 아프다는 것을 알고 그의 유언을 쓰면서 자신의 아내인 미슈가 재산을 물려받게 한다. 이 해에 <L'enfance>라는 미니 앨범을 내놓는데 이 권리를 장애 아동에게 도움이 되도록 리노 벤추라 재단에게 양도한다. 5월에 그의 친구인 코메디언 리노 벤추라와 함께 에두와르 몰리나로의 <L'emmerdeur>를 촬영한다. 여름 동안 딸들과 함께 배로 항해하며 보냈고 그 해 말 그는 5명의 동료들과 2달 동안의 장기간 여행을 떠난다. 이제 거의 배를 타면서 시간을 보내다가 1974년 7월 자끄 브렐은 바들리와 그의 딸인 프랑스와 함께 배를 타고 아스코이로 향한다. 8월 말, 아코르에서 브렐은 자신의 절친한 친구인 조조가 죽었다는 소식을 접한다. 장례식을 위해 돌아와 9월 자신의 딸인 샹딸의 결혼식을 위해 머문다. 11월에 브렐은 브뤽셀에서 폐를 수술하였는데 왼쪽에 폐암을 앓고 있었고 이미 상당히 진전된 상태였다. 브렐은 자신이 살 날이 얼마 남지 않았다는 것을 알고 혼자 죽고 싶다고 사람들에게 알린다.

1975년에 자끄와 마들리는 마르키스 섬에 정착한다. 새로운 삶을 시작하며 브렐은 조조라고 불렀던 새로운 비행기를 구입한다. 그리고 이것을 근처 섬에 살고 있는 주민들을 위해 택시로 사용한다. 1976년 두 번째 브뤽셀에 가서 검진을 받는데 그가 마르키즈로 돌아올 때마다 기후가 그에게는 맞지 않았다. 1977년 자끄 브렐은 음반을 녹음하기로 결심한다. 그의 이전 대표곡들은 여전히 잘 팔리고 있었고 유럽의 수천 킬로미터 떨어진 곳에 있으면서도 여전히 대중들의 영혼 속에 존재했다. 그는 파리고 8월 말에 돌아와 조그마한 파리 호텔에 묵었다. 담배를 끊고 친한 동료들과 작업을 하기 시작하는데 그의 건강은 나빴지만 매우 의욕에 넘쳐 있었고 그가 마르키즈에서 쓴 17곡의 노래 중 12곡을 불렀다. 녹음은 1977년 9월과 10월 사이에 진행되었다. 11월 17일 앨범이 나오자 온 나라가 들썩였다. 브렐은 그의 음반사에게 미리 홍보를 하지 말 것을 부탁했지만 디스크의 선주문이 백만 장이 들어왔다. 같은 날 브렐과 아내는 히바-아로 다시 떠난다. 1978년 7월에 브렐은 갑자기 병이 악화되면서 프랑스로 이송되었고 뉘에 있는 병원에서 6주를 산소마스크를 쓴 채 입원했다. 그리고 10월 7일 프랑스 남부에서 여름을 마친 후 보비니 병원으로 긴급 후송되었고 10월 9일 사망한다. 프랑스와 벨기에 그리고 전 세계에서 그의 죽음을 애도하는 행렬이 줄을 이었으며 그의 시신은 10월 12일 마르키즈로 이송된다. 그는 화가인 고갱의 무덤 가까이에 묻힌다. 자신의 감정과 분노를 노래에 담아 열정적으로 불렀던 가수 브렐은 자신들에게 오랫동안 냉담했던 관객들에게조차 사랑의 감정을 품고 있었다.

전 세계의 많은 가수들이 아직도 그의 노래를 부르고 있는데 세르쥬 라마, 이자벨 오브레와 같은 가수 뿐 아니라 줄리에뜨 그레꼬, 줄리엘 르끌렉 등 프랑스 가수들 뿐 아니라 다비드 보웨, 쎌린 디옹 등 외국 가수들도 그의 노래를 부른다. 1981년 그의 딸인 프랑스가 아버지의 예술을 대중들에게 알리는 한편 암 연구를 지원하기 위해 자끄 브렐 재단을 만든다.

JULIEN CLERC

뽈-알랭 르 끌렉은 1947년 10월 4일 파리의 19구에서 태어났다. 그는 매우 부유하고 편안한 가정에서 자랐지만 5형제와 자매들 중에서 외로운 어린 시절을 보냈다. 그의 부모는 그가 아직 어렸을 때 이혼을 했고 주중에는 유네스코의 높은 관리였던 아버지와 함께 살았는데 고전 음악을 주로 들었다. 그리고 주말에는 어머니와 함께 보냈다. 그녀의 집에서 그는 브라쌍에서 삐아프에 이르기까지 많은 샹송을 들었으며 6세경에 그는 피아노를 처음 배웠지만 그다지 열성을 쏟지는 않았다. 13세가 돼서야 라디오에서 들리는 모든 노래들을 듣고 바로 피아노를 칠 수 있는 수준에 오른다. 그의 소년 시절은 라카날 고등학교와 60대의 청소년들의 삶이 그러했듯이 깜짝 파티와 스쿠터와 친구들과 함께 보냈는데 여기에 그의 부모님들에 의해 음악 공부와 보이 스카우트 활동이 더해졌다. 졸업반에 모모라고 불리던 모리스 발레를 만나는데 그는 후에 그의 주 작사가가 된다. 게다가 이 시기에 아직도 뽈-알랭이라 불리던 줄리엥 끌렉은 그의 첫 번째 곡들을 작곡한다. 대학 수능 시험이 끝난 후 그는 정치 학교 입학 준비에 실패하는데 그의 아버지의 강요에 의해 소르본의 법대에 진학하게 되지만 대학 앞에 있는 광장의 카페에서 거의 모든 시간을 보낸다. 1966년 스페인 혁명가의 아들인 에티엔느 로다-질을 만나게 되는데 후에 그의 친구이자 작사가 된다.

이들의 만남으로 세 친구는 노래를 작사하기 시작하고 수 년 동안 활동을 같이 하게 된다. 가족 관계를 통해 줄리엥 끌렉은 빠테 마르꼬니에서 오디션을 볼 기회가 있었다. 젊은 청년에게 있어서 이것은 좋은 성공의 기회였으며 이름을 바꾸고 음반사와 7년간의 계약을 한다. 1968년 2월에 세 명의 친구들이 <La cavalerie>라는 곡을 만들고 줄리엥 끌렉이 노래를 한다. 5월의 더운 날 그의 첫 번째 음반이 나온다. 줄리엥 끌렉의 신-심포니적 음악들과 발레와 로다-질의 몽환적인 가사들은 당시의 변화 시기와 잘 맞아떨어졌다. 이 노래들은 전통적이라고 불리는 프랑스 노래들과는 차별화된 것으로 당시 프랑스에서는 거의 알려지지 않았던 매우 조화적인 스타일의 곡을 인정받는다. 게다가 줄리엥 끌렉의 목소리는 바이브레이션이 뛰어나 아주 독특한 분위기를 이끌어내었다. 첫 번째 음반이 성공을 거두고 당시의 인기 순위에 오른다. 그러나 줄리엥 끌렉은 특정 젊은 여인들에게 인기가수로 알려지기 보다는 오랫동안 기억에 남을 수 있는 가수로 남길 바랬다. 1968년 7월에 그는 4곡이 실린 두 번째 미니 앨범 <Ivanovitch>를 내놓는데 질베르 베꼬는 이 노래에 매료되어 줄리엥 끌렉에게 1969년 봄 올렝피아에서 자신의 공연 앞부분을 맡지 않겠냐는 제안을 한다. 그러나 그 전에 좀 더 많은 경험을 쌓으라는 조건을 달았는데 이는 줄리엥 끌렉에게는 정말 좋은 기회였고 1968년 가을에 아다모와 함께 순회공연을 떠난다. 1969년 초, 4곡이 실린 그의 세 번째 미니 앨범 <Yann et les dauphins>이 나오는데 동시에 그의 첫 번째 정식 음반이 출시되면서 그는 샤를르 크로스 아카데미의 음반 상을 수상한다

3월에 줄리엥 끌렉은 올렝피아 무대에서 질베르 베꼬 공연의 첫 번째 부분에 오른다. 비록 겨우 1년 정도 남짓한 가수 경력을 가졌지만 줄리엥은 대 성공을 거둔다. 쎄르쥬 겐즈부르그, 앙리 살바도르와 같은 위대한 가수들이 그의 성공을 진심으로 축하해주기 위해 왔다. 이 공연 때 줄리엥은 코메디 뮤지칼 감독에 의해 당시 큰 성공을 거두면서 곧 파리에서 공연될 <Hair>에서 주인공역을 맡아줄 것을 제안한다. 줄리엥은 처음에는 거절했지만 런던에서의 이 공연을 본 후 마침내 승낙한다. 5월 31일부터, 뽀르뜨 쌩-마르땡 극장에서 이 코메디 뮤지컬이 시작되었는데 히피 문화가 절정에 달하면서 이 코메디 뮤지컬은 대 성공을 거둔다. 7월에 그는 <La Californie>라는 새로운 노래를 내놓는데 이 곡은 당시 최고의 음악 전문인 <Salut les copains>의 주요 차트에서 높은 등수를 차지한다. 이 해에 각종 언론에서는 줄리엥 끌렉은 여가수인 프랑스 걀과 4년 동안 사귀고 있다는 것을 공식적으로 알린다. 1970년 2월, 코메디 뮤지컬인 <Hair>에서 완전히 빠진 후 5월에 두 번째 앨범인 <Des jours entiers à t'aimer>를 내놓고 12월 16일부터 29일까지 올렝피아에서 공연한다. 2월, 아르헨티나에서 머물렀던 기억에서 영감을 받은 탱고 풍의 <Le coeur volcan>을 내놓는데 그의 친구인 에띠엔느 로다-질이 작사를 맡는다. 11월 이 노래는 <Ce n'est rien> 또는 <Niagara>와 같은 그의 대표적인 곡들과 함께 세 번째 앨범에 수록된다. 데뷔 때부터 가수로서 성공 가도를 달렸던 줄리엥 끌렉은 24세 때 이미 파리의 그래뱅 미술관에 밀랍인형이 소장될 정도의 인물이 되었다. 인기 있는 스타로서 계속해서 노래를 만들었고 대부분의 작사는 에띠엔느 로다-질이 맡았다. 그의 수많은 곡들은 외국에서도 판매되었고 외국어로 번역되었다. 그리고 1971년 12월 28일부터 1972년 1월 16일까지 올렝피아에서 공연을 하고 8월 10일 프랑스인들은 줄리엥 끌렉을 티비영화에서 만나게 되는데 여기서 음악가의 역할을 맡았고 텔레비젼 영화라 불리는 음악을 작곡하기도 한다. 70년대에 그는 연기도 시도했지만 결코 자신의 진정한 경력으로 생각하지는 않았다. 73년은 가수 생활에 중요한 획을 그은 해로서 9월 3일 <Julien>이란 앨범을 위해 자신의 음악 편곡자인 장-끌로드 쁘띠를 떠나 영국으로 건너가 빌 쉐퍼드라는 음악가와 작업을 하게 된다. 10월 3일부터 21일까지, 줄리엥 끌렉은 7명의 반주가들과 올렝피아에서 새로운 공연을 하고 74년 초, <Julien Clerc avec vous>라는 앨범을 출시한다. 1974년 2월에 앞선 앨범의 총 판매 장수로 5개의 골든 디스크상을 수상한다. 끊임없는 작업의 열성을 보이는 끌렉과 로다-질은 1974년 7월에 새로운 앨범을 쓴다. 자신의 집에서 그리 멀지 않은 곳에서 12곡을 작업하는데 이번에는 이전에 겐스부르그 또는 자니 헐리데이와 함께 편곡작업을 했던 장-끌로드 바니에가 편곡을 맡는다. 이전 앨범과 마찬가지로, 줄리엥 끌렉은 그 어떤 곡도 미리 발표하지 않을 것을 결심하지만 이 앨범의 몇 곡은 이미 라이도를 통해 전파를 탔다. 줄리엥 끌렉은 이제 매해 말에 파리에서 공연을 거의 규칙적으로 갖는데, 11월 6일부터 25일까지 올렝피아에서 그의 관객들과 만난다.

프랑스 걀과 헤어지고 난 후 줄리엥 끌렉은 캐나다로 공연을 떠난다. 1975년 3월 일본에서 8개의 공연을 하였고 이제까지의 어린 소년의 이미지로 인식되었던 줄리엥 끌렉은 이제 성숙하고 고독을 아는 진정한 성인의 가수로 사람들의 머리 속에 자리잡게 된다. 그는 10곡이 수록된 앨범을 내놓는데 여기에는 75년도에 그의 우울함을 반영하고 있다. 또한 <D'amour et d'eau fraîche>라는 영화에서 피아노 선생님으로 출연하는데 이 영화에서 젊은 코메디어인 미우-미우를 만나게 되고 1981년까지 그녀와 함께 산다. 1975년 말, 줄리엥 끌렉은 커다란 전환기를 맞이하게 되는데 그의 새로운 에이전트인 베르트랑 드 라베가 보다 새로운 분위기를 위해 작사가를 바꿀 것을 제안한다. 그래서 줄리엥 끌렉의 노래들의 가사를 맡은 사람이 막심 르 포레스티에와 장-루 다바디이다. 1976년 11월에 그의 8번째 앨범이 나왔는데 여기에는 평소와 마찬가지로 로다-질과 발레의 가사뿐 아니라, 다바디의 <Le coeur trop grand pour moi>와 막심의 곡 <A mon âge et à l'heure qu'il est>이 포함되어 있다. 1977년 1월에 올렝피아보다 두 배는 더 큰 무대인 빨레 데 스포츠에서 줄리엥은 그의 새로운 곡들을 선보이는데 비록 앞선 앨범들 보다 판매 면에서는 저조하였

지만 관객들은 그의 공연을 보기 위해 몰려들었다. 1978년에 줄리엥과 미우-미우는 예쁜 딸 잔느를 낳는다. 같은 해에 30살을 맞이하면서 그의 친구인 막심 르 포레스티에는 그를 위해 그의 가장 아름다운 노래들 중에 하나로 손꼽히는 <J'ai eu 30 ans>이라는 곡을 준다. 이 노래는 1978년 가을에 <Jaloux>라는 앨범에 수록된다. 이 음반은 -루 다바디가 만든 <Ma préférence>라는 곡을 타이틀로 한 덕분에 4십만 장이 팔리면서 판매면에서도 커다란 성공을 거둔다. 78년에 끌렉과 로다-질의 협력관계는 점점 더 심각한 지경에 이르렀고 새로운 작사가를 영입할 때마다 잡음이 끊이질 않았다. 음반의 성공의 여세를 몰아 빨레 데 꽁그레에서 공연을 갖는데 줄리엥은 2시간 동안 한 번도 쉬지 않고 노래를 부르는 열정을 보여준다. 공연 끝 곡으로는 레오 페레의 노래를 선택하는데 줄리엥 끌렉은 청중들에게 브라셍의 <Comme hier>, 자끄 브렐의 <La quête>, 에디뜨 삐아프의 <L'hymne à l'amour>과 같은 애국의 느낌을 자아내는 노래들을 들려주는 것을 좋아했다. 1979년에 줄리엥은 두 작업을 동시에 진행하는데 하나는 아이들을 대상으로 하는 <Emilie Jolie>이라는 필립 샤뗄의 뮤지컬 꽁뜨에서 노래를 했고 이 앨범은 백만장이 판매된다. 그리고 그는 <36 Front Populaire>이라는 제목의 코메디 뮤지컬에 참여하는데 자신은 결코 무대에 오르지 않는다. 스튜디오에너 녹음한 이 두 장 짜리 앨범 첫부분에서 <Ça commence comme un rêve d'enfant>이라는 노래를 부르는데 지금까지도 그의 가장 아름다운 대표곡들 중 하나로 손꼽히고 있다. 이 해에 줄리엥은 18개의 방이 있는 성을 사들이는데 이 곳에서 양을 키우며 정착하기로 결심한다. 또한 이곳에서 승마를 하면서 이 스포츠에 점점 더 빠지게 된다. 그 해 말, 그의 두 번째 앨범을 녹음하기 위해 캐나다로 가 <Clerc Julien>이라는 제목의 앨범이 1980년에 나온다. 이때 그는 퀘벡출신의 뤽 쁠라몽동이라는 작사가를 만나 <Quand je joue>라는 노래의 작사를 맡겼는데 로다-질과 다바디가 붙인 가사가 전혀 마음에 들지 않았던 끌렉은 이 가사를 노래에 붙이게 되면서 오랜 친구이자 작사가였던 로다-질과 결별하는 계기가 된다.

당시 잡지사들은 이 결별에 대해 크게 다루었으며 사람들은 로다-질이 <Il fallait bien que Julien tue son père>라고 말한 글을 여러 신문에서 읽게 되었고 깊은 상처를 입게 된다. 줄리엥은 이 앨범 후에 편곡자인 장-끌로드 쁘띠와도 결별한다. 그리고 11번째 그의 앨범인 <Sans entracte>가 나오는데 여기에는 로다-질의 그 어떠한 가사도 실리지 않는다. 반면 모리스 발레가 쓴 <Jungle Queen>라는 곡은 라디오 음악방송인 RTL의 순위에서 1위를 차지한다. 이 앨범에는 수록된 9곡 중 쎄르즈 겐스부르그가 쓴 두 곡의 노래가 포함되어 있다. 10월 30일부터, 줄리엥 끌렉은 미국인과 프랑스인들로 이루어진 반주자들과 함께 빨레 데 꽁그레에서 공연을 갖는다. 그리고 순회공연을 갖는데 실황공연 음반인 <Vendredi 13>이 1981년 3월 12일과 13일에 리용에서 녹음된다. 줄리엥 끌렉의 창조적 힘은 언제가 그의 사생활과 밀접한 관계를 맺고 있었는데 1981년 미우-미우가 그를 떠나자, 그가 겪는 아픔은 바로 <Femmes, indiscrétions et blasphèmes>라는 그의 앨범에 영감을 주었다. 마찬가지로 1975년 프랑스 갈과 헤어질 때도 당시의 감정 상태를 담은 <Souffrir par toi n'est pas souffrir>라는 곡을 탄생시켰다. 1982년, 그의 12번째 앨범이 나오는데 그 유명한 <Femme, je vous aime>가 바로 그것이다. 이 음반은 줄리엥에게 두 개의 커다란 변화를 겪게 하는데 우선 자신의 음반사인 빠떼 마르꼬니와 결별하고 당시에는 그다지 알려지지 않았던 영국 음반사인 버진으로 옮긴다. 게다가 음반은 런던에서 녹음되었다. 그리고 갈색의 긴 머리가 트레이드 마크였던 줄리엥 끌렉은 머리를 짧게 깎으며 새로운 모습으로 등장하게 된다. <Femmes, indiscrétions, blasphème>는 놀라운 상업적인 성공을 거두게 되고 중간에 있는 곡인 <Lili voulait aller danser>는 어린 소녀들을 감동시켰다. 1983년 2월 뽀르뜨 드 빵뗑 성에서 그는 5천명의 청중들 앞에서 5주 동안 공연을 갖는다. 35세의 나이가 된 줄리엥 끌렉은 당시의 노래 선생이었던 샤를로에게서 목소리를 아끼고 자신의 유명한 바이브레이션을 보다 더 조절하는 법을 배운다. 여전히 말을 몹시 좋아했던 줄리엥은 이 시기에 어린 여기수인 비르지니 꾸쁘리를 만나게 된다. 보들레 지방에서 커다란 포도주 제조업자의 딸인 그녀는 줄리엥과의 관계를 아버지로부터 인정받기까지 일년이라는 시간이 걸렸고 매우 전통적인 약혼식이 가족 친지들만이 모인 가운데 치러졌다. 1984년에 다비드 맥 네일이라는 새로운 작사가와 함께 새로운 앨범인 <Aime-moi>가 출시되었고 여기에 수록된 80년대 최고의 히트곡인 <Mélissa>는 7십만장이 판매되면서 스페인어로 번역까지 되면서 줄리엥 끌렉은 이제 최고의 스타자리에 오른다. 또한 1985년 4월 24일부터 5월 4일까지 파리에서 가장 큰 공연장인 베르씨 종합 경기장에서 공연을 갖는다. 매일 저녁 십만명의 관객들이 화산 섬의 형태를 갖춘 거대한 무대 앞에 몰려들었다. 아프리카 문화에 심취해 있던 줄리엥은 가봉, 세네갈, 꼬뜨 디부와르와 꺄메룬 5 곳에서 공연을 하기로 결심한다. 이 공연에 대한 장면들이 85년 3월 프랑스 티비 방송인 TF1에서 방송되기도 했다. 2달 동안,l 베르씨 공연 이후 줄리엥 끌렉은 85년 10월부터 86년 1월까지 프랑스에서 공연을 하기 전 캐나다에서 23번의 연속 공연을 하고 브라질에서 3번의 콘서트를 갖는데 그와 함께한 연주팀은 100명이었다. 9월 14일 줄리엥은 코르시카의 조그마한 마을인 피노에서 비르지니와 결혼식을 한다. 그리고 11월 23일, 프랑스 가요를 대표하는 빅투와르 들 라 뮤직에서 최고의 가수로 인정받는다. 1985년 말, 줄리엥은 시트로엥 자동차 선전에서 음악을 맡는데 여기에서 유명한 <J'aime, j'aime, j'aime>라는 가사를 만들어낸다. 1년간의 휴식기간과 작곡 시간을 갖은 후 줄리엥은 1987년 새로운 앨범 <Les aventures à l'eau>를 내놓는데 여기에서 다비드 맥 넬이 작사한 곡 <Hélène>이 대 히트를 거두었고 특히 프랑수와 아르디가 작사한 곡이 수록되면서 처음으로 여성이 작사를 하게 된다. 같은 해에 딸 바니으가 태어났고 87년 가을 아프리카 공연 후, 줄리엥은 몇 개의 작은 공연을 열었지만 실패하고 마는데 가수로서의 그의 재능을 알고 있던 대중들은 그가 너무 쉽게 현대화의 물결에 편승했다는 생각을 가지게 된다. 80년대 말은 줄리엥에게 있어서는 가수로서 침묵하던 해다. 1990년이 돼서야 그는 <Fais-moi une place>라는 앨범은 1월 8일에 내놓는다. 이 앨범은 뉴욕에서 녹음했는데 작업은 폴 싸이먼 그리고 빌리 조엘의 제작자였던 필 라몬이 맡는다. 그는 이 앨범에서 새로운 영감을 찾았는데 보다 정교하고 완성된 멜로디와 장-끌로드 바니에, 프랑수와 아르디의 가사들이 조화를 이루었다. 11월 29일부터 12월 9일까지 4천명이 들어가는 제니스 공연무대에 섰고 앞선 공연에서 실망했던 청중들은 피아노 앞에 앉아서 노래를 부르는 그에게 갈채를 보내며 <Je vous aime>를 소리친다.

12월 22일과 23일 줄리엥은 <Pierre et le loup>라는 프로코피이브의 작품에서 나레이터의 역할을 맡는데 이 작품은 22일 바스티유 오페라 극장, 그리고 23일에는 샹젤리제 극장에서 공연한다. 앨범 <Utile>가 1992년 12월 8일에 출시되고 줄리엥 끌렉의 경력에서 새로운 전환점을 맞이하게 되는데 왜냐하면 10년 전 결별했던 그의 작사가인 이티엔느 로다-질의 아내의 장례식에 참석하게 되기 때문이다. 로다-질의 아내의 장례식이 거행되었을 때 두 사람은 다시 만나게 되고 함께 다시 작업을 해야 한다는 것을 직감적으로 깨닫는다. 두 사람의 공동작업에 대해 큰 기쁨을 가졌던 팬들은 음반 전체의 가사를 로다-질이 맡게 되면서 이들의 작업에 대해 그 어느 때보다 큰 관심을 보였다. 로다-질과의 음악적 재결합은 곧 18년 동안 공연하지 않았던 올렝피아에서의 공연으로 이어졌다. 1993년 5주 동안 줄리엥은 자신의 25년 가수 경력을 축하하는 열정적인 무대를 청중들에게 보여주었다. 정확히 3년 뒤인 1997년 3월 25일 거의 50세가 되던 줄리엥은 그의 17번째 앨범을 내놓는다. 여전히 로다-질, 다바디 또 맥 네일과 같은 이전의 작사가들뿐 아니라 젊은 작가이자 기자인 로렁 샤뤼모의 가사가 붙여진 이 앨범은 <Aime-moi>라는 앨범의 제작자였던 영국인 크리스토퍼 네일에 의해 만들어진다. 이 앨범은 줄리엥의 뛰어난 음악적 재능과 함께 낭만적이면서도 부드러운 느낌을 주는 것으로 알려져 있다. 10월 1일부터 12일까지 줄리엥은 빨레 데 스포츠에서 공연을 하는데 10월 4일 토요일 공연 중, 10여명의 친구들이 그를 맞이하는데 프랑수와 아르디, 르노, 빠트릭 부뤼엘, 알렝 슈숑, 그리고 그의 세 명의 딸 등이 거의 5천명의 청중들 앞에서 그의 50번째 생일을 축하하는데 공연 끝에 청중들은 <Joyeux Anniversaire>를 외치며 공연장은 감동의 물결에 휩싸인다. 98년 봄에 줄리엥은 프랑스와 유럽으로 장기 공연을 떠나는데 특히 6월 10일 파리에서 벌어진 월드컵 대회 때 나타난다. 축구 팬이었던 줄리엥은 텔레비전 방송인 Canal +에서 몇 경기를 같이 중계하자는 제의를 했고 그는 프랑스가 시합이 있는 날에는 프랑스 국가를 방송국에서 매일 불러줄 것을 부탁한다. 같은 시기에 그는 마르쎌린 데보르데-발모어의 시에 곡을 붙인 <Les Séparés>라는 곡으로 작사-작곡가 협회로부터 봄 시즌의 대상을 받는다. 1999년 1월 줄리엥은 수년 동안 그가 해오던 전기음이 사용된 공연과는 거리가 먼 어쿠스틱 반주로 이루어진 공연을 샹젤리제 극장에서 보여준다. 이번에는 단지 두 명의 반주자만을 대동하였는데 30년 가까이 줄리엥의 편곡을 담당하였던 장 슐테이와 키타를 맡은 헤르베 부롤이 그들이었다. 이 공연에서는 과거의 많은 곡들이 새롭게 선을 보였는데 이 공연 후 줄리엥은 북 아메리카로 가 4월 22일부터 5월 6일까지 예외적인 공연을 하였고 뜻하지 않은 성공을 거둔다. 그리고 중국, 타일랜드, 한국, 캄보이아와 싱가포르의 동양 투어 공연이 5월 12일부터 29일까지 잡혀 있었지만 코소브의 전쟁과 중국과 북부 대서양 조약기구 간의 여러 가지 정치적인 문제로 인해 중국의 3일 공연과 타이완의 하루 공연을 취소해야 했다. 1999년 12월 18일 퀘벡에서 10여일 간의 공연 후, 줄리엥은 몽뻴리에에서 2년 반 동안의 장기 공연을 계획한다. 2000년의 첫 주는 Restaurants du coeur를 위한 자선기금 마련 공연에서 다른 많은 연예인들과 함께 무대에 서기도 한다. 98/99년의 장기 공연을 끝내자마자 줄리엥은 18번째 앨범을 준비하기 시작한다. 이 앨범에서는 최고의 모델인 를라 부뤼니가 앨범의 곡들 중 6곡의 가사를 쓰는 놀라움을 보여주었고 알레지 출신의 니나 부루아위, 여가수인 아시아 등이 참여하였고 물론 그의 오랜 동반자들인 로다-질과 다비드 맥웰 역시 이 음반 작업에 참여하였다. 앨범은 로스엔젤레스에서 녹음하였고 2000년 11월 14일 몇 주 동안 방송에서는 그의 앨범에 대한 홍보가 이루어졌다.

쥘리엥 끌렉은 60년대 스타들의 세대에 속하며 30년이 지난 지금까지고 왕성한 활동을 하고 있는 가수다. 자니 헐리데이, 자끄 뒤트롱 또는 프랑스 걀과 마찬가지로 이 50대의 가수들은 그들의 첫 번째 팬들이 자식들이 그러는 것처럼 아직도 이들에 대해 환호하고 갈채를 보내는 세대를 초월한 가수로 인정받고 있다.

Florent PAGNY

플로렁 빠니의 <Savoir Aimer>라는 그의 앨범과 함께 프랑스에서 가장 많이 팔린 앨범들 중 하나이다. 87년의 커다란 성공 이후 그는 무대에서 거의 모습을 드러내지 않았다. 빠니는 1961년 11월 6일에 부르곤뉴의 샬롱-쉬르-손에서 평범한 가정에서 태어났다. 그에게는 한 명의 형제와 두 명의 누이가 있었는데 그다지 적응하지 못했던 학업을 마친 후 16살이 되자마자 둘 다 노동자였던 부모님이 67년 정착한 오뜨 싸부아 지방을 떠나기로 결심한다. 그의 목적은 드라마 쪽 일과 노래하는 것을 배우는 것으로 이 두 예술적 활동의 매력에 흠뻑 빠져 있었다. 플로렁은 13세 때부터 지역 노래자랑에 참가하여 우승을 휩쓸 정도의 실력을 갖추고 있었다. 파리에서의 그의 가수 생활은 어렵게 시작되었다. 벌이가 신통치 않은 일을 하며 아주 하찮은 방에서 생활하던 빠니는 지방에 있는 르발우와-뻬레의 콘쎄르바뚜아르에 등록했고 여기에서 3년 동안 노래를 배우지만 바리톤 음색과 가죽 옷에 귀를 뚫은 그의 외모는 학교에서 요구하는 그런 타입과는 전혀 어울리지 않았다. 나이트 클럽에서 바텐더로 일하는 동안 영화에서 매우 잘 알려져 있는 도미니그 베느하르라는 인물을 만나게 되고 마침 젊은 배우를 찾고 있던 그에게 발탁된 플로렁 빠니는 예술의 세계에 발을 들여놓게 된다. 이후 봄 스웽의 영화 <La Balance>에서 경찰 수사관의 역할을, 그리고 알렝 꼬르노의 <Fort Saganne>에서 배우로 등장한다. 1987년 그의 첫 번째 노래인 <N'importe quoi>가 나오는데 마약과 방탕한 자신의 생활을 노래한 가사를 통해 플로렁은 이 문제에 대해 젊은이들에게 교훈을 주고자 노력했다. 이 곡은 대단한 성공을 거두며 거리 어디에서나 들을 수 있게 된다. 대략 백 만장이 판매되었고 가수로서의 데뷔는 그로 하여금 갑자기 유명세를 타게 한다. 그 이듬해 <Laisser nous respirer>라는 곡을 만드는데 이 곡은 특정한 젊은 세대를 대변하는 곡으로서 그는 할리 데이비슨을 타고 있는 모습으로 반-안일주의 사상을 담고 있었다. 그러나 유명세와 경제적인 부는 그를 약간 들뜨게 만들었다. 89년 그는 끌로드 프랑수와의 곡을 편곡한 <Comme d'habitude>라는 곡을 내놓는데 이런 고전적인 노래는 그에게는 익숙한 것으로 어려서부터 루이 마리아노 등의 노래를 들으며 자랐기 때문이었다.

90년 4월이 되어서야 플로렁 빠니는 그의 첫 번째 앨범인 <Merci>를 내놓는다. 이 앨범의 제목은 지금까지 운 좋게 이 자리까지 와서 자신이 누리고 있는 혜택에 대한 만족에서 비롯된 것이다. 그러나 공인으로서의 그의 이미지는 방송매체들에 의해 비난의 대상이 되곤 하였다. 여가수인 바네사 빠라디와의 연애와 어찌 보면 광란스럽게 보이기까지 하는 그의 태도를 방송매체들은 달갑게 여기지 않았다. <Presse qui roule>이란 곡에서 플로렁은 이러한 방송매체들의 공격에 대해 매우 직설적으로 대응하였다. 그는 계속 가수로의 인기를 누리며 91년 1월에 파리의 제니스에서 공연을 갖는다. 비록 무대에 대한 약간의 공포증이 있었지만 그에게는 하나의 도전이었기 때문이다. 몇 편의 영화를 찍은 후 플로렁은 92년 7월 새로운 앨범인 <Realiste>를 내놓는다. 그러나 이 앨범의 분위기는 매우 슬펐고 제작 역시 완벽하지 못하였으며 여기에 실린 곡인 <Tue moi>는 결국 바네사 빠라디와 결별하게 되는 원인이 된다. 사실 이 앨범은 현실적이라기보다는 침울하고 우울한 분위기였다. 사실 이 시기에 플로렁은 매우 암울한 상태였는데 경제적인 문제로 인해 큰 곤란을 겪고 있었고 절망과 낙담으로 일관된 생활이었다. 그저 나쁜 하나의 추억으로 이 모든 것을 생각하기로 한 플로렁은 94년 4월 새로운 앨범인 <Rester vrai>를 내놓는다. 여기에는 다양한 록 장르의 11곡이 실려 있으며 그를 다시 성공의 반열에 올려놓게 된다. 그의 목소리는 여전히 명쾌하고 강했으며 장-자끄 골드만이 작사한 <Est-ce que tu me suis>와 같은 노래를 완벽하게 소화해내기에 충분했다. 이 앨범을 통해 아름답고 젊은 아르헨티나 여인인 아쥐쎄나와의 새로운 생활이후 안정성을 찾아가는 듯 보였다. 이들은 96년 3월에 잉카라는 아들을 낳는다. 그리고 그는 이탈리아 음악가 루이오 달라의 노래 <Caruso>의 버전을 딴 세곡의 노래가 대단한 성공을 거두게 된다. <Bienvenue chez moi>라는 제목의 일종의 히트 모음집 앨범은 몇 달 만에 백오십만장의 판매를 기록한다. 이후 그는 무대에서 보다 여유 있는 태도로 공연할 수 있게 된다. 96년 1월 그는 4번의 공연을 하는데 매우 열성적이고 명쾌한 분위기 속에서 진행되었다. 이 성공에 자신을 얻어 96년 6월 11일 파리의 제니스에서, 그리고 12월 9일에는 베르씨 종합경기장에서 공연을 한다. 이렇게 하여 플로렁 빠니는 이 해를 가수로서 매우 성공적으로 끝마친다. 대중들의 이와 같은 환호를 받은 후 플로렁은 1997년 10월 <Savoir aimer>라는 새로운 앨범을 선보인다. 이 앨범을 위해 파스칼 오비스코 등을 비롯한 뛰어난 작사, 작곡가들의 도움을 요청한다. 이제 정말 실력 있는 예술가들과 작업을 해야 하는 것이었다. 이 앨범의 타이틀곡은 나오지 일 주일만에 프랑스 음악 순위에서 1등을 차지한다. 이 엄청난 대중적 성공으로 플로렁은 98년 2월 20일 금요일 남자부문 최고 가수상을 수상한다. 이 앨범은 1,4백만 장이 넘게 판매되었고 플로렁 빠니는 명실공이 프랑스를 대표하는 가수로 자리를 잡는 듯 했다. 또한 이탈리아의 모데네에서 98년 6월 위대한 테너가수에 의해 열린 국제 파바로티 콘서트에 스티브 원터와 함께 초대된 유일한 프랑스 대중가수가 된다.

9월, 자니 헐리데이 쇼에도 출연하여 그와 함께 듀엣으로 <le Penitencier>를 부르기도 한다. 이 앨범이 출시된 1년 뒤, 플로렁은 에릭 벤지가 쓴 <Dors>라는 곡을 내놓는데 이는 최근 사망한 에릭 벤지의 아내에게 바치는 곡이었다. 또한 98년 10월 5일 베르씨에서 꽉 찬 대중들 앞에서 이 노래를 불렀으며 <Caruso>와 <Oh Happy days>를 불렀다. 그리고 12월까지 순회공연을 떠난다. 99년 말, 플로렁은 파스칼 오비스포가 기술을 맡은 <Re－creation>이라는 모음집 앨범을 내놓는데 여기에는 17곡의 프랑스 노래들이 수록되었다. 여기에는 레오 페리의 <Jolie Mome>도 들어있다. 2000년 11월 <Chatelet les Halles>이라는 제목의 앨범이 나오는데 이 제목이 붙은 이유는 사실 왜 그가 방송매체들에 대해 불만을 가진 것처럼 느껴지는 것처럼 알 수가 없다. 그의 경력 초기에 이미 <Presse qui roule>라는 제목의 곡에서 보여주었던 것처럼 방송매체와 좋은 관계를 맺고 싶지 않다는 의도를 분명히 밝혔다. 그로 인해 이 앨범의 홍보는 대중매체를 통해 전혀 알려지지 않았지만 여기에 수록된 13곡에는 파르칼 오비스포를 비롯 라이오넬 플로렁스와 같은 실력있는 작사－작곡가들이 대거 참여하였다. 관대하고 대중적인 가수인 플로렁 빠니는 이제 프랑스 가요계에서 누구나 인정하는 최고의 스타가 되었으며 팬들의 눈에는 점점 더 상냥해져가는 그의 모습이 보인다.

Pascal OBISPO

1965년 1월 8일 프랑스의 남－서쪽에 있는 베르즈락에서 태어난 파스칼 오비스포는 오늘날 프랑스 젊은 낭만주의성향의 노래에 상징으로 알려져 있다. 보르도의 지로댕 축구팀의 선수의 아들이었던 파스칼은 농구선수가 되려고 하였다. 그의 부모가 70년대 중반에 이혼을 하고 파스칼은 어머니와 함께 살게 된다. 1978년, 어머니가 렌느에 정착하는데 교육도시이자 매우 활발한 문화도시였던 렌느에서 파스칼은 음악에 대한 열정을 발견한다. 그는 80년대 초에 에티엔 다오 나 티아가라 그룹과 같은 젊은 재능 있는 음악가들이 많이 배출되고 특히 트란스 뮤지칼과 같은 유명한 페스티발이 열리던 장소인 브르타뉴 지방을 강타한 뉴 웨이브 팝에 빠진다. 80년대 초, 파스칼은 학업을 끝마치지 않고 군복무를 한다. 음악에 대한 그의 열정은 점점 더 커져만 갔고 많은 가사와 멜로디를 만든다. 1988년에 여러 가지 경험을 한 후 처음으로 브르타뉴 출신 그룹인 마르키 드 사드의 이전 멤버였던 프랑크 다르쎌과 함께 첫번째 그룹인 쎈쏘를 만든다. 첫 번째 노래로 주목을 받기 시작한 오비스포는 쏘니 뮤직사 계열인 에픽과 솔로로 계약을 한다. 그리고 그의 첫 번째 앨범인 <Plus que tout au monde>가 92년도에 나온다. 닉크 빠트릭에 의해 만들어진 이 음반은 즉시 성공을 거둔다. 93년부터 9월부터 12월까지 순회공연을 시작으로 파스칼은 그 해 말 파리 무대에 서기 전 프랑스에서 알려지기 시작한다. <Tu vas me manquer>나 <la Moitié de moi>란 노래로 몇 개월 동안 파스칼은 주목받는 가수로 떠오른다. 94년 10월 그의 새로운 앨범 <Un jour comme aujourd'hui>이 나온다. 여전히 팝 멜로디가 주를 이루고 있는 이 음반은 파스칼에게 큰 성공을 가져다주었고 그는 1995년 2월부터 3월까지 60개의 고등학교, 특히 음악학교를 중심으로 공연을 갖는다. 9월부터 12월까지 프랑스와 외국으로 공연을 떠나는데 11월 15일, 파리 씨갈에서 공연을 하고 그의 친구이자 동료인 자지를 위해 젠이라는 곡을 쓴다. 1996년부터 퀘벡출신의 여가수 쎌린 디옹이 프랑스 공연을 할 때 그녀와 함께 하는데 파리에서 가장 큰 무대인 베르씨에서 4일간의 공연에서 앞부분에 노래를 할 기회를 갖는다.

40일간의 긴 공연 후, 파스칼 오비스포는 1996년 10월 29일 세 번째 앨범인 <Superflu>를 발표한다. 여기에 타이틀곡은 <Personne>이지만 특히 <Lucie>라는 곡은 한 달에 8만장이 팔리면서 큰 인기를 끈다. 이 앨범을 위해 파스칼 오비스포는 새로운 작사가들과 함께 하는데 리오넬 플로렁쓰와 자끄 란즈망이 그들이다. 97년 2월 앨범은 이미 3십 만장이 팔렸고 오비스포는 6일간의 올렝피아 공연을 여는데 연일 만원사례를 이루었고 4천 명의 팬들에 둘러싸여 제니스에서 5월 21일 한 번의 공연을 한다. 97년 7월 14일, 프랑스 국경일날, 그는 로셀의 프랑코폴리의 커다란 무대에 선다. 97년 7월 28일 아자치오의 공연 때 파스칼 오비스포와 그의 반주자들 중 한 명은 숨어있던 젊은 청년의 사냥총에 부상을 당하지만 다행히 심각하지는 않아 병원에서 하루 만에 나온다. 97년은 특히 두 명의 가수들의 협력작업으로 특징지어지는데 우선 그는 플로렁 빠니의 앨범의 일부분을 맡는데 <Savoir aimer>는 97년 가을 최고의 판매기록을 세운다. 프랑스의 대형스타인 자니 할리데이도 파스칼에게 자신의 새로운 앨범의 곡을 써달라고 부탁한다. 파스칼은 프랑스에서 가장 유명한 두 가수의 요청에 당황해 하면서도 매우 기뻐한다. 98년 2월에 파스칼 오비스포는 세 번이나 음악 부분에 후보로 오르지만, 수상하지는 못하고 그가 쓴 플로렁 빠니의 <Savoir aimer>의 뮤직 비디오가 수상을 하고 플로렁 빠니는 그해의 가수상을 받는다. 반면 자신의 앨범인 <Superflu>가 백 만장이 팔리면서 골든 디스크가 된다. 또한 작곡, 작사가 협회인 SACEM으로부터 플로렁 빠니의 <Savoir aimer>로 뱅썽 쓰꼬또 상을 받는다. 파스칼 오비스포는 가장 활동이 왕성한 프랑스 가수들 중 한 명이다. 98년에 에이즈 환자들을 돕기 위한 자금 조성 계획에 가장 앞서서 활동했는데 <Ensemble>이란 앨범에는 이러한 기금 조성을 위해 프랑스의 많은 연예인들이 참가하였다. 이 앨범은 7십 만장이 팔렸고 파스칼은 또 99년 빠트리씨아 꺄스의 앨범 중 <le Mot de passe>를 비롯하여 플로렁 빠니의 앨범에 9곡을 만든다. 게다가, Restos du Coeur와 Sol en Si 처럼 많은 기금 모음 공연에 적극적으로 참여한다. 그리고 99년 12월에 그의 새로운 앨범인 <Soledad>를 발표하는데 이 앨범에는 에티엔느 로다질과 쎄르쥬 쥐라오의 곡들과 특히 리오넬 플로랑스가 앨범의 타이틀 곡인 Soledad (프랑스어로 Solitude)가 수록되어 있다. 이 앨범에 애착을 가지고 있었던 파스칼 오비스포는 순회공연을 시작하기 전에 1년을 기다릴 것을 결심한다. 200년 초, 그의 스케줄은 꽉 차 있었고 코메디 뮤지컬에 관심을 둬 2002－2001년 가을－겨울에 프랑스에서 공연 예정된 십계의 감독 엘리 쿠라끼를 위해 곡을 쓰기도 한다. 이 시기에 파스칼 오비스포는 자신의 여인인 이자벨 퓌나로에게 많은 신경을 쓰느데 이들은 4월 4일 결혼한다. 2000년 여름 십계가 앵콜 공연을 하게 되고 그가 만든 곡인 <L'Envie d'aimer>는 10월 백만장이 팔리는 기속을 세운다. 자신의 공연의 경우 그는 10월 4일 첫날부터 표가 매진이 된다. 그리고 12월 12일 쎈의 아버지가 된다.

개인적으로나 직업적으로 꽉 찬 일정을 보내고 있던 파스칼 오비스포는 9월 프랑스 순회공연을 시작하는데 11월 17일에서 22일까지 파리의 제니스에서 공연한다. 또한 에이즈 환자를 위한 기금 마련을 위한 크리스마스 앨범에서 <Noël ensemble>이란 곡을 만들었다. 파스칼 오비스포는 팝을 가미한 프랑스 노래를 부르면서 가수뿐 아니라 작곡가로서 프랑스 젊은이들의 많은 사랑을 받고 있는 가수로 손꼽힌다.

Françoise HARDY

프랑스와즈 아르디는 1944년 1월 17일에 파리에서 태어났는데 자신보다 18개월 늦은 자매인 미쉘과 함께 파리 9구에서 자랐다. 그의 어머니는 이들을 회계 보조원 일을 하면서 받은 월급으로 혼자 키웠고 그 녀의 아버지는 이들과 함께 살지 않았고 일 년에 두세 번 정도 이들을 보러 왔고 아주 드물게 생활비를 주었다. 어린 프랑수와즈는 올네－쑤－부와에 살고 있는 외할머니 할아버지를 뵈러 가곤 했는데 외할머니는 약간 특별한 사람으로서 그녀의 성격 형성에 영향을 미치게 된다. 그녀는 자신의 신경질적인 행동과 거칠면서도 공격적인 성격이 그녀에게 영향을 받았다고 후에 말하고 있다. 어린 프랑수와는 이 외할머니의 신경질적인 행동으로 인해 고통을 받았고 스스로를 보호하기 위해 몸을 사리게 된다. 수줍은 성격의 그녀는 종교 학교를 다니면서도 그대로 유지되는데 공부를 열심히 하면서도 독실한 소녀였다. 프랑수와 아르디는 노래를 하기 시작했는데 왜냐하면 그녀가 인생에서 흥미로워하는 유일한 것이 다른 사람들의 노래를 듣는 것이었기 때문이었다. 그녀는 어린 나이에 조르쥬 게타리, 그 이후에는 폴 랭카, 샤를르 트레네 등의 노래를 듣고 이들의 노래를 자신의 방에서 따라 부르곤 했다.

방학은 그녀에게 숨통을 트는 기회가 되었는데 소녀 시절 동안 그녀는 독일어를 보다 잘하기 위해 오스트리아에서 방학을 보내곤 했다. 혼자 있길 좋아하던 그녀는 자신이 좋아하는 책을 읽었고 글을 썼다. 대학입학시험에 합격하자 그녀의 아버지는 그녀에게 기타를 선물해 준다. 이때부터 노래를 만들기 시작하고 60년대에 아주 잘 알려진 미레이 음악학교에 등록한다. 그녀의 어머니는 정치학과에 입학할 것을 원했지만 프랑수와즈는 이 학교에 오래 있지 않고 소르본느 대학으로 옮겨 문학을 공부하기 시작한다. 그러다가 신문을 통해 한 음반사가 젊은 남녀 가수를 모집한다는 것을 알게 된다. 이곳에 오디션을 봤지만 떨어진 그녀는 다른 음반사에도 지원할 생각을 한다. 세 번의 오디션 끝에 프랑수와 아르디는 보그 음반사와 61년 11월 14일 17세의 나이로 계약을 맺는다. 62년 4월에 그녀는 자신의 첫 번째 미니 앨범을 내는데 자니 헐리데이의 다른 두 작사가가 쓴 <Oh oh Cheri>와 자신이 쓴 <Tous les garçons et les filles>과 다른 3곡을 녹음하는데 프랑스 문화 방송인 <Salut les Copains>의 진행자인 다니엘 필리파치는 이 곡을 마음에 들어 했고 이 노래는 2백 만장이 팔리게 된다. 프랑스와 아르디는 몇 달 만에 유명세를 타면서 자니 할리데이, 실비 바르탕과 함께 가요의 새로운 우상으로 떠오른다. 이들은 60년대 한창 유행했던 예예 세대들이다. 이 시기에 사진작가인 장 마리 뻬리에를 만나게 되는데 둘 사이의 사랑의 역사가 시작된다. 수줍음을 많이 타는 성격의 그녀는 가수를 하면서 아주 현대풍의 모습으로 변신하는데 이러한 그녀의 모습에 이 사진작가는 사랑에 빠진다. 프랑수와 아르디는 잡지에서 자주 다루는 인기인이 되었고 뜻밖의 인기를 얻는다. 당시 로저 바뎅이 그녀에게 <Château en Suède>라는 영화에 출연할 것을 제의한다. 그녀는 이 영화에서 훌륭하게 역을 소화해냈고 배우로서의 재능을 보여준다. 그러나 그녀에게 가장 관심있는 것은 노래였다. 63년 말, 파리의 공연의 메카인 올렝피아에서 공연을 하기로 하는데 당시 예예 세대의 또 다른 스타인 리차드 안토니의 첫 번째 부분에서 노래를 한다. 그리고 프랑스 전역으로 투워를 떠날 결심을 한다. 그녀의 첫 번째 정식 앨범이 63년도에 나오고 샤를르 크로스 아카데미 상을 수상한다. 같은 해에 그녀는 유럽 노래 대회에 참가하여 <L'amour s'en va>를 부르고 64년, 당시 가장 유명한 노래대회인 쌍레모 가요제가 열리는 이탈리아로 가 이탈리아어로 <Parla mi di te>를 부른다. 특색 있는 목소리와 더불어 프랑스어뿐 아니라 그녀의 정확한 외국어 발음으로 훌륭하게 소화해낸다.

매우 유명해진 프랑수와 아르디는 이제 스타가 되었다. 이러한 자신의 위치에 대해 그다지 편하지가 않았지만 그녀의 자연스러운 우아함과 약간은 거리를 두는 듯한 성격은 샤넬과 입 쎌 로랑과 같은 유명 패션 디자이너들의 신상품 전시회 때 모델로 원하게 된다. 패션계로의 그녀의 진출 뒤에는 그녀를 이 길로 인도한 사진 작가 장-마리 뻬리에가 있었다. 1965년에 그녀는 영화에 도전하는데 장-다니엘 뽈레의 <Une balle au coeur>라는 영화에 출연하였지만 촬영이 순탄치마는 않았다. 그럼에도 불구하고 66년 2월에 상영된 이 작품은 비교적 좋은 평을 받는다. 65년 말 그녀는 다시 올렝피아로 돌아와 Compagnons de la Chanson 들과 함께 공연을 하였는데 대중매체에서는 이처럼 현대적인 여가수가 왜 거의 잃어버렸던 가수들과 함께 무대에 서는지 이해하지 못했다. 이 시기에 그녀는 애인의 중재로 비틀즈나 롤링스톤즈의 믹 재거와 같은 팝 뮤짓 스타를 접할 수 있는 기회를 갖는다.

그녀는 미국 감독의 영화 <Grand Prix>에 이브 몽땅의 파트너로 등장하는데 이 영화는 큰 성공을 얻지는 못했지만 미국에서의 그녀의 이름을 알리는 계기를 마련해 준다. 워너 브라더스 음반사는 보그에게 프랑수와즈 아르디의 음반을 팔 것을 제공하고 훌륭한 홍보 작전 덕분에 이 젊은 프랑스 여가수는 잡지의 표지를 장식하고 텔레비젼 쇼 프로에도 출연한다. 이로서 그녀는 외국에서도 어필할 수 있는 유일한 프랑스 여가수가 된다. 그녀는 초창기부터 음반 녹음 작업을 했던 영국에서는 이미 잘 알려져 있었다. 그리고 영어로 된 <In english>라는 앨범을 내놓는다. 또한 파코 라반의 옷을 입은 그녀가 런던의 호텔인 사보이를 지날 때 젊은 영국인들을 매료시켰다.

그러나 그녀는 쉴 새 없는 공연 스케줄로 인해 지치기 시작하고 67년에 장-마리 뻬리에와 헤어지면서 66년 이후 프랑스 젊은 여성들의 우상이었던 자끄 뒤트롱과 새로운 관계를 맺는다. 이들은 처음에는 서로 주저하는 듯 보였는데 왜냐하면 두 사람 다 꽉 찬 스케줄로 인해 매우 바빴기 때문이었다. 프랑수와즈는 73개의 공연이 잡혀 있었고 가을에 새로운 앨범은 <Ma jeunesse fout l'camp>라는 이름으로 12곡을 녹음한다. 그 후 곧 바로 영국의 대학들을 돌며 순회공연을 가졌고 봄에는 남아프리카로 순회공연을 위해 떠난다. 세계를 여행하는 순회공연으로 피곤해진 프랑수와즈 아르디는 68년에 공연을 중단하기로 결심하고 런던에서 마지막 공연을 갖는다. 70년 말, 예예세대가 사라지면서 프랑수와즈 아르디는 자신의 경력에 위기를 맞게 되는데 게다가 69년에 보그 음반사와 소송사건까지 벌어진다. 장-마리 뻬리에가 만들어주었던 이미지를 탈피하여 프랑스와즈 아르디는 차츰 자신이 원하는 것을 하기 시작하는데 그녀는 자신을 닮은 노래들을 진심으로 부르고 싶어 한다. 1971년 소노프레스 음반사에서 투카라고 불리는 브라질 음악가와 함께 앨범을 만들었는데 이 앨범에 수록된 <La Question>이라는 곡은 그녀가 가장 좋아하는 가사이다. 앨범의 판매는 그녀에게는 그다지 중요하지 않았으며 그녀는 자신에게 맞는 노래를 한다는 것이 중요했다.

이 해 초 그녀는 특히 18살부터 차츰 배워왔던 점성술에 관심을 갖는다. 세상을 집단적인 차원이 아니라 개별적 차원에 바꿔야 한다고 믿었던 프랑수와즈 아르디는 이 주제에 전문가가 된다. 자끄 뒤트롱과의 만남은 이 시기에 약간 이상해보일 수도 있는데 이들은 함께 살지 않았으며 60년대의 가수인 자끄는 프랑스 영화계에 발을 들여놓으며 배우가 된다. 시간이 거의 없었던 그는 프랑수와즈를 아주 가끔 만났으며 이들의 관계는 쉽게 지속되지 않을 것처럼 보였다. 그럼에도 불구하고 엄마가 되고 싶었던 그녀는 73년 6월 16일, 토마스라는 아들을 낳고 두 사람은 한 지붕 아래서 살게 된다. 소노프레스 음반사와 결별한 그녀는 같은 해에 워너 브라더스와 계약을 맺고 미셸 베르제와 함께 <Message personnel>이라는 제목의 앨범을 녹음한다. 두 가수 사이의 어려운 관계에도 불구하고 이 음반은 대중들과 방송매체들의 호평을 받는다. 게다가 앨범 타이틀 곡은 프랑수와즈의 대표곡이 되는데 그러나 대중들은 노래를 라디오를 통해서만 들을 수 있었으니 그녀는 무대에 서는 것을 원치 않았기 때문이었다.

74년에 음반 준비를 하던 그녀는 새로운 앨범인 <Entracte>를 내놓는다. 그녀의 친구인 까트린느 라라가 앨범의 컨셉을 잡고 뮤지션들을 데려왔다. 프랑수와즈는 엘튼 존과 작업을 함께 하던 델 뉴먼에게 도움을 청한다. 이 앨범은 비교적 잘 판매되었지만 아주 성공적인 것은 아니었다. 또한 장-마리 뻬리에는 이 앨범을 마지막으로 그녀의 앨범작업에서 손을 뗀다. 이 시기부터 그녀는 나이가 어린 아들을 돌보는데 모든 시간을 쏟게 되는데 쇼 비스니스에는 거의 신경을 쓰지 않고 74년과 76년, 2년 동안 끌로드 를루슈의 영화를 위해 <Si c'etait a refaire>라는 곡을 녹음하는데 특히 장-미쉘 자르와 함께 <Que vas-tu faire>라는 곡을 작사한다. 77년에 프랑수와 아르디는 갸브리엘 야레드를 만나게 되는데 그는 그녀에게 앨범을 만들자고 제안한다. 프랑수와 아르디의 차가운 성격으로 두 사람 사이에 불편한 관계로 앨범 제작에 어려움을 겪기도 하지만 <Star>라는 제목의 이 앨범에는 미셸 조나스, 세르쥬 겐스부르그, 윌리엄 셀러 그리고 까트린느 라라 등이 참여한다.

이 음반은 빠떼-마르코니 음반사에서 만들었고 3년의 계약을 한다. 이 앨범으로 많은 음반을 판매하게 되고 갸브리엘 야레드는 그녀와 82년까지 5개의 앨범을 제작한다.

점성술과 관련된 활동과 아들 토마스를 돌보는데 시간을 보내던 프랑수와즈는 음악에는 그다지 많은 시간을 할여하지 않았지만 그렇다고 해서 살아가는 이유라고 할 수 있는 음악을 포기한 것은 아니었다. 그녀는 78년에 새로운 앨범 <Musique saoule>를 내놓는다. 이 앨범은 거의 미셸 조나스와 알렝 골드스테인이 작사하고 갸브리엘 야레드가 작사한 곡들로 이루어지는데 알렝은 그녀에게 새로운 분위기의 노래를 시도해볼 것을 제안한다. 그래서 <J'écoute de la musique saoule>라는 타이틀곡을 부르게 되는데 그녀에게는 매우 익숙하지 않은 리듬으로 인해 애를 먹는다. 그러나 방송매체들은 찬사를 보내고 프랑수와즈 아르디는 라디오나 대중들 앞에서 이 노래를 부르곤 했다. 1980년 <Gin Tonic>이라는 제목의 앨범이 나오는데 프랑수와즈 아르디는 이전 앨범을 제작하던 사람들과 장-끌로드 바니에와 함께 작업을 한다. 이 앨범에 수록되어 있던 <Jazzy retro Satanas>라는 곡에 대해 그다지 좋지 않은 평들이 쏟아져 나왔고 그녀는 그저 가사를 쓰는 것이 어울린다고 평하는 사람들도 있었다. 1981년 새로운 앨범인 <A suivre>를 내놓는데 조나스와 골드스테인을 비롯한 많은 사람들이 음반제작에 참여한다. 이 앨범에 수록된 <Tamalou>와 <Villegiature>는 발표되자마자 히트곡이 되지만 그녀는 여전히 대중매체에 모습을 드러내길 꺼려한다. 그리고 이때 플라르나슈라는 음반사와 계약을 한다.

이듬해 프랑수와즈 아르디는 다른 가수들과 함께 노래하는데 미셸 푸겡의 <Tabou>, 알렝 슈송의 <C'est bien moi>를 함께 불렀고 앨범의 제목은 <Quelqu'un qui s'en va>였다. 84년 초, 루이 쉐디드와 함께 <Moi vouloir toi>란 노래가 나오는데 두 사람의 생각의 차이로 인해 앨범으로 이어지지는 못했다. 점성술은 그녀의 가장 중요한 관심 중에 하나였고 음악보다 점점 더 여기에 할여하는 시간이 많아진다. 86년에 그녀는 자신이 작사하고 장-노엘 샬레가 작곡한 <V.I.P>라는 노래를 내놓는데 이 노래는 히트를 하면서 모든 프랑스 라디오 방송에서 들을 수 있었다. 60년대부터 프랑수와즈 아르디는 50세의 나이 이후에는 더 이상 노래를 하지 않을 것이라고 늘 말해왔다. 1988년, 그녀의 나이 44세 밖에 되지 않았을 때 고별 앨범인 <Décalage>를 내놓는데 이 앨범이 그녀의 가수 활동의 마지막 앨범이라고 공표한다. 가을서부터 자신이 직접 만든 가사와 그녀의 진정한 팬이었던 에티엔 다오, 윌리엉 셀러와 그녀의 남편인 자끄 뒤트롱 등이 곡을 맡는다. 그러나 이 앨범은 기대만큼의 성공을 거두지 못한다. 사실 그녀의 발표에도 불구하고 프랑스와즈 아르디는 가수 생활을 완전히 접지는 않았다. 93년 뽀우의 맴버인 알랭 뤼브라노와 함께 듀엣으로 무대에 선다. <Si ça fait mal>이란 곡은 사랑과 에이즈에 관한 노래이고 에티엔 다오가 앞장섰던 에이즈 환자 돕기 앨범인 <Urgence>에 참여하였다. 1995년 프랑수와즈 아르디는 다시 버진 음반사와 계약을 맺고 이듬 해 4월 <le Danger>라는 제목의 앨범을 내놓는다. 그의 주변 사람들은 그녀가 계속해서 가수 활동을 하기를 바랬는데 이 앨범을 위해 그녀는 알렝 뤼브라노, 로돌프 뷔르제 등에게 도움을 청한다. 2003년 3월 3일 <Clair-obscur>라는 앨범을 내놓는데 평은 아주 좋았다. 프랑수와즈 아르디는 많은 듀엣곡에 참여하였는데 <Puisque vous partez en voyage>라는 곡으로 1978년 이후 처음으로 자끄 뒤트롱과 재회하게 된다. 또한 에티엔 다오와도 듀엣곡 <So sad>를 부른다. 프랑수와즈 아르디는 여전히 공연하는 것을 거절하는데 이는 너무 자신을 노출시키는 것을 꺼려하는 그녀의 성격에 따른 것 같다.

수줍고 내성적인 성격에 향수를 불러일으키는 노래와 부드러운 목소리, 그리고 아름다운 그녀의 외모로 인해 프랑수와즈 아르디는 오늘날에도 많은 프랑스인들의 사랑을 받고 있다.

Alain SOUCHON

알렝 키에나스트/슈숑은 1944년 5월 27일 모로코의 카사블랑카에서 태어났는데 그의 아버지인 삐에르는 영어 선생님이었다. 알렝이 6개월 되었을 때 그의 가족은 파리고 돌아왔고 수줍은 성격의 아이인 그는 학교에는 거의 흥미를 붙이지 못했고 교외에서 방학을 보내는 것을 좋아했다. 1959년 겨울 휴가철 때, 그의 가족은 자동차 사고로 인해 아버지가 사망한다. 15세의 청소년이었던 그에게 이 죽음은 정말 커다란 충격이었다. 알랭과 그의 형을 부양하기 위해 어머니는 가명으로 소설을 쓰기 시작한다. 생활은 더 이상 이전과 같지 않았고 가족은 허름한 건물로 이사를 했다. 이 때 알렝의 할머니가 이들과 함께 생활하는데 라디오 방송국에서 일을 하던 그녀 덕분에 알렝은 많은 가수들을 만나게 된다. 이 때 부터 음악은 그에게 점점 더 큰 관심의 대상이 되기 시작한다. 지방 학교 기숙사로 보내진 알렝은 수업이 지루할 때면 시와 글쓰기에 전념한다. 그는 고독했고 몽상가였다. 1961년에 그의 어머니가 영국에 있는 프랑스 고등학교에 그를 보내기로 결정하지만 등록 문제로 인해 그곳에 입학하지는 못한다. 그러나 그는 런던에 머물면서 술집 종업원으로 일한다. 그의 집에서 멀리 떨어진 런던에서의 생활은 그에게 성숙할 수 있는 기회가 된다. 통신을 통해 대학입학시험을 통과하려 하지만 한 번, 두 번, 세 번 계속해서 실패한다. 프랑스로 돌아와 기타를 배우고 노래 몇 곡을 작곡하는데 이것은 그가 제일 좋아하던 것이었다. 조그마한 일을 하며 많은 오디션을 보지만 계속 실패하던 그는 당시 최고의 가수들인 바바라, 브라셍의 노래를 듣는데 특히 브렐의 노래를 가장 좋아했다. 60년대의 앵글로-색슨의 커다란 물결에 무관심할 수 없었고 오디션 때 영어제목의 노래를 부르기까지 한다.

1969년, 블로뜨라고 불리는 프랑수와즈를 만나 1970년에 결혼한다. 그리고 같은 해에 아들 삐에르가 태어난다. 그는 파리의 문학과 지식인들의 메카인 센느강 왼편에 자리잡고 있는 카바레와 바에서 계속해서 노래를 부르기 시작한다. 그러나 돈을 거의 벌지 못했고 이 지역의 분위기를 전혀 좋아하지 않았다. 그럼에도 불구하고 그의 아내는 이곳에서 계속 일할 것을 종용했다. 1971년, 빠떼-마르코니와 첫 번째 계약을 하고 <Je suis un voyageur>와 <Un coin de solitude>를 비롯하여 세 곡을 발표하지만 실패하고 만다. 1973년 RCA에서 일하는 예술 담당자인 봅 소께를 만나게 되는데 그는 알렝 슈숑의 부드럽고 감미로운 노래에 매우 큰 관심을 보인다. 알렝은 이탈리아 출신의 낭만적 분위기의 가수인 프레데릭 프랑수와를 위해 <L'Amour 1830>란 곡을 만드는데 봅은 그에게 이 곡을 직접 부르라고 독려한다. 안티브의 Rose d'Or 대회에서 이 노래로 알렝은 방송매체가 선정한 특별상과 평가상을 받는데 이것이 그의 첫 번째 성공이었다. 그리고 롤렁 부지를 만나게 되는데 그는 1948년에 태어난 젊은 음악가로서 앵글로-섹슨 음악을 하고 있었다. 부지는 이 시기에 슈숑과 거의 같은 위치에 있었는데 그의 가수로서의 경력 역시 잘 풀리지 않을 때였다. 두 가수의 만남은 즉시 큰 효과를 불러일으키는데 이들의 성격은 매우 반대였으며 작업에서 이것이 금방 나타난다. 가사를 쓰는데 재능이 있는 알렝은 음악적 부분이 약했고 불지는 이런 점을 보완해주었다. 두 사람이 만남으로써 알렝은 가사를 쓰는 데만 전념할 수 있었다.

1974년, 비록 알렝이 단지 편곡자였음에도 불구하고 슈숑/로랑의 첫 번째 작업은 큰 성공을 거둔다. 알렝 슈숑은 마침내 1975년 엘리제-몽마르트르에서, 그리고 장-자끄 드부의 공연 때 앞부분에서 무대에 서게 된다. 일 년 뒤, 두 번째 앨범인 <Bidon>이 나오는데 여기에서는 부지가 모든 곡의 가사를 붙인다. 타이틀 곡인 <Bidon>이 큰 성공을 거두면서 알렝은 이제 프랑스에서 가장 많은 사람들에게 알려진 가수가 된다. 1977년 <Jamais content>이라는 앨범이 나오면서 성공은 계속해서 이어진다. 이 앨범에서 알렝은 <Allô maman bobo>라는 곡을 통해 어머니를 그리워하는 남성들의 본능을 불러일으키는 공감대의 가사와 리듬을 선보인다. 또한 이 앨범에 수록된 <Poulailler's song>이란 곡은 유머를 통해 인종차별주의에 대해 말하고 있다. 영원한 몽상가의 이미지에도 불구하고 그는 사회적 문제에 대해 언급하는 것을 좋아하였다. 77년 올렝피아에서 코메디언인 띠에리 르 뤼롱의 공연 앞부분에 등장하기도 한다.

슈숑과 불지의 공동 작업은 또한 불지에게도 기회를 부여하는데 1977년 슈숑의 가사에 노래를 붙인 <Rockcollection>이라는 제목으로 전에 없던 성공을 거둔다. 두 협력자들은 새로운 앨범을 쓰기 위해 파리를 떠나 몇 주 동안 고립되어 있는 것을 좋아했다. 이들이 제일 자주 가던 곳 중에 하나가 브르타뉴였다. 그리고 1978년 알렝의 <Toto 30 ans>라는 제목의 앨범이 나온다. 이 앨범은 다른 앨범들에 비해 약간 어두운 분위기였는데 그러나 대중들은 여전히 이들의 노래를 좋아했다. 타이틀 곡인 <Le Bagad de Lann Bihoue>나 <Papa Mambo>와 같은 곡이 판매에 있어 큰 성공을 거두었고 이를 기회에 알렝은 영화계로 진출하는 기회를 잡게 되는데 영화 감독인 프랑수와 트뤼포가 그에게 자신의 영화인 <L'Amour en fuite>에 주제곡을 만들어줄 것을 부탁했기 때문이었다. 1978년 알렝의 두 번째 아들인 샤를르가 태어난다.

몇 개월 후인 1980년 1월, 올렝피아 무대에 섰고 공연은 대성공이었다. 11월에 9일 동안 올렝피아에서 공연을 했고 롤랑 부지는 발표되지 않은 2곡과 함께 그와 함께 노래했다. 1980년 <Rame>라는 제목의 앨범을 내놓는데 여기에서 그의 친구인 미셸 조나스와 함께 <Jonasz>라는 곡을 부른다. 1974년부터 두 가수는 함께 가사를 쓰며 미래의 비전을 공유하곤 했다. 이 해에 알렝은 끌로드 베리의 <Je vous aime>라는 코메디 영화에 출연한다. 꺄뜨린느 드뉘브, 제라르 데빠르듀, 쎄르주 겐스부르그 등과 함께 알렝은 자신의 연약하고 멜랑꼴릭한 성격의 이미지와 아주 흡사한 남자의 역할을 했는데 아주 좋은 평을 받았고 1981년 장-뽈 라프노는 그에게 아자벨 아자니와 이브 몽땅이라는 두 스타와 함께 영화를 찍자는 제의를 한다. <Tout feu tout flamme>라는 이 영화는 대성공을 거두는데 특히 1983년 진 베커의 <L'Eté meurtrier>라는 영화에서 관객들은 사랑으로 인해 살인자가 되는 역할을 한 알랭의 연기에 깊은 인상을 받았고 이를 통해 이자벨 아자니를 만나게 된다. 영화쪽에 출연하는 동안 알렝은 음악작업을 잠시 미뤘지만 1983년 9월 <On avance>라는 앨범을 내놓는데 이를 위해 다른 가수 친구들에게 도움을 청한다. 미셸 조나스와 함께 <On est si beau>, 루이 슈디드와 <Les papas des bébés>, 그리고 불지와 함께 <Saute en l'air>를 부른다. 9월 20일부터 그는 올렝피아 무대에 서고 프랑스 순회공연을 한다. 1984년 말, 알렝과 불지는 새로운 앨범은 제작하기 위해 브르타뉴와 쌩-트로페에 칩거하고 1985년 <C'est comme vous voulez>라는 앨범을 만든다. 이 사이 알렝은 RCA 음반사와 결별하고 버진과 계약한다.

40세에 슈숑은 <J'veux du cuir>라는 곡에서 잘 나타나고 있듯이 약간은 덜 연약하고 우울한 분위기의 노래를 만든다. 그러나 부드러움은 그의 음악에 여전히 중심이었고 <La ballade de Jim>라는 곡은 대중들에게 큰 사랑을 받는다. 1986년 5월, 그는 파리의 Palais des Sports의 큰 무대에 서고 이후 베로니끄 샹송과 함께 11월 11일부터 12월 11일까지 순회공연을 한다. 두 사람은 프랑스, 벨기에 그리고 스위스에서 <Chacun mon tour>라는 이름으로 매우 훌륭한 공연을 한다. 1987년 자끄 두와옹의 <Comedie>라는 영화가 나오는데 여기에서 알렝은 제인 버킹과 함께 연기한다. <L'Eté meurtrier>라는 영화 이후 알렝은 영화에 자주 출연하였지만 <Comedie>라는 이 영화가 가장 감동적인 역할들 중 하나였다. 88년 말, 슈숑과 불지는 앨범 제작을 위해 지방으로 가지만 이번에는 처음으로 브르타뉴지방으로 가지 않고 모나코로 간다. 그리고 1989년 <Ultra moderne solitude >라는 제목의 앨범을 내놓는다. 알렝은 4월과 5월 사이 샹젤리제 연극 공연장에서 새로운 곡들을 선보이는데 <Quand j'serai KO>와 더불어 <La beauté d'Ava Gardner>는 그 이듬해 최고의 음악상을 수상한다. 그리고 89년 9월 알렝은 파리의 카지노에서 공연하고 1990년에 나오는 실황 판 앨범인 <Nickel>를 만든다.

공연과 영화를 찍은 후 약간의 휴식기간을 가진 알렝은 1993년 무대에 선다. 그의 새로운 앨범인 <C'est déjà ça>는 대중들에게 엄청난 사랑을 받았고 특히 타이틀곡인 <Foule sentimentale>은 대단한 성공을 거둔다. 이 노래는 가수 개인 뿐 아니라 프랑스 가요 전체에서 큰 관심을 끌었는데 주제는 평소보다 더 날카로운 사회적 문제를 다루고 있다. 그럼에도 불구하고 슈숑의 가사는 자신의 특별한 시적 분위기와 색깔을 간직하고 있다. 앨범에 수록된 곡들 중 <Le Fil>은 그의 아들인 삐에르 슈숑과 함께 만든 곡으로 음악가였던 그의 아들 역시 불지의 아들인 줄리엥 부지와 함께 세르슈 미디라는 그룹을 하고 있었다. 사회 문제에 대해 높은 관심을 보였는 알렝은 93년 10월 올렝피아에서 에이즈에 걸린 아이들을 돕기 위한 자선 모금 공연에서 그의 친구들인 꺄브렐, 조나스, 르 포레스티에, 꺄뜨린느 라라 그리고 모란과 함께 출연한다. 94년 초, 앨범의 두 번째 곡인 <L'amour à la machine>은 새로운 성공을 거두는데 2월 이후, 며칠 뒤 그는 그 해 최고의 노래상과 남자 가수상이라는 두 개의 음악상을 받았고 슈숑의 이 앨범은 백만 장이 팔린다. 그는 5월 17일부터 6월 11일까지 올렝피아에서 공연하고 10월에는 제니스 무대에 선다. 3일 동안 벌어진 이 공연은 연일 4천명의 관객이 들어왔고 실황 앨범이 95년 10월에 나와 이 공연이 얼마나 성공적이었는지를 보여준다. 이미 백 만장이 넘는 앨범이 팔렸고 공연 마지막 날에는 2십 만명의 관객이 그의 콘서트에 입장했다.

1996년에 그는 작사-작곡가 협회로부터 <Sous les jupes des filles>라는 곡으로 벤썽 스코토 상을 받는다. 93년 Sole en Si 로 인류애적 경험을 했던 알렝은 95년 로렁 부지, 그리고 그들의 두 아들과 함께 앨범에서 노래를 부른다. 그리고 97년 알렝은 카지노 드 파리에서 93년과 유사한 취지의 에이즈에 감염된 아이들을 돕기 위한 자선 공연을 갖는다. 7명의 가수들이 카시노 무대에서 일주일을 공연하고 순회공연을 떠난다. Sol en Si 이외에도 알렝은 94, 95, 96년에 부랑아들을 돕는 자선 단체인 <Restaurants du Coeur>의 기금 마련 공연인 des Enfoirés에도 참여한다. 대중가요의 조각사로서 알렝은 99년 11월 부지와 함께 작업을 하는데 <Aux ras des paquerettes>라는 앨범은 이전의 앨범들보다 더 페스미스트적 내용을 가사에 담고 있으며 멜로디는 <Rive gauche>의 곡에서처럼 향수에 젖은 분위기도 포함하고 있다. 이 새로운 앨범 출시에 맞춰 알렝은 자신의 인터넷 홈페이지인 alainsouchon.net 을 만드는데 대부분은 그의 아들인 샤를르가 맡았다. 그는 이 싸이트에서 매우 재미있고 희귀한 일을 하는데 자신의 최신 앨범으로 인해 받은 플라틴 디스크를 판매한다. 이 것은 8700프랑에 한 팬에게 팔렸고 이 판매 수익은 에리카 석유선의 난파로 곤경에 처한 새들을 보호하는 일에 기부된다. 2000년 4월 18일에 알렝은 파리의 Palais des Sports에서 공연을 하고 4월 24일에는 브르쥬의 봄 축제에 참가한다. 그리고 11월 10일과 11일에 파리의 제니스에서 성공적인 공연을 한다.

50세가 넘은 나이에 알렝은 이제 프랑스 샹송계의 대표적 가수로 인식되고 있다. 브라쌍 또는 브렐과 같은 위치에서의 그의 노래들은 섬세하고도 부드러운, 그렇지만 정치적인 감성을 내포하고 있는 시적 가사에 근거를 두고 있다. 영혼의 상처가 무엇인지를 아는 가수인 슈숑은 한없는 다정함과 부드러움을 노래에 담고 있다. 간결하면서두 다정한 가사, 뛰어난 곡의 연금술사로 프랑스인들의 가슴 속에 그는 영원한 10대의 소년으로 남아 있는 가수이다.

Laurent VOULZY

로렁 불지는 1948년 12월 8일 파리에서 태어났다. 그는 어린 시절의 대부분을 파리 지역인 노정-쒸르-마른느에서 보냈는데 그와 아주 친한 친구이자 후에 그룹 마그마의 카시르마적 리더인 크리스티엉 반데와 가깝게 지낸다. 그리고 14살에 첫 번째 그룹을 만들었고 여기에서 드럼을 맡았다. 그러나 특히 작곡을 위해 기타에 높은 관심을 보였다. 60년대, 그는 비틀즈와 그들의 정교하고도 완성된 멜로디에 흠쩍 젖어 있었다. 자연적으로 1965년 영국을 방문하여 엄청난 양의 음반을 사가지고 돌아온다. 1967년에 로렁 불지는 지역 노래 자랑에서 <Timide>란 곡으로 수상한다. 그러나 그가 진정한 가수로 데뷔하기까지는 약간의 시간이 걸리는데 68년 그는 군 복무를 하고 파리 중심부에 있는 아싸쓰 학교에서 법 강의를 듣는데 이 시기에 자신의 그룹인 <Le Poing>을 만든다. 이들은 함께 프랑스 전역을 돌며 공연하지만 어떠한 음반도 녹음하지는 않는다. 불지는 음반사에다 노래를 녹음한 몇 개의 카세트를 보내는데 RCA 음반사와 첫 번째 계약을 맺는다. 또한 다른 그룹들을 위해 노래를 만들기 시작하고 1972년부터 72년에 <l'Amour est un oiseau>, 73년에 <la Maison à croquer>, 74년에 <Milady>, 75년에 <la Fille en papier>, 76년에는 <les Radios qui chantent> 등, 일 년에 한 곡씩 발표하지만 한 곡도 히트를 치지 못한다. 74년에 로렁 불지는 또 다른 젊은 가수인 알렝 슈숑을 만나게 되는데 그는 자신처럼 가요계에 약간 늦게 성공하는 가수였다. 이 만남은 두 사람에게 있어서는 직업적으로 그리고 우정어린 하나의 사건이었다. 친밀한 우정이외에도 예술적인 공조가 두 사람 사이에 자연스럽게 이루어졌고 큰 성공을 가져온다.

불지는 74년 자신들이 만났을 때 슈숑을 위해 곡을 쓰기 시작한다. 슈숑은 가사를 쓰는데 재능이 있었지만 음악적 부분에서 취약했는데 반면 불지는 그에게 훌륭한 멜로디를 써 주었다. 이들의 작업은 오래지 않아 그 열매를 맺는데 74년에 슈숑은 첫 번째 앨범을 내놓는데 이 앨범 전체를 불지와 함께 만든다. 이 앨범에 수록되어 있는 <Bidon>과 <J'ai 10 ans>이라는 두 곡으로 이들은 커다란 성공을 거둔다. 77년이 돼서야 불지는 슈숑과 함께 만든 <Rockcollection>을 내놓는다. 거의 자서전적인 이 노래는 60년대 비치 보이스에서 롤링 스톤스까지의 록의 대한 젊은이의 추억을 상기시켰다. 1978년, 불지는 두 번째 싱글 곡인 <Bubble Star>을 내놓는데 이 노래는 아직도 히트되고 있다. 롤렁 불지가 만든 대부분의 싱글 곡들은 늘 히트를 치는데 그의 스타일은 달콤하고 매우 아름다운 멜로디로 이루어진 앵글로-색슨적 영향을 받은 것들이었다. 그는 비틀즈와 같이 복잡한 하모니를 좋아했고 대중들은 주저하지 않고 그의 노래에 빠졌다. 같은 해에 슈숑 또한 앨범 <Toto 30 ans>년을 내놓는데 특히 여기에는 두 가수의 아들들인 줄리엥 불지와 삐에르 슈숑이 참여한다. 롤랑 불지는 가수 데뷔 10년이 지난 1979년에 그의 첫 번째 앨범을 내놓는다. 타이틀 곡인 <le Coeur grenadine>는 금방 히트곡이 되었는데 그의 노래들의 가장 큰 특징은 누구나 쉽게 익히고 따라 부를 수 있다는 것이었다. 일에 흠뻑 빠진 그는 완벽할 때까지 곡을 만들고 수정하는 것을 좋아했다. 또한 곡의 완성도를 높이기 위해 수 시간 동안 스튜디오에서 일하는 것을 마다하지 않았다. 이리하여 롤랑 불지는 프랑스 가요계에서 가장 늦장을 부리는 가수가 된다. 이로 인해 그는 일 년에 하나의 곡을 내놓는다.

1980년에 슈숑은 스타로서 올렝피아 무대에 서는데 불지는 여기에 초대되어 그와 함께 미 발표곡 2곡을 듀엣으로 부른다. 이것이 이 두 사람이 드물게 함께 모습을 드러내는 것 중 하나였다. 80년에 비치 보이스를 기리는 새로운 곡 <Surfin Jack>을 내놓는다. 그리고 첫 번째 앨범을 낸지 4년이 지난 후 두 번째 앨범인 <Bopper en larmes>를 만든다. 불지는 성공의 마술 비법을 가지고 있는 것 처럼 <Bopper en larmes>, <Liebe>는 라디오

전파를 타며 모든 장르의 히트 차트에 오른다. 불지는 라디오 방송에는 많이 출연하는 반면 무대에는 아주 드물게 서는데 그 이유는 그의 수줍은 성격 때문에 대중들과 직접 만나는 것이 늦어졌다. 1983년 자신의 고향인 섬에 처음으로 방문하면서 장애인 어린이들을 위한 공연을 연다.

1984년 코메디언인 베로니끄 자노와 함께 <Désir Désir>라는 곡을 듀엣으로 부르고 이듬 해에는 <Belle-Ile-en-Mer>이라는 곡을 내놓으며 모든 기록을 깨면서 대성공을 거둔다.

이 곡은 최근 20년 동안 최고의 20 곡 안에 포함되고 90년에 3천명의 전문가들이 이 곡을 80년대의 최소의 가요로 선정한다. 같은 해에 그는 슈숑의 새로운 앨범에 <C'est comme vous voulez>를 만든다. 이들은 곡을 만들기 위해 브르타뉴와 쌩-트로페를 오갔으며 몇 개월 동안 전화도 없는 집에 칩거하곤 했다. 이렇게 만들어진 이들의 노래들은 거의 실패를 모르고 대중들의 사랑을 받았다. 86년에 불지는 미국 여가수인 킴 와일드를 기리는 <les Nuits sans Kim Wilde>를 만든다. 그리고 88년 <le Soleil donne>라는 발라드 곡은 싱글곡 차트에 기록된다. 1989년에 <Belle-Ile-en-Mer>라는 모음집이 나오자, 대중들은 열광했고 이 앨범에는 로렁 불지가 데뷔 때부터 부른 노래들이 수록되어 있었는데 대부분의 곡들이 싱글곡으로만 발표되었던 것들이다. 이러한 이유로 이 앨범은 날개 돋친 듯 팔렸다.

90년 초부터 롤랑 불지는 새로운 앨범 제작을 위해 모습을 드러내지 않고 파리의 데 알 지역에 있는 자신의 집 작업실에서 일을 한다. 또한 그는 천문학, 동양의 철학과 신비로움에 매료되기도 한다.

1992년 앨범을 낸지 거의 십 년 만에 롤랑 불지는 세 번째 앨범인 <Cache derrière>를 내놓는데 <Carib Islander>, <le Rêve du pêcheur>, <le Pouvoir des fleurs> 등 모든 곡들이 대중들에게 사랑받는다. 12월에 작사-작곡가 협회는 그에게 프랑스 가요 대상을 수여한다. 그리고 93년 2월, 앨범은 그해 최고의 앨범상을 받는다. 이 성공으로 인해 롤렁은 마침내 공연 무대에 서게 된다. 93년 3월 23일부터 파리의 카지노 무대를 시작으로 3주 동안 관중들은 이 가수를 반갑게 맞는다. 그리고 성공적인 무대를 이어서 순회공연을 갖는데 12월 파리의 가장 위대한 공연장 중 하나인 제니스에서 공연한다. 94년은 <C'est déjà ça>라는 앨범으로 슈숑의 해라고 해도 과언이 아니었다. 그러나 또한 이 해는 슈숑의 아들과 불지의 아들에게도 중요한 해였는데 어릴 적 친구였던 두 사람은 아버지들의 뒤를 이어 자신들의 그룹을 만들었다. 노래 분위기는 두 아들들은 부인하지만 아버지들의 그것과 유사했다. 95년 아버지들과 아들들이 에이즈에 걸린 아이들을 돕기 위한 자연 공연인 <Sol En Si>의 앨범에서 함께 노래를 부른다. 그리고 두 사람의 아들들이 만든 <Combien d'amour c'est trop>라는 곡이 수록된다. 롤랑 불지는 파리의 카지노 공연의 실황을 담은 두 장짜리 앨범을 내놓는데 <Rockcollection>는 18분이라는 시간이 걸린다. <Sol En Si>이후, 불지는 Restaurants du Coeur와 같은 사람을 돕는 인류애를 담은 공연에 자주 참여한다. 불지는 매우 늦 땐 가수이다. 그는 25년 가까이 되는 가수 경력에서 3장이 앨범만을 만들었다. 그러나 그는 수많은 싱글곡들을 만들어냈고 성공을 이루기 위해 조급하게 서두르기 보다는 충분한 시간을 갖고 자신의 일의 완성도를 높이는데 더 신경을 쏟았다. 그의 멜로디는 아름답기로 이미 정평이 나 있으며 그의 노래들은 보석에 비유될 정도로 매우 아름답다.

Maxime LE FORESTIER

막심 르 포레스티에는 1949년 2월 10일 파리에서 태어났다. 그의 아버지는 노르망디 출신의 영국인이었고 어머니는 앵글로-색슨 텔레비전 연속극의 프랑스어 각색가였는데 자식들에게 음악에 대한 취미를 심어줄 정도로 진정한 음악광이었다. 막심의 두 누이였던 안느와 꺄트린느는 그보다 6살, 3살 위였다. 세 명의 아이들은 클래식 음악 교육을 받았고 막심은 10세까지 바이올린을 배우고 공부한다. 그는 3학년까지 기독교 학교에서 공부를 하였고 파리에 있는 콘도르쎄 고등학교에 입학한다. 문학에 대해서는 그다지 잘하지 못했고 1학년 말 낙제를 한다. 이러는 동안 그의 어머니는 그에게 조르쥬 브라쌍의 음반을 선물하는데 자신이 젖어있던 클래식 음악과 비교할 때 그의 노래는 막심에게 신선한 공기와도 같았다. 15세 때, 그는 기타를 사서 배우기 시작하고 쌩-꾸앙에 있는 벼룩시장에 위치한 쉐 루이제뜨 카페에서 노래를 한다.

65년에 누나인 꺄트린느와 함께 살게 되는데 이들은 캣 에 막씸이라는 듀엣을 결성하고 센느 강 왼쪽에 위치한 카바레를 돌아다니며 노래를 한다. 이 시기에 이들은 조르쥬 므스타키와 만나게 되고 우정을 나누는데 조르쥬 무스타키는 이들에게 <Ma liberté>와 <Ma solitude>와 같은 자신의 노래를 부를 수 있게 해준다. 이 남매 듀엣은 바클레 음반사에서 두 곡의 노래를 녹음한 후, 꺄트린느는 무스타키와 합류하여 그의 코러스가 된다, 막심은 곡을 쓰고 쎄르쥬 레지아니에게 <Ballade pour un traître>를 부를 것을 제안한다. 그러나 69년에 막심은 낙하산 부대로 군복무를 하는데 이 때부터 낮에는 군인으로 그리고 자유로운 시간에는 노래를 하는 이중생활을 한다. 그는 솔로로 페스티발 음반사에서 <Coeur de pierre, face de lune>와 <Concerto sans frontière> 두 곡을 녹음한다, 70년 9월 군복무를 끝내고 안투완느 부르쎄이에가 연출한 코메디 뮤지컬인 <Oh! America>에서 연기를 하기 위해 꺄뜨린느와 함께 마르세이유로 떠나고 이 뮤지컬의 노래를 작곡한다. 이 경험 후, 그는 당시 히피시대였던 미국으로 가서 꺄뜨린느와 샌프란시스코에서 얼마간을 보낸다.

미국에서 돌아온 그는 폴리도르 음반사에서 <Mon frère>와 <l'Education sentimentale>을 녹음하고 몇 개월 후 <San Francisco>와 <Ça sert à quoi>를 녹음한다. 그는 브라쌍과 미국의 밥 딜란의 영향을 받는데 그의 성공은 일 년 뒤에 이루어진다. 10월, 조르쥬 브라쌍의 보비노 공연에서 첫 번째 부분에 등장하고 성공함으로써 반순응주의자이며 68년 혁명의 후계자로서의 새로운 세대의 젊은 가수들의 시대가 열린다. 73년에 두 번째 앨범이 나오는데 여기에는 배가 부른 사람들을 비하하는 것으로 여겨지는 노래인 <le Steak>이나 <Février de cette année－là>, <Entre quatorze et quarante ans>과 같은 노래들이 수록되어 있다. 이 음반은 이 전 것만큼이나 사람들로부터 좋은 반응을 얻고 이를 계기로 올렝피아에서 관객석에서 전해주는 라디오 방송인 뮤지코라마가 열릴 때 무대에 선다. 74년 말, 그는 젊은 가수들을 위한 진정한 무대 공간인 빨레 데 스포르에서 여러 번의 공연을 하는데 그의 관객들은 젊거나 노동자 또는 대학생들이었고 이들은 르 포레스티에의 노래에 다같이 박수치고 환호했다. 두 명의 반주자와 음향가를 대동하고 순회공연을 떠난 막심 르 포레스티에는 자신이 주장하는 인류애적 정신을 지향하였고 입장료를 10프랑이라는 아주 낮은 가격으로 정하였는데 이에 대해 일부 가수들은 이러한 그의 행동을 몹시 못마땅하게 여겼다. 1975년에 그는 <Saltimbanque>이란 제목의 앨범을 내놓는데 이 앨범은 일부 그를 민중 선동자라고 비판하는 사람들에게 그저 자신은 노래를 할 뿐이라는 의도를 자신의 방식대로 알리는 방법이었다. 게다가 라디오와 텔레비전에서는 르 포레스티에에 대해서 언급하는 것을 꺼려했는데 왜냐하면 그가 74년 6월 레오 페레와 함께 칠레 죄수들을 지지하는 콘서트를 여는 등 사회적으로 물의를 일으키는 행동들을 했기 때문이었다. 그래서 대중들은 오로지 음반과 공연을 통해서만 막심 르 포레스티에에 대해 알 수 있었다. 그가 콘서트를 열면 관객이 언제나 꽉 들어찼는데 그 증거로 75년 3월 파리의 빨레 데 꽁그레에서 3주간에 걸친 공연에서 4천명이 넘는 관객들이 매일 자리를 메웠다.

76년 1월에 소련에서 14일 간의 특별한 순회공연을 갖는데 이때 그는 톨스토이의 언어로 자신의 노래의 주제를 알린다. 이 공연에서 그는 가수인 블라디미르 미소츠키를 만나 아름다운 추억을 간직한다. 프랑스와 스위스 그리고 벨기에에서 순회공연을 하면서 그는 76년 여름 4번째 앨범을 만들지만 대중들의 반응은 차가웠다. 이 때 자신이 노래에서 얘기하는 사회적 문제를 다루는 주제들이 대중들에게 부담을 준다는 것을 깨닫고는 평소의 주제에서 벗어난 노래들을 부른다. <Blues blanc pour un crayon noir>라는 곡에서 가사는 보다 낙관적인 내용을 담고 있다. 9월 말 앨범이 나오면서 무대장식에 중점을 두는 새로운 시도를 하는데 10월 한 달 동안 파리에 씨르끄 디베르에서 코메디언 필립 아브롱과 10명의 음악가들 그리고 판토마임 배우와 광대들을 등장시킨다. 이 기획은 성공을 하여 캐나다로 가 대서양의 반대편에서 공연을 마친다.

일 년 내내 미국을 비롯한 여러 나라를 여행하고 78년 새로운 앨범 <n?>을 가지고 돌아온다. 퀘벡과 프랑스 남부에서 녹음한 이 앨범은 그의 여행과 작곡가인 프랑스와 꾸지노와의 만남에 대한 결과로서 그를 만남으로써 이전 어쿠스틱 악기에서 전자 악기로 음악 반주를 전환을 시도한다. 아름다운 선율의 분위기에서 벗어난 이 공연에 대해 대중들은 이전처럼 열광하지는 않았지만 그래도 78년 11월 14일에서 26일까지 올렝피아 공연은 성공적으로 끝난다. 이상하게도 그 이듬 해 파리의 게뜨－몽빠르나스에서 4월 23일과 24일 실황 녹음 앨범이 나오는데 그는 이전의 두 동료인 까라티니와 르 두아렝과 함께 조르쥬 브라쌍의 노래를 부른다. 그리고 79년 말, 이 주제로 프랑스와 벨기에 순회공연을 떠난다. 1980년, 누이인 꺄트린느와 그램 올라이트와 함께 제삼 세계 아이들과 함께 하는 기관을 돕기 위해 두 번의 공연을 하고 새로운 앨범인 <les Rendez－vous manqués>를 내놓는다. 기타리스트 제라르와 드럼 장 슐테이는 막심 르 포레스티에에게 이전과는 다른, 그러나 여전히 어두운 분위기의 음악세계 속에서 자신의 재능을 발전시킬 수 있는 분위기를 만들어준다. 이 앨범에서 그는 5년 전부터 자신과 작업을 같이 하지 않았던 그의 친구 케르노아와 함께 한다.

81년 2월과 3월에 막심 르 포레스티에는 프랑스와 벨기에에서 2달 동안의 순회공연을 갖고 6주 동안 보비노를 비롯하여 10월과 11월에 파리에서 공연을 한다. 이러는 동안 새로운 노래 <Dans ces histoires>를 발표한다. 무대에서 평안함을 느끼는 그는 82년에 알제리, 누벨 칼레도니아. 레바논, 그리고 프랑스와 벨기에서 많은 공연을 하였다. 순회공연은 83년 10월까지 계속되었고 보비노에서 전혀 색다른 분위기의 공연을 하는데 4명의 젊은 반주가들이 그를 둘러쌌고 6대의 신디싸이저를 이용한 이 공연은 관객들에게 실험적인 볼거리를 제공해주었지만 관객들은 그의 의도를 정확히 이해하지 못했다. 관객들과 막심 사이의 이 틈은 이 공연 실황 앨범이 <Des jours meilleurs>라는 이름으로 나왔을 때 앨범에 수록된 타이틀 곡이 아름답다 하더라도 아무도 납득하지 못했다 (이 곡은 몇 년 뒤 Sol en Si 공연에서 다른 가수들이 불렀을 때 대단한 성공을 거둔다). 몇 천장의 앨범이 팔린 후 막심은 이제 더 이상 70년대의 성공을 거둔 가수가 아니었다. 그는 84년과 85년에 자신에게 매우 힘든 시기였다고 나중에 고백하기도 한다. 88년, <Ne quelque part>라는 곡으로 불사조처럼 부활하는데 이 노래는 평등과 관용에 대해 얘기하고 있으며 동료인 장-삐에르 싸바와 함께 가사를 썼다. 가사는 줄루 언어로 번역되었고 남-아프리카 여가수인 오라가 다시 부르고 이 노래는 논란의 대상이 된다.

프랑스에서는 세계 음악이 흥행하기 시작했고 대중들은 소리, 리듬과 외국어가 섞인 노래들을 좋아하기 시작한다. 이러한 분위기 속에서 88년 10월 앨범이 나오는데 모리셔스어로 된 노래인 <Ambalaba>라는 곡이 나오면서 6십 만장이 팔리며 대성공을 거둔다.

89년 1월 24일부터 막심은 파리의 Bataclan에서 3주 동안 공연을 갖고 대성공을 갖는다. 그리고 지방 순회공연을 떠난다. 이 음반과 함께 한 공연과 성공은 자신이 하고 있는 직업에 대해 많은 애착을 가지고 열심히 일하는 성숙된 가수의 이미지를 대중들에게 심어주었다.

그러나 그는 91년 11월에 <Sagesse du fou>라는 앨범을 내놓지만 다시 한 번 그의 인생의 굴곡을 맞게 된다. 그러나 미셸 리바르와 함께 부른 <Bille de verre>는 92년 파리의 올렝피아에서 큰 성공을 거둔다. 약간의 휴식기간을 가진 뒤, 막심은 95년 6월에 새로운 노래인 <Passer ma route>를 내놓는다. 파리에서 녹음한 이 노래는 사실 여행과 도피로의 초대에 관한 내용이었다. 가사는 유명한 작사가인 보리스 베르그만과의 공동 작업을 하였고 바네사 빠라디를 비롯한 몇 명의 가수들이 그를 지원해 주기 위해 왔다. 누이인 꺄뜨린느가 이전에 불렀던 <Petite fugue>를 편곡한 노래는 대 성공을 거둔다. 음반에 수록된 12곡 중 10곡의 노래들은 96년 1월과 2월에 파리의 올렝피아 공연에서 선을 보인다. 그러나 관객들로부터 가장 큰 박수를 받은 곡들은 과거의 향수를 불러일으키는 <San Francisco>와 <l'Education sentimentale>이었다.

막심 르 포레스티에가 가수의 길로 접어들게 가장 큰 영향을 주었던 조르쥬 브라쌍은 여전히 그에게는 영감의 근원이었다. 96년 9월에 내놓은 음반은 어둡고 오로지 키타와 목소리로만 구성되어 있었는데 사람들로부터 많은 사랑을 받는다. 브라쌍이 죽은 지 15년 후에 막심은 브라쌍이 부를 시간이 없었던 곡들을 다시 부른다. 97년과 98년에 그는 브라쌍을 추모하는 공연을 계속하는데 대단한 성공을 거둔다. 98년 4월에는 르 포레스티에가 부른 브라쌍의 대부분의 노래가 담긴 4장 짜리 CD 앨범이 나온다. 그리고 6월 12일과 13일에 카지노 드 파리에서 공연을 한다. 99년 가을, 그는 기타리스트 장-펠릭스와 함께 듀엣으로 <Tour de Chauffe>라는 제목으로 몇 개월 동안의 순회공연을 시작한다. 2000년 초, 그는 Restaurants du coeur의 기금 마련을 위해 모인 많은 가수들이 한 des Enfoires 순회 공연에 참가한다. 막심 르 포레스티에는 80년대에 어려운 시기를 겪었다면, 90년대는 그가 참가했던 많은 자선 공연에서 알 수 있듯이 박애주의적 정신에 입각한 활동을 활발히 한 시기였다.

5년 동안 거의 브라쌍의 추모 공연을 한 후, 르 포레스티에는 2000년 11월 본연의 자신의 음악세계를 담은 새로운 앨범 <l'Echo des Etoiles>를 내놓는다. 이 앨범에는 12곡이 수록되어 있는데 거의 대부분의 가사는 보리스 베르그만이 맡았다. 막심 르 포레스티에와 같은 예술가들은 자신들이 하는 일에 언제나 충실하다. 이들은 성공도 좌절도 맛보지만 이들의 작업은 늘 진지하며 심오하기까지 하다. 70년 대 초, 그리고 오늘날까지 조용하면서도 언제나 기타를 옆에 끼고 있는 그의 모습은 프랑스 가요계의 귀감이 된다.

Garou

갸루는 1972년 63월 12일 퀘벡 지방에서 태어났는데 그에게는 8살 위의 누나인 마리제가 있었다. 아주 어린 나이 때부터 그는 음악을 듣고 자랐는데 가족들이 모일 때면 언제나 노래를 불렀고 갸루는 이렇게 해서 음악적 귀가 뚫리고 리듬에 대한 감각을 자연스럽게 익혔다. 그의 잠재력을 알아 본 그의 부모들은 3살된 그에게 기타를 선물한다. 기타를 아주 잘 쳤던 그의 아버지는 그에게 코드 몇 개를 가르친다. 그리고 자연스럽게 갸류는 혼자 독학으로 기타를 배운다. 피 속에 이미 음악적 재능이 담겨 있었던 것이다. 2년 뒤, 그는 피아노를 배우고 얼마 후 오르간을 배운다. 음악에 대한 그의 사랑은 비록 그가 가수로서의 길을 염두에 두고 있지 않았더라도 결코 그를 떠나지 않았다.

어렸을 때의 그의 꿈은 고고학자였는데 무엇인가를 발굴해내고 그가 찾아낸 유적을 다른 사람과 공유한다는 것이 그 이유였는데 지금도 그는 음악이 누군가가 만들어내고 그것을 다른 사람들이 듣고 공감할 수 있다는 점에서 고고학과 전혀 다르지 않다고 생각하고 있다. 음악과 함께 관대함과 공유라는 단어들이 자신들의 고유한 의미를 찾아갈 수 있다고 느끼는 그는 <예술가로서의 목적은 항상 어린 시절을 재발견하고 이러한 경험을 살아가는 사람들에게 맛보게 해주는 것이라 생각한다> 고 그는 말하고 있다. 청소년 시절에 어린 갸루는 사립학교인 세루브루크에서 모범적인 학생이었다. 그러나 14세 경 모든 것이 바뀐다. 그는 자신히 배워야 하는 것과 배워서는 안될 것에 대해 회의를 갖기 시작한다. 그의 성적은 곤두박질쳤고 그의 부모님들은 선생님들과 마찬가지로 그를 이해하려고 애쓴다. 갸루는 권위, 훈련 그리고 다른 사람들처럼 행동해야 하는 것들을 거부했다. 이러한 반항기의 자신의 어린 제자의 방황을 올바로 인도하기 위해 그의 선생님이 트롬펫을 가르치고 자기 수업에 들어오게 한다. 이로써 갸루는 음악에 사로잡히게 되고 10년 뒤인 1987년 노틀담의 꼽추에 주인공인 꼽추 카지모도의 역을 맡게 된다. 당시 그 학급 학생들로 구성된 그룹에서 기타리스트를 찾고 있었는데 이들은 갸루에게 도움을 청하고 이렇게 해서 그의 인생에서 처음으로 학교 무대에 선다. 그룹은 비틀즈의 노래들을 주로 불렀는데 그때까지도 완벽한 목소리를 갖지 못했던 갸루는 폴 메카트니를 흉내내어 부른다.

그는 그룹 친구들이 폴 메카트니를 그저 단순한 기타리스트로서만 생각한다는 것을 느낀다. 어쨌건 이 첫 번째 무대의 경험은 그에게 많은 것을 가져다준다. <매 공연 때 우리 그룹이 노래를 할 때마다 300명의 어린 학생들이 우리 노래를 듣기 위해 자리를 꽉 메웠다. 그리고 우린 우리 스스로 모든 것을 했는데 입장권을 인쇄하고 포스터를 만들고! 무대에서 느끼는 필링, 그것이 나를 사로잡았다>라고 그는 회상하고 있다. 갸루는 캐나다의 군악대에 지원하는데 그는 트롬펫에 큰 매력을 느꼈다. 그의 상관은 십자군 전쟁에서 사랑을 노래하는 방랑시인처럼 상상하며 행동하는 이 통제되지 않는 부하로 인해 고심하던 끝에 1991년 여름 그를 퀘벡 외곽 보초로 배치한다. 그는 때때로 부대의 자동차를 몰래 타고 커피를 마시기 위해 몬트리올로 가곤 했다. 1992년 여름 초, 세르부르크라는 친구가 갸루에게 군에서 나올 것을 부탁한다. 그에게 잠재되어 있는 박애주의적 성격은 군에서는 아무 소용도 없었다. <이 해 여름 거의 훈련이 없었기 때문에 모든 사람들이 행복해했죠. 나는 부대원들의 사기를 높이기 위해 애를 썼지만 내가 할 수 있는 것은 아무 것도 없어요. 그래서 군을 떠났죠>라고 당시의 일을 회상한다.

1993년 갸루는 포도밭 재배 일을 비롯하여 작은 일거리들을 한다. 그는 심지어 옷가게에서 판매 점원일 까지 한다. 그는 대부분의 밤을 디스코택에서 보냈다. 그리고 해가 뜨면 일자리로 돌아갔다. 새벽 3시에 셰르부르크의 술집에서 나오면 목에 기타줄을 매고 연주하는 사람들을 길에서 보는 것은 흔한 일이었다. 대로에서 술을 마시고 주정하는 사람들, 길가에서 손과 발을 치며 춤을 추다가 경찰들의 출동으로 입가에 미소를 머금고 급하게 사방으로 흩어지는 사람들 이러한 즐거움이 그에게 전달되었다. <바보 같은 일들을 많이 했죠, 하지만 미소를 짓게 하는 그런 일들 이었어요>. 즐기기 위해 몬트리올 지하철에서 노래까지 하였고 그의 앞을 지나가는 사람들은 그의 노래를 즐겁게 듣고 동전을 던져 주었다. 사랑스런 시선을 주고 받는 연인들, 어머니의 품에 안겨 고개를 삐끔 내미는 귀여운 아이.. 음악은 특별한 목적 없이 다른 사람들의 행복을 위해 존재하는 것이었다.

같은 해 3월, 한 여자 친구가 갸루를 루이 알라리의 공연에 초대하는데 그 친구는 이 여가수에게 자신의 친구가 노래를 할 수 있겠냐며 요청한다. 바의 주인은 즉석에서 노래를 부르는 이러한 분위기를 아주 좋아했고 그저 자신의 음악적 감성을 전달하고픈 생각에 갸루는 첫 번째 관객으로서 기타를 들고 그의 부서지는 듯한 목소리로 노래를 부른다. <나는 음향장치를 사러 갔는데 그게 어떻게 작동하는지도 몰랐어요. 게다가 나는 여러 개의 노래를 배워야 했는데 왜냐하면 내가 부를 수 있는 곡이 몇 개 되지 않았거든요. 내가 부를 수 있는 곡이 딱 세 곡밖에 없었어요. 이런 방식으로 나는 학교의 엄격한 교육에서 벗어나 바의 삶을 시작했죠>. 많은 사람들이 그의 가수로서의 재능과 생동감을 인정하면서 짧은 시간에 갸루의 이름이 여러 바에서 알려지기 시작했다. 바에서 바로 전전하며 노래를 부르던 몇 개월 후, 그는 지역 패션쇼의 마지막 무대에 서게 된다.

그의 친구가 주인인 프랑씨스 들라주에게 다가가 자신의 친구에게 제대로 무대에 설 수 있는 기회를 달라고 부탁했고 일요일에 가게에는 손님들이 많지 않았기 때문에 들라주는 < Les dimanches à Garou>라는 제목으로 노래를 할 것을 허용한다. 이 무대는 즉시 큰 성공을 거두었고 갸루는 4년 동안 이 가게에서 노래를 해야 했다. <대중들과의 교감, 무대에서의 짜릿함, 전염성 강한 광기, 이것들이 내가 그 가게에서 배운 모든 것이었어요>.

1995년 여름 그는 더 언터쳐블라는 그룹을 만드는데 맴버는 트롬펫, 섹스폰 그리고 트롬본으로 구성되었다. 이들이 공연하는 곳이면 어디든 수많은 사람들이 몰렸고 갸루는 자신이 노래하는 것을 이들이 듣기를 원했다. <진정한 음악이란 우리가 겪었던 일들과 마음 깊숙한 곳에서 우러나오는 것이죠. 길을 제시할 필요는 없는 거죠. 당시에 소니에서 내게 음반 계약을 맺자고 제의했지만 나는 아직 준비가 되지 않았다는 생각에 더 기다리

기로 했어요>. 갸루는 마음으로 노래를 불렀고 음악에 자신의 감정을 솔직하게 담았으며 이러한 그의 음악은 사람들에게 깊은 감동을 주었다. <그룹 더 언터쳐블과 함께 우리는 같은 순서로 노래를 하지 않았습니다. 나는 내 그룹 연주자들의 눈에 언제 어떻게 튈지 모르는 존재로 비춰졌죠. 이것이 제가 좋아하는 예측 불허의 삶이니까요>.

유럽과 퀘벡에서 앨범 <Seul>이 나온 뒤 예정되었던 순회공연에서 그와 함께 한 것은 이들이었다. 게다가, 1997년 여름 뤽 쁠라몽동은 뮤지컬 노트르담 드 빠리에서 카지모도 역을 맡을 사람을 찾고 있었는데 그는 갸루의 노래하는 모습을 보고 갸루만이 진정으로 카지모도의 역할을 완벽하게 소화해낼 수 있는 인물이라고 생각한다. <내가 오디션을 보러 갔을 때, 나는 내가 맡을 역이 꼽추였다는 것을 알지 못했어요. 리샤르가 <Belle>의 첫 부분을 피아노로 치고 제가 노래를 하기 시작했죠. 그는 연주를 멈추더니 뤽을 쳐다봤어요. 이들은 둘 다 자신들이 카지모도 역을 찾았다고 하더군요. 그러면서 내게 <Dieu que le monde est injuste>라는 노래를 불러보라는 거예요. 나는 내가 이전에 노래를 부를 때 전혀 느끼지 못했던 느낌을 받았어요. 이틀 뒤에 그들이 내게 말하더군요 : 카지모도는 자네일쎄>. 자신 이후에 오디션이 계속되는 동안, 갸루는 자신에게 주어진 행운이 어떤 것인지를 차츰 실감하게 된다. 그러나 빅토 위고의 소설을 읽으면서 그에게는 고민이 생긴다. 수 백 명의 관객 앞에서 노래하는 것은 자신이 느끼는 기쁨이 그들에게 전염된다는 점에서 전혀 걱정할 일이 아니었다. 그러나 한 인물의 역할을 연기해야 한다는 것은 자신이 가지고 있던 모든 것들을 내던져야 한다는 것이 그에게 큰 부담이 되었던 것이다. 그는 자신 안에 배우로서의 재능이 꿈틀거리고 있었다는 것을 알지 못했다. 그의 본능은 그에게 그 역할을 맡으라고 종용했다. <어느 날, 나는 무대감독인 질르에게 소리를 질렀습니다. 그는 나를 좀 더 잘 리드해줄 필요가 있는 시점에서도 나 혼자 알아서 하라고 내버려두었어요. 그는 내게 단지 미소를 지으며 : 네가 했던 것처럼 그렇게 하면 돼. 필요한 것은 바로 그 것 뿐이라구. 라고 말이죠>.

파리, 몬트리올, 리용, 브뤽셀 그리고 영어버전으로 런던에서의 수개월에 걸친 노트르담 드 파리 공연에서 갸루는 자신이 전혀 배우가 될 것이라고는 생각해보지 않았음에도 불구하고 당당한 배우로서 인정받는다. 그는 목소리 뿐 아니라 꼽추가 느끼는 감정을 표현하는 감성의 풍부함 등으로 인해 카지모도의 역할을 훌륭히 해낸다. <매일 저녁 나는 사랑받지 못하는 버려진 카지모도의 몸 속으로 들어갔어요. 역설적으로 나는 내 시각에서 관객들의 사랑을 느끼기 위해 그의 몸 속에서 나왔구요. 그것은 매우 불안정했어요>. 그는 1999년 퀘벡에서 신인상을 수상하고 월드 뮤직 어워드에서 <Belle>라는 곡으로 수상을 하고 프랑스 대중들이 선정한 최근 50년 동안의 최고의 노래에 선정된다. 프랑스에서 노트르 담 드 파리의 대 성공으로 그에게는 음반 제작, 영화 출연 등 많은 제안들이 들어오지만 갸루는 서두르고 싶지 않았다. 그의 몸속에 잠재되어 있던 끼는 다시 한 번 발동하면서 음반이란 이래야 한다는 자신 만의 비전이 떠오른다. 그리고 프랑스 대중들로부터 엄청난 사랑을 받는다. <프랑스는 내게 정말 엄청난 사랑을 주었죠! 나는 오랫동안 프랑스에게 이에 대해 갚아야 합니다>.

1988년 갸루는 에이즈 퇴치를 위한 앨범에 참여하는데 여기에서 쎌린 디옹을 위해 플라몽동과 코치안테가 만든 곡인 <L'amour existe encore>를 엘렌 쎄갸라와 듀엣으로 부른다. 그리고 des Enfoirés의 두 음반과 <2000 et un enfant>이란 자선 앨범에도 참여한다. 그리고 자끄 브렐의 고전 <Un enfant>을 그룹 The Untouchable 과 함께 스윙 버전으로 부른다. <나는 결코 내게 일어나는 일에 대해 요구한 적도 또 인기를 갈망한 적도 없습니다>라고 그는 말한다. 1999년에 프랑스 텔레비전 방송에서 또 다른 아름다운 모험을 살게 해주는 사람을 만나게 된다. 이 날 갸루는 세계 최고의 여가수를 만난 것이다. <르네 안젤리와의 나의 만남은 20초 정도 였어요. 그는 나를 보러 오더니 내 손을 잡더군요. 마법같은 전류가 악수를 한 손에서 흘러나왔죠. 그리고 나는 나의 가장 든든한 후원자인 부모님에게 이 사실을 전했죠. 얼마 후 그와 내가 다시 보게 되었을 때 그가 특히 감명을 받은 것은 나의 목소리나 나의 존재가 아니라 우리가 교환했던 악수였다고 하더군요. 그가 내게 이 말을 했을 때 나는 내가 그를 믿을 것이고 그의 팀들은 나와 평생을 같이 할 것이라고 생각했습니다.> 그러나 그는 아직까지 이 악수가 그의 존재의 흐름을 바꾸어놓을 것이라는 것을 알지 못했다. 1999년 12월 몬트리올에서 갸루는 쎌린 디옹을 위한 프로에 브라이안 아담스와 노트르 담에 출연했던 다른 퀘벡 출신의 가수들과 함께 특별 초대 손님으로 나왔고 새천년을 맞이하게 된다. 이는 쎌린 디옹이 2년이라는 휴식기간이 끝난 후의 콘서트였다. 어느 날, 연습 후에 쎌린과 르네는 갸루에게 자신들과 저녁을 같이 먹자고 제안한다. <쎌린은 자신이 지구상에서 가장 훌륭한 팀과 함께 일할 수 있는 기회를 가졌고 모든 사람들이 이 팀과 함께 일하길 원한다고 내게 설명했어요. 내가 음식을 삼키려고 할 때 그녀가 나를 보며 말하더군요 : 우린 그게 바로 당신이에요.. 나는 완전히 체하는 줄 알았죠. 세계 최고의 가수가 내게 자신의 팀과 함께 공연하자고 제안하다니, 상상할 수도 없는 일이었어요. 쎌린의 친절함과 예의바른 행동은 정말 감당하기

힘들었죠. 나는 이런 엄청난 일이 내게 일어날 줄 전혀 생각하지 못했으니까요.

갸루는 무대에 서면 관객들을 자신의 영혼 속으로 빨아들이며 물 만난 물고기처럼 열정적이고 행복해하는 존재였다. <Seul>을 발표하고 난 뒤 그에게는 한 가지 바램밖에 없었다. 무대에 서서 자신의 그룹과 자신의 노래를 부르는 것. 감성의 교감을 위해서는 오로지 관객들과 만나야 한다는 것. 갸루는 2001년과 2002년 퀘벡과 유럽에서 공연을 갖는데 만족해하는 관객들은 점점 늘어만 갔다. <Seul... avec vous>와 <Live à Bercy>는 그의 열정을 관객들 앞에서 뿜어내는 에너지의 증거였다. 2001년 유럽 공연 때 <Seul…avec vous>는 실황 앨범으로 같은 해 11월에 출시되는데 여기에는 <Seul> 앨범 중 가장 유명한 곡들과 노트르 담 드 파리의 곡들, 그리고 아즈나부의<La Bohème> 등이 수록되어 있다. 또한 발표되지 않은 곡이 포함되어 있는데 Starmania에서 히트한 <Le monde est Stone>이 그것이다.

<Live à Bercy> 실황 공연 앨범이 2002년 여름 DVD와 VHS로 출시되어 베르시에서의 그의 놀라운 공연을 팬들이 함께 할 수 있었다. DVD에는 갸루의 비디오와 사진들이 들어있다. <지금까지 나의 경력은 3년 동안 단계로 흘러갔어요. 우선 3년 동안 나는 3년 동안 나의 솔로 경력 이후 카지모도라는 인물의 삶을 살았죠. 올 가을에 나의 새로운 앨범으로 또 다시 삼 년이라는 모험 속에 빠질지 모르지 않겠어요?>. 앨범 <Seul>이 나온 후 3년의 긴 시간이 흘렀고 갸루는 쉴 틈이 전혀 없었다. 그러나 프랑스어권의 대중들의 사랑에 보답하기 위해 갸루는 그의 두 번째 앨범을 몰리에르 풍으로 만들 것을 결심한다. 이를 위해 그는 <Seul>과 <Gitan>이란 곡을 주었던 로마노 뮈쥐마라를 비롯하여 여러 음악가들에게 도움을 청한다. <Quand passe la passion>과 <Au cœur de la terre>라는 두 작품은 이미 성공할 것이라는 예감을 주었다. 뤽 플라몽동 또한 <Pour l'amour d'une femme>란 곡의 가사를 맡았다. 또한 갸루와 쎌린 디옹이 함께 불렀던 잊을 수 없는 곡 <Sous le vent>을 만들었던 자끄 브네뤼조는 <Reviens>이란 곡을 만든다. 이 곡은 프랑스어권 여러 국가에서 대단한 히트곡이 된다. 앨범의 16곡 중 11한 곡을 만든 에픽 벤지는 <Pendant que mes cheveux poussent>와 <Le sucre et le sel>이란 곡을 만드는데 이 노래의 가사와 주제는 갸루의 의도에 따른 것이다.

또 다른 이가 그의 작업에 참여하는데 장-자끄 골드만은 걀루가 Restos du Cœur에 참여한 1999년부터 걀루와 견고한 우정을 쌓았는데 두 사람은 함께 음악작업을 하곤 했다. 이번 앨범에도 <Tout cet amour là>와 <Les filles>라는 곡들을 함께 작업한다. 제라르 드 팔마스는 그에게 <Et si on dormait>라는 제목의 아주 특별한 노래를 그에게 주는데 걀루는 오래전부터 팔마스에게 자신을 위해 곡을 써줄 것을 부탁하였었다. 좋은 친구가 된 후 드 팔마스는 2002년 3월 갸루의 베르씨 공연에 출연하여 그와 함께 <Sur la route>를 부른다. 프랑스 기타리스트로 정평이 나 있는 질다 아르젤은 갸루에게 록과 미국 블루스 풍이 두 곡인 <Ton premier regard>와 <Une dernière fois encore>를 준다. 퀘벡 출신으로는 기타리스트 끌로드 피노가 참가하는데 그에게 <L'aveu>라는 아름다운 곡을 선사한다. 갸루는 일주일 내내 자신의 친구건 아니건 간에, 그리고 유명하건 유명하지 않건 간에 이들이 만들어준 곡들을 주의 깊게 들었는데 <L'aveu>라는 곡을 듣자마자 마음에 들어 그는 이 곡이 작사-작곡가들을 만나기도 전에 앨범에 수록할 것을 결정한다.

<Ne parlez plus d'elle>이란 곡은 갸루의 오랜 친구이자 퀘벡이자 최고의 록커인 에릭 라뿌왕뜨와 명성이 자자한 작사가 타브라, 그리고 가장 뛰어난 기타리스트 중 하나인 스테란 뒤푸르 세 사람이 함께 모여 갸루에게 선물한 것이다. 갸루는 이 앨범의 노래 믹싱작업과 편집 등 제작 전반에 걸쳐 모든 단계를 점검하였는데 이 앨범은 보다 록적이고 더 리듬이 강한 특성을 가지고 있는데 갸루의 성격과 아주 흡사한 앨범이라 할 수 있다. <나는 인생에서 극단적인 사람이듯 이 앨범작업에서도 극단적이었어요.> 2005년 동안 대중매체에 모습을 거의 드러내지 않은 갸루는 그렇다고 해서 일정이 여유 있었던 것은 아니었다. 그는 마릴루라는 젊은 여가수와 함께 <Tu es comme ça>라는 곡을 스튜디오에서 녹음하였고 이 곡은 나오자마자 10위권 안으로 진입한다. <Reviens>이라는 제목의 공연은 10개월 동안 지속되었고 갸루는 대부분의 시간을 퀘벡에서 보냈다. 오랫동안의 부재에 대해 그의 친구들이 무대로 돌아올 것을 권유하고 그는 이들과 약속을 한다. 그는 7월에 우상중 하나인 프랭크 시나트라를 기리는 무대에 프랑크 뒤보스와 함께 한다. 미국의 카트리나 지역이 홍수의 피해로 인해 주민들이 겪는 불행에 대해 그는 12월에 프랑시스 꺄블렐의 초대에 응해 이들을 돕기 위한 기금 마련 Louisiane 콘서트에 참여한다. 그는 가족과 친구들과 함께 더욱 많은 시간을 보내고 몬트리올의 Bourbon Street과 le Medley 바의 들러 과거의 향수를 불러일으킨다. 갸루는 사생활과 새로운 앨범에 대한 영감을 얻기 위해 자신만의 시간을 보낸 것이다.

2005년 가을 갸루는 새로운 앨범 작업에 들어가는데 그는 전 세계에서 150개가 넘는 곡들 을 받고 자신이 선택해야 했다. 기쁨과 흥분의 분위기의 Reviens에서와는 반대로 이번에는시간을 충분히 갖기로 결심한다. 생각을 정리할 시간, 그리고 친구들과 다시 만나는 시간, 새로운 조력자들을 알게 되는 시간을 가졌던 것이다.

<나는 늘 내가 알지 못하는, 나에게 감명을 주는 그런 작곡자들과 작사가들을 발견하길 바랍니다.> 나는 노래를 선택하는 것이지 조력자를 선택하는 것이 아닙니다. 그리고 이렇게 말하는 것 자체가 이상한데 왜냐하면 나의 대부분의 앨범들은 내가 아는 사람들과 함께 작업을 했었으니까요 그리고 그게 더 자연스럽다는 것을 아니까요>. <뤽은 나의 가수로서의 스승이자 영적인 아버지입니다>. 갸루가 뤽에게 품고 있던 존경심은 대단해서 자신과 작업하는 사람들 중에서도 제일 먼저 고려했던 사람이었다. 이 앨범에 수록된 <Viens me chercher>는 장-자끄 골드만이 가사를 쓰고 쟈끄 베네뤼조가 멜로디를 만들었는데 그토록 오랜 친구사이였음에도 불구하고 두 사람이 작업을 함께 한 것은 처음이었다. <내가 노트르 담 드 파리에서 카지모도 역을 막기 위해 오디션을 볼 때 제일 먼저 배운 노래가 <Dieu que le monde est injuste>였어요. 그 이후 부당함이란 주제는 제가 특히 관심있어하는 것이었죠>. 머피 법칙에 따라 항상 운이 따라주지 않는 부당함이라는 다양한 상황을 알리는 노래를 파스칼 오비스포가 그에게 만들어준다. 두 가수는 Enfoirés 덕분에 오래전부터 알고 지냈는데 함께 작업한 적은 없었다. 또한 <Qu'à cela ne tienne>, <Plus fort que moi> 등 파스칼 그룹의 두 맴버들과 함께 만든 곡들 역시 뛰어난 곡들로 손꼽힌다.

<우린 돈을 버는 팀을 바꾸지 않으며 오히려 가족을 더 넓혀가죠.> 갸루의 앨범에는 기존의 작사, 작곡가들 이외에 다른 사람들이 합류한다. 성드린느 로이와 실벨 미셀이 그 대표적 인물들로서 이들은 발라드 곡인 <Que le temps>이란 곡을 만든다. 갸루의 새로운 작품은 시간에 대한 내면적 성찰이라는 주제를 띄고 있다. 21세기로 접어들기 전 약간의 공백기간 동안 갸루는 자신의 뒤를 돌아볼 수 있는 기회를 가지면서 자신이 누구였고 자신이 하고 있는 것이 무엇인지에 대해 깊이 생각한다. 이런 성찰의 시간 이후에 <Garou>라는 제목의 앨범이 탄생한다. <내가 앨범을 만든다는 것은 사실 공연에 대한 초대장입니다>. 새로운 음반이 출시되기로 결정되자 갸루는 2006년 7월 퀘벡을 시작으로 유럽 전체를 도는 11월까지 계속된다. <나는 정말 흥분되었는데 왜냐하면 그것을 정말 하고 싶었으니까요.> 갸루는 자신의 공연이 생동감 있는 동시에 웅장하길 원했다. 공연 컨셉은 시간이었는데 행복, 감정, 놀라움과 같은 실제 시간에 일어나는 일들을 담고 싶어했다.

5백 만 장 이상의 앨범과 7십 만장의 DVD가 팔리고 공연에 백만 관객이 몰리면서 갸루는 마침내 영어로 된 첫 번째 앨범인 <Piece Of My Soul>를 내놓는다. 녹음은 캐나다, 스웨덴 그리고 미국에서 이루어졌다. 이 앨범은 일상생활에서의 가상적 여행이었는데 잠에서 깨어나 다시 잠들 때까지 일상생활에서 겪는 감정, 만남, 모험, 어려움 등이 그 주제였다. 앨범에 수록된 13곡들은 스웨덴 출신의 페 아스트롱이 총 지휘를 했는데 그는 마돈나, 쎌린 디옹, 제니퍼 로페즈와 함께 팝-록 풍의 제작자로서 이미 잘 알려져 있었다. 이 앨범에는 특히 갸루가 아주 좋아했던 두 가지 포커와 사랑을 다룬 <All The Way>란 곡이 있는데 갸루 자신이 작사했다. 현존하는 최고의 작사-작곡가들과 함께 여러 대륙을 공략한 갸루는 자신의 독특한 목소리에 맞게 만들어진 <Accidental>과 <Burning>을 부른다. 또한 <Nothing Else Matters>이란 곡은 2004년 아시아에 불어닥친 수나미로 인해 세계 최고의 모델인 페트라 넴코바의 남편이 사망하고 그녀가 겪은 드라마와 관계가 있다. 또한 갸루는 영국인 출신의 돈 메스콜에게 부탁하여 3곡을 받는다. <Coming Home>이란 곡은 페와 알도 노바가 갸루의 리의 올렝피아의 공연을 보고 난 며칠 뒤에 만들어졌다. 이 밖에도 세계적으로 널리 알려진 사람들이 앨범 제작에 참여한다. 갸루에게 있어서 <Piece Of My Soul>라는 앨범은 비록 영어로 되어 있지만 그의 새로운 출발을 의미한다. 이 새로운 시작이라는 생각은 그를 엄청나게 자극하는데 새로운 가수로서의 시작을 위해 그는 규모가 작은 공연장에서 공연한다. <Piece Of My Soul>은 여러 해의 작업 끝에 만들어진 결실이며 갸루가 매우 자랑스럽게 생각하는 앨범이다.

Elsa

엘자는 1973년 5월 20일 파리에서 태어났다. 그녀의 아버지인 조르쥬 룽기니는 배우이자 사진 작가 그리고 작곡가였고 어머니 크리스티안느 조베르는 화가이자 조각가였는데 엘자 트리올레를 기리는 의미에서 엘자라는 이름을 지어주었다. 그녀는 6살의 나이에 끌로드 밀레의 영화인 <Garde à vue>에서 6살의 나이로 배우로서 대뷔를 했고 1985년에는 <Rouge Baise>라는 영화에서 로자의 역할을, 그리고 <Train d'enfer>에 출연하였다. 엘자가 영화가 아닌 가수로서 두각을 나타낸 것은 1986년부터다. 또한 <La femme de ma vie>라는 영화에서 엘루와즈의 역할을 맡았는데 여기에서 피아노에 맞춰 부른 <T'en va pas>는 이 영화의 주제곡이 되었고 1986년 10월에 음반으로 나와 1,3백 만장이 넘는 판매를 올리며 가수로서의 경력이 시작된다. 1988년 엘자의 첫 번째 앨범이 나오는데 그 중에 로렁 부지와 함께 부른 <jamais nous>도 수록되어 있다. 그리고 <A la même

heure dans deux ans>과 글렌 므데로스와 듀엣으로 부른 <un roman d'amitié>는 유럽과 아시아에서 큰 성공을 거둔다. 그리고 엘자는 <Où que tu sois>라는 영화에서 세르쥬 마지아니의 딸 역할을 맡는다.

첫 번 째 앨범을 내고 2년 뒤, <Rien que pour ça>라는 다른 앨범을 내놓는데 여기에서 엘자는 처음으로 자신의 노래들 중 타이틀 곡인 <Rien que pour ça>를 작곡한다. 1990년 17세의 나이에 엘자는 올렝피아 무대에 서는데 이 무대에 선 최연소 가수로 기록된다. 그리고 프랑스와 유럽으로 몇 달간의 순회공연을 떠난다. 1992년에 <Douce violence>이 나오고 엘자의 경력에 전환점이 된다. 그녀는 이제 데뷔 초기의 어린 소녀가 더 이상 아니었다. 19세가 된 그녀는 <Retour de Casanova>를 홍보하기 위해 오랜 칩거 생활에서 나오는데 짧게 자른 머리로 <Bouscule moi>를 비롯하여 6곡의 싱글곡이 담겨있다. 이 앨범에 이어 엘자는 여인과 어머니로서의 생활을 위해 직업적인 삶을 잠시 거둔다. 그녀는 1994년 7월 27일 사내아이를 출산하는데 아버지는 피터 그뤠네라고 불리는 독일 가수였다. 아이는 할아버지의 이름을 따서 루이지라고 이름 지었다. 엘자는 영화배우로서의 일을 잠시 하지만 곧 가수로 되돌아와 1996년 <Chaque jour est un long chemin>이라는 제목의 앨범을 내놓는데 모든 가사를 직접 쓴다. 이 앨범은 좋은 평가를 받지만 판매면에서는 그다지 기대에 못 미치는 기록을 낸다. 두 개의 싱글곡인 <Chaque jour est un long chemin>과 <Sous ma robe>이 앨범의 수록곡들 중 알려진다. 96년 10월 파리의 Café de la danse 무대에 서고, 서울에서도 공연을 한다. 그리고 1997년 4번째 앨범이 나오고 이 앨범은 영어로 번역된다. 2002년에 엘자는 텔레비전 영화인 <La mort est rousse>에서 샤를로뜨의 역할을 하는데 베르나르 지로도와 함께 연기한다.

2004년 마지막 앨범 이후 엘자는 그의 팬들이 애타게 기다리던 최고의 앨범을 준비하는데 <Mon amour>라는 곡은 국제 뮤직 비디오 페스티발에서 여가수 상을 받는다. 그러나 두 번째 곡인 <A quoi ça sert>는 라디오에서 그다지 많이 나오지는 않는다. 2004년 8월 17일에서 9월 17일까지 토네-샤렁뜨에서 엘자는 텔레비전 영화인 <Trois juin en juin>를 촬영하고 이는 프랑스 2에서 2005년 9월에 방영된다. 2005년에 에티엔 다오와 엘자는 1972년에 조니 나쉬가 불렀던 <I can see Clearly now>라는 곡을 리바이블한 앨범에 들어있지 않은 <Eternité>라는 싱글곡을 내놓는다. 2005년 9월 엘자는 대중들에게 잊지 못할 공연을 선사하는데 자신의 최근 2년 동안 내놓았던 앨범들에 수록된 <Un désir>, <Connexion>, <Canada Coast>, <L'autre moitié>라는 곡들과 자신의 이전 히트 곡들인 <T'en va pas>, <Quelque chose dans mon coeur>, <Jamais nous> 등을 함께 부른다. 이 공연은 DVD와 CD로 2006년 4월 10일에 출시된다. 2006년 3월 Senja de Danone의 광고에 출연하기도 하는 엘자는 1997년부터 어려운 사람들을 돕는 자선단체인 <les restos du coeur>의 기금 마련 공연인 des Enfoirés에 출연하였고 그녀는 Bout de vie 단체의 명예회원이 되었으며 에이즈 환자를 위한 다른 공연에도 참가하였다. 2007년 초, 막르비의 <Où es-tu>라는 소설을 각색한 새로운 텔레비전 영화를 촬영하기 위해 쌩-도멩그로 떠나는데 여기에서 수잔느의 역할을 맡았다. 이 촬영이 끝나자마자 새로운 앨범 제작 작업에 들어가고 2007년 10월 22일 앨범이 나오기 전 발표되지 않은 <La vie devant soi>를 선보인다. 2008년 4월 15일 Influence 사이트와의 인터뷰에서 엘자는 자신의 앨범 녹음을 끝냈다고 밝힌다.

어려서부터 아역배우로 출발한 그녀는 동양적 이미지를 포함한 그녀의 외모와 가냘프면서도 호소력 있는 목소리로 많은 사랑을 받고 있다.

Maurane

진짜 이름이 끌로딘느 뤼뻬레인 모란은 1960년 11월 12일 벨기에의 익셀에서 태어났다. 그녀의 부모들은 음악가였는데 어머니는 피아니스트였고 아버지는 음악 학교 교장이었다. 바하와 드뷔시라는 고전음악 속에서 자란 어린 모란은 8살 때부터 바이올린을 배우기 시작하면서 음악을 본격적으로 접하게 된다. 학교의 모든 규칙들을 싫어했고 스스로 피아노와 기타를 익힌다. 사실 그녀는 <West Side Story>나 <Demoiselles de Rochefort> 같은 코메디 뮤지컬에 관심을 가졌고 정작 원했던 것은 노래를 부르는 것이었다. 16-17세에 모란은 여러 가지 대회와 페스티벌에 참가한다. 1979년에 알베르 앙드레의 <Brel en mille temps>이라는 제목의 공연에 참가하는데 여기에서 다리아 드 마르티노프를 만나고 그는 오늘날까지 그녀의 곡을 써주게 된다. 여기에서 잘 알려져 있던 프랑스 작곡가인 삐에르 바루가 그녀를 발견한다. 그는 사라바 음반사에서 그녀의 첫 번째 곡을 낼 것을 결정하고 1980년 <J'me roule en boule>라는 곡을 발표한다. 그 후 81년에 <Fais soleil>, 83년에 <T'as pas la pêche>, 그리고 85년에 <Moi l'argent, toi jeune>를 비롯하여 몇 곡의 노래가 나왔지만 큰 성공을 거두지는 못한다. 이 기간 동안 그녀는 거리와 레스토랑에서 또 때로는 코로스로 노래를 부르며 생활 하였다. 85년 4월과 5월, 파리에 있는 썽띠에 데 알에서 첫 공연을 갖는다. 이 공연의 성공으로 진짜 앨범을 녹음할 기회를 갖는데 1986년 <Danser>가 나온다. 재즈풍의 그녀의 목소리는 그녀가 아주 좋아했던 끌로드 누가루를 따라했다는 것을 느낄 수 있다. 같은 해에 이글루 음반사에서 <H.L.M>이라는 제목의 앨범을 내놓고, 그녀는 자신의 아름다운 목소리를 음악의 악기처럼 사용하면서 재즈의 길로 들어선다. 86년 모란은 여행을 많이 한다. 몽트리올의 재즈 페스티발을 거치면서 여러 개의 상을 수상한다. 87년, 로니 꾸뛰르의 벨기에 영화 <Carnaval>에 출연했던 그녀는 자신의 배우로서의 자질에 대해 확신이 서지 않았고 가수로서 넓은 무대에 서는 것에 더 관심이 있었다.

87년 가을 그녀는 파리의 떼아트르 들 라 빌에서 일주일 동안 지내는데 이 기회를 이용해 에너지 넘치는 자신의 스윙풍의 노래를 대중들에게 들려주면서 성공을 거둔다. 1988년에 모란은 스타마니아라는 코메디 뮤지컬의 작곡가인 미셸 베르즈와 만나게 된다. 그는 이 벨기에 여가수에게 마리-잔느의 역할을 맡을 것을 제의한다. 이 여러 명이 하는 작업에 대해 그녀는 큰 매력을 느꼈고 많은 친구들을 만나게 된다. 그러나 몇 개월 동안의 끊임없는 작업으로 피곤해진 그녀는 다른 것을 할 생각을 한다. 1989년 2월에 모란은 새로운 앨범을 내놓는데 여기에는 <Toutes les mamas>, <Pas gaie la pagaille>, <Tout pour un seul homme> 등 많은 곡들이 수록되어 있다. 이 곡들은 좋은 평을 받아 여러 라디오에서 들려나온다. 이 곡들은 공연때 그녀와 함께 하는 에베르 베레, 케빈 물리건 그리고 물론 모란 자신이 만든 곡들이었다. 그녀는 사라바 음반사와 결별하고 폴리도르 음반사와 계약한다. 앨범은 15만장 이상이 팔렸고 89년 5월 6일 동안 파리에 올렝피아에서 공연을 한다. 무대 공포감에도 불구하고 그녀는 매우 다양한 음악을 선보였고 대중들은 이에 환호했고 매일 2천명이 넘는 관객들이 공연장을 찾았고 세계 순회공연을 떠나 일본에서 마친다. 89년 7월에 국제 라디오 프랑스 방송은 그녀에 대해 집중적으로 다뤘으며 퀘벡에서 열린 국제 여름 페스티벌에서 상을 받는다. 스타가 된 그녀는 모든 사람들의 눈에 매우 상냥한 이미지의 여인으로 비춰지길 원하지 않았고 화산 같은 기질을 가진 가수로서의 길을 꾸준히 이어갔다. 1991년 10월 <Ami ou ennemi>라는 제목의 앨범을 내놓는데 여기에는 벨기에 사람인 피터 론느, 장-끌로드 바니에를 비롯하여 프랑스 작가인 루이 깔랴페르트 등도 참가하였다. 이 앨범의 타이틀 곡은 <Sur un prélude de Bach>로서 대중적인 인기를 받는다. 바하의 멜로디에 바니에가 가사를 붙인 이 노래로 그녀는 자신만이 가지고 있던 감수성을 여실히 보여준다. 그리고 <Ça casse> 역시 대중들의 인기를 받게 되는데 피터 론느가 가사를 쓴 이 곡의 서정성은 단지 그녀의 매력적인 목소리뿐 아니라 감성적인 면을 대중들에게 널리 알리는 계기가 된다.

92년 5월 그녀는 올렝피아 무대에 다시 서고 여전히 계산되지 않은 좋은 분위기를 보여주며 샤를르 트레네의 <Boum>을 부르기도 한다. 가을에 유럽 순회공연을 하고 93년 3월과 4월, 그리고 4월 13일에서 15일까지 올렝피아에서 공연한다. 그리고 실황판이 94년 4월에 <Une fille très scène>라는 제목으로 출시된다. 브뤽셀과 파리를 오가며 생활하던 모란은 역시 가수인 파블로와 92년 6월 결혼하여 함께 산다. 그리고 93년 12월 29일 루라는 딸을 낳는데 딸의 출생은 그녀에게 무한한 기쁨과 함께 균형있고 행복한 삶을 가져다준다. 이러한 이유로 거의 활동을 하지 않았던 그녀는 94년 2월 파리에서 열린 음악 수상식에 모습을 드러낸다. 그럼에도 불구하고 프랑스 권 지역 최고의 여가수상을 수상하며 앨범 <Ami ou ennemi>는 4십 만장이 팔린다. 이 해 말, 정열적이면서도 도전적으로 또 다른 공연을 계획하는데 12월 6일에서 11일까지 니콜라 피즈만과 아놀드 마싸르와 함께 파리의 씨갈에서 공연을 한다. 이 공연은 주로 향수를 불러 일으키는 곡들을 주를 이루었는데 특히 모란은 최근 사망한 루이 깔라페르트를 기리며 노래를 불렀다. 안정된 가족생활로 인해 변모한 그녀는 목소리에 아름다운 마음을 담아 95년 11월 새로운 앨범으로 돌아온다. <Différente>이란 이 앨범에서 자신의 딸을 위해 3곡을 만들었고 이제 완숙미에 접어든 모습을 보여준다. 또한 행복과 내적 고요함을 찾았다고 스스로 밝히고 있다. 96년 10월에 그녀는 큰 공연을 기획하는데 11명의 현악 오케스트라와 함께 모란은 자신의 삶의 기쁨을 노래로 써 관객들에게 들려준다. 직업정신과 그녀의 경험은 그저 가수로서의 그녀의 자질을 높여줄 뿐이었다.

그의 가수 동료들에게 영향을 크게 받은 모란은 여러 자선 단체의 기금 마련 사업에 동참하는데 1996년 형편이 어려운 사람들을 위한 자선 공연인 des Enfoirés와 에이즈에 걸린 아이들을 위한 공연인 Sol En Si 등 93년부터 그녀는 이런 취지의 음반 작업에 참여한다. 1997년 친구들인 알렝 슈숑, 막심 르 포레스티에, 미셸 조나스, 꺄뜨린느 라라, 프랑시스 꺄브렐 등과 함께 이 단체를 돕기 위한 순회공연에도 참가한다. 모란은 가수로서 경력을 시작한 이후 성공을 축적해왔다. 98년, 5곡의 미발표곡을 포함하여 자신의 최고의 노래들의 모음집인 <L'un pour l'autre>를 내놓는다. <L'un pour l'autre>는 싱글곡으로 나왔지만 여기에서 에디 미첼이 작사한 <C'est magique>이란 곡을 함께 듀엣을 부른다. 12월 초, 모란과 그의 작사가인 피터 로른느는 <L'un pour l'autre>라는 곡으로 프랑스 샹송의 오스카상을 받는다. 98년 여름, 모란은 위대한 영화 감독인 자끄 따띠의 딸인 소피 타티쉐프가 만든 <le Comptoir>라는 영화에 주인공을 맡았고 그녀의 배우로서의 연기를 방송매체들은 극찬한다. 2000년이 되면서 그녀는 새로운 앨범을 구상하기 시작한다. 여러 번의 시행 착오 끝에 편곡자이자 반주자인 토마스 귀비슈, 장 뎅디노와 니콜라 르팍 등과 함께 앨범 작업을 하는데 이들은 1999년 그녀의 아버지가 사망했을 때도 그녀를 격려해주었다. 아버지의 죽음이라는 고통은 그녀에게 영감을 주어 앨범의 마지막 곡인 <L'Homme qui m'a le plus manqué>를 부르는데 이 곡은 그녀의 아버지가 직접 작곡한 것이었다. 이렇게 하여 그녀의 5번째 앨범인 <Toi du monde>가 2000년 8월에 나온다. 앨범의 전반적인 분위기는 좀 더 무겁고 세상의 음악 속으로 한 발 다가서는 느낌이었다. 모란은 이 앨범에 몇 몇의 전기음을 삭제하기도 했다. 그녀는 이미 5월에 발표되었던 <Il neige des e-mails>과 <Pour les âmes, pour les hommes>라는 곡을 2001년 진짜 프랑스 순회공연을 하기 전인 9월 29일과 11월 5일 짧은 순회공연 때 부르기도 했다.

그 해 말까지 공연은 이어졌으며 라라 파비안과 함께 부른 <Tu es mon autre>는 2003년 음반으로 출시되었다. 그리고 <Quand l'humain danse>는 5월에 나오는데 대부분의 곡들이 브뤽셀에서 녹음되었고 여기에 실린 14곡은 가수의 낙관적인 생각과 진실됨을 잘 보여주고 있다. 많은 가수들이 이 음반에 참여하였는데 막 라부완느의 <Un pays mais>, 라라 파비안의 <Mais la vie>, 그리고 베로니끄 상송의 <Petites minutes cannibales>가 대표적이다. 또한 가사와 음악은 장-자끄 골드만을 비롯하여 프랑스의 대표적인 가수들이 참여하였고 매우 사적인 그녀의 앨범을 위해 진정한 친구들의 우정을 보여주었다. 모란은 프랑스 순회공연을 하는데 2004년에 실황 앨범인 <L'heureux tour>가 발표된다. 2007년 1월에 나온 새로운 앨범인 <Si aujourd'hui>는 대부분 다란에 의해 작업이 이루어졌는데 상업적으로는 그다지 성공한 것은 아니었다.

무명가수의 시절을 거쳐 오늘날 유명해진 모란은 아름다운 멜로디와 뛰어난 작가들의 가사 그리고 그녀의 때론 잔잔하면서도 또 때론 열정적인 매력적인 목소리와 어우러져 서정적인 프랑스 대중가요를 대표하는 가수의 반열에 오르며 많은 사랑을 받고 있다.

Mylène Farmer

밀렌 고띠에는 1961년 9월 12일 몬트리올에서 20킬로 정도 떨어진 곳인 삐에르퐁에서 4명의 자식 중 세 번째였는데 태어났다. 그녀의 아버지 막스 고띠에는 다리 기사였고 마리꾸아강의 항만소에서 일을 하였고 어머니 마그리뜨 마르뗑은 가정주부였다. 비교적 평온한 가정에서 세 명의 형제, 자매들 속에서 조용히 성장했다. 그녀의 어린 시절에 대해서 그녀는 그다지 많은 기억이 없다고 말한다. 밀렌은 어려서부터 동물들을 아주 좋아해서 커서 수의사가 되고 싶어한다. 학교에서 밀렌은 특출한 편은 아니었으며 혼자 있기 좋아하는 조용한 성격의 학생이었다. 70년 대 초, 밀렌과 그의 가족은 프랑스로 돌아온다. 이들은 파리 근교인 아브레에 정착하는데 밀렌은 프랑스로의 이주에 결코 적응하지 못했다. 갑작스런 환경 변화에 적응하지 못했던 밀렌은 부모에게 반항하기 시작했고 그녀의 할머니가 그녀를 뤼귀브레스 묘지로 그녀를 데리고 산책하기 시작하였다. 교외에서의 고립은 밀렌은 어린 환자들을 방문하기 위해 갸르슈 병원을 자주 갔는데 동물들에 대한 사랑으로 인해 그녀는 쏘뮈에 있는 꺄드르 누와르 승마 수업에 등록한다. 18세 되던 1979년 9월 14일, 그녀는 고등학교를 떠난다.

밀렌은 예술가가 되기로 결심하고 연극을 시작하는데 코메디언 다니엘 메스귀슈에게 가르침을 받는다. 이곳에서 그녀는 그녀의 친구이자 같은 학생이었던 띠에리 뮈글레가 올린 <Le père Noël est une ordure>라는 연극에서 제제뜨의 역할을 맡는다. 치과의사의 보조 ,그리고 부인과의사의 보조 등 많은 아르바이트를 하면서 그녀는 돈을 조금씩 모은다. 또한 광고와 함께 모델도 하는데 우선 이케아 가구 선전 광고를 하고 가위 피스카와 세제르 샤라는 두 개의 짧은 텔레비전 광고에 나온다. 그녀는 아드가 알란 포의 환상적인 작품과 보들레르의 시를 배우면 문학에 심취하기도 한다. 바로 이 시기에 그녀는 자신의 인생의 가장 중요한 전환점이 되는 로랑 부또나를 만나게 된다. 롤랑 부토나는 자신의 친구인 제롬 다안이 작사한 노래를 부를 가수를 오래전부터 찾고 있었다. 그는 오랜 기간 동안 그녀의 프로듀서, 뮤직 비디오 감독, 작곡가로서 지내는데 밀렌에게 1984년 그녀의 최초의 곡인 <Maman a tort>를 녹음을 하게 하는데 이 곡은 순위 50곡에 진입한다. 밀렌은 미국인 여배우인 프랑씨스 파머를 기리는 의미에서 그녀의 이름을 밀렌 파머로

고친다. 이 여배우는 알콜 중독자가 된 후 정신적인 문제로 병원에서 일생을 마친다. 유명한 <Libertine>란 곡 이후에 밀렌은 1986년에 자신의 최초의 앨범인 <Cendres de lune>를 발표하는데 이 앨범은 성공을 거둔다. 1988년 그녀의 두 번째 앨범인 <Ainsi soit-je>는 180만장이 팔리면서 다이아몬드 디스크가 되었고 여기에 수록된 곡인 <Pourvu qu'elles soient douces>의 뮤직 비디오 속에서 그녀의 양성적인 묘한 분위기에 이끌린 대중들의 입을 떡 벌어지게 하였으며 88년 12월 하루에 만장이 팔리는 기록을 세운다. 이 곡 덕분에 그녀는 같은 해 음악상을 수상한다.

밀렌 파머는 80일간의 장기 순회공연을 하는데 48시간 동안 빨레 데 스포르 공연장이 꽉 찼다. 이 공연은 실황 앨범으로 나온다. 몇 개월의 휴식 후, 밀렌 파머는 1991년 3월에 <Désenchantée>라는 싱글곡을 내놓는데 8십 만장이 팔리고 그녀의 세 번째 앨범인 <L'autre>는 다시 2백 만장이 팔리는 기염을 토한다. 밀렌 파머는 뤽 베쏭에게 자신의 곡 <Que mon cœur lâche>의 뮤직 비디오를 찍어달라고 부탁하는데 이 곡은 몬테 카를로의 음악 수상식에서 상을 수상한다.

밀렌 파머는 몇 개월 후 자신의 첫 번째 영화인 <Giorgino>를 롤랑 부토나의 감독하에 찍는다. 이 영화는 94년 10월 5일 극장에서 상영되지만 흥행에는 실패하면서 이것이 파머-부노타의 첫 번째 실패를 기록한다. 밀렌 파머는 오랫 동안 모습을 드러내지 않으며 자신의 4번째 앨범을 캘리포니아에서 준비한다. 그녀는 이미지를 바꾸고 <Anamorphosée>라는 앨범이 95년 10월에 나오는데 이 앨범은 예상 밖의 록-라이브 분위기의 노래였다. 이 앨범에 수록된 <XXL>, <California>와 같은 곡을 중심으로 두 번째 프랑스 공연을 갖는다. 이 새로운 앨범은 백만 장이 넘게 판매된다. <Live à Bercy>라는 실황 공연 앨범이 97년 5월에 나왔고 85만장이 팔린다. 프랑스에서 실황 공연 앨범 중 이러한 기록은 예외적인 것이었고 밀렌 파머는 칼레드와 듀엣으로 노래를 불렀으며 폴나레프의 <La poupée qui fait non>를 다시 부른다. 밀렌 파머는 다시 미국에서 롤랑 부토나와 함께 새로운 앨범을 녹음했다. 이 다섯 번째 앨범은 4월 7일 판매될 예정이었고 많은 놀라운 사실들이 숨겨져 있었다. 밀렌 파머는 <L'Âme-Stram-Gram>라는 싱글곡을 위해 칭 시우 텅에 의해 그 어느 때보다 색채가 짙은 모습으로 돌아왔고 새로운 앨범 <Innamoramento>에서 놀라운 모습을 보여준다. <Je te rends ton amour>이라는 노래의 뮤직 비디오가 섹스와 교회안에서의 피 장면으로 인해 금지된 이후 <Beyond my Control>이란 노래의 뮤직 비디오에서 보여준 것은 가히 충격적이었다. 그러나 이를 만회하기 위해 밀렌은 이 뮤직비디오를 VHS로 만들어 그 판매 수익을 에이즈를 위한 기금으로 내놓는다.

<Souviens-toi du Jour>라는 새로운 공연이 계획되는데 베르씨에서 며칠 동안 지속된 공연에는 연일 만원사례를 이루었고 그녀는 프랑스 순회공연을 한다. 처음으로 러시아에서 3일간의 공연도 예정되었다. 2000년 6월, 밀렌 파머는 아주 젊고 재능으로 가득 찬 어린 가수 알리제를 발굴하는데 <Moi ... Lolita>라는 곡은 대성공을 이루었고 밀렌 파머가 작사하고 롤랑 부토나가 작곡한 <Gourmandises>라는 앨범 역시 판매에서 크게 성공한다.

아주 오랜 기다림 끝에 <Mylénium Tour>가 나왔는데 이것은 금속으로 만들어지고 가운데를 둘로 열게 되어 있는 상자 형식의 앨범으로 수집가들에게는 아주 아름다운 앨범이었다. 이 실황 공연 앨범의 첫 번째 싱글곡은 <Dessine-Moi un Mouton>이었다. 밀렌은 2001년 2월 <Les Razmokets à Paris>라는 만화영화의 삽입된 미발표곡을 내놓는다. 그리고 영국의 가수인 씰과 듀엣으로 부른 <Les Mots>라는 싱글곡이 나오고 팬들이 그토록 기다리던 새로운 앨범이 2001년 11월 27일에 나온다. 이것은 3곡의 새로운 곡을 포함한 두 장짜리 모음집이었다. 밀렌은 또 다시 2003년 NRJ 음악 수상식에 후보로 지명되었고 프랑스 최고 여성 가수 상을 4번째로 받는다. 한동안 모습을 드러내지 않던 밀렌은 2003년 <Remixes>라는 앨범을 내놓는데 클럽에서 디제이들이 가장 선호하는 곡이 된다. 2004년 새로운 앨범에 영화 출연 등 여러 가지 유머가 돈다. 예상치 않던 기자회견을 2004년 12월 16일에 밀렌이 갖는데 하얀 옷을 입고 나타난 그녀는 새로운 앨범이 곧 나올 것이고 2006년 1월 13일에서 19일까지 베르씨에서 <Avant que l'ombre>라는 제목으로 공연을 할 것이며 입장권은 이미 판매되고 있다고 밝힌다.

이 공연이 2005년의 프랑스 대중음악에 큰 화제가 될 것이라는 기대가 있었지만 그녀의 팬들은 벌써 실망하고 있으니 왜냐하면 앨범이 그전의 것들과는 달리 덜 어둡고 더 내면적이며 그전의 강렬했던 음악과는 거리가 멀기 때문이었다. 그럼에도 불구하고 이 앨범은 세계 음반 시장의 침체 속에서도 많이 판매되었다. 그녀의 베르씨 공연을 기대하던 팬들은 일 년 이상을 기다려야 했다. 그러나 과연 그럴만한 가치가 있었으니 미국식의 진정한 쇼가 벌어졌고 무대 장식은 거대했고 두 개의 무대는 십자가 형식으로 이루어져 있었으며 매 장면마다 입을 딱 벌리게 하는 연출 등 정말 대단한 무대를 선보였다. 그녀는 167cm의 키에 50킬로 그램의 몸무게와 밝은 밤색의 눈을 가졌으며 붉은 색으로 염색한 머리를 하고 있고 현재 파리, 로스앨젤레스, 코르시카을 오가며 살고 있다.

Rock voisine

록 부와진느의 가수로서의 성공은 1986년 여름으로 거슬러 올라간다. 그는 캐나다 축제 때 몬트리올에서 5만 명의 관객 앞에서 노래를 한 후, 텔레비전에도 출연하는데 1988년 Top Jeunesse라는 프로를 진행하기도 한다. 이후, 그는 <Lance et compte>라는 인기 드라마에 출연하여 주인공 중 하나인 Danny Ross 역할을 한다. 1989년 6월 그는 그의 첫 번째 앨범인 <엘렌>을 내놓는데 퀘벡에서 큰 성공을 거둔 후 몇 개월 뒤 프랑스어권 국가에서 대 히트를 기록한다. 가을에 그는 퀘벡의 50개가 넘는 도시에서 순회공연을 갖고 13만 명의 관객이 그를 찾는다. 프랑스에서 앨범이 나오자마자 채 3주가 된 9월 달에 엘렌은 Top 50에서 9주 연속 1위를 차지한다. 록 부와진느의 성공은 가히 기록적이라 할 수 있는데 3백만장의 앨범이 판매되고 앨범은 퀘벡, 프랑스, 벨기에, 스위스 그리고 노르웨이에서 음반 판매 1위를 기록한다. 계속되는 성공 속에서 록 부와진느는 1990년 프랑스에서 음악 수상식에서 그해의 앨범 상을 받기도 한다. 프랑스에서의 첫 번째 순회 공연는 1990년 가을에 이루어졌고 두 장짜리 앨범이 나왔는데 이중의 반은 영어로 된 노래다. 1991년 3월, 록 부와진느는 그의 두 번째 유럽 순회 공연을 하는데 38개의 커다란 공연장에서 25만명의 관객들이 몰렸다. 파리의 베르씨에서 두 차례 공연을 할 당시 3만 명이 넘는 관객들이 공연장을 꽉 메웠다. 그 이듬해인 1992년 1월에 그는 예술과 문학 분야에서 슈발리에 명예 훈장을 프랑스 정부로부터 받는다. 2월 6일, 그는 베르씨를 시작으로 유럽 순회공연을 시작하는데 이 공연에는 만 5천명이 모였다. 공연은 프랑스, 벨기에, 네덜란드에서 진행되었는데 커다란 공연장에서 60회가 넘는 콘서트였고 매 공연마다 만원사례였다. 그의 유럽 순회공연은 파리의 샹 드 마르쓰에서 1992년 4월 17일 7만 5천명 앞에서 노래를 부르며 막을 내렸다. 이 공연 장면은 텔레비전 방송국인 TF1에서 직접 생중계되었고 14백 만명의 시청자가 본 것으로 추정된다. 몇 주 후, 록 부와진느는 몬트리올에서 공연을 갖는다.

1992년 7월에 록 부와진느는 캐나다의 125주년 국경일을 축하하는 자리에 참석하는데 여기에는 엘리자베스 2세도 있었다. 그는 여기서 유명한 캐나다 제작자인 데이비드 포스터와 함께 만든 새로운 곡 <I'll Always Be There>를 부르는데 데이비드는 피아노를 친다. 10월에 캐나다와 유럽에서 그의 세 번째 앨범이 출시되는데 이 앨범은 유럽 순회 공연 실황판으로 두 장짜리 앨범이었다. 이 순회공연의 열기와 느낌이 앨범에 그대로 수록되었는데 그의 22곡의 히트곡들과 미발표작인 <La Légende Oochigeas>가 포함되어 있다. 1993년 초, 록 부와진느는 유명한 파리의 그레벵 미술관에 마돈나와 빠트리씨아 꺄스 옆에 자신의 밀랍인형이 소장되는 영예를 갖는다. 이 해 내내 록 부와진느는 미국과 캐나다를 방문하면서 자신의 첫 번째 영어로 된 앨범 홍보를 한다. 1993년 10월 록 부와진느는 유럽과 캐나다에 <I'll Always Be There>라는 제목의 앨범을 내놓는데 이 앨범은 백만 장이 넘게 팔린다.

앨범이 출시된 후 순회공연을 하는데 1993년 10월부터 1995년 봄까지 계속된다. 록 부와진느는 프랑스어로 된 새로운 앨범을 녹음할 결심을 한다. 두 공연 사이에 그는 파리와 몬트리올, 나슈빌과 뉴욕을 여행하면서 1994년 9월 앨범을 내놓는다. 그 해 11월 BMG 음반사와 계약하는데 이는 세계 시장을 겨냥한 자신의 4번째 앨범의 출시를 예고하는 것이었다.

캐나다 순회공연 끝 무렵인 1995년 5월에 그는 미국으로 돌아가 로스앤젤레스에 거주하면서 곡을 만드는 자신의 열정에 몰입한다. 그는 50곡이 넘는 노래를 만들고 영어판 새로운 앨범인 <Kissing Rain>을 준비한다. 1996년 최고의 캘리포니아 음악가들과 함께 녹음작업에 전념하고 1996년 11월 캐나다에서 출시된다. 1997년 록 부와진느는 앨범 홍보 활동에 주력한다. 1997년 12월 <Kissing Rain>이란 제목의 순회공연 후, 록 부와진느는 몇 개월 동안 로스앤젤레스에 머문다. 그리고 자신의 다음 프랑스어로 된 새로운 앨범 준비를 하는데 특히 프랑스어로 된 노래를 낸지 5년 만에 <Chaque feu>라는 노래 녹음에 열정을 쏟는다. 이 앨범에는 14곡의 미발표곡들이 수록되었는데 이 앨범은 퀘벡에서 4월 21일 그리고 프랑스에서 5월 4일에 발매된다. 2000년 록 부와진느는 유럽으로 돌아와 년 초에 프랑스, 벨기에와 스위스에서 몇 차계의 공연을 한다. 4월 중순, 그는 몬트리올로 가서 공연을 하는데 99년 12월의 공연처럼 또 다시 대성공을 거둔다. 그는 퀘벡의 10여개 도시와 캐나다 동부 도시를 돌며 공연을 한다.

여름 동안 집으로 돌아온 록 부와진느는 스튜디오에서 자신들의 팬들을 위해 깜짝 선물을 준비하는데 두 장짜리 크리스마스 앨범으로 프랑스어와 영어로 이루어져 있었다. 크리스카스 분위기를 연출하기 위해, 록과 그의 팀들은 스튜디오안에 크리스마스 추리로 장식하기까지 했다. 이렇게 정성을 드린 앨범이 11월에 판매되고 록의 감성과 낭만적인 목소리는 크리스마스의 고전격의 노래들을 재 편곡하여 부름으로써 진정한 보석으로 기록된다. 이 앨범이 출시된 후 록 부와진느는 2000년 12월 캐나다 10개 도시를 순회하며 크리스마스 공연을 떠난다. 이 공연은 12월 21, 22 그리고 23일 몬트리올의 쌩-드니 공연장에서 끝을 맺는다. 록은 텔레비전 방송국인 TVA, CBC 와 TF1를 위해 크리스마스 방송을 녹음하고 11월 말 파리에서 자선 무대에 참가하기도 한다. 2001년 1월, 그는 아프리카를 방문하는데 그는 유니세프의 명예대사라는 자격으로 이 대륙을 처음 방문한다. 4월에 그는 11번째 앨범을 녹음하는데 몬트리올에서 진행되었다. 10월 초, 시각적인 면에 초점을 맞춘 앨범 <Le Cowboy>가 나왔고 몇 주 후, 앨범 <Roch Voisine>가 퀘벡에서 출시되었는데 이 앨범은 Le Divan Vert 라는 스튜디오에서 대중매체들과 함께 감상하는 시간을 가졌다. 13곡이 수록되어 있는 이 앨범을 홍보하기 위해 그는 무대에 다시 서는 행복감을 맞보게 된다. 2001년 12월에 록은 그의 친구인 자끄 벨놔브와 함께 Mont-Tremblant에서 스키팀들과 함께 Mont-Tremblant과 다른 모임들의 기금 마련 운동에 참가하기도 한다. 이러는 동안 <Le Cowboy>는 퀘벡 차트에서 정상에 오른다.

최근의 크리스마스 앨범을 홍보하기 위해 여러 차례 퀘벡의 라디오 스튜디오에서 소규모 공연을 가졌는데 대 성공이었다. 마르세이유에서 열린 Restos du Cœur에 참가한 후 록은 브뤽셀, 보르도, 니스, 모나코 등 앨범 홍보 활동에 나선다. 2002년 2월, <Dis-lui>라는 곡이 퀘벡 라디오 방송을 타기 시작한다. 그는 방송매체에 자주 출연하는데 하키를 위한 방송에서 미셸 보드리와 함께 14백만 시청자들 앞에 나오기도 했고 CKOI FM과 Radio Énergie 방송에서 1시간 넘게 어쿠스틱의 두 개에 공연을 하기도 한다. 5월 달부터 록 부와진느는 영어 음반을 위해 런던에서 작업하는데 영국이 파리와 지리적으로 가까운 것을 이용해 6월 중순 그는 프랑스의 RTL 방송에 특별 손님으로 초대되기도 한다. 6월 27일 그는 브장송에서 France Bleu의 특별 손님으로 나와 미니 콘서트를 하기도 했고 보르도의 Radio France 에서는 십만 명이 넘는 관객들 앞에서 공연했다. 그는 7월과 8월을 몬트리올, 런던, 파리, 뱅쿠버 그리고 로스앤젤레스를 오갔는데 BMG 음반사는 싱글곡인 <Julia>를 유럽에 내놓는다. 영어판 앨범인 <Higher>에 수록된 <By Myself>란 곡은 2002년 8월 8일 라디오에서 방송되었고 이 앨범은 2002년 11월 19일부터 캐나다 전역에 퍼져나갔으며 12월과 2003년 1월에 1위를 차지한다. 그리고 2003년 2월 5일부터 23일까지 몬트리올의 카지노에서 공연을 갖고 공연 후, 캐나다 도시를 순회하며 공연하는데 매 공연마다 3만명이 넘는 관객이 몰리면서 대 성공을 거둔다.

록은 2003년 11월 17일 프랑스 팬들에게 <Je te serai fidèle>라는 앨범을 선사한다. 그는 이 앨범을 완전히 새로운 앨범으로 소개하는데 왜냐하면 앨범에는 6곡의 미발표곡과 9곡의 그의 히트곡들을 완전히 재편곡하였기 때문이었다. 이 앨범은 곧 프랑스, 스위스 그리고 벨기에에서 최고 판매 앨범들 중에 속하는데 3십 만장이 넘게 팔리면서 플래틴 디스크가 된다. 이 앨범의 수록된 곡 중 <Tant pis>는 25만장이 팔리는 기염을 토하기도 했다.

2005년 10월 31일 록은 유럽 팬들에게 새로운 프랑스어판 앨범을 <Sauf si l'amour>을 내놓는데 여기에는 12곡이 수록되어 있다. 2006년 3월 중순 라디오 방송에서 <Ne viens pas>를 부르면서 수년동안 자신을 좋아해준 팬들에게 감사하는 자리를 마련한다.

시원하고 서글서글하면서도 깨끗한 이미지에 걸맞는 낭낭한 그의 목소리로 사랑을 노래하는 록 부와진느는 유럽 뿐 아니라 전 세계적으로 사랑받고 있다.

Serge GAINSBOURG

1928년 4월 2일 그는 쌍둥이 누이인 릴리안느와 함께 뤼씨엥 겐즈부르그라는 이름으로 태어났다. 아버지인 조셉 겐즈부르그와 어머니인 올리아 베스만은 1919년 이스탐블을 거쳐 러시아를 탈출한 후 파리에 정착했다. 파리에 도착하자마자 장남인 마르셀이 16개월만에 폐렴으로 사망을 하고 1928년 딸 자끌린이 태어났다.

유태인이었던 그의 아버지 조셉은 음악가이자 화가였는데 고전 음악 피아니스트였던 그는 파리에서 바아나 나이트클럽에서 재즈를 연주하였다. 그런 이유로 해서 그의 아들인 뤼시엥(겐스부르그)은 아주 어렸을 때부터 피아노를 접하게 되었고, 그의 아버지의 뒤를 따라 고전 음악 그리고 재즈를 배우게 된다. 1938년 당시 최고의 여배우였던 프레엘과의 만남은 이 어린 소년에게 잊을 수 없는 추억을 남겼고, 그때부터 샹송에 대한 그의 관심이 시작되었다. 전쟁동안, 겐즈부르그 가족은 리무즈를 향해 피난을 한다. 1945년 파리로 돌아온 후 겐스부르그는 콩도르쎄 고등학교에 입학한다. 이미 오래전부터 데생과 그림을 그렸던 겐스부르그는 미술학교에 입학한다. 그는 고야나 피카소같은 천재화가처럼 최고의 걸작을 남기기 위해 미술에 전념을 하게 되는데 그러나 자신의 작업에 항상 만족하지 못했던 그는 결국 회의에 빠지게 된다. 먹고 살기 위해 겐즈부르그는 바아에서 피아노를 연주하거나 그의 아버지가 남긴 얼마되지 않은 유산을 썼다. 하지만 무엇보다도 이 시기에 그는 재즈에 심취한다.

1947년, 러시아 귀족출신의 엘리자베스 르비스키를 만나게 되고 1951년 11월 3일 결혼을 한다. 그리고 그가 이미 예전에 배웠던 데생을 다시 시작하면서 또 합창단을 맡는다. 1954년, 겐즈부르그는 작곡가협회에 6곡의 노래를 제출하는데 그중 두 곡만이 잊혀지지 않고 남았고 한 곡은 1959년 피아 콜롱보가 불렀던 <게시 금지 : Défense d'afficher>라는 곡과 1961년 줄리엣 그레꼬에게 준 <잃어버린 사랑 : Les amours perdues>가 그것이었다. 쥘리엥 그리스라는 가명으로 1954년과 1957년 사이 <Chez Madame Arthur>라는 카바레 잡지에 글을 쓰고 또 뚜께 클럽에서 여름 내내 피아노를 연주하는데 이 때 독학으로 배운 피아노는 장족의 발전을 하게 된다. 일에만 전념하던 겐즈부르그는 결국 1957년 10월 그의 아내와 이혼을 한다. 1958년, 세르쥬 겐스부르그라는 이름으로 그의 시대를 여는 해가 되었는데 그는 영국의 화가를 존경하는 의미로 겐즈부르그라는 이름을, 그리고 자신이 러시아 출신이라는 것을 강조하는 세르쥬 라는 이름을 선택한다. 이 해에 겐즈부르그는 그림에 대한 그의 모든 작업을 중단하게 되고 그의 아버지는 아들에게 유명한 여가수인 미셸 아르노와 함께 공연했던 밀로 아르쑤이에라는 카바레에서 피아니스트자 기타리스트의 자리를 준다. 그는 이곳에서 작가이자 작곡가, 그리고 재즈 트롬펫 연주자인 보리스 비앙을 만나게 되면서 작곡에 대한 진정한 관심을 갖기 시작한다. 보리스 비인의 어둡고 신경질적인 분위기를 닮아간 겐즈부르그는 글을 쓰기 위해서는 좀 더 자유로워져야 하며 특히 노래의 가사를 쓸 때는 더더욱 그래야 한다는 것을 느끼게 된다.

데뷔 때부터 그의 스타일은 사람들로부터 상반되는 반응을 자아냈는데 어떤 이들은 강한 거부를 보이는가 하면 또 어떤 이들의 열정을 자아내게 했다. 겐즈부르그는 <Du chant à la une!>라는 이름으로 그의 첫 번째 앨범을 작곡하였는데 신랄한 비판에도 불구하고 그의 앨범은 1959년 아카데미 샤를르 크로스에서 대상을 수상하였고 <Le poinçonneur des Lilas>이라는 곡은 겐즈부르그를 세상에 널리 알려지게 했다. 그에 대한 비판이 계속되자 보리스 비안은 죽기 몇 달 전 Le Canard Enchaîné라는 신문에 그를 극찬하는 글을 쓰기도 했다. 그에게 쏟아지는 비난에 대해 겐즈부르그는 전혀 개의치 않았으며 곧 혁신적인 작가로 알려지게 된다. 그의 두 번째 앨범은 실패로 돌아가지만 그러나 겐즈부르그는 다른 가수들을 위해 작곡을 많이 하였고 특히 줄리에뜨 그레꼬에게 곡을 많이 주었다. 1959년 겐즈부르그는 부리지뜨 바르도와 만나게 되고 미셸 부와스롱 감독의 <나와 춤을 추시겠어요? : Voulez-vous danser avec moi?>라는 영화에 출연한다. 겐즈부르그의 배우로서의 능력은 그다지 인정을 받지 못했지만 배우로서 세편의 영화에 출연한다. 이 해에 그는 자끄 도니올-발크로즈의 <입에 물을 : L'eau à la bouche>라는 영화에 첫 번째 영화음악을 만든다.

1961년, 그의 세 번째 앨범인 <놀라운 세르쥬 겐즈부르그 : L'étonnant Serge Gainsbourg>는 문학에 대한 그의 사랑에 커다란 부분을 차지하고 있음을 보여준다. 빅토르 위고를 연상시키는 <La chanson de Maglia>, 그리고 위대한 프랑스 시인을 노래한 <La chanson de Prévert>가 그것인데 이 곡은 여러 가수들에 의해 다시 노래되어진다. 이 시기에 겐즈부르그는 처음에는 자끄 브렐의 초대가수로 그리고 줄리에뜨 그레꼬의 초대 손님으로 올림피아의 무대에 오른다. 그는 또 벨기에와 스위스로 몇 차례 공연을 했으며 다른 가수들의 노래를 작곡하면서 1년에 한 장의 앨범을 제작한다. 1963년, 겐즈부르그는 런던에서 4곡이 수록된 미니 앨범을 제작하는데 그 중에 자신이 부르고 또 줄리에뜨 그레꼬가 다시 부른 <la Javanaise>가 들어있다. 겐즈부르그는 프랑스 음반 녹음실에서 제작되는 것보다 훨씬 더 현대화된 소리를 런던에서 녹음하면서 찾는다. 10여 년 동안, 그는 영국에서 작업을 한다.

63년 10월 겐즈부르그는 처음으로 올렝피아에서 재즈 음악가인 첼로리스트인 미셸 고드리, 그리고 키타리스트인 엘레 바시크와 함께 재즈 공연을 한다. 그리고 이 두 사람과 함께 겐즈부르그는 1964년 4번째 앨범 <Gainsbourg Confidentiel>을 제작한다. 1964년 1월 7일, 그는 모든 사람이 베아트리스라고 부르는 프랑수와즈-앙뚜와에뜨 판크라찌와 두 번째 결혼을 하였고 8월 6일 첫 번째 아기인 나타샤가 태어난다. 그 해 말, <Gainsbourg Percussions>이라는 앨범이 나오는데 먼저 번 앨범이 재즈풍 이었다면 이번 앨범은 당시 유행이었던 아프리카-쿠바의 리듬에 영감을 얻은 것이었다. 그는 평소보다는 덜 민속적인 방법을 사용하였는데 이 앨범 중 <Couleur Café>와 <New York USA>가 유명하다. 1960년대 춤과 노래를 좋아하던 전후파 젊은이들의 예예풍이 당시 한창 유행이었는데, 겐즈부르그의 음악 역시 이런 흐름을 반영하였고 전통 샹송을 약간은 밀어내는 듯한 음악이었고 지적이었던 겐즈부르그를 모르는 젊은이들의 눈에는 특히 그렇게 보였다. 겐즈부르그는 이런 불신의 시선을 떨쳐 보이기라도 하는 듯 당시 유행이었던 음악을 이용한 그의 능력을 보여준다. 이때 당시 16살이었던 프랑스 걀이라는 젊은 여가수를 만나게 되고 그는 그녀에게 <les Sucettes>를 비롯, 몇 곡의 노래를 작곡해 주었다. 이로써 겐즈부르그는 당시 유명세를 타게 되고 프랑스 걀에게 주었던 <Poupée de cire, poupée de son>이라는 곡이 유럽콘테스트에서 대상을 받으면서 그의 인기는 높아져만 갔다.

여배우이자 가수들이 그의 곡을 받기 위해 앞을 다투었고 겐즈부르그는 많은 여배우 가수들에게 곡을 작곡해주었는데 브리지뜨 바르도에게 4곡을 주었다. 1965년 2월, 가수인 바바라는 그에게 그녀와 함께 공연을 하자고 제의했지만 청중들의 차가운 시선을 느낀 겐즈부르그는 같이 공연할 것을 거절하였고 그는 1979 년 이전에는 무대에 서지 않는다. 1966년, 삐에르 코랄니크 감독은 코메디 뮤지컬 영화를 만들려고 했고 겐즈부르그에게 조언을 부탁한다. 이에 겐즈부르그는 새로운 장르에 도전하게 되는데 <Anna>라는 곡을 작곡하였고 이 영화는 1967년 1월 TV에 방영된다. 내용의 줄거리는 덴마크 출신의 여자 코메디언인 안나 카리나가 <Sous le soleil exactement>이란 곡을 부른다. 그의 아내와 이혼을 한 겐즈부르그는 1966년 2월 전 세계 예술가들이 살고 있는 예술가들의 국제 기숙사에 거주하게 된다. 스타의 명성에도 불구하고 그는 조그마한 학생 방에서 2년 동안 살았는데 67년 베아트리스와 다시 결합하여 68년 봄, 두 번째 아이가 태어나지만 하루 만에 죽게 된다.

67년 여름, <Ce sacré grand－père>라는 영화에 미셸 시몽과 함께 출연을 한다. 60년과 70년 사이에, 겐즈부르그는 영화나 TV에 자주 출연한다. 1968년, 조르쥬 로트너 감독의 <Le Pacha>라는 영화에 출연한다. 가을에 브리지뜨 바르도와 겐즈부르그가 다시 만나게 되고 몇 개월 동안 함께 붙어 다닌다,. 스타들을 대상으로 하는 텔레비젼 방송에서 겐즈부르그는 <Show Bardot>를 위해 여러 곡의 노래를 작곡하는데 <Harley Davidson>, <Bonnie and Clyde>와 같은 곡들은 바르도가 불러 최고의 인기를 끌게 된다. 또 이때 <Je t'aime moi non plus>라는 듀엣 곡을 바르도와 같이 불렀는데 1986년까지 발표되지 않았다. 그 이유는 백만장자인 군터 샤크와 결혼을 한 바르도는 겐즈부르그에게 이곡을 발표해주지 말 것을 부탁하였고 겐즈부르그는 그녀의 청을 받아들였다. 주로 다른 사람을 위해 작곡을 하던 그는 당시 젊은이들의 유행이었던 예예풍의 노래를 프랑수와즈 아르디를 위해 작곡하였는데 <Comment te dire Adieu>라는 노래를 불렀다.

1968년, 겐즈부르그는 그의 인생에 중요한 역할을 하였던 제인 버킨을 만나게 된다. 1946년에 태어난 영국 태생의 배우인 젊은 여배우인 제인 버킨은 삐에르 그렘블라 감독의 <Slogan>이라는 영화에서 겐즈부르그를 만나게 되고 그리하여 전설의 커플이 탄생된다. 1968년 제인은 런던에서 겐즈부르그의 4곡을 녹음하는데 <L'anamour>, <69 année érotique>, <Jane B>, 그리고 특히 <Je t'aime moi non plus>를 새로운 버전으로 노래한다. 바르도 때와 마찬가지로 이때에도 스캔들을 일으켰지만 이 앨범이 시장에 나오게 되고 겐즈부르그－버킨 커플은 유명하게 된다. 그러나 많은 나라에서 이 곡은 금지곡이 되었고, 겐즈부르그 조차 이곡을 진 버킨과 함께 낸 첫 번째 앨범에서 삭제할 것을 결정한다. 60년 말, 겐즈부르그는 외국에서 앨범판매량이 최고인 사람이 되는데, 그의 노래는 유럽뿐 아니라 전 세계적으로 팔리게 된다. 두 사람은 겐즈부르그가 살고 있는 파리 6지구에 있는 베르놰이에서 사들인 호텔에서 살게 되는데 69년 봄, <Les chemins de Katmandou>라는 앙드레 카야뜨 감독의 영화 음악을 맡은 겐즈부르그는 주연을 맡은 제인 버킨과 함께 영화촬영을 위해 네팔로 떠난다.

제인 버킨을 만나면서 겐즈부르그는 다른 여인들에게 곡을 써주던 일을 줄이고 그의 안정적인 개인 생활에 전념하길 원한다. 1971년 겐즈부르그는 오로지 제인 버킨 만을 위한 <Melody Nelson>을 내놓게 되는데, 이 앨범은 대중적으로 큰 인기를 끌면서 최고의 걸작품이라는 평을 받는다. 1971년 4월 22일, 그의 아버지가 죽고 3개월 뒤 제인 버킨은 1971년 7월 21일 런던에서 샤를로뜨를 낳는다. 그는 <La décadanse>라는 곡을 발표하는데, 이 곡 역시 스캔들에 휩싸인다. 잡지들은 겐즈부르그에 대해 좋지 않은 평을 한다. 72년, 겐즈부르그는 처음으로 가수인 자끄 뒤트롱과 함께 작업을 하고 1973년에 그는 프랑수와즈 아르디를 위해 곡을 쓰는데 이 해에 그는 자신의 앨범인 <Vu de l'extérieur>와 제인 버킨의 <Di Doo Dah> 앨범에 전념한다. 그해 5월, 겐즈부르그는 심장마비를 일으킨다. 이때부터 겐즈부르그는 죽을 때까지 알콜 중독에 끽연가, 그리고 시비 거는 사람이라는 좋지 않은 이미지를 보이기 시작한다. 그는 계속해서 앨범을 내었지만 그다지 많이 판매되지 않았다. 하지만 그를 좋아하는 매니아는 여전히 존재했다. 겐즈부르그에 대해 젊은이들 사이에서 더욱 더 인기를 끌었고 80년대의 그는 주저함이 없이 예의를 무시하는 행동들을 한다.

1975년 겐즈부르그는 일부 대중들에게 충격적인 발언을 점점 많이 하게 되는데 우선 봄, 나치 시대를 젠즈부르그 나름대로의 해석을 담은 <Rock around the bunker>라는 앨범이 출시됐다. 아주 미묘한 감성을 갖는 주제들을 다룬 이 앨범 중 특히 <Nazi rock>, <SS in Uruguay>는 라디오에서 외면당했다. 하지만 늘 그렇듯 겐즈부르그는 자신의 매니아들에 의해 재능을 인정받는다. 이 앨범 후 제인 버킨의 <Lolita go home>이라는 앨범이 나온다. 그리고 9월, 프랑스 남부지방에서 <Je t'aime moi non plus>라는 영화가 상영된다. 처음 감독으로 데뷔한 겐즈부르그는 음악과 샹송에서처럼 그의 숨겨진 재능을 보인다. 제인 버킨과 미국인 조 달레산드로가 함께 출연한 이 영화에서 겐즈부르그는 한 남자와 선 머슴 같은 여성사이의 사랑이야기를 담았다. 76년

5월 영화가 개봉되었을 때, 대부분의 반응은 아주 차가웠지만 몇몇 기자들은 미국 영화인 <underground>에 견줄만하다는 칭찬을 하였고, 영화감독인 프랑수와 트뤼포도 라디오와의 인터뷰에서 그를 칭찬하였다. 아마도 겐즈부르그가 감독한 영화 중 최고의 작품인 이 영화는 오늘날 거의 고전으로 인정된다.

음반 판매에서 그다지 많은 수익을 올리지 못한 겐즈부르그는 광고용 영화를 제작하게 되는데 그 중에서도 <스타들의 비누 : le savon des stars>가 유명하다. 1976년, 겐즈부르그는 새로운 앨범 <L'homme à la tête de chou>를 제작하였으며 당시 대중음악은 디스코와 펑크가 유행이었다. 이 앨범에서 겐즈부르그는 새로이 당시 유럽에서는 생소한 레게 음악을 접목시켰다. 1978년, 진 버킹을 위해 <Ex fan des sixties>라는 앨범을 제작하고, <Les B • nzes>라는 영화의 음악을 만든다.

겐즈부르그는 레게리듬에 대해 계속해서 공부하길 원하여 1979년 밥 말리를 비롯, 자마이카의 최고의 음악가들에게 도움을 청했다. 그리하여 그는 사마이카로 가서 1979년 4월 앨범을 제작한다. 이 앨범은 3십 만장이라는 판매고를 기록한다. 그리고 프랑스 국가인 <la Marseillaise>를 자마이카 풍으로 불러 많은 애국자들, 특히 군대의 반감을 불러 일으킨다. 그럼에도 불구하고 앨범 <Aux armes et cætera>는 라디오에서 수개월동안 끊임없이 방송되는 곡이 된다. 1978년 겐즈부르그는 락 그룹인 비주를 만나게 되는데, 그들에게 몇 곡의 곡을 써주고 난 후 이들의 요청에 의해 무대에 서게 된다. 장소는 파리의 유명한 디스코텍인 팔라스였는데 1979년 12월까지 계속된다. 그리고 여세를 몰아 순회공연을 갖는데 특히 스트라스부르그에서 낙하산 부대들에 의해 길이 막혔을 때 그는 전통적인 풍으로 프랑스 국가를 불렀다. 1980년, 제인 버킨은 겐즈부르그의 곁을 떠나는데 한편으로 몹시 괴로웠던 겐즈부르그는 그러나 그녀를 떠나보낸다. 바로 이 시기에 겐즈부르그가 시작한 겐즈바아라는 공연이 시작된다. 자끄 뒤트롱을 위해 <Guerre et pets>를 작곡한 그는 끌로드 베리 감독의 <Je vous aime>라는 영화의 음악을 맡는데, 여주인공은 까트린느 드뇌브가 맡았고, 그는 그녀를 위해 <Dieu est un fumeur de havanes>를 만들어준다. 그 다음해 그는 그녀를 위해 하나의 앨범을 제작한다. 1981년에 겐즈부르그는 자신의 열렬한 팬 중에 하나였던 알랭 바슝에게 <Play Blessures>라는 곡을 작곡해준다. 그리고 11월에, <Mauvaises nouvelles des étoiles>라는 자신의 앨범을 제작하게 되는데, 이 시기에 그는 자신의 동반자가 되는 21살의 유라시아 여인인 밤부를 만나게 된다.

81년 12월에 중고품 경매시장에서 겐즈부르그는 원래 <Chant de guerre de l'armée du Rhin>이라는 루제 드 리슬이 쓴 프랑스 국가 <la Marseillaise>의 손으로 쓴 원본을 얻게 된다, 82년에 줄리엥 끌렉을 위해 작곡을 시작으로 코메디언 빠트릭 드웨르와 함께 찍을 시나리오를 쓰기 시작하였는데, 그러나 7월 이 코메디언의 자살로 인해 이 계획은 취소된다. 결국 프랑씨스 휴스터를 등장시켜 그의 두 번째 영화인 <Equateur>를 제작하는데 이 영화는 가봉의 정글에서 일어나는 줄거리로서 촬영은 어려웠고 83년 5월 깐느에 출품하였지만 흥행에서 참패를 하고 만다.

낙심한 겐즈부르그는 몇 주 동안 배우 이자벨 아자니와 제인 버킨을 위해 곡을 썼는데, <Baby alone in babylone>이라는 곡은 그가 그녀를 위해 쓴 최고의 곡으로 손꼽힌다. 두 배우는 성공을 거두며 골든 디스크를 받는다. 1984, 겐즈부르그는 완전히 색다른 앨범을 녹음하기 위해 뉴욕으로 간다. 이번에는 펑크 특히 뉴욕 펑크에 도전하는데 많은 음악가들과 미국인 프로듀서가 그를 도왔고 그는 국제적인 이 도시에 있으면서 매우 행복한 느낌을 갖는다. 일주일에 <Love on the beat>라는 앨범을 제작하는데, 이 앨범은 그의 가수 경력에서 가장 많은 음반 판매를 기록한다. 8곡 가운데, <Lémon Incest>라는 곡은 자신의 딸인 샤를로뜨와 함께 불렀다. 1985년 3월 16일 겐즈부르그의 어머니 올리아가 사망한다. 같은 해 9월 겐즈부르그는 미국인으로 구성된 코러스와 함께 파리의 카지노 무대에 서는데 이들은 그후 겐즈부르그 공연에 항상 동반하게 된다. 겐즈부르그는 80년대에 들어서면서 이제껏 누리지 못했던 최고의 전성기를 맞는다. 84년 3월, 그는 <7 sur 7>라는 TV 생방송에서 500프랑 짜리 지폐를 불태웠고 85년 6월 <le Jeu de la vérité>라는 방송에서 <국경 없는 의사들>을 위해 십만 프랑 짜리 수표에 사인을 했다.

86년 1월 5일, 동반자인 밤부 사이에 아들이 태어났고, 뤼씨엥이라는 이름을 붙였다. 영화감독인 베르트랑 블리에는 <Tenue de Soirée>라는 영화의 음악을 겐즈부르그에게 부탁한다. 86년은 특히 자신의 딸인 샤를로뜨를 위해 <Charlotte forever>라는 곡과 영화를 제작한다. 1987년 제인 버킨은 겐즈부르그가 작곡한 <Lost Songs>이라는 앨범을 내고 얼마 후 <You're under arrest>라는 자신의 앨범을 낸다. 이 앨범 중 에디뜨 삐아프가 불러 히트한 <Mon légionnaire>를 랩으로 불렀다. 88년, 파리의 제니스에서 공연을 갖는데, 관객들은 점점 더 약해져만 가는 그의 건강에도 불구하고 많아져만 갔다. 겐즈부르그는 60살이 되었고, 그의 심장마비 증상이 나타나기 시작했다. 그의 정신은 혼미해져만 갔고 그에게 어떤 동기를 부여할 그 무엇도 없었다. 그는 밤부를 위해 <Made in China>라는 앨범을 만들었지만 흥행에 실패한다. 89년 4월 14일, 그는 간 수술을 받고, 의사는 그에게 술을 끊을 것을 요구한다. 89년 9월, 겐즈부르그의 작품들이 9장의 디스크로 나온다. 그리고 네 번째 영화인 <Stan the flasher>의 시나리오를 쓴다. 줄거리는 한 선생이 자신의 제자 중에 한명과 사랑에 빠진다는 내용인데, 90년 3월에 상영된 이 영화는 비교적 좋은 평가를 받았고 6십 만명의 관객을 모았다.

90년 겐즈부르그는 유명한 곡인 <Joe le taxi>를 부른 바네사 빠라디를 위해 앨범을 쓴다. 또한 유러비젼 콘테스트 출품곡 <White and black blues>을 작곡하는데 조엘 우르쉴이 불러 2등을 한다. 그리고 마지막으로 제인 버킨을 위해 <Amours des feintes>라는 앨범을 제작한다. 슬픈 모습의 제인 버킨이 자켓에 그려져 있는데 이것 역시 겐즈부르그가 직접 그린 것으로 그는 이 시기에 다시 그림을 그리는 것에 진지하게 고민한다. 1991년 3월 2일 토요일, 밤부는 자신의 남편 겐즈부르그가 심장마비로 인해 방에 쓰러져 있는 것을 발견한다. 며칠 동안 그의 집 앞에는 그를 애도하는 행렬이 끊이지 않았지만 끝내 겐즈부르그는 그렇게 사망한다. 대부분의 신문과 잡지에서는 겐즈부르그의 초상화를 실었고, 몽빠르나스 묘지에서의 그의 장례식에는 수많은 사람들이 모였다. 꺄뜨린느 드뉘브는 그곳에서 <Fuir le bonheur de peur qu'il ne se sauve>라는 겐즈부르그의 가사를 낭독한다. 몇 주일 후, 제인 버킨은 카지노 드 파리에서 그의 사망 훨씬 전에 예정되었던 공연을 한다. 그의 찬사와 비난의 인생 속에는 비애와 어린 아이의 순수함을 감추어져 있었고, 1994년 9월, 제인 버킨은 런던의 Savoy Theatre에서 겐즈부르그 추모공연을 가졌고 1997년 3월, 세장의 콤팩트 디스크가 미국에서 제작되었고, 수많은 잡지들의 찬사를 받았다

쎄르쥬 겐스부르그는 가수이자, 작곡가 그리고 시인이자 작가였고, 배우이면서 영화감독, 또 화가라는, 소위 말하는 종합예술가라 불리기에 충분한 인물이었다. 배추머리의 겐스부르그는 짐작할 수 없는 멜로디를 소유하고 있었으며 동시에 프랑스어를 자신의 의도대로 자유자재로 사용할 줄 아는 천재 작가이기도 하였다.

Michel BERGER

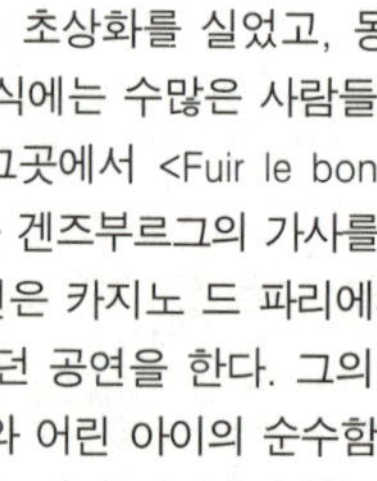

미셸 베르제는 작곡하는 모든 곡들이 그야말로 황금으로 변할 정도로 천재적인 재능을 보였다. 17살에 이미 스타가 된 그는 베로닉 상송을 발굴하고, 자신의 배우자인 프랑스 갈의 재능을 찾아내었으며, 유명한 코메디 뮤지컬인 스타마니아를 만들었다. 그러나 그의 이런 화려한 경력은 92년 여름 어느 날 꼬뜨 다쥐르의 테니스 코트장에서 심장마비로 쓰러져 세상을 떠나면서 막을 내리게 된다.

부유한 파리가정에서 태어난 그는 1947년 파리 근처에 있는 눼이-쉬르-쎄느라는 곳에서 태어났다 (본명은 미셸-장 햄버거). 그의 아버지 장 햄버거는 명성이 높은 의대교수였고 그의 어머니 아네뜨는 피아노를 전공하였다. 그를 포함한 세 명의 자식들은 아주 좋은 환경에서 어린 생활을 보냈는데, 커다란 방과 거실에는 두 대의 피아노가 있었고, 그의 집에는 유명한 작가들이나 과학자들이 드나들었다. 아이들은 비록 엄격한 기독교의 교육을 받기는 했지만 최고의 환경 속에서 자랐다. 그의 감수성은 10살 되던 해에 전환기를 맞게 되는데, 그의 아버지가 폐결핵에 걸리면서 가족들에게는 알리지도 않고 갑작스럽게 집을 떠났다. 이때부터 가정의 균형이 깨졌고 베르제는 아버지에게 버려졌다는 사실에 고통스러워했다. 그러나 그의 어머니 아네뜨는 아이들을 사랑으로 보살피게 된다. 어려서부터 음악적인 분위기 속에서 자란 그는 피아노를 쳤는데, 청소년기를 거치면서 레이 촬스의 <Georgia on my mind>라는 곡을 접하면서 미국의 흑인 음악을 알게 된다. 교실에서도 공부를 잘했던 그는 수업시간에 곡을 쓰곤 했다.

60년대 초, 프랑스의 음악은 미국의 락 앤 롤에 의해 지배당했다고 해도 과언이 아닐 정도로 전 유럽을 휩쓸었다. 이들 음악의 가사는 아주 단순하고 심지어 바보스럽기까지 했다. 이러던 중 몇몇 음반사는 재능 있는 젊은 음악가를 찾고 있었는데, 빠떼 마르코니, 자끄 쓸리경이 그들 중에 속하였다. 그는 미셸과 그의 고등학교 친구들을 오디션을 보게 하였는데, 그때가 그의 나이 15살이었다. 이때부터 그는 가수의 길로 접어드는데, 그의 어머니는 고등학교를 졸업하고 대학입학시험에 통과하는 조건으로 이를 수락하였다. 63년 봄, 베르제는 자신이 작곡한 <Amour et Soda>라는 곡을 발표하지만, 불행히도 대중들에게는 알려지지 않았다. <Tu n'y crois pas>는 그의 두 번째 곡이었는데 이 노래는 당시 유명한 라디오 방송국이었던 유럽 1에 프로였던 <Salut les Copains>에 의해 알려지게 되고, 주목을 받기 시작한다. 그는 어머니의 부탁대로 학업을 계속한다. 18살 때, 대학입학시험에 합격한 그는 대학에서 철학과에 등록한다. 그러나 그의 주된 활동은 역시 음반작업이었다. 자끄 쓸리경은 베르제의 뛰어난 음악성을 발견하고 음반제작을 할 것을 권유하게 된다. 작곡가로서의 그의 첫 번째 성공은 빠트리씨아가 부른 <Quand on est malheureux>이다. 1966년, 베르제는 여러 친구들을 만나는 자리에서 우연히 베로니끄 샹송을 발견하게 된다. 그 다음해에, 그는 그녀가 속해있는 그룹을 오디션을 보게 하고 음반사 책

임자인 빠떼 마르코니는 이들의 음반을 제작한다. 그와 베로니끄 샹송은 사랑에 빠지게 되지만 그 관계는 그리 오래 지속되지는 않는다.

70년 여름, 그는 새로운 음악적 감성을 느끼기 위해 미국을 여행한다. 여기에서 그는 <Porgy and Bess>를 작곡한 아이라 게르슈윈 만나게 되고 자신이 작곡하고자 하는 것이 특별한 장르에 얽매여서는 안 되며 가능한 한 모든 것을 다 시도해야 한다는 생각을 하게 된다. 71년, 그는 성인이 되고서 진정한 앨범을 내게 되는데, <Puzzle>은 70년대 팝과 락앤 롤 속에서 자신만의 색깔을 지닌 음반이었다. 그러나 이 음반은 상업적으로 실패를 하게 된다. 72년, 미셸 베르제는 음반사인 WEA-Filipacchi의 예술책임자를 맡게 된다. 이때 그는 베로니끄 샹송을 발굴함으로써 그의 제작자로서의 재능을 인정받는다. 베르제가 소규모로 지도했던 오케스트라의 반주에 맞춘 앨범 <Amoureuse>는 대성공을 거두게 된다. 아름다운 멜로디와 베로니끄 샹송의 독특한 목소리가 어우러진 이 앨범을 잡지와 대중들은 환호하였다. <Besoin de personne>라는 노래는 이 앨범의 타이틀곡이었고 대중적인 인기를 끌면서 프랑스 가요 순위프로그램에서 상위를 차지하였다. 베로니끄의 두 번째 앨범을 제작하는 도중 10월 그녀는 아무런 말도 없이 사라졌고, 72년 말, 그녀는 미국에서 미국인 기타리스트인 스테판 스틸스를 데리고 나타난다. 베르제는 그런 그녀에 대해 배신감을 느꼈고 그녀와의 앨범작업은 그에게는 고통이었다.

73년에 <Coeur brisé>라는 미셸 베르제의 아주 개인적인 앨범이 제작되는데 여기에서 그는 자신의 슬픔에 대해 이야기하고 있다. WEA 음반사에서 일을 하던 미셸 베르제는 73년 어느 날 프랑수와즈 아르디로부터 한 통의 전화를 받게 되는데 그녀는 그에게 함께 작업을 하자는 제의를 하게 된다. 사실 그녀는 베로니끄 샹송의 두 장의 앨범에 매우 큰 감명을 받았고 그녀의 눈에는 새로운 샹송의 길을 보여주는 것 같았다. 73년 <Message personnel>이라는 그녀의 앨범이 탄생하게 되는데, 이 앨범의 타이틀곡은 프랑수와즈 아르디의 가수 인생에서 중요한 순간을 맞이하게 되는 계기가 된다. 이 곡 첫 가사인 <만일 네가 어느 날 나를 좋아한다고 믿는다면? (Si tu crois un jour que tu m'aimes?) 이란 구절은 아직도 수많은 팬들의 가슴 속에 깊이 새겨져 있다. 이 곡은 상업적으로도 대 성공을 거둔다. 미셸 베르제는 이런 와중에서도 자신의 개인적인 음악 활동을 멈추지 않았고, 74년에 그가 발표한 <Chanson pour une fan>은 자신이 힘들 때 용기를 주었던 사람들에게 감사하는 앨범이었다. 게다가 이 앨범은 그전에 발표했던 음반보다 훨씬 더 긍정적인 내용을 담고 있으며, <Ecoute la musique>란 곡에서 그는 자신이 어렸을 때 몸을 담았던 세계가 슬픔에 빠져 있는 자신을 구하기 위해 다가온다는 내용의 메시지를 담고 있다.

그러나 한 젊은 여가수와의 만남은 그의 인생을 완전히 바꾸게 되는 계기가 되는데 그녀는 바로 프랑스 갈로서 70년대 초, 가수로 데뷔하여 유러비죤 콘테스트에서 <Poupée de cire poupée de son>이라는 곡으로 대상을 수상한 경력이 있었다. 그녀는 WEA 음반사에 소속되어 있었는데, 자신의 가수 세계에 전환점을 맞이하기 위해 베르제와 함께 일하길 원했다. 결국 그녀는 음반제작 책임자로 남기를 원했던 베르제를 설득하고 함께 작업한 <La Déclaration>이란 곡을 발표하고 이 곡은 75년도 프랑스 갈의 음반에 수록된다. 같은 해에 베르제는 <Que l'amour est bizarre>라는 제목의 자신의 앨범을 제작하는데 이 앨범에 수록되어 있는 곡인 <Seras-tu là>는 대성공을 거둔다. 그러나 그는 76년 <Mon piano danse>라는 제목의 앨범을 발표하는데 상업적으로 실패를 하게 된다. 앨범의 그 어떤 곡도 대중의 관심을 끌지 못했는데, 사람들에게 그의 이미지는 영원한 학생이고 친절하며 락 과는 거리가 먼 가수로 각인되어 있었다.

76년 6월 22일, 미셸 베르제와 프랑스 갈은 파리에서 조용히 결혼식을 올린다. 이 두 명의 예술가들에게 있어서 사생활은 기자나 사진사들이 접근해서는 안 되는 소중한 것으로 여겨졌고 그들은 파리 교외에 있는 말메죵에 커다란 집으로 이사함으로써 이런 자신들의 생각대로 행동했다. <Ça balance pas mal à Paris>라는 곡은 바로 이해 여름 베르제와 프랑스 갈이 듀엣으로 부른 곡이다. 77년 베르제가 쓴 곡들로 프랑스 갈의 <Dancing Disco>라는 앨범이 제작되고 상업적으로 성공을 한다.

그러나 미셸 베르제의 진정한 재능은 바로 스타마니아에서 나타난다. 1975년부터 그는 그때까지 미국의 전유물이고 프랑스어로는 번역이 불가능한 것으로 인식되었던 코메디 뮤지컬을 작곡할 생각을 하였는데 내용은 한 부유한 유산 상속녀인 빠트리씨아 허스트가 테러리스트 일당들에게 납치를 당하고 끝내 자신을 납치한 일당들 가운데 한명과 결혼을 하고 테러리스트가 된다는 것이었다. 그러나 그의 작업은 그를 완전히 만족시키지 못했고 그는 뤽 플라몽동에게 도움을 청한다. 76 년에 이 두 남자들의 만남을 시작으로 몇 개월 후, 그들은 더블 앨범을 만들게 된다. 이 앨범에는 디디안 뒤프레슨, 다니엘 발라부완느, 프랑스 갈과 파비엔 띠보 등이 참여한다. 78년 10월 16일, 이 앨범은 <Starmania>라는 제목으로 세상에 나오게 되며 나오자마자 대성공을 거둔다. 이 두 장짜리 앨범은 20주 동안 프랑스와 캐나다에서 엄청난 판매기록을 세웠고, 그들은 이 작품을 무대에 올릴 생각을 한다. 재정문제 등 많은 협의를 거친 후,

이 음반은 오페라 락으로 파리의 빨레 데 꽁그레에서 79년 4월 3주 동안 공연을 하게 되었고 약 9만 6천명의 관객이 들었다. 6월 24일 몬트리올 올림픽 경기장에서 벌어진 이 공연에는 8만 명의 관객이 이 공연을 보게 된다.

이 시기는 미셸 베르제의 인생에서 가장 행복한 순간이었고, 78년 11월 14일 프랑스 갈은 예쁜 딸을 낳는다. 80년 중반 발표한 <La Groupe du pianiste>는 프랑스의 모든 라디오 방송에서 들을 수 있었고, 이런 성공은 그에게도 아주 뜻밖의 사건이었는데 그의 앨범인 <Beau séjour>에서 <Celui qui chante>와 <Quelques mots d'amour>라는 곡은 특히 판매와 인기 면에서 기록을 세운다. 같은 해에 자신의 아내와 함께 <Paris, France>라는 앨범을 제작하는데 80년은 그가 세계적인 팝가수인 엘튼 존을 만나게 된다는 점에서 그에게는 아주 뜻 깊은 한해였다. 엘튼 존은 베르제에게 함께 앨범제작을 하자는 제의를 하였고, 그리하여 자신이 작곡하고 프랑스갈/엘튼 존이 듀엣으로 부른 <Donner pour donner>라는 곡이 탄생하였고 이 곡은 오랫동안 가요순위에서 높은 자리를 차지했다.

내성적인 성격의 미셸 베르제는 그 해에 6월 30일부터 7월 5일까지 파리의 샹젤리제 극장에서 아직까지 한 번도 하지 못했던 콘서트를 하게 된다. 그의 오랜 친구인 미셸 베르놀이 이끄는 Concerts Colonne 오케스트라와 협연을 하였는데, 10명의 락 가수가 참여하였다. 81년 4월 2일 라파엘이라는 아들을 갖게 된 후 그는 10월에 순회공연을 한다. 이 순간부터 그의 가족생활은 아이들의 교육을 위해, 콘서트하는 곳마다 함께 움직인다. 미셸 베르제의 앨범 <Beau rivage>가 81년에 만들어졌는데, 이 앨범 중에 자신의 아이들을 돌보아주는 프랑스에서 사는 추방당한 캄보디아 여인에게 바치는 <Mademoiselle Chang>이라는 곡이 있는데, 그녀는 고국에서 도망쳐 나오는 바람에 가족과는 연락이 끊긴 상태였다. 베르제는 그녀에게 가족을 만날 수 있도록 하기 위해 행정적인 절차를 맡아주었다. 이 상냥한 남자에게 있어서 가족이란 단어는 진정한 의미를 갖는 것이었고, 그런 그에게 형인 베르나르의 병사는 커다란 고통을 안겨주었다.

그는 장-뽈 라프노의 영화 <Tout feu, tout flamme>의 영화음악에 전념하였고, 또한 82년 4월 13일부터 29일까지 파리의 올렝피아에서 콘서트를 갖는데 대 성공를 거둔다.

그는 이 때 약간의 휴식이 필요하다는 생각으로 여행을 떠난다. 중국이 그의 여행에 첫 번째 장소였는데, 여행 중에 있었던 이야기를 석방이라는 주제로 곡으로 썼다. 그 후, 그는 브라질로 갔고 83년 <Voyou>라는 앨범을 발표한다. 그리고 그는 프랑스 전 지역의 순회공연을 하였다. 사업에도 손을 대어 아파치라는 상표를 만들었는데, 갈/베르제 라는 회사를 경영하는 동시에 84년 <Débranche>라는 프랑스 갈의 앨범이 발표되었고, 85년에는 <Différences>라는 앨범을 그녀와 함께 발표하는데, <Y'a pas de honte>와 <Chanter pour ceux qui sont loin de chez eux>라는 두 곡이 두드러진다. 영국의 웸블레 운동장에서 벌어진 <Band Aid>라는 콘서트를 보고 난 후 그는 이디오피아의 기아에 허덕이는 사람들을 돕기로 결심하고, 프랑스에서도 <Chanson pour l'Ethiopie>라는 캠페인을 벌인다. 그리고 그는 어려운 국가들을 도와줄 보다 직접적이고 구체적인 방법을 생각하기에 이르렀고, 그의 친구인 다니엘 발라부완느, 프랑스 갈과 다른 사람들과 함께 <Action Ecole>이라는 단체를 창설한다. 이 시기에 프랑스 갈의 가장 아름다운 노래 중에 하나인 영양실조에 걸린 아이의 이야기를 다룬 <Babacar>라는 곡이 탄생한다.

미셸 베르제는 프랑스에서 가장 유명한 가수인 자니 할리데이와 폴리그램 음반사의 사장의 중재로 만나게 된다. 새로운 분위기를 창출하기 위한 자니 할리데이는 베르제에게 작곡을 부탁한다. 두 사람은 첫 만남에서 공통점이라고는 전혀 없었고 오히려 정 반대의 성격을 가지고 있었다. 그러나 무대체질과 스튜디오 체질 사이에 이 연대감은 오히려 잘 맞아 <Rock and roll attitude>라는 앨범을 제작했고 특히 <Quelque chose de Tennessee>라는 곡은 큰 히트를 얻게 된다. 88년에, 그는 가사를 손본 후 락 오페라인 <Starmania>를 무대에 올려 대성공을 거둔다. 이 공연은 89년까지 전 세계를 돌며 이루어진다. 90년 말, 미셸 베르제의 마지막 앨범인 <Ça ne tient pas debout>가 발표된다. 또, 유명한 전설의 배우였던 제임스 딘의 일생을 그린 <La légende de Jimmy>라는 마지막 락 오페라를 무대에 올린다. 그리고 91년 2월 미셸 베르제는 <Starmania>의 영어판 <Tycoon>에 전념한다. 그리고 수많은 인기 가수들이 가난에 허덕이는 사람들을 위한 그의 노력에 화답하였는데 쎌린 디옹, 킴 카네스, 톰 존스, 니나 하겐, 씬디 로퍼 등이 <The world is stone> (Le Monde est stone)을 불렀다.

92년 2월, 미셸 베르제는 아버지의 죽음을 접하게 된다. 92년 6월 프랑스 갈과 미셸 베르제는 <Double jeu>라는 앨범을 발표한다. 그러나 92년 8월 2일, 그는 프랑스 중부에 있는 라마뛰엘의 저택 테니스장에서 심장마비로 세상을 떠나게 된다. 93년 그의 아내인 프랑스 갈은 베르씨에서 홀로 미셸 베르제의 영전에 바치는 콘서트를 한다. 내성적이면서도 친절하고 또 음악에 전념하는 그는 비단 훌륭한 예술가로서뿐 아니라 인간적으로도 많은 사람들의 가슴 속에 지금까지도 깊이 새겨져 있다.

Edith PIAF

에디뜨 삐아프의 전설은 파리의 20구에 있는 벨빌 마을에서 시작된다. 사실, 에디뜨 삐아프는 틀림없이 1915년 12월 19일 에디뜨 가씨옹이라는 이름으로 동네 병원에서 태어났다는 공식적인 기록이 있기는 하다. 하지만 20구에 있는 어느 집 아래, 동판으로 그녀가 이곳에 버려졌다고 적혀 있으니 전설은 전설 그 자체로 남는 것이 아닐까.

그의 아버지인 루이-알퐁스 가씨옹은 거리의 악사였고, 어머니 아니타 마이아르는 리네 마르사라는 이름으로 거리에서 노래를 불렀다. 에디뜨는 그의 할머니인 에사에 의해 양육되었는데 사실 이 시기에 프랑스는 세계대전에 휩싸여 있었고 그의 아버지는 군에 입대했으며, 어머니는 거리에서 노래를 불렀다. 2년 후 그의 아버지는 에디뜨를 노르망디에 살고 있는 친할머니에게 맡겼고 그녀는 이곳에서 행복한 몇 년의 생활을 보냈다. 그러나 그녀는 그녀의 아버지와 함께 곧 거리로 나와 그녀의 아버지가 음악을 연주하는 동안 모자를 들고 구경꾼들에게 돈을 요구하는 거리의 생활을 하게 된다. 몇 년 동안 그녀는 그녀의 가장 친한 친구인 모몬느라 불리는 씨몽과 함께 거리에서 사람들 앞에서 노래를 불렀는데 그녀의 매혹적인 목소리로 인해 경제적인 어려움을 극복하였다. 15살 되던 해, 그녀는 아버지로부터 독립을 하게 된다. 1932년 그녀는 루이 뒤퐁을 만나게 되는데, 그와 결혼을 하여 1933년 마르쎌이 태어난다. 그러나 2년 뒤에 이 아이는 뇌막염으로 사망하게 된다. 에디뜨는 벨빌과 삐갈에서 계속 노래를 하는데, 바로 이곳에서 파리에서 가장 우아한 카바레 중에 하나인 샹젤리제에 위치한 카바레의 책임자인 루이 루쁠레를 만나게 된다. 그는 그녀의 매혹적인 목소리에 반해 즉각 그녀를 무대에 올릴 생각을 한다. 그는 조그마한 새라는 의미로서 신체적으로 매우 연약한 느낌을 주는 몸므 삐아프라는 예명을 그녀에게 부여한다.

1미터 47cm 의 자그마한 키의 그녀는 두 번의 세계대전 사이에 파리 전체를 매혹시켰고 곧 성공의 가도를 달리게 된다. 1936년 루이 르쁠레는 그녀에게 <Les Momes de la cloche>라는 곡을 녹음하게 하는데, 그러나 4월 그는 집에서 암살을 당한다. 삐아프는 경찰과 기자들로부터 심문을 받는 고충을 겪는다. 그러나 곧 삐아프는 레이몽 아쏘의 도움으로 정상궤도에 오르게 된다. 모험가이며 외인부대 병사였던 그는 삐아프를 사랑하게 되고 그는 여 작곡가인 마가렛 모노와 함께 에디뜨 삐아프에게 <Mon légionnaire>라는 곡을 부르게 한다. 1937년에 몸므 삐아프는 에디뜨 삐아프라는 이름을 갖고 활동을 한다. 레이몽 아쏘는 미국 ABC 의 책임자를 설득하여 23살의 삐아프를 미국에서 활동하게 하는데 성공한다. 그녀는 첫 번째 영화인 <La garçonne>를 찍었다. 1940년에 에디뜨 삐아프는 코메디언 뽈 뭬리쓰를 만나게 되고그는 2년 동안 그녀의 동반자가 된다. 웃음을 자아내게 하는 성격의 그녀는 우아하며 점잖은 뽈 뭬리스와는 어느 면에서 보나 정 반대의 성격이었는데, 그녀는 그로부터 사회에 적응하는 방법을 배우게 된다. 에디뜨 삐아프는 이 시기에 최고의 지성인들과도 친분이 있었는데 이들 중에 장 꼭또 는 뭬리스-삐아프에 대한 작품 <Le bel indifférent>을 써서 올린 연극이 1940년 성공을 한다. 이 연극을 통해 사람들은 삐아프의 엄청난 재능을 알게 된다. 연극 후 두 사람은 조르주 라꽁브의 <Montmartre sur scène>라는 영화를 제작한다. 이 영화 촬영 중에 그녀는 앙리 꽁떼를 만나게 되는데, 그는 후에 그녀의 노래를 작곡해주는 작곡가 중에 한명이 된다. 전쟁 기간 동안, 에디뜨 삐아프는 자기 방식대로 저항운동을 하였는데, 특히 유대인 음악가들을 자신들과 함께 일하게 하면서 그들을 보호해주었다.

삐아프는 이제 그의 예술과 자신의 이미지를 완전히 조절할 수 있는 예술가가 되었다. 1944년, 그녀는 30살의 나이가 되었고 그녀의 성공 경험을 통해 자신을 이용해 젊은 예술가들에게 성공할 수 있도록 기회를 마련해 준다. 이때 만난 사람이 이브 몽땅이었는데 그녀는 비단 그를 사랑할 뿐 아니라 예술가로서의 성공을 위해 모든 것을 계획하며 앙리 꽁떼에게 부탁하여 <Battling Joe>, <Luna park>라는 곡을 그를 위해 작곡하게 한다. 1945년 삐아프와 몽땅은 마르쎌 블리스틴의 영화인 <Etoile sans lumière>에 함께 출연한다. 1945년 말, 삐아프는 그녀의 노래 중 가장 유명한 곡 중에 하나가 되는 <La vie en rose>를 작곡한다. 그러나 당시 아무도 이 노래에 관심을 기울이지 않았고, 삐아프는 이 노래를 위해 1년이라는 시간이 흐른 뒤에 이 노래를 발표한다. 그녀는 일생동안 80곡을 작곡하게 된다. 1946년, 에디뜨 삐아프는 꽁빠니 들 라 샹송 (Compagnons de la Chanson)이라는 젊은 그룹을 만나게 되는데, 몽땅의 경우와 마찬가지로 그녀는 이들을 성공시키려는 계획을 세운다. 그녀는 이들에게 <Les trois cloches>라는 곡을 함께 취입할 것을 제안하고, 이 곡은 대성공을 이뤘고 백 만 장이라는 음반판매를 기록한다. Piaf 는 이들과 함께 1947 년 첫 번째 미국 순회공연을 계획한다.

그러나 벨빌출신의 이 여인에게 미국 투어는 참패를 안겨주게 된다. 첫 번째 콘서트장인 뉴욕에 있는 플레이

하우스 카바레의 공연은 미국인들에게 거의 관심을 끌지 못했다. 그러나 유럽으로 돌아오려고 하는 길에, 그녀는 뉴욕의 기사에서 최고의 찬사를 들은 후 그곳에 더 머무를 결심을 한다. 그녀는 맨하탄에 있는 카바레인 베르사이유에서 일주일간 공연을 하였는데, 이 공연이 성공을 거두면서 이곳에 4개월간 더 머문 후 다음 해부터 정기적으로 이곳에서 공연을 한다. 뉴욕에 머무는 동안 그녀는 두 번의 중요한 만남을 갖게 되는데, 첫 번째가 여 코메디언인 마를린 디트리슈와의 만남으로서 그녀와는 죽는 순간까지 연락을 취하는 친한 사이가 된다. 또 다른 만남은 복서인 마르쎌 쎄르당과의 사랑이다. 그와 그녀의 만남은 각 언론에서 복싱의 왕과 노래의 여왕의 만남 <Le roi de la boxe et la reine de la chanson>, 이라는 제목으로 당시에 최고의 로맨스로 화제가 되었다. 이 둘은 어떠한 경쟁심이 없는 관계를 유지하였고, 그녀는 그를 위해 마가렛 모노와 함께 그녀 최고의 곡 중에 하나로 손꼽히는 <L'hymne à l'amour>를 만든다. 1949년 10월 28일 비행기 사고로 인한 마르쎌 쎄르당의 갑작스런 죽음으로 이 아름다운 이야기는 비극으로 끝나게 되고 그녀는 이때부터 오랫동안 침울한 분위기 속에 살아가게 된다.

이 사고로 인해 그녀는 신비주의와 영혼주의에 깊이 빠지게 된다. 그녀는 그러나 일을 멈추지는 않았고 1950년, 파리 무대에 오른다. 같은 시기에 젊은 작곡가인 샤를르 아즈나부는 운전기사부터 그녀의 모든 스케줄을 관리하게 된다. 1945년부터, 그녀는 아즈나부에게 깊은 관심을 보였지만 몽땅의 경우처럼 모든 것을 그녀가 계획하지는 않았다. 1951년, 에디뜨 삐아프는 젊은 가수이자 배우인 미국인 에디 콘스탄틴에게 깊은 관심을 보였는데 마가렛 모노의 음악에 마르쎌 아샤르의 글을 담은 소형 오페라 형식의 작품인 <La p'tite Lili>에 출연하게 하였고, 이 공연은 두 사람의 관계가 끝나는 7개월 동안 계속되었다. 같은 해에 삐아프는 두 번의 자동차 사고로 심각한 부상을 입게된 그녀에게 몰핀이 법적으로 허용되었고 그녀는 결국 마약에 중독되고 만다. 술과 마약은 그녀의 건강을 최악의 상태로 몰고 가게 된다. 52년 7월 그녀는 가수인 자끄 필스와 성대한 결혼식을 하기 전, 그녀가 늘 꿈꿔왔던 미국 공연를 하고 그녀는 자신에게 <Je t'ai dans la peau>라는 곡을 쓴 젊은 작곡가인 질베르 베코와 함께 무대에 선다. 마약과 알코올로부터 심약해진 그녀였지만 에디뜨 삐아프는 이 시기에 최고의 절정에 올랐다. 그러나 그녀는 건강을 이유로 53-54년까지 드문 불출하게 된다. 1955년 그녀가 올렝피아에서 공연을 할 때 그녀는 열정을 되찾았고 그녀의 심각한 몸 상태에도 불구하고 일에 전심을 다한다. 이 공연에서 그녀는 최고의 찬사를 받을 정도로 공연은 성공적이었다. 같은 해, 삐아프는 미국투어를 하고, 1956년 초 카네기홀에서 22곡의 노래를 부르며 투어를 마친다.

5월 14일 파리로 돌아온 그녀는 5월 24일부터 7월까지 올렝피아에서 공연을 하는데 <L'Homme à la moto>라는 곡을 쓴다. 그리고 9월부터 미국 투어를 다시 하면서 마약치료와 함께 술을 입에도 대지 않게 되었지만 이미 그녀의 건강은 악화된 상태였다. 1958년 에디뜨 삐아프는 조르주 무스타키를 만나게 된다. 가수이자 작곡자이며 작가인 그는 마가렛 모노와 함께 그녀를 위해 <Milord>라는 곡을 만든다. 그녀와 그는 연인의 관계로 발전하는데 둘은 58년 9월 심각한 자동차사고를 당하게 되고, 그로 인해 삐아프는 더욱 약해지게 된다. 몇 개월 후 뉴욕 콘서트에서 그녀는 쓰러지고 응급수술을 받는다. 1960년에 그녀는 젊은 작곡가로서 그녀에게 <Non je ne regrette rien>라는 곡을 작곡한 샤를르 뒤몽을 만나게 된다. 그녀는 1961년 올렝피아 무대에서 이 곡을 부르기로 하는데, 수술과 치료로 인해 지친 그녀의 건강을 위해 의사들과 측근들이 말렸음에도 불구하고 그녀는 공연을 강행하여 성공적으로 마친다. 61년 여름 초, 그녀는 그녀의 인생 중에 마지막 남자인 테오파니 랑부카스를 만나게 된다. 그리이스 출신의 이 젊은 남자를 위해 그녀는 <je t'aime>를 그리이스어로 바꾸어 부르기까지 한다. 그는 그녀가 사랑한 마지막 남자이자 가수로서 성공을 시키고자 한 남자였다. 62년 9월, 그녀는 마지막으로 올렝피아에서 공연을 하고 같은 달 25일, <Le Jour le plus long>라는 영화를 위해 에펠탑에서 노래를 부른다. 이날 그녀는 파리라는 도시 전체를 자신의 발아래에 두고 노래를 부른다. 그 후 며칠 후인 1962년 10월 9일에 그녀는 떼오 사라포와 결혼을 한다.

그녀는 4월, 혼수상태에 빠졌고 63년 10월 11일 그의 친구인 장 꼭또와 같은 날 세상을 떠난다. 63년 10월 14일 파리에서 거행된 장례식에는 수 만명이 참석하였고, 그녀는 뻬를라쉐즈 묘지에 안장되었다. 그녀가 사라진 후 많은 프랑스 가수들이 그녀의 노래를 다시 부르곤 했다.

종달새라는 별명으로 불리었던 그녀는 단순히 가수로서가 아니라 한 세대의 역사라고 할 정도의 인물이다. 그녀는 장꼭또, 사르트르, 샤갈과 같은 문학과 미술의 거장들을 탄생시켰던 시대의 인물로서 그녀 자신은 또한 몽땅, 아즈나부, 베꼬 등과 같은 위대한 예술가들을 발굴해낸 장본인이기도 했다. 한마디로 삐아프는 프랑스 그 자체였다.

Charles AZANAVOUR

그는 1924년, 5월 22일 파리에서 태어났는데 이것은 어찌 보면 그의 운명이라고 할 수 있었던 것이 그의 부모가 미국으로 떠나기 위해 비자를 신청하고 프랑스에서 대기하고 있었다. 그의 아버지는 아르메니아 사람으로 조르지에서 니콜라 2세의 요리사의 아들로 태어났으며 그의 어머니인 크나르는 터키의 아르메이아 상인 가족에서 그 피를 이어받았다. 그는 중앙유럽의 망명자들을 위해 그가 노래했던 파리에 조그마한 아르메니아 식당을 열었고 코메디언인 그의 아내와 함께 두 자녀를 키웠다. 그러다보니 샤를르와 그의 누나인 아이다는 어려서부터 음악과 연극을 하는 예술가들 사이에서 자연스러운 분위기로 어울리게 되었다. 1929년 경제직으로 어려워진 그의 가족들은 까르디날-르무완느 거리에 예술학교 맞은 편에 있는 곳에 자리를 잡게 되고 1933년 샤를르를 연극배우가 되게 하기 위해 이곳에 입학시킨다.

샤를르는 연극과 영화에서 단역을 맡게 되고 1939년 그의 아버지가 군에 지원을 하면서 샤를르는 일을 하기 위해 학교를 떠나게 된다. 1941년 그는 젊은 삐에르 로슈라는 작곡가를 만나게 되고, 함께 곡을 써 카바레에서 노래를 한다. 1946년 에디뜨 삐아프와 자신의 우상이었던 샤를르 트레네를 만나게 된다. 삐아프는 샤를르와 함께 듀오로 미국시장의 문을 두드리게 되고 이 때 샤를르는 미슐린느와 결혼을 하고 그의 딸 쎄다를 낳는다. 1940년 말, 라즈나부르-로슈 두 사람은 미국, 몬트리올로 진출하고 그곳에서 몇 개월 동안 공연을 한다. 1952년에 아즈나부르는 홀로 프랑스로 돌아오고, 삐에르 로슈는 그곳에서 결혼을 한다. 그래서 그는 혼자 노래를 하게 되는데 실패를 하고 만다. 반면 그는 작곡가로서 명성을 얻게 되는데 줄리에뜨 그레꼬가 부른 <나는 일요일을 증오해 : Je hais les dimanches>라는 곡을 작곡하여 상을 탄다. 그는 또 삐아프를 위해 일을 한다.

1952년 그의 두 번째 자녀인 샤를르가 태어난다. 그는 1954년 북아프리카 순회공연을 하면서 처음으로 대중들에게 인기를 끈다. 1956년 에블린 쁠레씨와 재혼하고, 빠트릭이 태어난다. 샤를르는 프랑스 샹송에 있어서 없어서는 안 될 이름이 되었고, 이 당시에 그는 <내 인생에 대하여 : Sur ma vie>, <왜냐하면 : Parce que>이란 곡을 히트시켰지만 <사랑후에 : Après l'amour>는 방송에서 금지곡이 되었다. 1957년 샤를르는 올림피아에서 공연을 하게 되었고 외국으로의 순회공연을 결심하는데 가는 곳 어디에서나 대 성공이었다. 또한 그는 영화에서도 두각을 보였는데 1958년 조르주 프랑주의 <벽에 머리를 대고 : La tête contre les murs>에 출연하면서 프랑스 영화 남우주연상을 수상하게 된다. 1960년 프랑수와 트뤼포가 만든 <피아니스트를 쏘세요 : Tirez sur le pianiste>라는 영화에 출연하면서, 미국에서 인기를 얻게 되었고 카아네기 홀에서 공연을 하게 된다. 이때부터 샤를르는 몇 년 동안 세계 순회공연을 시작한다. 터키, 레바논, 그리이스, 북부 아프리카, 소련 등 그는 국제적인 스타로 발돋움하였고 수 백만장의 음반이 판매되었다. 1965년에 프랑스로 돌아와 그는 올림피아에서 12주 동안 <원맨쇼>라는 제목으로 30곡의 노래를 가지고 공연을 하였으며 여름에는 <8월의 파리 : Paris au mois d'Aout>라는 영화에 출연하였다. 그리고 그 해 말, 코메디 뮤지컬인 <Monsieur Carnaval>을 무대에 올렸고 보헴이란 노래는 그의 걸작 중에 하나로 손꼽히게 된다.

1966년, 세계 순회공연을 다시 떠나는데 캐나다, 서인도제도를 순회하면서 라틴아메리카에서 <Avec>를 스페인어로 부르면서 최고의 인기를 누리게 된다. 그리고 다시 프랑스로 돌아와 올림피아에서 공연을 하는데 그때까지 아무도 시도하지 않았던 새로운 방법인 오후 5시, 밤 9시 또는 자정에 공연을 한다. 1968년 스웨덴 여자 울라 토르쎌과 라스베가스에서 결혼을 하는데 그 다음해 아르메니안 교회에서 종교식 결혼을 한다. 1969년에, 그는 작곡가상과 파리의 상징인 베르메이상을 받는다. 같은 해 말, 딸 카티가 태어나고 70년대 초, 그는 <Aznavour par Aznavour>라는 책을 출간하고 미국에 거주한다.

10여 년간 그는 <늑대들의 시간 : Le temps des loups>라는 노래와 같이 폭력을 주제로 하는 사회적 문제에 관심을 갖게 되고 <Mourir d'aimer>는 같은 이름의 영화에서 묘사되는 사회적 현상에서 영감을 받았고 또 <그들이 말하는 것 처럼 : Comme ils disent>이라는 곡은 동성연애자들에 대한 이야기를 하고 있다. 그리고 미국 서부지역의 대학에서 많은 공연을 가졌고 브로드웨이에서도 성공을 거둔다. 71년 초, 그는 파리의 올림피아에서 새로운 성공적 도약을 하게 되며 몇 달 뒤, 그는 영화 <Mourir d'aimer>의 주제가를 이탈리아어로 번역하여 불러 베니스 영화제의 황금사자상을 수상한다. 5월에 그의 아들 미샤가 태어나고 1972년 그는 올렝피아에서 가을까지 6주 동안 공연을 갖는데 <Les plaisirs démodés>이라는 제목은 전 세계적으로 알려지게 되었다. 같은 해 말, 스키를 타다 입은 중상으로 샤를르는 몇 개월 동안 침상에서 꼼짝 못하는 신세가 된다. 그는 이때 그의 처남 조르주 가르바렌츠와 함께 <Douchka>라는 오페레타를 작곡한다. 1974년 그는 영국에서 프랑스에서는 발표되지 않는 <She>라는 제목의 앨범으로 플라틴 앨범상을 수상한다.

1975년, 아르메니아의 학살 60주기를 맞이하여 <Ils sont tombes>라는 노래를 작곡한다. 그리고 같은 해, 끌로드 샤브롤과 함께 <부르조아들의 광란 : Folies Bourgeoises>이라는 영화에 출연하고, 1983년에는 <샤르뻴리에의 유령 Le Fantôme du Chapelier>이라는 영화에 감독을 맡는다. 국제적인 스타로서 그의 노래는 많은 가수들에 의해 다시 불려 졌는데 레이 찰스 <mamma>를 불렀고 비잉 크로스비는 <Hier encore>를 불렀다. 같은 해 샤를르는 니콜라의 아버지가 되는 동시에 처음으로 할아버지가 된다. 1978년, 그는 세계 공연을 갖고 다시 한 번 브로드웨이에서 성공을 거둔다. 그 다음에, 그는 깐느 영화제에서 황금종려상을 수상한 볼케 슈렌도르프의 <Le Tambour>라는 영화에 출연한다. 1980년, 올림피아에서 성공적 공연을 마치 샤를르는 세계투어를 한다. 1983년 샤를르는 제작사인 버클리와 결별하고, 트레마와 계약을 하며 여기에서 자신의 이전 노래들을 재판하게 된다. 1986년 <이민자들 : Les Emigrants>이란 곡이 수록되어 있는 새로운 앨범이 출시되는데 이 앨범은 180000만장이 팔린다.

1986년에 샤를르는 또 그가 주연한 영화인 뽈 부제나 감독의 <Yiddish Connection>의 시나리오를 처음으로 쓴다. 그리고 다음 해, 그는 비아 조드라라는 여가수와 함께 미국에서 성공적인 공연을 한다. 그리고 1988년 샤를르는 빨레 데 꽁그레에서 공연을 하지만, 그해 말, 아르메니아의 에레반 지방의 끔찍한 지진을 보면서 (5만 명의 사상자) 그의 조국을 돕기 위해 중간되었던 투쟁을 이끌게 된다. 그는 아르메이아 사람들에게 의복과 먹을 것을 보내주는 기능을 하는 <Aznavour pour l'Armenie>를 창설한다. 1989 년 초, 90명의 가수와 코메디언들에게 <Pour toi Armenie>라는 노래를 만드는데, 백 만 장이 팔렸다. 이 일로 샤를르는 유네스코에 의해 아르메니아의 영구 대사에 임명된다. 같은 해에 그는 3장짜리 앨범을 영국에서 재녹음한다. 90년 초, 그는 영화와 TV에 출연하는데, 199년, 그의 두 번째 저서인 <Des mots à l'affiche>이란 책을 출간한다. 1990년, 그는 영원한 친구인 리자 미넬리와 듀엣으로 빨레 데 꽁그레에서 공연을 한다.

En 1992에 샤를르는 라울 브르통이라는 사진작품 회사를 인수한다, 이 사진작품 회사는 프랑스에서 가장 유명한 잡지 중에 하나이며 이 들 중에는 에디뜨 삐아프와 샤를르 트레네의 작품들도 있다. 1994년 그는 EMI와 대략 천 곡의 노래들 전체를 재판하는 계약을 한다. 30여개의 CD가 1996년에 나오고, 미국 잡지인 빌도드에서 프랑스 예술가로는 예외적으로 소개된다. 1997년, 그는 최고의 남자가수상의 영광을 차지하고 프랑스 대통령인 자끄 시락은 그에게 명예훈장을 수여한다. 그리고 에디뜨 삐아프를 위해 1951년에 그가 쓴 노래의 제목인 <Plus bleu>라는 새로운 앨범을 내놓고, 1997년 7월 12일 토요일, 샤를르는 스위스의 몽트뤼 축제에서 가수로서의 50년을 기념한다. <Après l'amour>라는 노래로 공연을 연 후, 샤를르는 프랑스어와 영어로 가장 잘 알려진 그의 노래들을 10여명의 재즈가수들이 노래한다. 그리고 <나를 데려가주오 : Emmenez-moi>라는 제목으로 공연을 연다.

98년 순회 공연 때 샤를르는 건강상의 이유로 7월말 예정되었던 두 개의 공연을 취소하게 된다. 74살의 나이인 이 가수는 게다가 가을에 새로운 순회공연을 예정하고 있었다. 그는 뉴욕의 브로드웨이에서 한 달 동안 공연하고 이 후 로스엔젤레스에서 몇 몇 저녁공연을 한다. 그리고 12월초, 모스코바로 가서 공연을 한다.

아르메니아 출신으로 프랑스로 이민을 온 가족의 아들인 아즈나부르는 노래에 대한 강한 집념을 가지고 있었고, 1960년 <나는 이미 보았네 : Je m'voyais déjà>를 노래하며 무대에 섰다. 그는 가수로서의 성공의 길을 걷기 위해 20년이라는 세월을 노래했고, 그는 전 세계를 통해, 낭만적인 분위기의 샹송을 부르는 가수로 알려지게 되었다. 오늘날, 70살이 넘은 고령의 나이에도 불구하고, 그는 전 세계적으로 유명한 프랑스 전통 샹송 가수준의 한명으로 남아있다.50년 동안의 가수생활 동안, 샤를르는 프랑스 샹송의 대부로서 군림하였고, 음악 이외에 연기자, 작가, 화가로서도 인정을 받는 완벽한 예술가였다.

Claude FRANÇOIS

78년 3월 11일, 갑작스런 사망에도 불구하고 끌로드 프랑수와는 여전히 프랑스에서 많은 사람들에 의해 사랑받고 있는 가수다. 끌로드 프랑수와는 1939년 2월 이집트의 이스말리아에서 태어났다. 그의 사랑하는 아버지는 스웨즈 운하에서 해양 순찰 대원이었고 1951년 적해로 전속되어 이탈리아 출신의 아내인 루씨, 그의 딸 조제뜨와 어린 아들 끌로드와 함께 타우피크 항구로와 정착하였다. 이 가족은 이집트 대통령인 나쎄에 의해 스위즈 운하가 국영화되기 전 1956년까지 평화로운 생활을 하였다. 이곳을 어쩔 수 없이 떠나야 했던 가족은 프랑스로 돌아와 몬테-카를로의 작은 아파트에서 살게 된다. 아버지가 병으로 인해 일을 할 없게 되자 어린 끌로드는 점차 가장의 역할을 하게 된다. 은행 계산대에서 직원으로 일을 하던 끌로드는 음악에 대한 열정을 갖게 되고 큰 호텔에 있는 오케스트라에서 일거리를 찾는다. 그의 부모님은 그에게 바이올린과 피아노 수업을 받게 하였고 그 역시 음악에 대해 관심을 보인다. 1957년 그는 인터네셔널 스포팅 클럽에서 제작된 루이 프로지오 오케스트라에 들어가는데 그의 아버지는 아들이 음악을 하는 것에 대해 몹시 불만족스러워하였고 아버지와 아들 간의 갈등이 시작된다. 끌로드는 박봉에도 불구하고 음악의 길을 갈 것을 결심한다. 오케스트라 책임자는 끌로드가 노래하는 것을 결코 허락하지 않았고 결국 끌로드는 주앙-레-뼁의 지방 호텔로 간다. 자신감에 차 있던 그는 이 지역의 나이트 클럽에서 음악 인생을 시작한다. 1959년 어느 날, 그는 자네 울콧이라는 이름의 미국 무용수를 만나게 되는데 일 년 뒤 두 사람은 결혼한다. 음악으로 성공하고 싶은 열망에 가득찼던 끌로드는 파리로 상경하기고 결심한다.

61년 말, 그는 아내와 가족을 데리고 파리에 정착한다. 60년대 초는 프랑스 연예계에 많은 변화가 있었는데 미국의 음악 방송을 본 딴 Salut les Copains이라는 라디오 방송이 생겨났고 트위스트, 그리고 다른 춤들이 유행했다. 끌로드 프랑수와는 겜블러라는 그룹에 들어가지만 당시만 해도 너무 시기상조였다. 그러나 그에게 돈은 그다지 중요한 것이 아니었고 그는 여전히 성공하고 싶어 했다. 그는 코코라는 이름으로 퐁타나 음반사에서 <le Nabout twist>라는 곡을 출반하지만 이 첫 번째 음반은 실패한다. 62년 3월 아버지가 사망하고 몇 개월 되지 않아 에브리 브라더스의 노래를 프랑스어로 개사한 <Belles Belles Belles>이라는 곡이 히트를 하면서 그의 아들의 첫 번째 대 성공이 이뤄진다. Salut les Copains 방송에 노래가 나오면서 끌로드 프랑수와는 진정한 가수로서의 경력을 쌓기 시작한다. 63년 순회공연을 시작하면서 역동적인 성격의 끌로드는 스타로서 성공하기를 간절히 바라며 <Marche tout droit> 또는 <Dis-lui>와 같은 곡들을 부르며 인기를 얻게 된다. 올바른 가정에서 자란 듯한 반듯한 외모, 그의 금발의 머릿결과 그의 부드러운 말투는 여성 팬들을 사로잡는다.

10월 트리니 로페즈의 <If I had a hammer>를 편곡한 <Si j'avais un marteau>이란 또 다른 히트곡이 나온다. 끌로드 프랑수와는 배우 열심히 일을 했고 영어 노래를 편곡한 노래들을 많이 불렀다. 어찌되었건 그는 가수로서 성공을 했고 점점 돈도 많이 벌게 된다. 64년에 그는 일-드-프랑스에 있는 교외에 오래된 풍차를 구입하는데 몇 주후, <la Ferme du bonheur>라는 노래를 만든다. 또한 갬스와 함께 스타로서 첫 번째 순회공연을 하게 되지만 그의 동료들과 그다지 좋은 관계를 유지하지는 못했다. 9월 같은 해에 파리의 올렝피아에서 첫 번째 공연을 갖는데 이 공연에서 아내인 자넷과 이혼한 후의 향수를 자아내는 <J'y pense et puis j'oublie>를 부른다. 1965년에 끌로드는 파리의 올렝아에서 실황공연을 라디오로 직접 생중계하는데 이는 대 성공을 거둔다. 그리고 66년 말 다시 한 올렝피아에서 공연을 하는데 대이 역시 성공을 거둔다. 프랑스 갈과의 짧은 만남 이후 이자벨을 만난다. 67년은 끌로드 프랑수와에게 있어서는 매우 중요한 해인데 그는 필립스와 계약이 만료되자 자신만의 기업을 차리면서 그는 이제 진정한 사업가로서의 독립적인 예술가로 거듭난다. 68년에 자신의 회사 이름으로 <Jacques a dit>라는 곡이 나온다. 그는 비지스의 곡을 번역한 <la Plus belle des choses>를 부르고 자끄 르보와 질르 띠보와 함께 만든 <Comme d'habitude>라는 곡을 내놓는데 전 세계적으로 최고의 곡으로 인정받는다. 사실 이 곡은 프랑스 갈과의 이별을 상징하는 곡이었는데 이 곡을 폴랑카가 영어로 번역한 <My way>는 후에 프랭크 시나트라와 엘비스 프레스리같은 최고의 가수들에 의해 불러지게 된다. 같은 해 7월 이자벨이 꼬꼬라고 불리는 아들을 낳는다. 그러나 끌로드 프랑수와는 사생활의 안정을 찾기 보다는 팬들을 유지하고 이들을 실망시키길 원하지 않았다. 그는 이탈리아, 아프리카 등 공연을 계속하였다. 69년 그의 아들인 마크가 태어났지만 그는 가족을 돌보기 보다는 16일에 걸쳐 올림피아에서 공연을 하였고 데 성공을 거둔다. 이 공연은 4명의 무용수와 8명의 반주자 그리고 올림피아의 오케스트라 등 마치 미국 쇼를 보는 것 같았다. 그는 이듬 해 캐나다에서 공연을 한다. 그러나 그는 마르세이유 공연에서 처음으로 쓰러진다. 과로가 병의 원인이었는데 그는 휴식을 취하기 위해 카나리로 떠난다. 병을 회복하고 돌아오자 마자 그는 자동차 사고를 당한다. 부러진 코와 부운 얼굴이 치료되지 마자 지칠 줄 모르는 끌로드 프랑수와는 다니와 제롬과 함께 다시 공연을 시작한다. 이 해 말, 그는 청소년을 위한 잡지인 뽀디움을 사들이면서 자신의 라이벌인 유명한 Salut les Copain을 밀어낸다. 72년에 진정한 미국흑인 음악의 전문가로서 그는 미국에서 <C'est la même chanson>을 녹음한다. 여전히 새로운 재능을 찾던 그는 젊은 작곡가인 빠트릭 쥐베를 발견하는데 <le Lundi au soleil>이라는 곡을 내며 72년도 최고의 성공을 거두다.

끌로드 프랑수와와 끌로데뜨는 스윙스핀과 위로 솟구치는 무용 동작을 만드는데 이 무용 동작은 정말로 유명해서 무용학교 수업에서까지 배우게 된다. 또 다른 한편, 그는 올림피아에서 공연을 하기 보다는 4000 여석의 천막을 치고 파리 주위에서 공연을 하기 시작한다. 이 해 말, 그는 세금 조사를 받게 되고 2백만 프랑이라는 벌금을 정부에 내게 된다. 73년 그는 여러 노래를 부르는데 특히 <Ça s'en va et ça revient>는 큰 성공을 거둔다. 그러나 운명은 이 가수에게 가혹했으니 73년 6월 단느무와의 풍차가 화재에 휩싸인다. 7월 마르세이유 공연 도중 만명의 관객 앞에서 한 미친 관객이 그를 이마로 받아 한 쪽 눈이 검게 변하고 만다. 그 다음 해에는 상황이 조금 나아지는데, <le Téléphone pleure>가 2백 만장의 판매 기록을 세운다. 사업을 다시 시작한 끌로드 프랑수와는 이번에는 모델 사업에 뛰어든다. 젊은 여인들에 대한 높은 관심도를 가지고 있던 그는 <Absolu>라는 여성 잡지를 인수하고 스스로 사진작가로 변신하기 까지 한다. 끌로드 프랑수와는 70년대 중반까지도 성공을 계속 이어갔지만 원하는 만큼은 아니었다. 어쨌건 공연에는 놀랄만한 많은 사람들이 들어와 그의 콘서트를 듣길 원했다.

74년 7월 1일, 그는 파리에 있는 빵땡에서 2만 명이 넘는 사람들 앞에서 그의 친구들 중 한명인 리노 벤투라가 이끄는 장애 어린이를 돕는 기관인 Perce－Neige를 위해 공연한다. 이듬 해 기자인 이브 무루지가 파리에 있는 뛸르리에 모인 수많은 관중들 앞에서 의약 개발을 돕기 위한 공연을 개최한다. 이것이 파리에서의 끌로드 프랑수와의 마지막 공연이 된다. 완벽을 추구하길 원했던 그의 성격으로 인해 자주 긴장된 분위기 속에서 많은 곡들을 녹음을 하였는데 76년 4월에 열렸던 안티 공연이나, 그 해 말 아프리카에서의 공연 등 그는 눈코 뜰 새 없는 바쁜 일정을 소화해야 했다. 또 때때로 악몽과 같은 날들도 있었는데 75년 이락, 런던에서의 폭파 테러의 희생자였기도 했고 77년에는 혼자 운전하는 자동차에서 충격을 받기도 했다. 수년 동안 공연을 하면서 끌로드 프랑수와는 관객을 만족시켜주기 위해 늘 동일한 장르의 노래를 해야 했지만 그는 시대의 흐름에 따라야 한다는 것을 인지하고 있었다. 77년 디스코 음악이 전 세계적으로 선풍을 일으키자, 이에 맞춰 78년에 <Alexandrie Alexandra>와 같은 곡을 부르기도 했다. 78년 3월 11일, 끌로드 프랑수와는 그의 파리 거처에서 감전사 한다. 그의 갑작스런 죽음은 수많은 팬들과 대중들을 깊은 상실감에 빠지게 했으며 전설 속의 가수로 남게 된다. 허약한 육체와 강하지 못한 목소리의 소유자임에도 불구하고 과할 정도로 성공하길 열망하던 끌로드 프랑수와는 거의 20년 동안 프랑스 대중가요의 정상을 유지했다. 그의 예술적 자질과 더불어 탁월한 기업정신은 이 놀라운 경력의 엔진 역할을 하였다.

Sylvie VARTAN

씰비는 1944년 8월 15일, 불가리아에 있는 이스크레트에서 태어났다. 그녀의 어머니인 이오나에게는 이미 에디라고 불리는 7살의 남자 아이가 있었다. 아버지인 조르쥬는 소피아에 있는 프랑스 대사관에 근무하고 있었는데 이들의 생활은 그다지 넉넉하지 못하였고 52년 바르탕 가족은 프랑스로 이주하기로 결심한다. 조르쥬는 화물 취급소의 일을 찾았고 가족은 호텔에서 살았는데 같은 방에서 몇 년을 기거했다. 아이들의 경우는 상황이 더 좋지 않았는데 왜냐하면 이들은 프랑스어를 할 줄 몰랐기 때문이었다. 그러나 열심히 말을 배운 어린 실비는 빅토르 위고 고등학교 6학년에 입학하게 된다. 1960년에 바르탕 가족은 진정한 집으로서의 아파트에 살게 되는데 실비는 이 때부터 엘비스 프레슬리와 같은 록에 관심을 갖기 시작한다.

부모님의 의견과는 반대로 에디는 그의 공부를 포기하고 RCA의 예능 담당직을 맡는다. 1961년 그가 맡고 있던 젊은 가수인 프랭키 조르단이 <Out of gas>를 프랑스어로 번역한 곡의 듀엣을 준비하고 있었는데 그의 파트너가 제시간에 도착하지 않자 에디는 자신의 여동생을 생각하고 그녀에게 <Panne d'essence>을 부르게 하기 위해 오디션을 보게 한다.

이렇게 가요계에 데뷔를 하게 된 실비는 대학 입학시험을 포기하고 7월에 공연을 떠난다. 그녀는 RCA음반사와 계약을 하고 솔로로서의 가수로 데뷔하고 61년 말, <Quand le film est triste>라는 첫 번째 음반이 나온다. 그리고 12월 27일 파리의 올렝피아 무대에 첫 발을 내딛으면서 두 번째 앨범인 <Est－ce que tu le sais?>가 62년 초에 나오는데 자신감이 없었던 어린 소녀는 올렝피아 무대에서 열린 락커인 빈스 타일러의 공연 전 무대를 장식한다. 그녀는 이곳에서 이미 락커로서 자리를 잡은 자니 할리데이를 만나 즉시 이 젊은 남자의 매력에 빠지게 되며 이후 위대한 역사의 시작이 된다. 어쨌든 그녀는 오빠인 에디의 보호 아래 공연을 하는데 가을에 장－자끄 드부라는 젊은 작곡가가 쓴 <Tous mes copains>이라는 곡을 부르면서 인기를 얻게 된다. 실비의 인기는 점점 늘어나 63년 <Salut les Copains>이라는 유럽에 있는 라디오 음악 방송 프로 순위에서 프랑스 가수 중 일등을 차지한다. 그녀는 자니 할리데이와 함께 년 초 순회공연을 함께 하였고 6월 파리의 나씨옹 광장에서 <Salut les Copains>의 축하공연이 열렸을 때 수많은 젊은이들이 몰려 큰 성공을 거두었다. 당시 자니는 까마르그에서 <D'où viens-tu Johnny?>라는 영화를 촬영하고 있었는데 실비가 그를 도와주었고 8월에 두 사람은 공식적으로 약혼한다. 부부는 그해 말 미국으로 건너갔고 이를 이용해 실비는 엘비스 프레슬리의 코러스들과 함께 <Si je chante>, <la Plus belle pour aller danser>라는 곳을 녹음하는데 특히 두 번째 곡은 큰 성공을 거둔다.

프랑스로 돌아온 그녀는 64년 1월 올렝피아에서 트리니 로페즈와 함께 공연을 하였고 특히 비틀즈와 함께 무대에 서면서 화려한 가수로서의 생활을 맞는다. 젊은 여자들은 점점 더 그녀를 따라했고 그녀는 그들의 모델이 되었다. 물론 부모들은 이점을 달갑게 여기지 않았는데 왜냐하면 당시의 음악인 예-예는 가사를 중시하는 프랑스 전통 가요와는 맞지 않았기 때문이었다. 따라서 세대 간의 격차는 점점 더 벌어져만 갔다. 64년 말, 자니는 군 입대를 하였고 실비는 심리분석학자인 프랑수와즈 돌토의 아들인 카를로스를 개인 비서로 고용한다. 실비는 마르셀 아샤르의 연극을 각색한 영화 <Patate>에 출연하는데 영화는 큰 성공을 거두지 못했지만 실비는 그녀의 재능을 인정받게 된다. 그러나 그녀는 다시 가수의 길로 돌아와 공연을 계속한다. 그녀는 이후 뉴욕에서 영어로 된 앨범인 <A gift wrapped from Paris>를 녹음하였고 이 앨범은 독일, 아르헨티나, 일본 그리고 미국에서 판매되었다.

그녀는 4월 12일 자니와 결혼식을 올리는데 이것은 그 해 최고의 화제 거리였고 180명이 넘는 사진기자들과 수백 명의 팬들이 로콘빌르의 교회 출구로 몰려들었다. 그 해 말, 이 부부는 영국의 여왕으로부터 초청을 받기도 했으며 66년 8월 14일 실비는 다비드라는 이름의 예쁜 사내아이를 출산한다. 그녀는 10월 달에 가수 활동을 재개하였고 <Ballade pour un sourire>라는 곡을 발표한다. 당시의 많은 가수들처럼, 실비 바르탕은 유럽시장으로 진출하려고 시도한다, 그녀의 금발의 외모는 지중해 대중들을 매혹시켰고 67년 1월 그녀는 스페인에서 1위, 이탈리아에서 높은 순위를 차지하며 특히 카를로스와 함께 부른 <2 minutes 35 de bonheur>라는 곡을 이탈리아어로 바꾼 <Due minuti di felicita>가 큰 인기를 끈다. 그리고 파리의 올렝피아에서 자니와 함께 한 공연은 큰 성공을 거둔다. 68년 4월 8일 올렝피아에서 공연을 하는데 이 공연은 라디오 빙송인 Europe1에서 재방송되기까지 한다. 이 공연에서 실비는 의상과 안무를 바꾸며 변화를 시도하였다.

4월 11일, 그녀는 심각한 자동차 사고를 당하는데 이 사고로 그녀의 친구들 중 하나가 사망하였고 그녀는 중상을 입는다. 가족의 품에서 그녀는 상처를 회복하고 다시 무대에 선다. 여기에서 그녀는 <Comme un garçon>, <l'Oiseau>, <Et c'est beaucoup mieux comme ça> <Jolie poupée>와 같은 노래와 특히 고향인 불가리아에 대한 향수를 불러일으키는 <la Maritza>를 부른다. 70년 2월에 그녀는 다시 한 번 자동차 사고를 당하는데 이때는 자니와 함께 있었다. 자니는 큰 부상을 입지 않았지만 실비는 심각한 부상을 당해 얼굴을 원상태로 돌려놓기 위해 수차례의 수술을 받아야만 했다. 그녀는 뉴욕에서 요양을 받는 동안 바바라 스트라이젠드의 무용 선생인 조조 스미스를 만나게 되고 후에 미국식의 그녀만의 무대를 올리는 계기가 된다. 그녀는 12월 올렝피아에서 공연을 갖고 71년 5월 일본으로 공연을 떠난다. 일본에서 열렬한 환영을 받은 실비는 일본어로 3곡을 녹음하기까지 한다. 그해 여름은 남편과 함께 미국을 여행하는데 영화감독인 프랑수와 레이쉔바흐가 이들과 함께 하며 <Mon amie Sylvie>라는 영화를 찍는다. 올렝피아 무대는 그녀에게 매우 각별한 느낌을 주는 곳 같은데 왜냐하면 그녀가 이곳에서 컴백무대를 했기 때문이다. 72년 여름 동안 미국에서 그녀가 준비했던 미국식의 진정한 쇼가 3주에 걸쳐 무대에 올랐다. 그녀는 평소보다 록적인 요소가 많이 감이된 노래를 했지만 자끄 브렐을 기리며 <Ne me quitte pas>와 2년 전 사망한 그녀의 아버지를 기리는 <Mon père>를 부르기도 했다. 처음으로 실비는 73년에 할리데이와 <J'ai un problème>라는 곡을 듀엣으로 녹음하였고 이 노래는 곧 골든 디스크가 되면서 여러 언어로 번역되었다. 여름의 공연에서 그녀는 할리데이와 노래하면서 그 동안에 떠돌았던 할리데이와의 헤어짐에 대한 루머를 말끔히 씻어버린다.

그 해 말, 그녀는 진정한 코메디 뮤지컬의 시나리오에 맞춘 <Je chante pour Swanee>라는 TV쇼에 출연하는데 이것은 33개국으로 방송되었고 RCA 음반사는 이것을 음반으로 만들 것을 결정한다. 그리고 여름 순회공연 중 나르본느에서 자니와 함께 4만 명의 관객 앞에서 노래한다. 보다 많은 관객을 모으기 위해 실비는 주위의 우려에도 불구하고 올렝피아보다 훨씬 큰 규모의 파리의 빨레 데 꽁그레에서 공연을 갖는다. 미국 무대 연출가인 월터 페인터를 고용하여 무대를 꾸민 이 공연은 대성공을 거두었고 여세를 몰아 순회공연을 한다. 이 마라톤의 순회공연 후, 그녀는 휴식을 취하기 위해 미국으로 떠나고 아들과 함께 그곳에 머문다. 그녀는 77년 빨레 데 꽁그레에서 새로운 공연을 위해 돌아온다. 디스코의 열풍과 함께 그녀의 음반사인 RCA는 그녀에게 영어로 된 앨범을 낼 것을 제안한다. 그녀는 <I don't want the night to end>를 내지만 성공에는 실패한다. 그 해 말, 그녀는 낭만적인 노래인 <Nicolas>를 불러 큰 성공을 거두었지만 사생활은 그다지 좋은 편이 아니었다. 자니와 실비는 합의하에 이혼함으로T서 60년대와 70년대 프랑스에서 가장 인기 있던 커플이 끝나게 된다.

80년대 관객들을 위해 무용에 심취한 실비는 81년 파리에 무용학교를 연다. 그녀는 얼마 후 자신의 인기가 매우 높은 일본에 두 개의 무용학교를 연다. 같은 해에 그녀는 제작자인 이탈리아계 미국인인 토니 스코티를 만나게 되고 84년 그와 재혼한다. 81년 <De choses et d'autres>라는 앨범을 내놓고 빨레 데 스포르에서 공연하면서 큰 성공을 거둔다. 그 해 말, 라스베가스의 MGM에서 공연을 하여 성공한 후 일 년 뒤 파리의 빨레 데 꽁그레 공연에서도 큰 인기를 끈다. 그리고 그 사이 미셸 사르두와 함께 듀엣곡 <la Première fois qu'on s'aimera>를 부르기도 한다. 로스엔젤레스와 파리를 오가는 동안 아들인 다비드가 가수로서 데뷔를 한다. 반면 가수로서의 명성은 주춤하는데 84년 <Made in USA>라는 앨범과 85년에 내놓은 <Virages>라는 앨범만이 약간의 성공을 거둔다. 최근의 홍보활동이 잘 되지 않자, 그녀는 25년간의 함께 했던 음반사인 RCA와 결국 이별을 하게 된다. 65년 성공을 거두었던 노래인 <Quand tu es là>를 자신의 팬인 에티엔 다오와 함께 다시 녹음하는데 이 곡은 프랑스 가요순위 50위권 안에 든다. 그에 대한 우정으로 실비는 에이즈 환자를 돕기 위한 <Urgences>이라는 음반에 참여한다. 90년 10월 실비는 8살 이후로 한 번도 가보지 않았던 자신의 고향인 불가리아를 방문한다. 오빠와 남편 그리고 아들과 함께 그녀는 소피아에서 감동의 무대를 여는데 <Mon père>와 특히 <la Maritza>를 관객들과 함께 부른다.

91년 1월 그녀는 빨레 데 스포츠의 무대에 서고 남편과 에티엔 다오의 권유로 향수에 초점을 맞춘 <Je vous salue Paris>라는 제목의 공연을 제안한다. 이 무대는 비교적 성공적이었지만 이탈리아와 일본에서의 공연이 더 성공적이었다. 그 후 가수활동보다는 영화에 치중하였는데 93년 4월 <l'Ange noir>라는 영화를 촬영한다. 실비는 자니의 50번째 생일을 축하하기 위해 93년 6월 15일에 열린 빡 데 프렝쓰 공연 무대에 오른다. 이들은 6만 명의 관객 앞에서 듀엣으로 <les Tendres années>라는 곡을 불러 관객들의 갈채를 받는다. 그리고 그녀는 거의 일 년 동안 95년 1월 카지노 드 파리의 무대를 위해 준비한다. 이 공연은 미국식의 화려함보다는 좀 더 내면적인 내용의 공연으로서 연일 대 성공을 거둔다. 이 성공에 힘입어 실비는 96월 9월 앨범을 낼 것을 결심한다. <Toutes les femmes ont un secret>이라는 제목의 이 앨범에는 수많은 실력있는 작곡가들과 작사가들이 참여한다. 11월에는 올렝피아에서 예-예 시대의 복구 분위기를 주제로 한 공연을 하는데 이 향수를 불러일으키는 공연으로 유명한 디자이너인 쌩-로랑이 만들고 70년에 올렝피아에서 입었던 옷을 다시 입고 60년대의 인기곡들을 포함하여 과거 히트곡들을 부른다. 실비는 미국과 프랑스를 오가면서 가수 생활 뿐 아니라 가족에게 헌신하는데 특히 그녀의 두 손녀인 이오나와 엠마에게 온 정성을 쏟는다. 손녀들을 위해 97년에는 아이들을 위한 음반을 제작하기도 한다. 그리고 98년 다리나라는 불가리아 태생의 손녀를 입양한다. 그리고 그녀를 위해 새로운 앨범인 <Sensible>을 10월에 내놓는다.

이 앨범의 제작을 위해 보들레르 시를 음악으로 만들었던 뮈라를 비롯하여 많은 작가와 작곡가들을 초빙하는데 그녀의 아들인 다비드 역시 이 앨범에 가사를 쓴다. 그리고 98년 11월 24일 그녀는 엘리제에서 명예훈장을 받는다. 99년 프랑스에서 순회공연을 갖는데 10월 26일부터 11월 14일에 걸쳐 올렝피아에서 공연하였으며 디자이너 장-뽈 고띠에가 만든 의상을 입고 월터 페이터가 무대 장식을 맡았다. 여기에서 그녀는 영원한 자신의 팬들에게 영광을 돌리기 위해 과거의 히트곡들도 부른다. 200년 3월 24일 프랑스 텔레비전 방송에 출연하여 많은 곡들을 불렀는데 브라쎙, 겐스부르그를 회상하는 노래뿐 아니라 알렝 슈숑, 빠트리씨아 꺄스 등과 노래를 불렀다. 그리고 그의 아들인 다비드는 미셸 베르제의 최고의 작품이라 할 수 있는< Seras-tu là>를 부른다. 그리고 특히 릭키 마틴의 라틴 제목의 <Livin' la vida loca>에 맞춰 춤을 춘다. 그리고 삐에르 빨마드와 함께 <Ils s'aiment>라는 연극의 일부분을 공연하자, 시청자들은 그녀의 영화와 연극의 재능을 다시 한 번 느끼게 된다. 2001년 봄, 실비는 프레데릭 다르의 소설을 각색한 TV 영화인 <Mausolée pour une garce>에 출연 제안을 받는다. 영화 줄거리는 1960년대로서 감독인 아르노 쎌리낙은 <L'Ange noir>라는 영화에 출연했던 씰비에게 감명을 받아 그녀가 자신의 영화의 여주인공인 Agnès를 맡아주길 바란다. 이 여주인공은 부유한 광고주와 결혼하지만 엄청난 금액의 보험금을 노려 남편을 살해하기로 결심하는 매력적이면서도 치명적인 성격의 주인공 역할이었다. 그러나 이 영화의 촬영은 비극적인 사건으로 인해 중단된다. 몇 달 전부터 병으로 아팠던 실비의 오빠인 에디가 의식불명상태가 되고 파리에 입원한 것이다. 실비는 그를 찾아왔지만 6월 19일 에디는 사망한다. 실비에게 있어서 에디는 단지 오빠로서뿐 아니라 파리에 와서 수 십 년 동안 자신을 돌봐준 그러한 존재였다. 그를 잃은 상실감에 빠진 실비는 장례식 이후, 리스본에 촬영 팀들과 합류했다. 촬영 팀들은 최대한 그녀에게 영화를 끝낼 수 있도록 용기를 북돋아주기 위해 온 힘을 다했다. 실비가 텔레비전 화면에 다시 등장한 이 텔레비전용 영화는 호평을 받았고 5백만 시청자들이 이 작품을 봤고 2001년 치고의 텔레비전 시청률 부분 1위를 차지한다. 에디의 죽음 이후, 실비는 노래를 포기한 듯 보였다. 2년 동안 오로지 다리나의 교육에만 전념하는데 파리와 캘리포니아의 거처를 리모델링 하면서 그녀는 과거 속으로 빠지게 된다.

또한 <Entre l'ombre et la lumière>라는 회상록을 쓰는데 이 책은 2십 만부가 팔리면서 수 주 동안 수필 부분에서 최고의 판매 기록을 세운다. 40년 동안 프랑스인들에게는 너무도 잘 알려진 인물인 그녀였지만 프랑스인들은 이 회고록을 통해 그녀가 올바르며 진실 된 여인이었는가를 다시 한 번 알게 되었다. 실비는 무대로 되돌아오기 위해 새로운 앨범을 제작하는데 이 앨범에는 라틴리듬의 탱고를 비롯하여 다양한 종류의 춤곡들이 들어있다. 2004년 9월 빨레 데 꽁그레에서 공연을 갖는데 이 공연은 소녀인 엠마와 다리나를 위한 공연이었다. 이 공연에서 그녀는 자신의 어린 시절에 사진들을 관객들에게 영상으로 보여주었고 자신의 가족들에게 영광을 돌렸다. 한 편 2005년 3월 보건부장관이 그녀를 위해 열은 저녁 만찬에서 세계 건강 기구의 명예대사로 위임된다. 이는 15년이 넘게 불가리아에서 기아에 허덕이는 아이들을 위해 헌신한 그녀의 활동에 대한 보답이었다. 또한 프랑스 공영 방송인 France 2는 그녀에게 원하는 대로 방송할 수 있는 기회를 제공하였고 여기에는 프랑스의 내노라 하는 가수들이 총 출동하였다. 젊은 세대의 가수들 역시 참여하였는데 그녀의 아들인 다비드를 비롯 제니퍼, 로리, 라라 파비엥 등이 그들이었다. 그녀가 딸인 다리나와 함께 에디 콩스탄틴의 노래인 <La mère et l'enfant>를 함께 불렀을 때 감동은 절정에 다다랐다.

실비는 단순히 60년대와 70년대를 대표하는 가수 그 이상의 의미를 가진다. 그녀는 당시 사회의 진정한 하나의 현상이었고 현재는 모든 것을 성공한 따뜻한 마음의 소유자다. 프랑스 대중가요 역사에서 록을 부른 최초의 여성가수로서 40년 동안 수많은 공연을 하였으며 수많은 앨범 판매와 히트곡을 남겼다. 그녀의 힘의 원동력을 과연 무엇일까? 혹자들은 그녀가 성공한 것은 그녀의 아름다운 외모 때문이라고 평가한다. 또 어떤 이들은 방송매체의 힘이라고도 한다. 그렇지 않으면 15년 동안 함께 살아온 자니 할리데이의 덕이라고도 하지만 그녀가 성공할 수 있었던 진정한 힘은 매 공연마다 끊임없이 준비하는 그녀의 성실함과 가수와 배우로서의 타고난 재능이 결합된 것이 아닐까.

David HALLYDAY

할리데이라고 불리는 다비드 스밋이 1966년 8월 14일 불론뉴-비앙꾸르에서 태어났을 때 그의 부모는 가요계의 스타로서 특히 그의 아버지의 경우 수년 전부터 가요계의 정상에 있는 손꼽히는 가수였다. 실비 바르탕과 자니 할리데이가 1964년 결혼을 하여 연애계의 큰 이슈가 되고 난 후, 그들의 아들의 탄생은 그냥 지나칠 수 없는 일련의 큰 소식이었다. 이 시기에 실비와 자니는 끊임없이 순회공연을 다닐 때였는데 게다가 자니는 다비드가 태어나던 날 이탈리아 순회공연을 하고 있었지만 아들의 탄생 소식을 듣고 돌아와 아들을 본 후 그 날 저녁 베니스의 공연을 위해 다시 출발하는 열성을 보였다. 다비드는 태어나면서부터 파파라치들에게 주목의 대상이 되었다. 그의 어머니인 실비는 1966년 아들을 위한 <Balade pour un sourire>란 노래를 지었고 1969년에는<le Roi David>를 그를 위해 불렀다. 1970년 그의 부모는 매우 심각한 자동차 사고를 당하였고 어머니인 실비는 얼굴에 큰 상처를 입어 미국에서 치료한다. 이때부터 자니와 실비는 미국에서 많은 시간을 보내면서 그곳에 집을 구입한다. 실비는 이곳에서 점점 더 자신의 활동을 많이 하게 되고 다비는 이곳에서 학교를 다니게 된다. 자니 할리데이가 1979년 말 파리의 빠비옹의 무대에서 자신의 가수 경력 20주년을 축하할 때 어린 아들이 드럼 뒤에서 <le Bon temps du rock'n'roll>이라는 노래에 맞춰 일부분에 드럼 연주를 하는 깜짝 쇼를 보기도 한다. 오늘날 다비는 자니와 전혀 알지 못하던 상황에서 이런 행동을 한 것에 대해 꾸지람을 들을까봐 걱정했었다고 말하고 있, 드럼과 기타 그리고 피아노에 매료된 다비드는 게다가 무대에서 스타인 아버지와 함께 서는 기회가 많아진다.

1980년 실비 바르탕과 자니 할리데이가 공식적으로 이혼을 하고 실비는 완전히 로스앤젤레스에 정착을 하고 본격적인 미국 생활을 시작한다. 그녀는 1981년 제작자인 토니 스코티와 재혼을 하고 이미 미국생활에 익숙한 15세의 다비드는 진정한 캘리포니아 청소년이 된다. 대략 이 시기에 그는 5명의 미국 친구들과 함께 <Weekenders>라는 그룹을 처음 만들었다. 음악에 대한 마력에 이미 흠뻑 젖어있던 다비드는 다른 것을 할 생각을 아예 하지 않았다. 1984년 실비 바르탕이 두 번째로 토니 스코티와 결혼하고 그와 함께 정착하면서 다비는 비버리 힐즈의 호화로운 저택에서 살게 된다. 다비느는 자신이 공부하던 로스앤젤레스와 부모님이 60년대에 구입하고 그가 프랑스에 있을 때 가족 모임을 가졌던 장소인 노르망디의 로콩빌을 왕복하며 시간을 보낸다. 학교 공부를 마친 후, 이 청소년은 의붓 아버지가 경영하는 스코티 브로스 회사에서 관리자로서의 기간을 보낸다. 그러나 음악에 대한 열정이 점점 커진 다비드를 보며 토니 스코티는 부모로서의 다비드를 지원하기 위해 많은 노력을 한다. 1987년 가브리엘 보몽의 뮤지컬 영화인 <He's my girl>

에 출연하게 되고 다비드는 이로 인해 최초의 노래들인 <He's my girl>과 <Church of the poison spider>를 부르게 된다. 그리고 1988년 그의 첫 번째 앨범인 <True cool>이 발매되고 9십 만장이 팔리면서 큰 성공을 거둔다. 프랑스에서 앨범 홍보를 위해 출연한 TV 프로에서 다비드는 젊은 프랑스 모델인 에스텔 르푸뷔르를 만나게 된다. 그들은 1989년 9월 15일 이 젊은 여성의 고향인 노르망디에 있는 프르뉘즈-쒸르-리슬에서 결혼을 한다. 매우 행복해하는 이들의 부부를 보며 방송매체들은 이들을 축복해주었다. 90년 10월에 다비드와 이스텔은 실비 바르탕의 고국인 불라기아에서 그녀와 함께 여행을 떠난다.

1990년 새로운 앨범인 <Rock'n'Heart>가 영어 버전으로 출시되는데 다비드의 이 노래들은 프랑스에서 자리 잡는데 어려움을 겪게 된다. 프랑스 태생이지만 미국에서 자란 그의 스타일은 국가적인 영웅인 자니 할리데이의 아들로서 의구심을 갖게 했다. 프랑스에서의 실패로 인해 다비드는 계속해서 미국에서 작업을 하게 되는데 두번째 앨범에 이어 프랑스에서 콘서트를 갖기로 하지만 이 젊은 가수에게는 매우 힘든 도전이었다. 에릭 고달, 보가비노와 그렉 5세의 3명의 음악가와 함께 그는 파리의 제니스에서 공연을 갖는데 3600석의 자리는 프랑스에서 가수로서의 성공을 맛보기에는 너무 커보였다. 다비드는 91년 10월 라이브 앨범이 녹음되는 라 씨갈에서 더 편한 마음으로 공연을 하였다. 그리고 프랑스 순회공연이 시작된다. 91년 파리의 디즈니랜드 공원에서 그에게 개관식에 사용될 음악을 써달라고 부탁한다. 1993년에 다비드는 우연히 처음으로 아주 간단한 형식의 프랑스어로 된 노래를 녹음하는 기회를 잡게 되는데 이를 위해 그는 제라르 만세와 함께 자신의 아버지인 할리데이를 연상케하는 <Heros>라는 곡을 만든다. 이 생일 축하 공연은 93년 6월 50세를 맞이하는 그의 아버지를 위해 다비드가 드럼을 치면서 자신이 만든 <O ma jolie Sarah>와 <Mirador>를 듀엣으로 부른다. 싱글곡인 <Heros>는 이 공연에서 영감을 강하게 받은 곡이다. 그러나 영어를 포기하기 힘들었던 다비드는 곡을 작사할 때는 영어로 쓰는 것이 더 편했고 결국 그의 밴드인 Blind Fish와 함께 94년에<Pain and Pride> 앨범을 만든다. 얼마의 기간 동안 무대에 서지 않았던 그는 94년에 미셀 블랑의 <Grosse fatigue> 영화에서 자신의 아내인 에스텔과 함께 출연한다. 몇 개월 후인 1995년 5월에, 다비드와 에스텔은 딸을 낳는데 어머니인 실비 바르탕을 기리는 의미에서 이오나라는 이름을 붙인다. 다비드 헐리데이는 Blind Fish 그룹과 결별하고 새로운 그룹인 노보켄느를 결성하는데 이 그룹에는 이전 맴버들인 에릭 고달과 보 고비노도 포함된다. 96년 4월에 산타 모니카에서 앨범을 녹음하고 1997년 미국에서 출반된다. 그리고 97년 9월 프랑스 잡지와의 인터뷰에서 그는 두번째 아이인 엠마가 태어났다고 밝힌다. 32살에 두 아버지의 아버지이자 행복한 가장인 그는 곡을 작곡하기 위해 그의 부모님들에게로 돌아간다. 그래서 1998년 실비 바르탕의 앨범 <Sensible>에 실린 두 곡을 작사한다. 그리고 특히 99년 자니 할리데이의 <Sang pour sang> 앨범에서 아버지와 아들간의 긴밀한 협조가 이루어지는데 전곡을 작사하면서 대중들에게 인정받는다.

게다가 다비드는 1999년 프랑스어로 된 최초의 앨범 <Un Paradis, Un Enfer>을 제작한다. 그의 느낌은 여전히 과거의 모습을 반영하고 있지만 프랑스어는 그에 대한 대중들의 인식을 완전히 바꿔 놓았다. 여러 개의 곡들이 많은 판매를 기록하는데 특히 <Pour toi>, <Tu ne m'as pas laissé le temps>이 큰 인기를 얻는다. 아버지의 뒤를 이어 다비드는 프랑스 청소년들의 우상이 된다. 2000년 1월 그는 NRJ 음악 수상식에서 프랑스어권 최고의 상을 수상하고 99년 최고의 노래에 대한 2000년 음악상을 수상한다. 봄에 다비드는 프랑스에서 순회공연을 갖는데 3월 21과 22일에는 올렝피아에서 이틀간 공연한다.

가수로서의 재능과 상냥한 성격의 다비드는 마침내 가수로서 인정을 받게 되었고 오랜 기간 동안 오로지 유명한 아버지의 아들로만 알려져 있다가 빛을 보게 된다. 그는 마침내 프랑스 대중들의 마음속에 자리 잡게 된 것이다.

Léo FERRE

시인이자 음악가였던 페레는 은어에 능통한 서사 시인으로서 사랑을 노래하면서 샹송 세계에 중심적 역할을 차지하며 최고의 가수로 자리 잡고 있다.

레오 페레는 1916년 8월 24일 모나코에서 태어났는데 그의 아버지 조셉은 카지노 지배인이었고 어머니 마리는 옷을 만드는 아틀리에를 운영했다. 자신보다 세살 위인 누이 루치엔느가 있었는데 9살 되던 해, 이탈리아에 있는 쌩-샤를르 드 보르디제라 카톨릭 중학교에 기숙생으로 보내진다. 레오는 이 학교의 엄격한 규율에 잘 적응하지 못했고 그는 음악과 시와 함께 친구가 있었음에도 불구하고 매우 큰 고독감을 느꼈으며 가족과 그렇게 멀리 떨어진 곳으로 자신을 보낸 아버지를 원망했다. 1934년에 로마에서 대학 입학시험에 합격하였으나 그의 아버지가 그가 음악 학교에 가는 것을 허락하지 않았고 보제라 중학교에서 프랑스어 수업을 듣도록 했다. 35년 가을에 법을 공부하기 위해 파리로 올라와 39년에 정치학 학위를 딴다. 그리고 군복무를 하고 모나코로 돌아와 호텔에서 식료품부에서 일을 한다. 이러는 동안 43년 10월 오데뜨와 결혼을 하고 라디오 몬테-카를로에 들어가 아나운서, 피아니스트로 일한다. 그는 시를 쓰고 카바레에서 노래를 하며 샤를르 트레네와 에디뜨 피아프 등을 만나는데 이들은 그에게 파리로 올 것을 충고한다. 프랑스가 해방되자 파리 카바레인 뷔프 쒸르 르 뚜와에서 일하면서 경제적으로는 힘들게 살지만 마침내 자신이 하고 싶은 것을 하면 살 수 있게 된다. 1947년, 파리의 카바레 밀로르 라르쑤이에서 프랑씨스 끌로드와 함께 일을 하며 쌩-루이 섬과 쌩-제르멩-데 프레를 만든다. 이 시기에 많은 사람과 우정을 나누었는데 줄리에뜨 그레꼬 또는 르네 르바가 그 대표적 인물로서 특히 르네는 그의 노래들 중 <Elle tourne... la terre>를 처음으로 부른 가수이기도 하다. 그러나 생활고에 몹시 시달린 그의 아내 오데뜨는 레오 페레의 유명한 노래 중 하나 <예술가의 삶>처럼 남편의 불확실한 생활을 더 이상 견디지 못하고 1950년 12월에 이혼한다.

레오 페레는 정치활동에도 적극적이었는데 40년 대 말 무정부주의 연맹에 가입하기도 하지만 곧 프랑스 코뮤니스트 당으로 이적한다.

그리고 파리의 어느 카페에서 그의 두 번째 동료린 마들렌느를 만나는데 그녀는 레오의 예술가의 운명을 바꿔어 놓는 여인이다. 그 해에 오페라 <la Vie d'Artiste>를 썼는데 이는 그가 작곡가로서 진정한 재능을 가지고 있음을 알리는 것이었다. 4년 뒤 몬테-카를로 오페라에서 그가 만든 기욤 아폴리네르의 <Chanson du mal-aimé>에 대해 성극(聖劇)을 만든다. 1953년 레오 페레는 미국의 유명 가수인 조세핀 베이커의 올렘피아 공연에서 노래를 부른다. 그리고 오데옹 음반사와 계약을 맺고 <Paris Canaille>를 녹음한다. 마들렌느와 그의 딸(마들렌느는 그와 결혼하기 전 딸이 있었고 레오는 그녀를 자신의 친 딸처럼 여겼다)과 함께 파리에 있는 페르싱 거리에 거주한다. 비록 사는 것은 누추했지만 늘 까트린느 소바쥬와 배우 삐에르 브라쉐르와 같은 친구들을 반갑게 초대했다. 그리고 <Paris Canaille>가 성공하면서 교외에 집을 살 수 있었다. 55년 3월에 스타로서 올렘피아 무대에 처음으로 서면서 <l'Homme>, <Monsieur William>, <Graine d'Ananar>과 같은 곡들을 부른다. 이 해 말, <Pauvre Ruteboeuf>와 <Guinche> 등 8곡의 새로운 노래들을 녹음하는데 단지 피아노와 오르간으로만 반주를 한다. 여기에는 <l'Amour>라는 곡도 있는데 이 곡은 초현실주의 시인인 앙드레 브르통이 매우 좋아했던 곡이기도 하다. 이로서 앙드레 브르통과 우정을 맺지만 끝은 불행하게 끝나게 된다. 그 원인은 56년에 자신이 이미 불렀던 노래들에서 모은 77개의 시 모음집과 자신이 일생동안 썼던 시들을 모아 <Poètes... vos papiers>라는 책을 출판하는데 여기서 초현실주의자들과 대립되는 입장을 밝혔고 이에 불만족스러웠던 앙드레 브르통은 그의 시집 서문을 써주는 것을 거절한다. 결국 이들의 관계는 단절되고 1966년 브르통이 죽던 해까지 계속된다.

56년은 또한 무용가인 롤랑 쁘띠를 위해 가사와 노래를 만든 발레 <Nuit>를 쓰는데 이에 대한 평판이 나빠지면서 결국 이 공연은 4번으로 끝나게 된다. 57년 4월, 19세기 프랑스의 위대한 시인인 샤를르 보들레르를 기리는 음반인 <Les Fleurs du Mal chante par Léo Ferré>가 나온다. 58년 4월에 오데옹 음반사에서 <Encore du Léo Ferré>라는 새로운 음반을 녹음하는데 여기에는 <l'Eté s'en fout> 또는 <Mon Camarade> 등의 곡들이 수록되어 있다. 경제적으로 부유하게 된 그는 브르타뉴에 있는 성을 구입한다. 1961년 시인 루이 아라공의 시 10편에 곡을 붙여 <les Chansons d'Aragon>를 만드는데 루이 아라공은 매우 감동을 받고 기뻐했다. 이를 계기로 시인 아라공과 가수인 레오는 돈독한 우정을 맺는다.

몇 개월의 공백 기간 후 <Paname>를 녹음하고 뷰끌롱비에 연극 극장에서 새로운 노래들인 <Merde à Vauban>, <les Rupins> 또는 <Thank you Satan>을 부른다. 방송매체는 그의 공연을 격찬하는데 군중들 속에서 유명한 뮤지컬인<Alhambra>를 부른다. 45살의 나이가 된 페레는 마침내 인생에서 평온함을 느낀다. 그리고 매우 높은 음악적 감성의 영감을 끊임없이 불어 넣어준 그의 아내인 마들렌느에게 감사를 했다. 62년 말과 63년 초, 또 다른 파리의 뮤지칼 무대인 ABC에서 공연하는데, 여기에서 막 녹음을 끝낸 <Langue francaise>, <T'es chouette> 또는 <T'es rock, Coco>를 부른다.

<Ferre 64>라는 앨범은 제니스에서 <Franco la muerté>, <Sans façon>, <Mon piano> 등 그의 음악적 영감의 완숙함을 보여준다. 65년과 66년에 캐나다로 공연을 떠나는데 이 기간 동안에 라디오와 TV에서 많은 인터뷰를 한다. 66년에 파리의 무대인 보비노로 돌아와 시인 랭보를 추모하는 공연을 갖는데 피아노 한 대 앞에 서서 시와 샹송의 아름다운 조화를 마음껏 보여주며 관객들을 감동의 물결로 몰아간다. 67년 여름에 나온 음반은 우리에게 페레가 위대한 작사가라는 것을 보여준다. 텍스트의 주요 내용은 아직도 고전이었지만 그는 여전히 충격적이었다. 히피 세대로서 <Salut Beatnick>를 비롯 많은 곡을 작사하고 에디뜨 삐아프를 기리는<A une chanteuse morte>를 불렀고 에디뜨 삐아프를 대신하는 가수로 여겨졌던 미레이 마티유를 암시적으로 비판한다. 그러나 직업적인 이유로 인해 파리에 있지 않는 경우 그는 아내와 같이 하는 시간을 갖지 못했고 그의 아내는 오래된

로 성에서 가축들과 침팬지들과 함께 시간을 보냈고 결국 이들은 68년 초 이혼을 하게 된다. 68년에 레오 페레는 북 아프리카로 공연을 떠나지만 기대만큼의 성공을 거두지는 못한다. 69년 초, <68년 5월의 소요>에서 영감을 얻은 새로운 음반을 내놓는데 <Comme une fille>, <L'été 68> 같은 곡들이 수록되어 있다. 이 해에 레오 페레는 1월과 2월에 보비노에서 공연을 하는데 <C'est extra>는 그의 대표적인 곡이 되고 리사이틀 전체는 2장짜리 앨범으로 녹음되어 판매된다. 1월 6일은 프랑스 샹송의 대들보들로 알려진 페레, 자끄 브렐 그리고 조르쥬 브라생 세 명이 만났던 뜻있는 날이다. 이 만남은 프랑스 음악 잡지의 한 기자에 의해 이루어졌고 이 자리에서 서로의 의견을 말하고 교환했다. 마들렌느와 헤어지기 전 만난 마리－크리스틴이 레오 페레의 새로운 동반자가 되는데 이들은 이탈리아의 피렌체 가까이서 거주한다. 70년 5월에 이들 사이에 첫 번째 아들인 마티유가 태어나고 같은 해에 그의 자서전적 작품의 절정으로 알려져 있는 두 장짜리 앨범인 <Amour Anarchie>가 나오는데 여기에는 <Le Chien>, <la The Nana>, <Paris je ne t'aime plus> 또는 <la Mémoire et la mer> 등의 곡들이 수록되어 있다. 당시 비틀즈와 무디 블루스는 그의 관심을 벗어나지 못했고 그래서 프랑스 팝 그룹인 주와 함께 공연을 다니기 시작한다. 젊은이들의 사고로 음악을 보게 된 그는 70년 10월에 <Avec le temps>이란 곡을 내놓는다. 그리고 다음 해에는 그룹 주와 함께 <Solitude>를 녹음한다.

72년에 올렝피아에서 3주 동안 공연을 하는데 그의 스타일은 서정적 분위기의 60년대에 비교해 더 허물을 벗어낸다. 또한 <Ne chantez pas la mort>라는 장－로제 꼬시몽의 노래를 부르기도 했는데 이 공연 실황을 녹음하여 2 장짜리 앨범으로 내놓는다. 그리고 또 <Il n'y a plus rien>란 다른 노래를 스튜디오에서 녹음하는데 이 곡은 거의 독백에 가까운 노래로서 레오 페레의 시인의 재능을 잘 보여주고 있다. 이후 퀘벡출신의 가수인 로베르 샤를르부와와 함께 순회공연을 한다. 같은 해에 그다지 사이가 좋지 못했던 그의 아버지가 사망하자 큰 충격을 받는다. 다음 해에 페레는 클레식 음악회만 열리던 코메디 오페라에서 공연을 한다. 여기에서 새로운 노래를 소개하고 아폴리네르의 시 <La Chanson du Mal－aimé>를 가지고 낭독하고 <Et basta>라는 제목의 산문을 낭독하면서 관객들에게 다시 한 번 놀라운 시적 재능을 보여주기도 한다.

75년은 레오 페레가 새로운 음악적 도전을 시도한 해로서 스위스에 있는 진짜 심포니 오케스트라를 이끌게 된다. 가을에 그는 벨기에에서, 그리고 파리의 빨레 데 꽁그레에서 연주회를 갖는데 고전음악의 전문가들을 자신들의 독점물이었던 영역을 침범하는 것을 허용치 않았으며 이로 인해 페레는 크게 낙담한다. 같은 해에 그는 버클리 음반사와 결별하고 <Ferré muet dirige Ravel et Ferré>라는 제목의 앨범을 내놓는데 여기에는 밀라노 심포니 오케스트라와 리에즈 오케스트라 등이 연주를 한다. 76년에서 90년까지 그는 여러 음반사에서 다양한 음반을 내놓는데 79년에 <Ma vie est un slalom>, 80년에는 <La Violence et l'ennui>, 85년에 <les Loubards>, 86년에는 <On n'est pas serieux quand on a dix－sept ans> 그리고 90년에 <Les Vieux copains>을 내놓는다. 아내 마리－크리스틴과 함께 레오 가족은 토스칸느에 완전히 정착하고 74년 7월에 마리－쎄씰이, 그리고 78년 1월에는 두 번째 딸인 마뉠라가 태어난다. 레오 페레는 마침내 마들렌느와의 이별 후부터 기다려왔던 영혼의 안식을 찾으며 가족과 함께 행복한 생활을 한다.

그는 프랑스와 외국에서 끊임없이 공연을 했으며 무정부주의자라는 그의 정체성으로 인해 추방당하다시피 했지만 그의 노래는 계속 사랑을 받았다. 77세의 나이에 페레는 1993년 7월 14일 오랜 투병으로 인해 사망하는데 자신의 병에 대해 결코 말하지 않았으며 1993년에야 알린다. 90년 말 그의 아들인 마티유가 출판사를 비롯하여 아버지의 모든 유산을 물려받고 아버지를 기리기 위한 다양한 계획을 진행한다. 2000년 3월, 음반이 나왔는데 여기에는 레오가 미처 발표하지 않았던 곡들이 수록되었는데 9곡만이 재구성할 수 있었다. 레오 페레는 프랑스 음악사에서 독보적인 위치를 차지하고 있는데 작사자이자 작곡가 그리고 가수로서 루이 아라공은 그에 대해 <레오 페레로 인해 프랑스 역사는 약간 다르게 기술되어져야 한다>는 말을 남기기도 했다.

Etienne DAHO

프랑수와 아르디와 벨벳 언더그라운드의 60년대의 음악에 심취한 에티엔 다오는 80년대 프랑스 팝을 대표하는 가수들 중 한명이다. 세련된 멜로디와 준수한 외모의 에티엔 다오는 자신이 그토록 좋아했던 가수들과 같은 위치에 서게 된다.

에티엔 다오는 1957년 1월 14일 알제리에 있는 오란에서 태어나 이곳에서 6살까지 살았는데 그의 아버지는 군인이었고 어머니는 화학자였다. 알제리 전쟁 동안 그의 아버지는 가족을 돌보지 않았는데 에티엔의 인생에서 이 기간은 오랫동안 후유증으로 남아 있다. 두 누이들과 함께 그는 바닷가 근처에서 미니 바 겸 식료품점을 경영하는 할아버지, 할머니와 함께 산다. 여기에 있는 음악 기계에서 당시 예예 풍의 노래로 선풍적인 인기가 있던 실비 바르탕과 프랑수와 아르디와 같은 가수들의 노래를 듣는다. 그리고 20년 후에 이들과 함께 작업을 하게 된다. 알제리 전쟁이 끝난 후 프랑스로 온 에티엔은 몇 개월 동안 렝스에 있는 삼촌의 집에서 보내게 된다. 그리고 1965년 그의 가족은 렌느에 자리를 잡게 되는데 브르타뉴의 학생들의 도시인 이곳에서 어머니와 누이들과 함께 살고 롤링 스톤스와 킹스와 같은 60년대 앵글로-섹슨 음악을 접하게 된다. 음악에 심취한 그는 벨벳 언더그라운드의 뉴욕풍 록 쪽으로 음악적 취향을 바꾸게 되고 70년대에는 니코, 루 레드 또느 보위의 앨범들을 들으며 그 뒤에는 록시 뮤직과 브라이언 에노의 음악을 좋아하게 된다. 1976년 19세의 나이가 되어 런던에 대해 눈을 뜨게 되는데 영국의 수도인 이곳에서는 펑크를 비롯하여 활발한 음악적 활동이 진행되고 있었고 브르타뉴 지방에도 영향을 받기 시작한다. 에티엔 다오는 프랑스에서 예외적으로 인기가 있었던 렌 시방의 록에 심취하여 이때부터 작곡하는 법을 전혀 알지 못한 채 몇 곡의 노래를 작곡하기 시작한다. 대학 입학시험 이후, 그는 영문과와 플라스틱 예술과를 준비하지만 조그마한 일들을 하면서 특히 음악에 대한 그의 열정으로 인해 학교를 포기한다.

브르타뉴 지역의 음악적 분위기를 섭하고 익히면서 1978년 12월 20일에 자신이 좋아하는 그룹인 마르키 드 사드와 스팅키 토이스 등과 함께 콘서트를 여는데 성공한다. 그리고 1979년 6월 14일, 그의 수줍은 성격에도 불구하고 에티엔 다오는 처음으로 렌 지방의 록 페스티발에 임시로 만들어진 그룹인 트란스뮤지컬과 함께 무대에 서 <Entre les deux fils denudes de la dynamo>라는 곡을 부른다. 80년 6월, 에티엔 다오 주니어라는 이름으로 (그의 아버지 이름 역시 에티엔이었다) 아주 간단한 반주만을 가지고 조그마한 콘서트를 연다. 그리고 80년 12월 18일 트란스뮤지컬의 두 번째 앨범 때 다른 몇 몇 렌지방의 그룹들과 함께 그의 무대에 대한 공포증에도 불구하고 5곡을 부른다. 마르키 드 사드 그룹의 프랭크와 같은 그와 함께 작업을 한 음악가들의 격려에 힘을 얻고 몇 번의 간단한 무대에서 경험을 쌓으면서 그의 첫 번째 곡인 <Cow boy>를 내놓는다. 당시 프랑스에서 영국 음반사로서 자리를 굳힌 버진 음반사와 함께 에티엔 다오라는 이름으로 계약을 한다. 렌 지방에서는 이미 잘 알려진 그는 기타의 프랭크 다르셀, 건반의 젊은 연주가인 아놀드 뛰르부스트 등 5명의 반주자들과 함께 공연을 갖는다.

자크노의 작업을 통해 1981년, 그의 첫 번째 앨범인 <Mythomane>를 녹음하여 12월에 출시된다. 상업적으로는 그다지 큰 성공을 거두지 못했지만 그의 대한 평판은 매우 좋았다. 그리고 많지는 않지만 그의 새로운 음악을 열광적으로 좋아했던 팬들이 서서히 형성되기 시작한다. 그는 1982년 6월 21일 프랑스의 매년 큰 행사인 음악축제일에 파리에서 첫 번째 공연을 갖는다. 이 해에 그의 두 연주자인 다르셀과 뛰르부스트가 파리에 정착한다.

82년 12월 새로운 곡 <Le grand sommeil>가 나오는데 이 노래는 대 히트를 친다. 대중들은 이 젊은 가수에게 큰 관심을 보이기 시작했고 다오는 그의 두 반주자들과 함께 두 번째 앨범을 준비하기로 한다. 1984년 5월 새로운 곡 <La Notte la Notte>와 <Sortir ce soir>가 나오는데 이 앨범은 즉시 성공을 거둔다. 이로써 에티엔 다오는 프랑스 가요계에 새로운 바람을 불어넣는 진정한 스타로 자리 잡는다. 미디어에서는 그에 대해 큰 관심을 보였는데 특히 유명한 일간지인 르 몽드에서 에르베 귀베르는 이 젊은 음악가에 대한 글을 자세히 싣기도 했다. 7월에 에티엔 다오는 미국으로 건너가 뉴욕 클럽인 댄스테리아에서 콘서트를 갖는다. 이 해 9월에 버진사는 앨범의 두 번째 곡인 <Week-end à Rome>를 판매하기 시작하는데 이 곡은 상업적으로 큰 성공의 시작을 알렸으며 1985년 3월 <Tombe pour la France>라는 곡은 단일곡으로 정상에 오른다. 이 노래에 대한 뮤직 비디오는 장-삐에르 쥐네가 맡았다. <Etienne Daho e Grupo>라는 이름으로 3월 6일 순회공연이 시작되는데 18일 올렝피아에서 열렬히 환호하는 청중들 앞에서 공연을 한다. 6월 그 해 록 아티스에게 부여하는 상인 Bus d'acier 상을 수여받기도 하였고 어렸을 때부터 그의 우상이었던 프랑수와즈 아르디가 그에게 <La Notte la Notte>에 대한 골든 디스크상을 수여한다. 이 앨범에서 다오는 60년대 최고의 스타 여가수와 함께 <Et si je m'en vais avant toi>라는 곡을 듀엣으로 노래하면서 그의 꿈을 실현시켰다. 그 이듬해 그는 제롬 쏠리니와 함께 프랑수와즈 <Superstar et ermite>라는 제목의 아르디의 일대기를 쓰는 작업에 참여하였고 이 책은 86년에 출판된다.

86년, 80년대의 프랑스 팝 운동의 선구자 역할을 하면서 에티엔 다오를 추종하는 매니아들이 점점 많아지기 시작한다. 29살의 이 젊은 가수는 새로운 앨범을 준비하기 위해 런던으로 간다. 이번에는 프랭크 다르셀이 빠지고 아놀드 뛰르부스트와 함께 에티엔 다오는 시험적 무용의 리더인 영국인 윌리엄 오비트와 함께 11개의 곡을 만든다. 점점 더 바빠지게 된 다오는 이 새로운 앨범을 말 그대로 즉흥적으로 만들었는데 그 결과는 대성공이었다. 4월 1일, <Pop Satori>와 <Epaule Tattoo>라는 곡이 동시에 나온다. 가을 순회공연이 시작되고 우아하면서도 야심에 찬 이 젊은 팝가수의 공연 역시 큰 성공을 거둔다. 9월에 또 다시 골든 디스크 상을 수상하면서 10월 15일 <Satori Tour>를 시작한다. 10월 21일에서 29일까지 8일 동안 올렘피아에서 공연을 갖는데 엘리 므데로스와 함께 앞을 장식하면서 12월 9일 레느의 트랑스 뮤지칼에서 마지막 공연을 한다. 같은 해에 에티엔 다오는 젊은 영화 감독인 올리비에 아쎄아스의 요청에 의해 <Désordre>에 출연한다. 이 영화에서 프랭크 다르셀과 함께 <Soleil de minuit>를 비롯한 삽입곡들을 썼다. 87년 4월에<Epaule Tattoo> 곡의 뮤직 비디오로 유럽 비디오상을 수상한 후 다오는 <ED Collection>라는 제목의 음반을 내놓는데 여기에는 미 발표곡들도 수록된다. 이 해에 다시 비르지니 트브네의 <Jeux d'artifice>라는 영화에 출연하기도 한다. 또한 그는 87년 로베르 파렐, 88년에는 여가수인 다니 등 점점 젊은 가수들을 발굴하는 일에 관심을 쏟기도 한다. 그리고 다른 가수들을 위해 곡을 만들기도 하였고 이전 택시 걸의 맴버였던 다니엘 다크 그리고 프랑수와 아르디를 위한 <Laisse-moi rêver>가 대표적이다. 그리고 새로운 앨범을 만들기 위해 런던으로 가 정착하는데 1988년 6월에 <Pour nos vies martiennes>가 나온다. 롤링 스톤스와 다비드 보웨를 위해 작업했던 화가인 귀 뻬레르가 앨범 표지를 그려준 이 앨범은 나오자마자 십 만장이 판매되면서 골든 디스크가 된다. 1989년 1월부터 4월까지 4개월간 지속된 <Tour martien>라는 제목의 공연에는 2십 만명이 모였다. 1월 20일부터 26일까지 그는 파리의 제니스에서 3천명의 청중들을 위해 저녁 콘서트를 연다. 3월에 브르쥬 축제를 거쳐, 순회공연은 4월 21일 런던의 마르키에서 성공리에 마친다.

공연을 마치자마자 89년 10월 1일, 제니스에서의 공연 실황을 음반으로 낸 <Live ED>가 나오는데 아주 짧은 시간 동안 25만장이 팔린다. 1989년 영국 제작자인 아더 베이커가 그를 초대하는데 알 그린과 지니 쏘머빌과 함께 노래를 한다. 그리고 베르트랑 페브르의 단편영화 <Tant pis pour l'Idaho>에서 크리스 이작과 함께 출연하기도 한다. 90년에 그는 다른 가수들을 위해 곡을 쓰고 실비 바르탕 등의 음반 제작을 맡는다. 91년까지 다른 가수들을 위해 곡을 쓰고 음반 제작과 같은 수많은 활동을 하던 에티엔 다오는 자신의 새로운 앨범 준비를 한다. 80년대 런던에서 많은 작업을 한 다오는 뉴욕으로 관심을 돌리는데 미국 음악에 심취한 그는 91년 6월 그린위치 마을에 방 2개 짜리의 조그마한 아파트에 자신과 앨범을 공동제작하는 에디트 팜뷔에나와 함께 정착한다. 그녀는 또한 빌리 아이돌과 같은 드럼 연주자를 비롯하여 미국 반주자들과 함께 키타를 맡는다. 코러스를 위해 다오는 앨범의 솔적인 이미지를 강조하기 위해 가스펠 가수에게 도움을 청한다. 어렵게 녹음을 한 후 앨범은 파리에서 편집작업을 하게 된다. 그의 앨범을 3년 동안 기다린 팬들에게 이 앨범은 이전 앨범들보다 더 성숙된 뭔가 다른 느낌을 주었다. 게다가 다오는 이 앨범을 자신의 감성적인 면을 드러내는 매우 자서전적인 사랑의 앨범이라고 소개한다. 1991년 12월 9일 출시되기도 전에 이 앨범은 선주문에 의해 골든 디스크가 된다. 이듬해 포루투칼의 수도인 리스본에 대한 자신의 사랑에서 영감을 받은 노래 <Saudade>를 시작으로 모두 5개의 곡들이 나온다. 그리고 72년 프랑수와 아르디가 부른 곡 <la Berlue>을 다시 불렀는데 이 곡에 대한 평가는 정말 대단해서 어떤 이들은 그를 세르쥬 겐스부르그와 비교하기까지 한다. 이 성공에 힘입어 그가 10년 전에 만든 <Mythomane>라는 그의 첫 번째 앨범이 골든 디스크가 된다.

92년에 내놓은 <Paris ailleurs>은 5십 만장이 넘게 팔리면서 플라틴 디스크가 된다. 이 해에 연말까지 대 순회공연을 떠나기에 앞서 에티엔 다오는 그가 의중에 담고 있었던 계획을 실현한다. 그리고 에이즈 환자를 돕기 위한 앨범을 제작하고 프랑스의 많은 연애인들이 이 작업에 참여한다. <Urgence>라는 제목의 이 두 장짜리 앨범에는 27곡이 수록되어 있는데 장-자끄 골드만, 미셸 조나스, 프랑씨스 캬브렐, 알렝 슈숑, 제인 버킹, 프랑수와 아르디 그리고 빠트리시아 캬쓰 등 정말 프랑스에 내놓으라하는 가수들이 참여한다. 92년 10월 3일부터, <Tour Paris Ailleurs>라는 순회공연이 시작되는데 10월 10일과 13일 사이에 제니스에서 가진 4개의 콘서트가 성공하고 12월 13일과 14일에 올렘피아에서 공연을 한다. 11월 28일 렝스에서 그는 실비 바르탕과 함께 무대에 서고 올렘피아에서는 그와 음악 동반자인 아놀드 뛰르부스트와 함께 공연의 막을 내린다. 그리고 1993년에 캐나와 일본을 제외한 주로 유럽을 중심으로 14개국의 순회공연을 하고 3월 11일부터 7월 24일까지 에티엔 다오는 국경을 초월한 자신의 인기를 실감하게 된다. 그리고 7월 17일 로쉘의 프랑크폴리 페스티발에 참여하고 3일 뒤 스위스에 니옹 페스티발에서 아지 팝과 함께 무대에 선다.

프랑스의 이전 곡들을 젊은 록 가수들과 그룹들이 다시 노래한 <Mon manège à moi>라는 제목의 모음집 앨범을 내기도 하는데 이 음반은 출반되자마자 큰 인기를 끌었고 몇 주 동안 판매 1위를 기록한다. 그리고 올렘피아 공연의 실황 판인 <Daholympia>라는 제목의 앨범이 94년 초에 나오는데 25만장이 팔리며 상업적으로도 성공한다. 1994년에 다오는 다시 자신이 좋아하는 가수들에게 전념하는데 자신의 첫 번째 프로듀서였던 자크노의 앨범을 제작하고, 실비 바르탕을 위해 <Quelqu'un qui me ressemble>를, 그리고 자끄 뒤트롱을 위해 <Tous

les gouts sont dans ma nature>를 만들고 그와 함께 듀엣으로 부르기도 한다.

끊임없는 개인적인 활동에도 불구하고, 1995년은 에티엔 다오가 에이즈에 걸렸다는 소문이 퍼지기 시작했고 심지어 그가 사망했다는 루머가 돌았다. 건강에 아무런 문제가 없었지만 이 소문으로 충격을 받은 에티엔 다오는 쌩 떼띠엔 그룹과 함께 영국에서 미니 앨범 <Resérection>을 내면서 이 소문을 잠재웠으나 95년 10월에 출시된 이 앨범은 프랑스에서는 별 성공을 거두지 못한다. 이 앨범에 수록되어 있던 곡들 중 5개는 영어 버전의 <Week－end à Rome>나 <He's on the phone>은 영국에서 실패한다. 에티엔 다오는 영국의 전설적인 방송국인 BBC에서 <팝의 정상>이라는 코너에 초대 손님으로 출연하기도 한다. 다오는 몽마르트르에 있는 집을 떠나 점점 더 런던에 사는 날이 많아진다. 이곳에서 많은 계획에 대한 제안들을 거절하면서 그는 새로운 앨범 제작을 시작한다. 이를 기화ㅣ로 그는 아놀드 뛰르부스트와 함께 작업을 다시 한다. 40살을 앞에 둔 그는 1996년 11월 4일에 싱글 곡 <Au commencement>을 내놓는다. 2주 후인 18일에는 대서양 해변가에서 검게 그을린 얼굴의 에티엔 다호의 모습이 담긴 <Eden>이란 앨범을 만든다.

90년대 새로운 음악 흐름을 반영한 에티엔 다오는 그루브, 정글, 팝 그리고 보사노바 등 다양한 장르의 음악을 선보인다. 그의 음악은 그 어느 때보나도 흥을 돋구는 동시에 아름다운 멜로디 위주로 구성되었고 가사의 경우 에티엔 다오는 열정적인 사랑을 주제로 삼았다. 그는 듀엣 아니면 코러스와 함께 노래를 불렀는데 특히 브라질의 보사노바의 대표적 가수인 아스트뤼드 질베르토와 함께 <Les Bords de Seine>를 불렀다. 이 앨범은 출시되자 마자 골든 디스크를 확정짓는다. 이 해에 그는 파리의 몰리에르 극장에서 새로운 경험에 참여하는데 그는 작가 장 즈네의 가사를 노래로 만들어 <Le Condamne à mort>를 부른다. 1997년 앨범의 영어 버전이 영국에서 출시되는데 타이틀 곡은 <The New World>였다. 가을에 에티엔 다오는 <Kaleidoscope Tour>라는 제목의 순회공연을 하며 11월 27일에서 30일까지 올렝피아에서 4일간 공연한다. 4년간의 무대 공백 후, 다오는 테크노－팝의 색깔을 가지고 관객들에게 돌아오는데 97년 11월부터 98년 4월까지의 긴 순회공연을 하기도 한다. 이 해 말 그는 이미 새로운 앨범을 준비하고 있었는데 자신의 가수 경력 20년을 기념하는 그의 최고의 음반으로서 그의 비디오 클립과 함께 11월 9일에 출시된다.

200년 4월 18일, 에티엔 다오는 새로운 앨범 <Corps et armes>를 내놓는데 이 앨범이 자신의 본 모습을 가장 잘 드러내주는 것으로 생각한다. 이 앨범의 대부분은 런던의 전설적인 스튜디오인 아베 로드에서 진행되고 사랑은 여전히 그의 영원한 노래의 주제로 자리 잡고 있다. 에티엔 다오는 이제 자신의 진정한 모습을 보이면서 더 이상 시대의 흐름에 따라가는 방식을 버린다. 그리고 자신의 고뇌, 개인적 감정을 그대로 표현하기 시작한다. 그가 런던과 몽마르트르의 집 사이를 오가며 살았던 것은 자신의 균형을 위해 필수 불가결한 고독의 자리를 남겨두기 위함이었다. 가을에 에티엔 다오는 파리의 올렝피아의 6일 공연을 포함한 순회공연을 11월에 시작한다. 그 이전의 공연과 크게 다를 바가 없었지만 무대에서의 부자연스러움은 점점 더 사라지기 시작했다. 이 공연은 12월 20일 까지 프랑스와 벨기에를 오가며 이루어졌다. 1984년 7월 5일 르 몽드지에 실린 그의 기사에 따르면, 다오는 그 시대를 대표하는 젊은이라고 말하고 있다. 에치엔 다오는 80년대와 90년대의 음악적 흐름을 상징하고 있으며 20세 이후부터 프랑스에서 대표적인 가수로서 자신의 가장 내면적인 감성과 호기심을 융합하면서 노래할 줄 알았다. 작사, 작곡가, 가수 그리고 제작자로서 에티엔 다오는 간결하면서도 열정적인 음악가로 인정받는다.

Georges BRASSENS

엄청난 신비를 지닌 인물의 조르쥬 브라쌍은 단순한 멜로디와 최고의 시 걸작품과 비교될 만한 가사를 중심으로 유일한 자신만의 스타일을 창조하면서 프랑스 예술 분야의 커다란 획을 그었다.

그는 지중해의 조그마한 항구도시인 쎄뜨에서 루이 브라쌍의 아내인 엘비라 다그로자에 의해 1921년 10월 22일에 태어났다. 사업가이자 석공이었던 루이는 1919년 전쟁 미망인인 엘비라와 결혼한다. 이들은 함께 엘비라의 첫 결혼을 한 1912년에 엘비라의 아이였던 어린 소녀인 시몬을 함께 양육한다. 그의 부모들이 종교와 같은 어떤 중요한 사항에 대해서는 잘 맞지 않았지만(엘비라는 매우 독실한 종교인이었던 반면 루이는 무신론자였다), 가족의 분위기는 좋았으며 음악은 커다란 집안에 늘 울려 퍼졌다. 특히 나폴린 출신의 그의 어머니는 만돌린을 가지고 연주하는 자신의 고향의 전통 음악에 대해 특별한 취미가 있었다. 게다가 이 악기로 조르쥬는 후에 기타로 발전시키는 기술적인 음악 주법을 익힌다.

중산층에서 자란 조르쥬 브라쌍은 그의 프랑스 선생님들 중 하나였던 알퐁스 보나프에게 배운 시에 특히 관심이 많았다. 알퐁스는 게다가 1963년 조르쥬의 최초의 자서전 작가가 된다. 조르쥬 브라쌍은 몇 개의 시를 쓰고 그가 바람 속의 공기에 맞춘 노래 가사를 쓰기 시작했다. 그는 이 시기에 <재즈>라는 이름의 조그마한 악단을 만들었는데 이들은 도시의 몇 몇 축제에서 연주하였고 조르쥬는 드럼을 맡았다. 공부에는 거의 관심이 없었던 그는 1939년에 중학교를 그만두고 관심도 없는 비행기와 관련된 일을 하게 된다. 18세의 나이에 조르쥬는 수도로 가기 위해 쎄뜨를 떠날 결심을 하는데 마침내 그에게 기회가 찾아왔다. 수도로 떠날 것을 기다리면서 아버지와 일을 함께 했는데 그 해 말, 전쟁이 터졌지만 그의 마을인 세뜨는 유럽을 뒤흔드는 이 커다란 사건과는 아직 거리가 멀었다. 1940년 2월, 조르주 브라쌍은 파리로 가기 위해 기차에 오른다. 처음 몇 개월 동안은 이모인 앙뚜와네뜨 다그로자의 집에 머무는데, 자동차 회사인 르노에서 노동자로 일하면서 계속해서 이모의 피아노로 노래와 시를 썼다. 파리가 폭격 당한 이후, 조르주는 몇 개월 뒤에 세뜨로 돌아왔다가 40년 9월 다시 파리로 간다. 그는 여기서 완전히 시쓰기에 전념하고 42년에 두 권의 조그만 시집<A la venvole>과 <Des coups d'épée dans l'eau>를 출판한다. 1943년 3월 브라쌍은 의무노동근무제로 인해 독일 바스도르프 캠프로 보내진다. 이곳에서 자신과 마찬가지로 죄수인 삐에르 옹뜨니엉뜨를 만나게 되는데 그는 후에 그의 가장 친한 친구들 중 한명이 된다. 1956년에 그는 조르주의 비서이자 측근이 되고 지부랄타라는 별명을 얻는다. 게다가 그의 측근들 중 아주 적은 수의 사람들이 이런 유형의 별명을 가졌던 것을 감안한다면 그는 조르주가 매우 아끼고 믿는 친구였다는 것을 보여준다.

브라쌍이라는 인물의 특징들 중에 하나는 우정에 대해 매우 민감하다는 것이다. 이미 고향 친구들과도 매우 각별하게 지냈던 그는 독일에서 다시 친구 집단을 만드는데 이들은 부라쌍과 함께 수년, 그리고 평생을 우정을 나눈다. 가장 유명한 그의 친구들 중에 우린 작가인 르네 팔레, 가수인 자끄 브렐, 해학가인 레이몽 드보 또는 배우인 리노 벤투라 등이 있는데 자신이 좋아하는 사람들에 대해 알고 있건 모르고 있건 간에 큰 관심을 보였다. 44년 3월, 그는 허가를 받기 위해 프랑스로 돌아와 다시는 독일로 되돌아가지 않는데 한 부부의 집에 숨었고 이 부부는 조르주 브라쌍의 인생에서 아주 중요한 부분을 차지하는 사람들로 잔느와 마르셀 쁠랑슈다. 그는 나중에 이들에게 노래를 바치기도 했는데 1953년에 유명한 <La cane de Jeanne>, 그리고 1955년에는 마르셀을 위해 <Chanson pour l'auvergnat>를 만들기도 했다. 이들의 집에 1966년까지 머물면서 지칠 줄 모르는 브라쌍은 노래의 많은 곡들을 독특한 방식으로 작곡했는데 사실 그는 기타로 곡을 만드는 경우는 극히 드물었다. 그는 책상 구석에 손을 대고 리듬을 두드리면서 가사의 라임을 만들었고 가사가 끝났을 때 피아노로 멜로디를 만들었다. 단순한 면이지만 그의 악보는 사실 매우 복잡했는데 왜냐하면 계명으로 노래하는 솔페지오를 전혀 알지 못했던 그는 악보의 구체적인 규칙을 전혀 지키지 않고 자신의 노래를 작곡했기 때문이었다.

1946년부터, 생계를 유지하기 위해 무정부주의 잡지인 <Le libertair>에다 몇 개의 기사를 썼다. 무정부주의 사상에 민감했던 브라쌍은 평생을 레오 페레보다는 덜 정치적인 방법이었지만 노래를 통해 사회의 어떤 가식과 투쟁하였다. 그의 가사들은 창녀처럼 소외받는 사람들의 입장에 섰다. 그의 무정부주의적 행동은 자신이 전혀 좋아하지 않는 사회적 협약에 대해 의도적으로 반항하는 형태로 나타났다. 1947년에 그의 첫 번째 소설인 <La lune écoute aux portes>가 출판된다. 또한 이 시기에 그의 가장 위대한 노래들 중 몇 곡을 썼는데 <Brave Margot>, <La mauvaise réputation> 그리고 사형제도의 원칙에 반대했다는 이유로 수년 동안 방송 금지곡이었던 <Le Gorille>가 대표적인 노래들이다. 또한 이 시기에 조르주 부라쌍은 에스토니아 출신의 조아 헤이만이라는 자기 인생의 반려자를 만나다. 두 사람의 협의 하에 두 사람은 결코 같은 집에 살지 않았지만 조르주가 퍕첸(독일어로 귀여운 인형이라는 뜻)이라 별명지은 조아는 평생 그의 동반자가 된다. 브라쌍은 그녀에 대해 <그녀는 내 아내가 아니라 나의 여신이다>라고 말했다.

조르주 브라쌍이 성공하기 시작한 것은 1950년 초다. 또 다른 풍자가수인 자끄 그렐로 덕분에 브라쌍은 <Caveau de la Republique>를 비롯하여 몇 개의 카바레에서 노래를 하지만 성공하지 못한다. 그 누구도 그의 가사와 가수에 대해 관심을 두지 않았다. 약간 실망을 하지만 브라쌍은 1952년에 여가수인 빠타슈를 만나게 되는데 그녀는 당시 카바레에서 가장 인기있는 가수였다. 브라쌍은 3월 6일, 저녁 오디션을 보는데 그곳에 있던 몇몇 사람들에게 깊은 인상을 주고 빠타슈는 그를 그 자리에서 고용하였고 음악가인 삐에르 니콜라는 후에 그의 콘트라베이스를 맡게 된다. 그의 노래를 처음으로 불렀던 빠타슈는 브라쌍에게 노래를 직접 부르도록 권유했는데 그저 단순한 작사-작곡가였던 브라쌍에게는 모험과도 같았다. 게다가 그의 수줍은 성격 때문에 그는 결코 사람들 앞에 나서기를 꺼려했다. 첫 번째 공연 때, 조르주 브라쌍은 대중적인 성공과 함께 좋은 평가를 받았다. 폴리도르 음반사의 예능담당 책임자이자 <Trois Baudets> 카바레의 주인인 자끄 까네띠는 브라쌍을 자신의 카바레에서 노래를 부르게 하기로 결심하고 몇 곡은 녹음까지 시킬 생각을 한다. 그는 브라쌍에게 9월 19일에 파리에서 열릴 앙리 살바도르의 공연 첫 부분에 출연할 것을 대비하여 미리 준비하기 위해 여름 순회공연을 하자고 제안한다. 이번에는 조르주 브라쌍은 비록 영원한 논쟁의 주제인 <Le Gorille>과 같은 제목을 듣고 반감을 보이는 몇몇 대중들에 의해 늘 환영받지는 못했지만 꽤 성공적인 공연을 한다. 그러나 이런 유형의 반응으로 인해 브라쌍의 노래들은 자주 비난의 대상이 되었지만 브라쌍은 끝까지 사회의 부조리에 대해 밝히는 것을 꺼려하지 않았다.

조르주 브라쌍의 첫 번째 음반 녹음 때 그는 몇 개의 장애에 부딪치는데 그것은 항상 그의 노래 가사 때문이었다. 그러나 자끄 까네띠는 의지를 굽히지 않았고 결국 폴리도르 제작사의 마크를 달고 1952년 미니 음반이 출시된다. 1953년 10월 16일, 보비노에서 스타로서 파리의 커다란 무대 위에 선다. 후에 브라쌍은 이 무대에서 13번이나 공연을 갖기도 하는데 이는 처음 자신이 무대에 설 수 있게 해준 이 무대에 대한 감사의 의미였다. 같은 해에 그의 소설인 <La Tour des miracles>이 출간된다. 12월에는 <조르주 부라쌍이 시석인 노래를 한다>라는 제목의 25센치 앨범이 나온다. 그리고 1954년에 파리의 최대의 공연장인 올렝피아에서 2월과 9월 두 차례에 걸쳐 공연한다. 이 해에 가사집인 <La mauvaise réputation>이 출간되었고 브라쌍은 새로운 타입의 가수로서뿐 아니라 프랑스어를 솜씨있게 사용하는 시인으로 알려진다. 이 재능으로 54년에 앨범 <Le parapluie>를 통해 샤를르 크로스 음반 협회에서 대상을 수상한다. 그의 독특한 가사이외에 조르주 브라쌍은 프랑수와 비용 (Ballade des dames du temps jadis>, 빅토르 위고 (Gastibelza) 또는 그의 친구인 뽈 포르(Le petit cheval)의 시들을 노래하곤 했다. 1954년 3월 그의 두 번째 미니앨범이 나온다. 그리고 자끄 까네띠의 책임 하에 조르주 브라쌍은 유럽과 북아프리카로 여러 번의 순회공연을 한다. 1955년에 막 신설된 라디오 방송국인 Europe1에서 처음으로 지금까지 금지곡이었던 <Le gorille>라는 곡이 전파를 탄다. 4월에 세 번째 미니앨범이 나오고 10월에 브라쌍은 올렝피아에서 공연을 한다. 그리고 55년에 브라쌍은 잔느와 마르쎌의 집과 이웃집을 산다.

1956년 1월, 보비노에서의 연속공연 이후 조르주 브라쌍은 르네 끌레르의 영화 <Porte des Lilas>에서 자신의 실제 모습과 유사한 역할을 맡는다. 이것은 영화에서의 그의 유일한 출연작이었다. 그 해 초부터, 삐에르 옹뜨니엉뜨는 그의 비서가 되어 그의 친구의 경제적 부분을 맡게 된다.

이들은 함께 1957년에 뮤지컬 57 사를 만든다. 57년 파리에서의 콘서트들이 세 곳으로 나뉘는데 5월에는 올렝피아에서 10월에는 알람브라에서, 그리고 11월 29일부터 12월 18일에는 보비노에서 진행되었다. 1958년 10월 22일부터 11월 17일 올렝피아 공연 이후 순회공연을 하였다. 그는 여전히 잔느와 마르쎌의 집에 살았지만 58년에 이브렌느에 있는 크레스삐에르에 큰 저택을 구입한다. 조르주 브라쌍에게 50년대는 새로운 순회공연과 11월 올렝피아의 공연으로 일단락지어진다. 그러나 59년, 비아리츠에 머무는 동안 수년전부터 이미 그를 고통스럽게 하였던 건강의 문제로 인해 심각하게 아프게 된다. 이 일은 그에게 수년이 지난 후 <l'Epave>라는 곡을 쓰게 영감을 주기도 한다. 전쟁 말 이후, 브라쌍은 신장의 통증과 신장결석으로 인해 정기적으로 매우 고통스러워했다. 이 고통으로 인해 브라쌍은 때때로 공연 도중 무대를 떠나야만 했다. 1960년은 1월 21일부터 2월 15일까지 올렝피아 공연을 시작으로 4월에는 보비노에서 공연을 하였는데 20일, 브라쌍은 자신의 친구이자 시인이었던 폴 포르의 죽음을 알게 된다. 61년에 그는 캐나다로 건너가 10월과 11월에 공연을 하였고 년 말에 올렝피아에서 공연을 하였다.

1962년 12월 그의 9번째이자 마지막 미니 곡인 <Les trompettes de la renommée>가 나온다. 12월 31일 그의 어머니인 엘비라가 고향인 쎄뜨에서 사망한다. 1963년 조르주 부라쌍은 그의 첫 번째 신장 수술을 하고 이 해에 그의 프랑스어 선생님이었던 알퐁스 보나프가 자신의 옛날 학생에 대한 책을 출판한다. 동시에 10장짜리 음반 모음집이 그의 화려한 경력을 기념하기 위해 나온다. 1964년에 브라쌍은 영화와 관계를 맺는데 이번에는 이브 로베르의 영화인 <Les Copains d'abord>의 곡을 만들기 위해서였다. 이 제목은 11월에 출시된 그의 첫 번째 30센티 앨범에 수록되어 있는데 10월 21일부터 65년 1월 10일까지 보비노에서의 성공적인 공연 동안에 12만명이 관객들이 박수갈채를 보냈다. 65년 3월 28일 루이 브라쌍이 사망한다. 10월 12일, 조르주 브라쌍은 라디오 생방송인 <Musicora>에서 어렸을 때부터 그가 존경했던 가수인 샤를르 트레네와 함께 노래할 기회를 갖기도 한다. 그는 66년에 프랑스 전국 순회공연을 하고 트레네 후에, 그리고 줄리에뜨 그레꼬와 함께 9월 16일부터 10월 23일까지 파리의 국제 연극 공연장에 선다. 잔느와 마르쎌의 조그마한 집에서 20년을 넘게 산 후, 조르주 브라쌍은 좀 더 현대식 아파트로 이사를 가기로 결심하고 그는 69년에 15구에 있는 집에 정착한다.

보비노에서의 공연 이후, 브라쌍은 1967년 5월 12일 다시 한 번 신장 수술을 받는다. 그리고 프랑스어 발전에 공헌한 협회인 아카데미 프랑세즈로부터 시 부분 수상을 받는다. 그리고 그의 친구인 작가 르네 팔레가 브라쌍에 대한 책을 출판한다.

조르주 브라쌍은 1968년 5월 정치-사회적 사건들을 비록 신장결석의 고통으로 인해 병석에 누워있었지만 행복감에 젖어 바라본다. 그러나 68년 10월 24일 잔느가 77살의 나이로 사망하자 큰 실의에 빠진다. 60년대 말, 브라쌍은 젊은 기타리스트인 조엘 파브로를 만나는데 삐에르 니콜라와 함께 이들은 떨어질 수 없는 삼인조 밴드로 무대에 서게 된다. 1969년 1월 6일 Rock et Folk 잡지와 라디오 방송인 RTL의 중재로, 조르주 브라쌍은 프랑스 가요계의 두 거성인 레오 페레와 자끄 브렐과 함께 역사적인 자리를 한다. 이 해에 브라쌍의 가사들은 국립 사범학교 입학시험에 나왔다. 브라쌍은 10월 14일부터 70년 1월 4일까지 보비노에서 공연을 한다. 1972년 브라쌍의 가수 20년을 맞이하여 11장의 앨범 모음집이 그의 모든 가사와 시들을 포함하여 출시된다. 10월부터 73년 1월까지 조르주 브라쌍은 보비노에서 노래를 하고 첫 부분에 막심 르 포레스티에, 필립 샤뗄, 이브 씨몽과 같은 젊은 가수들을 등용한다.

72년 조르주 브라쌍은 브르타뉴 지방에 있는 뺑뽈 가까이에 르자르드리으라는 집을 구입한다. 지중해 출신의 브라쌍은 이 지역 출신인 잔느의 중재로 이 지역을 발견하게 되었다. 수년 동안 그의 이 지역에 대한 사랑은 날로 커져 심지어 브르통 언어까지 배우게 된다. 그리고 자신의 고향을 상기시키는 어부들의 조그만 세상인 이곳을 산책하는 회수가 점점 늘게 된다. 건강상의 이유로 인해 조르주 브라쌍은 많이 늙어갔고 반복되는 공연은 이제 51살 밖에 되지 않은 그에게는 너무 힘들었다. 1973년에 그는 프랑스, 벨기에로 그의 마지막 순회공연을 계획하고 10월 28일에는 영국의 칼디프 대학의 셔먼 극장에서 공연한다. 이 공연은 아주 드문 실황판으로 74년에 <Live in Great Britain>이란 제목으로 출반된다. 그의 마지막 앨범은 1976년에 나온다. 그리고 1977년 3월 20일, 마지막으로 보비노 무대에 서고 1976년 10월 마지막 공연일정이 잡히는데 수많은 관객들이 모인다. 1979년 그의 오랜 친구이자 음악가인 무스타키는 그에게 재즈 버전으로 그의 가장 유명한 노래들을 부르는 앨범을 제작하자고 제의한다. 어려서부터 재즈를 좋아했던 브라쌍은 이 음반을 위해 여러 명의 미국인 재즈 연주가를 서배하는데 <Chanson pour l'Auvergnat>, <le Pornographe>, <la Chasse aux papillons> 등이 대표적인 곡이다.

같은 해에 브라쌍은 가수 필립 샤뗄의 뮤지컬 꽁뜨인 <Emilie Jolie>에 초대받는다. 그는 여기에서 앙리 살바도르와 함께 <Chanson du herisso>을 부른다. 이 해 말, 파리 시장이었던 자끄 시락은 그에게 음반 최고상을 수여한다. 1980년에 매우 아팠던 그는 장애인 어린이를 돕기 위해 코메디언인 리노 벤추라가 만든 <Perce Neige> 협회를 돕기 위해 그의 마지막 노래들을 녹음한다. 이 앨범에서 브라쌍은 샤를르 트레네의 노래를 비롯하여 오래된 프랑스 노래들을 부른다. 11월에 그는 암에 걸리고 3번이나 신장을 수술한다. 일년 뒤인 1981년 10월 29일, 고향인 쎄뜨 가까이에 있는 쌩-즐리-뒤-페스 마을에 살고 있는 그의 친구이자 의사인 모리쓰 부스께의 집으로 간다. 그는 자신의 고향에 있는 불쌍한 자들의 묘지라는 별명이 붙은 피 묘지에 묻힌다.

조르주 브라쌍의 간결함은 그를 프랑스 문화를 가장 사랑하는 예술가들 중 하나가 되게 하였다. 건방지지만 결코 도발적이지 않은 그의 노래들은 동정심이라고는 없지만 그러나 다정스러운 당시의 사람들을 그려낸다. 오늘날까지도 그의 노래들은 세계 전 세계 가수들에 의해 불려지고 있으며 그의 가사는 학교에서 연구대상이 되고 있다. 조르주 브라쌍은 프랑스어권 국가에서 가장 유명하고 인정받는 예술가로서 관대하고 박애주의적인 사람으로서 그의 친구들과 팬들의 기억 속에 자리를 잡고 있는 유명한 콧수염의 남자이다.

Lara fabian

라라 크로케가 본명인 라라 파비앙은 1970년 1월 9일 벨기에의 에테르벡에서 태어났다. 가수이자 작사, 작곡가인 그녀는 캐나다 국적을 가지고 있으면서 캐나다 퀘벡에 있는 가장 부유한 지역에 살고 있다. 라라의 아버지인 삐에르는 플랑드르 출신이고 어머니 루이사는 시실리 출신이다. 그리고 라라의 이름은 닥터 지바고에 나오는 여자 주인공의 이름에서 따온 것으로 라라는 에트나 화산 밑에 있는 동네에서 5살 까지 지내고 그 이후 벨기에로 돌아온다. 그녀의 가족은 브뤽셀 교외에 자리를 정착하는데 그녀가 5살일 때 라디오에서 그녀의 아버지와 함께 음악과 노래를 들으며 아버지에게 <아빠, 나 가수가 될거야>라고 했고 놀라울 정도의 가수로서의 재능을 보여주었다. 8세가 되던 해에 생-니콜라 날을 맞이하여 부모님들은 그녀에게 피아노를 사주고 이 때부터 노래, 춤, 피아노, 계명으로 노래하는 솔페지오를 배운다. 그리고 1978년 브뤽셀의 왕립 음악학교에서 음악교육을 받는다. 그녀는 이곳에서 10년을 공부하게 되는데 멜로디와 가사 쓰는 법을 배우면서 서정적인 노래를 부르기 시작하는데 당시 그녀가 좋아하던 가수들은 바바라 스트라이젠드와 퀸이었다. 14세의 나이 때 라라는 벨기에에서 열리는 많은 가요대회에 출전하여 많은 수상을 한다. 1988년 18살의 나이에 라라는 유러비젼 콘테스트에 <croire>라는 곡으로 출전하여 4위에 오르는데 그녀는 룩셈부르그를 대표하면서 그녀의 노래는 영어와 독일어로 번역되면서 유럽에서 5십 만장 가까이 팔린다.

같은 해에 라라는 최근 그녀가 녹음한 노래 홍보를 위해 퀘벡으로 떠나는데 퀘벡 지방의 아름다움에 흠뻑 매료된 그녀는 이탈리아에서 범죄학을 공부하지만 자신의 운명은 이것이 아니라는 결론을 내리며 1년 만에 그만둔다. 1990년 브뤼셀의 피아노-바에서 릴 알리종을 마나는데 두 사람은 사랑에 빠지게 되고 라라는 모든 것을 포기하고 전혀 낯설은 나라인 캐나다로 자신들의 운을 시험하기 위해 떠나기로 결심한다. 이전에 라라의 아버지는 딸의 첫 번째 앨범을 경제적인 지원과 함께 제작한다. 약간의 돈과 두 개의 가방만을 지닌 채 두 연인은 몬트리올에 정착한다. 그리고 라라는 자신의 음반사를 차리고 1991년 8월 캐나다에서 라라 파비안의 앨범이 나오는데 퀘벡 사람들은 즉시 그녀의 매력에 빠지고 음반은 십 만장이 팔린다. 이 앨범은 골든 디스크와 그 다음해에 플라틴 디스크가 된다. 1991년부터 라라는 프랑스의 음악수상식에 해당하는 펠릭스에 후보가 되고 여론조사에 의해 라라는 퀘벡에서 가장 뛰어난 여 가수로 인정받는다. 1994년에 라라는 그녀의 두 번 째 앨범인 <carpe diem>를 내놓는데 이 음반은 금방 성공을 하여 2주 만에 골든 디스크가 된다. 여기에는 <tu t'en vas>, <si tu m'aimes> 그리고 <leila>라는 곡이 수록되어 있으며 다음 해에 이 앨범은 세 배의 플라틴 디스크가 된다. 1995년 퀘벡에서의 그녀의 가수로서의 활동에 대한 보답이 주어지는데 그해 퀘벡의 최고의 가수상과 관객상을 받았고 토론토에서도 수상하였으며 1995년 1월에 세르주 라마는 그녀를 초대하여 파리의 빨레 데 꽁그레에서 <je suis malade>를 듀엣으로 부른다. 그녀의 뛰어난 노래솜씨에 그는 대중들 앞에서 혼자 노래를 부를 것을 부탁한다. 1995년 6월 라라는 데이비드 포스터와 바바라 스트라이젠드를 만나기 위해 뉴욕으로 가는데 두 여인들과 함께 저녁을 먹기까지 한다. 1995년 7월 라라는 캐나다 국적을 얻기로 결심한다. 1996년 월트 디즈니 회사는 라라에게 노틀담의 꼽추라는 만화 영화의 프랑스어 버전에 여주인공인 에스메랄다의 목소리를 맡아줄 것을 부탁한다. 같은 해에 라라는 세 번째 앨범인 <pure>를 내놓는데 2주도 채 되지 않아 이 앨범은 퀘벡에서 플라틴 음반이 된다.

1997년에 그녀는 그 해 최고의 앨범상을 수상하고 최고의 가수 부분의 후보에 오른다. 1997년 4월, 라라는 미국 가수인 리챠드 막스와 함께 <surrender to me>를 듀엣으로 불렀고 이 노래는 그녀의 다섯 번째 앨범에 수록된다. 2달 후에 이 앨범은 유럽의 프랑스어권 나라에서 출시되었고 9월 벨기에에서 골든 디스크가 된다. 이 때부터 라라의 앨범은 2백만장이 팔린다. 한 가수가 이처럼 놀라울 정도의 계속적인 성공을 거둔다는 것은 매우 드문 경우였다. 1997년 그녀는 소니 음반사와 영어 버전의 앨범을 녹음하기 위해 계약한다.

라라는 새로이 영화에 관심을 갖기 시작했는데 실베스터 스텔론 주연의 영화를 위해 동반자인 릭 알리종과 함께 노래를 만들어줄 것을 제안 받는다. 1998년 순회공연을 시작하는데 가수 신인상을 수상한다. 9월 라라는 프랑스 무대에서 자니 헐리데이와 함께 <requiem pour un fou>를 노래하는데 이 듀오는 사람들의 기억 속에 오랫동안 간직된다. 그리고 캐나다 여가수로서는 최초로 그레벵 미술관에 자신의 조각상이 세워지는 영예를 얻는다. 1998년 말, 프랑스와 벨기에 전 지역을 순회하는 공연을 시작하는데 1999년 초 실황 공연 판이 나오고 이 앨범은 노트르담 드 빠리를 제치고 판매 1위를 기록한다. 그녀는 올 해 최고 여가수 후보에 오르고 월드 뮤직 어워드상을 수상한다. 또 벨기에, 네덜란드, 룩셈부르그에서 가장 많은 음반 판매기록을 세운 여가수가 된다. 1999년 7월에 유럽에서 6백만장의 앨범이 팔리는 것을 보고 폴리도르는 라라의 퀘벡에서 낸 앨범들을 출시할 것을 결정한다. 엄청난 홍보활동에도 불구하고 라라는 미국에서 영어로 자신의 첫 번째 앨범을 녹음하는데 뉴욕과 샌프란시스코에서 진행된 이 녹음 작업에서 그녀는 자신의 동반자인 릭 알리종을 비롯하여 많은 뛰어난 사람들과 작업을 한다. 이 앨범은 1999년에 나오고 프랑스와 스위스에서 판매 1위를 기록한다.

2000년 5월 앨범이 미국에서 출시되고 첫 번째 싱글곡인 <I will love again>은 빌보드 차트에 32위에 오른다. 그녀의 두 번째 곡은 <love by grace>였다. 2000년은 라라에게 있어서는 바쁜 한 해였는데 앨범 홍보를 위해 일본, 유럽, 남부 아메리카를 비롯하여 전 세계를 다녔다. 11월에 프랑스어가 아닌 다른 언어로 부른 퀘벡을 제외한 지역에서 가장 유명한 가수에게 수여하는 상을 받는다. 2001년에 <love by grace>이란 곡의 홍보활동을 하는데 이 곡은 브라질에서 놀랄만한 성공을 거둔다. 그리고 전 세계의 텔레비전 방송에 출연하는데 2001년 3월 미국 방송은 <from lara with love>라는 제목으로 라라를 위한 특별 방송을 하는데 이것은 캐나다에서 했던 공연이었다. 2001년 5월에 다시 한번 룩셈부르그 삼국에서 가장 많이 음반이 팔린 가수로서 월드 뮤직 어워드상을 수상한다. 그리고 그 달에 싱글곡인 <j'y crois encore>를 유럽에서 내놓는다. 또한 스티븐 스필버그의 영화 <A.I>에 삽입되는 <he spirits within>과 <for always> 등 여러 곡을 만든다. 2001년 8월에 앨범 <nue>가 몬트리올에서 나왔고 이 앨범은 즉시 벨기에에서 1위에 올랐으며 2001년 말 순회공연을 떠나고 새로운 실황 앨범이 나온다. 2002년 라라는 순회공연을 계속하는 한

편 2003년에는 프랑스어권 유럽에서 콘서트를 연다. 이것은 사람들에게 가장 깊은 인상을 주었던 공연들 중 하나로 기억된다. 그리고 영어로 된 그녀의 두 번째 앨범을 준비하는데 모란과 함께 <mais la vie>라는 곡을 부르고 2003년 9월 보스톤 팝 페스티벌에 나와 바바라 스트라이젠드의 <evergreen>과 미국 테너와 <for always>를 부른다. 그리고 이 실황 앨범이 10월에 출시된다.

2004년 라라는 타히티, 러시아, 그리고 레바논에서 공연을 갖고 뮤지컬 영화인 <lovely>에 참여하여 마리오 프랑굴리스와 함께 노래를 부른다. 그리고 칸느 영화제에 다른 가수들과 배우들을 동반하여 나타난다. 라라는 위대한 영국 테너인 러쎌 왓슨과 듀엣으로 <the alchemist>라는 노래를 부른다. 2004년 6월 라라의 두 번째 영어 버전 앨범이 <a wonderful life>라는 제목으로 유럽에서 출시된다. 그러나 건강상의 이유로 그녀는 앨범 홍보활동을 하지 않고 의견의 차이로 인해 소니 뮤직과의 계약도 파기한다.

2005년 2월 라라는 새로운 프랑스어 앨범을 내놓는데 처음으로 릭 알리종과 앨범작업을 하지 않았다. 2006년 10월 80일간의 긴 유럽 순회공연 후, 라라 파비앙은 실황 앨범을 내놓는데 미발표곡인 <aime>의 홍보를 한다. 또한 이탈리아 가수인 지지 달레치오와 함께 듀엣곡을 부르기도 한다. 2006년 11월, 유리스믹스 그룹의 멤버인 데이브 스튜어트와 함께 곡을 만든다. 2007년 초, 다시 한 번 프랑스어권 나라와 이탈리아에서 자신의 역량을 떨칠 생각을 갖는다. 그리고 연극과 영화에도 관심을 보이는데 현재 라라 파비앙의 음반은 전 세계에서 12백 만장이 판매되었다.

매력적인 외모와 풍부한 감성을 소화하는 그녀의 가창 실력은 프랑스뿐 아니라 유럽에서 큰 사랑을 받고 있으며 가장 바쁜 활동을 하는 가수 중에 하나로 손꼽힌다.

Alizée

알리제는 코르시카 섬에서 어린 시절을 보내는데 4살의 나이에 모니끄 뮈프라지 무용학교에 입학한다. 그리고 학교 발표회에 참가하면서 5살이 되는 1995년, 포카혼타스의 이야기를 다룬 연극에서 주인공을 맡는다. 같은 해에 <Dessine-moi un avion> 대회에서 상을 받기도 한다. 1997년부터 무용학교에서 알리제는 노래와 코메디 수업을 함께 받는다. 그녀는 재능이 뛰어났는데 1999년 M6에서 방영하는 <Graines de star> 프로에 참가한다. 2000년 2월 25일 <Ma prière d'Axelle Red>라는 노래를 부르고 관객들에 의해 투표로 선택되어 계속해서 방송에 출연한다. 그 다음 회에 같은 노래를 부르지만 이번에는 떨어진다. 그러나 그녀는 미렌 파머의 눈에 들었고 로렁 부또나와 함께 알리제를 가수로 만들려는 계획을 한다. 2000년 7월 4일 Graines de star 프로에 출연한지 삼 개월이 채 되지 않아 알리제의 첫 번째 노래가 <Moi... Lolita>라는 제목으로 준비된다. 미렌 파머가 가사를 쓰고 로렁 부또나가 곡을 붙인 이 노래는 이중적 의미가 넘쳐흐르는 가사들로 이루어진 자신들의 평소 스타일에서 벗어나지 않았다. 이 곡으로 인해 알리제는 로리타로 자리를 잡는다. 이 싱글곡은 7개월이 채 되지 않은 기간에 프랑스 싱글곡 판매 순위 10위권 안에 들면서 큰 성공을 거둔다. 그리고 청소년들 사이에 브리트니 스키어스와 크리스티나 아귈레라같은 가수들에 의해 전 세계적으로 이미 소개된 어린 소녀 풍을 프랑스에 퍼트린다. 겨우 16세의 나이에 150만장이 싱글 판매 기록을 세우며 알리제는 스튜디오에서 앨범을 녹음하여 <구르만디즈>라는 앨범이 11월 28일에 나온다. 부토나는 이 앨범에서 청소년의 동일한 주제와 더불어 처음으로 섹시한 분위기를 연출한다.

두 번째 싱글 곡인 <L'Alizé>는 프랑스에서 판매 1위를 기록하는데 프랑스에서만 7십만장이 판매된다. <Moi... Lolita>의 성공은 여기서 그치지 않았고 알리제는 2주 동안 가요 순위 3위 안에 두 곡이 올라가는 기록을 세운다. 2001년 초, 한 해의 프랑스 신인 가수상을 타고 M6 방송에서 2000년 말 상을 받는다. 또한 이자벨 불레와 음악상을 놓고 경쟁하였고 des Enfoirés 공연에 합류한다. 앨범 <Gourmandises>는 130만장이 판매되고 <Parler tout bas>와 <Gourmandises> 두 곡은 골든 디스크 바로 밑의 단계인 disques d'argent이 된다. 2001년 여름 이후 알리제는 두 번째 Enfoirés를 제외한 완전히 프랑스 화면에서 사라지는데 이는 <Moi... Lolita> 앨범을 세계적으로 홍보하기 위해서였다. 2001년 4월, 알리제는 네널란드의 암스테르담 공연에서 이 노래를 불렀고 러시아, 독일, 오스트리아, 폴란드와 영국연합 등지에서 공연을 하며 이 곡으로 Top of the Pops라는 프로에 소개된다. <Moi... Lolita>는 이탈리아, 스페인, 그리고 이스라엘에서 1위를 기록하고 알리제는 2002년 초 프랑스 수출 음반 부분에서 1위에 오른다(이 앨범은 세계적으로 4백 만장이 팔린다).

2003년 초, 알리제는 프랑스로 돌아온다. 그녀는 18세가 되면서 좀 더 여성스러운 새로운 모습으로 나타나는데 좀 더 록적인 분위기의 앨범을 위해 어린 소녀의 이미지에서 탈피하려고 했다. 첫 번째 곡인 <J'en ai marre!>는 텔레비전에서 홍보를 하였고 화면에서 그녀의 소녀가 아닌 여성으로서의 이미지를 부각시켰다. 그녀가 추는 춤은 워크레프트 게임에서 엘프의 춤에서 영감을 얻은 것이다.

싱글곡은 프랑스에서 50위 중 4위를 차지하였고 골든 디스크상을 수상한다. 그녀는 3월에 Eurobest에서 노래를 하는데 여기서 제레미 샤틀렝과 만나는데 둘은 다음해 11월 6일 라스베가스에서 결혼한다. <Mes Courants Électriques>이란 제목의 앨범이 2003년 3월에 출시되는데 이 때까지도 미렌 파머의 영향아래 있었고 그녀는 모든 곡들의 가사를 썼고 부토나가 작곡을 하였다. 국외 팬들을 위해 알리제는 <I'm fed up!>, <I'm not twenty>, <Amélie>와 <Youpidoo> 4곡을 영어로 녹음한다. 그러나 2003년 5월, 일본에서 열린 공연에서 <J'en ai marre>를 프랑스어 버전으로 불렀고 Elise 케익을 위한 광고를 찍는다. <Mes Courants Électriques> 앨범은 프랑스에서는 4십 만장이 팔리면서 성공을 거두었지만 <Gourmandises> 앨범보다는 못했다. 두 번째 싱글곡인 <J'ai pas vingt ans>의 뮤직 비디오와 함께 2003년 8월 26일, 올렝피아에서 일주일 동안 공연을 하는데 표는 매진이 되었다. <À contre－courant>이란 곡이 10월에 나오고 알리제는 프랑스, 벨기에와 스위스 순회공연을 계속한다. 이 공연은 2004년 1월 17일 파리의 제니스에서 막을 내린다.

앨범과 공연 실황 DVD가 2004년 11월에 판매되지만 <Amélie m'a dit >라는 곡만이 라디오 방송을 타고 아무런 홍보가 없었던 탓에 이 앨범은 프랑스에서 판매 성적 8위에 오르는 반면 DVD는 판매 1위에 오른다. 그러나 이는 기대했던 만큼의 성공을 거두지는 못했다. 알리제의 방송매체에서의 부재는 몇 개월 동안 지속되었는데 그 이유는 임신 때문이었다. 2005년 4월 29일, 아닐리에서 제레미 샤틀렝사이에 아기를 낳았고 몇몇 잡지에서 그녀에 대한 기사를 다루었다. 2006년 동안 알리제가 Indochine 그룹과 함께 다시 복귀한다는 사실이 팬들 사이에 알려졌다. 2007년 8월 알리제가 다시 가요계로 복귀했고 그녀는 멕시코에서 스타가 되었으며 그녀의 앨범인 <In concert>는 CD와 DVD가 아주 높은 판매 기록을 세운다. 그리고 <Moi... Lolita>는 새로운 스타로 떠오르는 줄리엥 도레 버전으로 인해 다시 빛을 본다.

음반사를 바꾼 후 <Fifty Sixty>란 곡이 인터넷에 떠다니면서 그녀의 귀환이 가까워졌음을 예고한다. 그녀의 앨범에 수록된 곡들 중 하나가 그의 이전 프로듀서에게 잘 보이기 위한 것이라는 소문이 퍼지는 가운데 2007년 9월 그녀의 공식 사이트가 운영되면서 그것이 거짓이라는 것이 밝혀졌다. 앨범 <Psychédélices>을 위한 첫 번째 곡이 마침내 <Mademoiselle Juliette>이라는 타이틀로 정해지고 2007년 9월 27일 라디오에 방송된다. 뮤직 비디오는 11월 19일부터 나온다. 그리고 <Psychédélices> 앨범은 12월 3일에 출시된다. 이 앨범은 알리제 자신이 제작하고 제레미 샤틀렝, 장 포끄 등과 함께 작업하였는데 장 포끄는 또한 이 앨범 단편 영화에서 나레이션을 맡기도 한다. 2008년 1월 23일과 28일 사이에 알리제는 des enfoirés에 출연하기도 하며 RCA 음반사는 2008년에 라틴 아메리카와 프랑스에서 순회공연을 가질 것을 알린다. 이 앨범이 프랑스에서는 그다지 성공을 거두지 못한 반면 (4만장이 팔렸지만 7만 5천장 이상 팔린 앨범에 수여하는 골든 디스크를 수상한다) 이 앨범은 멕시코에서는 성공한다. 알리제에 대한 관심은 2008년 2월 멕시코에서 공연차 왔을 때 엄청난 인파가 몰렸으며 멕시코 시장에서만을 위해 알리제 베스트 앨범을 판매했다. 그녀는 6월 골든 디스크를 수상한다. Psychédélices Tour라는 제목의 공연이 2008년 5월 18일 모스크바에서 열리고 특히 멕시코에서 가장 큰 공연장에서 열린 5일간의 공연에서 이틀 연속 만명의 관객들이 들어와 환호했다. 다른 공연들 역시 남부 아메리카와 동부 유럽 그리고 파리에서 일정이 잡혀있는데 이 앨범은 전 세계적으로 2십 만장이 팔렸다.

프랑스에 로리타의 열풍을 일으키며 일약 스타덤에 올라선 알리제는 이제 소녀에서 여인으로 변모하며 보다 성숙한 이미지로서 전 세계 젊은이들의 사랑을 받고 있다.

저자 정일영

인하대 불어불문학과 졸업
프랑스 파리 8대학 대학원 졸업
프랑스 파리 8대학 박사준비과정 수료
언어학 박사학위 취득
현재인하대학교 출강, 충북대학교 출강
EBS 수능 프랑스어 강의

저서

프랑스어 문법(공저)
디지털로 배우는 프랑스어 회화(Rendez-vous avec le français)
대학 프랑스어 회화
프랑스어능력시험(DELF) A1, A2, A1-Junior, A2-Junior, B1, B2
프랑스어문법사전
기초 프랑스어
오르세미술관, 루브르박물관
프랑스 문화의 이해
유럽연합의 이해
프랑스어 필수어휘
생활속의 프랑스어 회화
오디세이 신화
홀로서기 프랑스어 회화

샹송으로 배우는 프랑스어

1판 1쇄 찍음 • 2009년 1월 2일
1판 1쇄 펴냄 • 2009년 1월 10일

저 자 • 정 일 영
발행인 • 정 현 걸
발 행 • 신 아 사
인 쇄 • 소망인쇄

출판등록 • 1956년 1월 5일 (제9-52호)
서울특별시 은평구 녹번동 28-36 2F
전화 (02)382-6411 • 팩스 (02)382-6401
홈페이지 • www.shinasa.co.kr
E-mail • shinasa@chol.com

ISBN 978-89-8396-618-6

정가 15,000원